도암집

이 책은 2017년도 정부(교육부)의 재원으로 한국고전번역원의 지원을 받아
수행된 '권역별거점연구소협동번역사업'의 결과물임.

This work was supported by Institute for the Translation of Korean Classics - Grant funded by the Korean Government.

한국고전번역원 한국문집번역총서/단국대학교 동양학연구원

도암집 7

陶菴集

이재 李縡 지음

최예심
장유승
권진옥
이승용 옮김

일러두기

1. 이 책의 번역은 한국고전번역원에서 간행한 한국문집총간 195집 소재 《도암집(陶菴集)》을 대본으로 하였다. 번역 대본의 원문 텍스트와 원문 이미지는 한국고전종합DB(http://db.itkc.or.kr)에서 확인할 수 있다.
2. 내용이 간단한 역주는 간주(間註)로, 긴 역주는 각주(脚註)로 처리하였다.
3. 대본의 본문과 원주의 구분이 명확하지 않은 경우는 역자가 임의로 조정하였다.
4. 한자는 필요한 경우 이해를 돕기 위하여 넣었으며, 운문(韻文)은 원문을 병기하였다.
5. 맞춤법과 띄어쓰기는 한글 맞춤법과 표준어 규정을 따랐다.
6. 이 책에서 사용한 부호는 다음과 같다.
   ( ) : 번역문과 음이 같은 한자를 묶는다.
   〔 〕: 번역문과 뜻은 같으나 음이 다른 한자를 묶는다.
   " " : 대화 등의 인용문을 묶는다.
   ' ' : " " 안의 재인용 또는 강조 문구를 묶는다.
   「 」: ' ' 안의 재인용을 묶는다.
   『 』: 「 」 안의 재인용을 묶는다.
   《 》: 책명 및 각주의 전거(典據)를 묶는다.
   〈 〉: 책의 편명 및 운문·산문의 제목을 묶는다.

차례

도암집 제26권

교서敎書

상량문上樑文

잠箴

명銘

고축문告祝文

제문祭文

애사哀辭

도암집 제27권

신도비神道碑

도암집 제28권

도암집 제29권

도암집

제26권

교서 敎書

명 銘

애사 哀辭

상량문 上樑文

고축문 告祝文

잠 箴

제문 祭文

교서 敎書

강화 유수 민진원에게 내리는 교서[1]

敎江華留守閔鎭遠書

왕은 다음과 같이 말한다.

신하는 임금을 섬겨 힘을 다하니 진실로 홀로 수고함[2]을 꺼리지 않고, 국가는 관직을 위해 인재를 선발하니 검증된 사람보다 우선할 것이 없다. 경이 번유(藩維)[3]의 부절을 반납하자마자 나는 곧바로 보장(保障)[4]의 권한을 주노니, 이에 교서를 내려 깃발과 부절을 빛내노라.

1 강화……교서 : 이 글은 1705년(숙종31) 5월에 강화 유수로 제수된 민진원(閔鎭遠, 1664~1736)에게 내린 교서로, 저자가 당시 예문관 봉교로서 지은 것이다. 민진원의 본관은 여흥(驪興), 자는 성유(聖猷), 호는 단암(丹巖)·세심(洗心)으로 저자의 외숙이다.

2 홀로 수고함 : 훌륭한 재주를 지닌 자가 홀로 어려운 일을 감당하여 고생하는 것을 말한다. 《시경》 〈북산(北山)〉에 "대부가 공평하지 못한지라, 나만 홀로 어질다고 수고롭구나.〔大夫不均, 我從事獨賢.〕"라고 한 데서 온 말이다.

3 번유(藩維) : 《시경》 〈판(板)〉에 "큰 덕을 갖춘 사람은 나라의 울타리이며, 많은 무리는 나라의 담이다.〔价人維藩, 大師維垣.〕"라고 한 데서 온 말로, 관찰사를 가리킨다. 민진원은 1703년(숙종29) 전라도 관찰사에 제수되었다가 1704년 돌아왔다.

4 보장(保障) : 국가를 지키는 든든한 울타리를 말하는데, 서울의 울타리 역할을 하는

저 강화부(江華府)를 바라보니 실로 나의 진양(晉陽)[5]이다. 구름처럼 높은 성첩은 바다로 해자를 이루었고, 바둑판처럼 배치된 진보(鎭堡)는 경기(京畿)를 이어 울타리가 되었다. 뽕나무 뿌리로 얽어매니[6] 병기와 군량이 산처럼 쌓였고, 배가 끊임없이 이어지니 수운(水運)의 통로이다. 거리상으로 말하면 도성과 겨우 수식(數息)[7] 떨어졌고, 지형의 편리로 논하면 외딴 섬으로 팔방을 지키는 형세이다. 누조(累朝)에 걸쳐 경영하는 책략을 다하였으니 염려함이 깊도다. 갑작스런 환란이 생긴다면 이곳을 버리고 어디로 가겠는가.

아직도 정축년(1637, 인조15)에 강화부가 함락되었던 일[8]을 생각하면 한밤중의 탄식을 견딜 수 없다. 안팎으로 금성탕지(金城湯池)를 이루었으니 어찌 지세가 불리하다 말하겠는가. 백성이 도탄에 빠진 것은 실로 유수(留守)가 변변치 못했기 때문이다. 나는 참으로 이전

강화도를 가리킨다.

5 진양(晉陽) : 춘추시대 진(晉)나라의 지명으로, 조간자(趙簡子)의 명을 받아 태수로 부임한 윤탁(尹鐸)이 진나라의 보장(保障)으로 만든 지역이다. 국난을 당해 도성을 버린 뒤 믿고 의지할 수 있는 지역을 가리킨다. 《資治通鑑 周紀 威烈王 23年》

6 뽕나무 뿌리로 얽어매니 : 단단히 얽어매어 놓는다는 뜻으로, 환란이 닥치기 전에 미리 조처해서 예방한다는 말이다. 《시경》〈치효(鴟鴞)〉에 "하늘에서 아직 장맛비가 내리기 전에 저 뽕나무 뿌리를 거두어 출입구를 단단히 얽어서 매어 놓는다면, 지금 아래에 있는 사람들이 혹시라도 감히 우리들을 업신여길 수 있겠는가.〔迨天之未陰雨, 徹彼桑土, 綢繆牖戶, 今女下民, 或敢侮予?〕"라고 한 데서 온 말이다.

7 수식(數息) : 거리를 표시하는 말로, 주척(周尺)의 6척을 1보로, 3백 60보를 1리로, 30리를 1식으로 하는데, 이는 행인이 한 번씩 휴식하는 거리이다. 수식은 몇 번 휴식하면서 갈 수 있는 거리이다.

8 정축년에……일 : 1637년(인조15) 청나라 군대에게 강화도가 함락된 일을 말한다.

일로 경계할 줄 아노니, 어떻게 해야 훗날에 힘을 얻을 것인가. 방비를 견고하게 하고자 하나 금세 소홀해지고, 계책을 두루 자문하였으나 요체를 얻지 못하였다. 진실로 중임을 맡기려면 오직 적임자를 얻어야 한다. 현자를 등용함은 장성(長成)에 비길 수 있으니 누가 여기에 뽑힐 것인가. 장수를 두는 것이 항상 다른 진(鎭)보다 신중하니 오직 선발이 내 마음에 달렸다.

경은 교목(喬木)[9]의 유풍과 규장(珪璋)[10]의 아름다운 명성을 지녔다. 충효와 청렴함은 집안의 전통이요, 명민하고 총명함은 타고난 천성이다. 젊은 나이에 과거 급제했으니 훌륭한 명망이 일찍 드러났으며, 경장(更張)의 초기에 직필(直筆)을 잡았으니[11] 벼슬길이 점차 넓어졌다. 권세 있는 자리를 맡으면 항상 겁쟁이처럼 피하였고, 외척의 신분으로도[12] 사류(士類)라는 이름을 저버리지 않았다. 통달한 재능이 어디서든 마땅하지 않음이 없었고 중대한 직임에도 일찍이 누차 시험하였

9 교목(喬木) : 가지가 무성하게 뻗고 곧게 자란 큰 나무로, 여러 대에 걸쳐서 국가와 운명을 함께하는 집안을 말한다. 《맹자》〈양혜왕 하(梁惠王下)〉에 "이른바 고국이란 교목이 있는 것을 말하는 것이 아니라, 세신(世臣)이 있는 것을 말합니다.〔所謂故國者, 非謂有喬木之謂也, 有世臣之謂也.〕"라고 한 데서 온 말이다.

10 규장(珪璋) : 옥으로 만든 귀중한 예기(禮器)로, '규(珪)'는 네모난 모양의 옥이고 '장(璋)'은 동그란 모양의 옥이다. 고대에 조빙(朝聘)할 때 규장을 가진 이는 덕을 갖춘 사람이라 하여 다른 폐백을 갖추지 않더라도 곧바로 천자를 뵐 수 있었다. 전하여 고아한 인품을 비유한다. 《禮記 聘義》

11 경장(更張)의……잡았으니 : 민진원은 1694년(숙종20) 갑술옥사로 장희빈(張嬉嬪)이 강봉(降封)되고 인현왕후(仁顯王后)가 복위되었을 때에 예문관 검열로 기용되었다. 직필(直筆)은 사실대로 기록하는 것을 뜻하는데, 사관이 되었다는 말이다.

12 외척의 신분으로도 : 민진원은 인현왕후의 오빠이다.

다. 호서(湖西)에서는 창고 곡식을 풀어 굶주린 백성에게 인정(仁政)이 고루 미쳤고,[13] 경기 좌도(京畿左道)에서는 예악으로 백성을 다스려 이웃 고을까지 그 혜택이 미쳤다.[14] 관찰사로 옮겨 제수하자 더욱 그 드높은 명성과 공적을 보았다. 상벌의 시행에 일체 사심이 없었으니 개연히 고삐를 잡는 뜻[15]이요, 총명함은 복잡한 일에 더욱 유능하였으니 칼날을 움직이는 재주가 능수능란하였다.[16] 계획한 온갖 일은 모두 진심에서 나온 것이요, 혁파한 적폐는 장주(章奏)에서 얼마나 많이 조목조목 진술하였던가.

나는 국가를 염려하는 경의 충정이 가정의 훈계를 실추시키지 않음을 가상히 여기고, 나는 정무를 처리하는 경의 재주가 시대의 쓰임이 되기에 충분함을 알았도다. 이에 일단 내직으로 옮겨와 더욱 중용하고자 하였다. 성균관에서 유생들을 가르침에 그 책임을 전적으로 맡았고,[17] 뒤엉킨 뿌리에서 예리한 칼을 분간함에[18] 급할 때에 의지할 만하

13 호서(湖西)에서는……미쳤고 : 민진원은 1698년(숙종24) 호서에 심한 흉년이 들었을 때 감진어사(監賑御史)로 나갔다.

14 경기 좌도(京畿左道)에서는……미쳤다 : 민진원은 1702년(숙종28) 수원 부사(水原府使)로 재직하였다.

15 개연히……뜻 : 한 지방의 정치를 혁신하여 백성을 안정시키겠다는 지방관의 포부를 말한다. 후한(後漢)의 범방(范滂)이 기주 자사(冀州刺史)로 나갈 적에 수레에 올라 고삐를 잡고서는 천하를 정화시킬 뜻을 개연히 품었다는 고사에서 온 말이다.

16 칼날을……능수능란하였다 : 일솜씨가 여유 있고 능수능란한 것을 말한다. 《장자》〈양생주(養生主)〉에 "저 소의 관절에는 틈새가 있고 이 칼날은 두께가 없습니다. 두께가 없는 얇은 칼로 관절의 틈새에 넣어 해체하니, 넓고 넓어서 칼날을 움직이는 데에 여유가 있는 것입니다.〔彼節者有閒, 而刀刃者無厚. 以無厚入有閒, 恢恢乎, 其於遊刃, 必有餘地矣.〕"라고 한 데서 온 말이다.

였다. 대개 내직과 외직은 서로 경중(輕重)이 되는지라, 직위와 품계를 따지지 않고 발탁하였다. 이에 경을 강화 유수에 제수하노라.

경은 부임하여 그 마음을 다하고 나의 명을 공경히 따르라. 인자한 교화를 펴서 윗사람을 친애하고 상관을 위해 죽을 수 있는 마음[19]을 진작시키고, 군비를 잘 다스려 임기응변의 계책을 극진히 하라. 백성을 안정시키고 보살펴 조정의 덕택과 은혜를 알게 하고, 무기를 수선하고 비축하여 한 방면의 방비를 강성하게 하라. 오직 사람의 계책이 좋지 못할까를 걱정해야 할 것이요, 천연의 요새가 믿을 만하다 말하지 말라. 자성(子城)의 증축에 논란이 있으니[20] 반드시 깊이 헤아리고, 외국 배가 수시로 출몰하니 더욱 신중히 경계하라. 비국(備局)의 중요한 정책에 참여하니 연석(筵席)에서 원대한 계책을 진술할 것이요, 해방(海防)의 요충지를 지키니 적과 대치하는 것처럼 의기가 비장하리라. 생각건대 이 직책이 이미 중요하니 참으로 책임을 완수하기 더

17 성균관에서……맡았고 : 민진원은 1705년 윤4월에 성균관 대사성에 제수되었다.

18 뒤엉킨……분간함에 : 복잡하고 어려운 임무를 처리하는 과정에서 뛰어난 재주가 발휘된다는 뜻이다. 《후한서(後漢書)》 권58 〈우후열전(虞詡列傳)〉에 "쉬운 것을 구하지 않고 어려운 일을 피하지 않는 것이 신하의 직분이니, 뒤엉킨 나무뿌리와 마디를 만나지 않으면 어떻게 예리한 기구를 분간하였는가.〔志不求易, 事不避難, 臣之職也. 不遇盤根錯節, 何以別利器?〕"라고 한 데서 온 말이다.

19 인자한……마음 : 《맹자》 〈양혜왕 하(梁惠王下)〉에 "임금께서 인정을 행하시면 백성들은 그 윗사람을 친애하고 상관을 위해 죽을 것입니다.〔君行仁政, 斯民親其上, 死其長矣.〕" 하였다.

20 자성(子城)의……있으니 : 전 강화 유수 이건명(李健命)이 강화도의 홍문(虹門)을 개조하기를 청하였는데, 당시 영의정 신완(申琓)은 찬성하고 우의정 김구(金構)는 반대하였다. 《肅宗實錄 29年 9月 25日》 자성은 큰 성에 부속된 작은 성으로, 내성(內城)이나 외성(外城) 바깥쪽에 있는 옹성(甕城), 월성(月城) 따위를 일컫는다.

욱 어렵다. 자상하다고 칭송 받으면 혹 위엄과 결단이 부족하고, 부지런한 일처리를 힘쓰면 쉽게 번잡한 데로 흘러간다. 이해와 편의를 힘써 헤아리고, 이장(弛張)과 완급(緩急)을 알맞게 행하라.

아, 온 중서(溫中書)[21]의 상주(上奏)가 상세하고 분명하니 마땅히 좌우에 둘 것이며, 도 장사(陶長沙)[22]의 다스림이 정미하고 주밀하니 장차 병번(屛藩)[23]에 시험하라. 형과 아우가 번갈아 강화 유수를 맡으니[24] 어찌 단지 개인 집안의 영광일 뿐이겠는가. 집과 나라가 기쁨과 슬픔을 함께하니 실로 세신(世臣)의 충심과 노고에 힘입었다. 이곳을 맡긴 은혜를 반드시 체득하여 백성을 안정시키는 책무를 다하라. 그러므로 이렇게 교시하니 잘 알았으리라 생각한다.

21 온 중서(溫中書) : 당 태종(唐太宗) 때 중서령(中書令)을 지낸 온언박(溫彦博, 574~637)으로, 정관(貞觀)의 치세를 이루는 데 크게 공헌하였다.

22 도 장사(陶長沙) : 동진(東晉) 초기의 명장으로, 장사군공(長沙郡公)에 봉해진 도간(陶侃, 259~334)이다. 그는 군대를 거느린 41년 동안 명석하게 결단을 잘하여 남릉(南陵)부터 백제(白帝)에 이르기까지 길에 떨어진 물건을 줍는 사람이 없었으며, 광주 자사(廣州刺史)로 있을 때에는 정무가 없으면 아침에 벽돌 백 개를 집 밖으로 옮겨 놓았다가 저녁에 집 안으로 옮겨 놓으며 안일에 빠지는 것을 경계하였다.《晉書 卷66 陶侃列傳》

23 병번(屛藩) : 나라를 지키는 울타리와 병풍이라는 뜻으로, 강화도를 말한다.

24 형과……맡으니 : 민진원의 형 민진후(閔鎭厚, 1659~1720)는 1700년(숙종26) 강화 유수에 제수되었다.

상량문上樑文

명천 상렬사 상량문

明川尙烈祠上樑文

나라에는 정이(鼎彝)[25]에 공적을 기록하는 법이 있어 그 영광을 우러러보고, 지방에는 조두(俎豆)를 경건하게 올리는 사당을 설치하여 더욱 그 풍교와 공렬을 세운다. 실로 남기신 은택이 있으니 세상을 떠나셨다 해도 잊을 수 있겠는가.

돌아보건대 이 황량하고 머나먼 변방 지역에 간간이 성대하게 인재가 배출되는 아름다움이 있었다. 이는 수천 리 산하에 아름다운 기운이 충만하게 서리고, 조종(祖宗) 삼백 년간 평소에 인재를 배양하고 성취시켰기 때문이다. 그 재주와 용맹을 논하면 《시경》에서 〈토저(兔罝)〉[26]를 노래한 것과 같고, 그 뜻과 기운을 말하면 사람마다 마혁(馬革)[27]의

25 정이(鼎彝) : 고대의 제기(祭器)로, 표면에 공훈이 있는 사람의 사적을 새겼다.

26 토저(兔罝) : 《시경》 〈주남(周南)〉 편명으로, 왕의 교화가 행해져서 풍속이 아름다워지면 그물을 쳐서 토끼나 잡는 야인(野人)도 나라를 지키는 장수의 재목이 될 수 있다는 내용이다.

27 마혁(馬革) : 마혁과시(馬革裹屍)로, 전쟁터에서 싸우다 죽어 말가죽에 시신이 싸여 돌아오는 것을 말한다. 《후한서》 권24 〈마원열전(馬援列傳)〉에 "남아는 마땅히

충성을 지녔도다.

해성군(海城君) 오공(吳公)[28] 같은 분은 진실로 북방의 훌륭한 장수이다. 소를 잡아먹을 기세[29]로 손뼉을 치며 우는 검을 어루만지는 마음[30]을 지녔고, 이〔蝨〕를 꿰뚫는 솜씨[31]로 시(詩)를 중시하고 예(禮)를 좋아하는 학업[32]이 있었다. 항오(行伍)에서 발탁되기 전부터 이미 간성

변방에서 죽어 말가죽에다 시신을 싸 가지고 돌아와 땅에 묻혀야 할 뿐이다. 어찌 침상에 누워 아녀자의 손에서 죽을 수 있겠는가.〔男兒要當死於邊野, 以馬革裹屍還葬耳, 何能臥牀上在兒女子手中耶?〕"라고 한 데서 온 말이다.

28 해성군(海城君) 오공(吳公) : 오박(吳珀, 1575～1630)으로, 본관은 해주(海州)이다. 1624년(인조2) 이괄(李适)의 난이 일어나자, 출정하여 공을 세워 진무공신(振武功臣) 3등에 봉해졌다.

29 소를 잡아먹을 기세 : 뛰어난 자질과 기상을 갖춘 젊은이를 칭찬할 때 쓰는 말이다. 《시자(尸子)》에 "범이나 표범의 새끼는 아직 문채를 이루기 전에도 소를 잡아먹을 기세가 있고, 기러기나 고니의 새끼는 날개가 완전히 나기 전에도 사해를 날아다닐 마음이 있다. 현자의 탄생 또한 그러하다.〔虎豹之駒, 未成文而有食牛之氣; 鴻鵠之鷇, 羽翼未全而有四海之心, 賢者之生亦然.〕"라고 한 데서 온 말이다

30 손뼉을……마음 : 변방에 가서 공훈을 세우려는 의지를 말한다. 《후한서(後漢書)》 권48 〈장궁전(臧宮傳)〉에 "장궁과 마무의 무리들은 우는 검을 어루만지며 손뼉을 쳤으며 뜻은 이오의 북쪽을 향해 달리고 있었다.〔臧宮馬武之徒, 撫鳴劍而抵掌, 志馳於伊吾之北矣.〕"라고 한 데서 온 말이다.

31 이를 꿰뚫는 솜씨 : 아무리 작은 목표물이라도 명중시키는 탁월한 활솜씨를 말한다. 고대의 활의 명수인 기창(紀昌)이 활쏘기를 배울 때 "작은 것이 크게 보이고 희미한 것이 뚜렷하게 보인 뒤에 배우라."는 스승의 말에 따라 털끝에 이를 잡아매어 창문 사이에 드리워 두고 그것만 바라보았다. 날짜가 지날수록 차츰 크게 보이다가, 3년이 지나자 수레바퀴만큼 크게 보였다. 기창이 그때서야 비로소 활을 당겨 쏘아 이의 심장을 꿰뚫었는데, 이를 매단 털은 끊어지지 않고 그대로 있었다고 한다. 《列子 湯問》

32 시(詩)를……학업 : 유장(儒將)의 덕목을 가리키는 말이다. 춘추시대 문공(晉文公)이 삼군(三軍)을 만들고 원수(元帥)를 뽑으려고 하자, 대부 조최(趙衰)가 "극곡이

(干城)[33]으로 촉망받았다. 원수(元帥 장만(張晩))가 방추(防秋)[34]할 군영을 개설하니 처음 화살을 지고서 멀리 나갔으며, 역신(逆臣 이괄(李适))이 하늘을 쏘는[35] 악을 가득 품으니 마침내 수(殳)를 잡고[36] 출정하였다. 피범벅으로 북채를 잡고 두드리니 사기가 이로 인해 백 배 치솟았고, 적의 칼날을 꺾고 수급(首級)을 바치니 요망한 기운이 사방에서 말끔하게 걷혔다. 그 지혜는 장단진(長湍津)으로 군사를 건너게 할 때에 드러났고, 그 의리는 안령(鞍嶺 무악재)에서 적을 꾸짖을 때에 드러났다. 큰 나무에 몸을 감추어도[37] 황하(黃河)의 맹세[38]에 참여하였고,

적임자입니다. 신이 자주 그가 하는 말을 들었는데, 예악을 좋아하고 시서를 중시하였습니다.〔郤縠可. 臣亟聞其言矣, 說禮樂而敦詩書.〕"라고 한 데서 온 말이다. 《春秋左氏傳 僖公27年》

33 간성(干城) : 국가의 방패와 성이 되는 훌륭한 장수라는 뜻으로, 《시경》 〈토저(兎罝)〉에 "씩씩한 무부여, 공후의 간성이로다.〔赳赳武夫, 公侯干城.〕" 하고, 또 "씩씩한 무부여, 공후의 심복이로다.〔赳赳武夫, 公侯腹心.〕" 하였다.

34 방추(防秋) : 고대 서북쪽 유목민들이 가을이 되어 말이 살지는 계절이 되면 남으로 내려와 침입하므로 변방 수비군의 경계를 강화하여 병력을 징발해 방수(防守)하는 것을 말한다.

35 하늘을 쏘는 : 반역을 꾀한다는 뜻으로, 《사기》 권3 〈은본기(殷本紀)〉에 "무을이 무도하여 우인(偶人)을 만들어 하늘이라고 하면서 박혁놀이로 승부를 다투어 하늘이 지면 욕하였다. 또 피를 담은 가죽 주머니를 공중에 매달아 놓고 활을 쏘면서 하늘을 쏜다고 하였다."라고 한 데서 온 말이다.

36 수(殳)를 잡고 : 근왕병(勤王兵)이 되었다는 뜻으로, 《시경》 〈백혜(伯兮)〉에 "백이 수를 잡고서 왕을 위해 앞에서 말을 몰도다.〔伯也執殳, 爲王前驅.〕"라고 한 데서 온 말이다. 수(殳)는 칼날이 없는 두 길 길이의 창이다.

37 큰……감추어도 : 자신의 전공(戰功)을 자랑하지 않았다는 말이다. 후한(後漢)의 개국 공신 풍이(馮異)는 광무제(光武帝)를 섬겨 많은 전공을 세웠으나 겸손하여 논공행상할 즈음이면 언제나 자신의 공로를 말하지 않고 큰 나무 아래에서 한가로이 쉬고

재주를 굽혀 한 고을을 다스려 곧바로 자새(紫塞)의 성루에 올랐다.[39] 조두(刁斗)[40]의 경보가 끊어짐에 산림에 웅거하고 있는 맹수의 위엄을 지키고, 세월이 물처럼 흘러감에[41] 천리를 달리려던 준마의 뜻[42]이 꺾였다. 용맹스런 장수를 잃으니 하괴성(河魁星)[43]이 어두워지고, 옛 주인

있었기에 사람들이 '대수장군(大樹將軍)'이라고 칭송했다는 고사에서 온 말이다.《後漢書 卷17 馮異傳》

38 황하(黃河)의 맹세 : 공신을 녹훈하는 맹세를 말한다. 한 고조(漢高祖) 유방(劉邦)이 천하를 통일한 후에 개국 공신들을 봉작했는데, 그 서사(誓詞)에 "황하가 띠처럼 가늘어지고 태산이 숫돌처럼 닳는다 하더라도 나라는 영원히 보존되어 후손에게까지 영화가 미치게 하리라.〔使黃河如帶, 泰山如礪, 國以永存, 爰及苗裔.〕"라고 한 데서 온 말이다.《史記 卷18 高祖功臣侯者年表》

39 재주를……올랐다 : 오박은 1632년(인조10) 명천 부사(明川府使)에 제수되고 종성 부사(鍾城府使)로 관직을 마쳤다. 자새는 북방의 변새이다. 진(晉)나라 최표(崔豹)의《고금주(古今注)》〈도읍(都邑)〉에 "진(秦)나라 때 쌓은 장성(長成)의 흙 색깔이 붉었고 한(漢)나라 변새도 그러하였기 때문에 자새라고 칭하였다." 하였다.

40 조두(刁斗) : 변방의 경보를 뜻한다. 옛날 군중에서 야경을 돌 때 쓰던 바라로, 낮에는 이로써 밥을 짓고 밤에는 이로써 야경(夜警)의 딱따기로 사용하였다.

41 세월이 물처럼 흘러감에 : 세월이 빨리 흘러 늙었다는 말이다. 촉한(蜀漢)의 유비(劉備)가 형주(荊州)의 유표(劉表)에게 의탁할 때, 어느 날 측간에 갔다가 넓적다리에 살이 찐 것을 보고 눈물을 줄줄 흘렸다. 유표가 까닭을 묻자, 유비는 "내 몸은 늘 말안장을 떠나지 않았으므로 넓적다리 살이 홀쭉했는데, 지금 말을 타지 않으니 넓적다리에 살이 올랐다. 세월이 물처럼 흘러가 늙음이 장차 이르는데도 아직 공업을 세우지 못했기에 슬플 뿐이다." 하였다.

42 천리를……뜻 : 조조(曹操)의 〈보출하문행(步出夏門行)〉에 "늙은 준마는 구유에 엎드려 있어도 천 리(里)에 뜻이 있고, 기개 있는 선비는 늙어서도 장한 뜻이 그치지 않네.〔老驥伏櫪, 志在千里; 烈士暮年, 壯心不已.〕"라고 한 데에서 온 말이다.

43 하괴성(河魁星) : 음양가(陰陽家)에서 말하는 북두칠성의 둘째 별로, 장수(將帥)를 상징한다.

과 이별하니 용천검(龍泉劍)[44]이 울부짖는다. 회수(淮水)와 사수(泗水)의 초목도 공의 이름 알 것이니[45] 백 년 세월 지나도 어제 일과 같을 것이요, 분진(汾晉)의 구름과 물에 공의 공적 남았으니[46] 그 일대가 함께 찬탄한다.

돌아보건대, 우리 명천(明川) 고을은 일찍이 공의 은택을 입었다. 적폐가 모두 제거되니 곤궁했던 백성이 이에 힘입어 소생하였고, 선정이 아직도 남았으니 노인들이 전하기를 게을리 하지 않는다. 그림 속 모습은 기린각(麒麟閣)[47]을 바라보아도 붙잡을 수 없고, 〈강한(江漢)〉[48]의 은혜와 위엄은 귀비(龜碑)[49]를 어루만진들 어찌 미칠 수 있겠

44 용천검(龍泉劍) : 춘추시대 간장(干將)과 막야(莫邪) 부부가 제작하였다는 보검(寶劍) 이름이다.

45 회수(淮水)와……것이니 : 당(唐)나라 때 문신 장만복(張萬福)이 여러 지방에서 군공(軍功)을 많이 세웠으므로, 덕종(德宗)이 그를 호주 자사(濠州刺史)로 임명하면서 "짐이 생각건대 강회 지방의 초목도 그대의 대단한 명성을 알 것이다.〔朕謂江淮草木亦知爾威名〕"라고 한 데서 온 말이다.《舊唐書 卷152 張萬福列傳》

46 분진(汾晉)의……남았으니 : 오박의 공훈과 명성이 그 지역에서 사라지지 않고 영원히 전해진다는 뜻이다. 분진은 분수(汾水) 유역으로, 산서성(山西省) 태원(太原) 지역이다. 두보(杜甫)가 당나라의 현신(賢臣) 8인의 죽음을 슬퍼하여 쓴 〈팔애시(八哀詩)〉에서 태원 윤(太原尹)으로 있다가 죽은 왕사례(王思禮)를 두고 "천추토록 분진 사이에는 그의 공적이 구름과 물과 함께 희리라.〔千秋汾晉間, 事與雲水白.〕" 하였다.

47 기린각(麒麟閣) : 한 선제(漢宣帝) 때 곽광(霍光) 등 11명의 공신 초상화를 봉안한 전각 이름이다. 후대에는 모든 공신각을 일컫는 말로 쓰였다.《漢書 卷54 蘇武傳》

48 강한(江漢) :《시경》〈대아(大雅)〉의 편명으로, 주 선왕(周宣王) 때 회수(淮水) 가의 오랑캐가 자주 침입하자, 선왕이 소목공(召穆公)을 보내어 회수 남쪽의 오랑캐를 평정시킨 일을 노래하였다.

49 귀비(龜碑) : 무덤 앞에 배설하는 거북 모양의 석좌(石座) 위에 세운 비(碑)를 말한다.

는가. 이에 위패를 모실 곳을 지어 영구한 그리움을 위로하도다. 장인(匠人)을 모으고 일을 도모하는데 함께한 이들은 마천령(摩天嶺) 이북 사람들이고, 점괘를 살피고 집터를 살펴서 찾은 길지(吉地)가 명천 고을 옆이다. 산천이 앞뒤로 둘러싸니 완연히 공이 다스리던 땅이요, 객사와 관아가 지척에 즐비하니 예전 다스리던 모습이 떠오른다. 의당 혼령이 돌아보고 그리워하리니 이미 사당의 모습이 빛나도다. 오나라 창과 무소가죽 갑옷이여! 《초사(楚辭)》의 초혼(招魂)이 들리는 듯하고,[50] 붉은 여지(荔枝)와 누런 바나나여! 어찌 꿈속에서 나지(羅池) 계시하기를 기다리겠는가.[51] 역사(役事)가 백성을 번거롭게 하지 않았으니 하루도 못 되어 완성되었다[52] 말할 수 있고, 일은 지금을 기다린 듯하니 소문을 듣고서 일어난 자들이 많았다. 비단 충성을 드러내고 정직에 보답하는 일에 관련될 뿐 아니라, 또한 윗사람을 친애하고 상관을 위해 죽을 수 있는 마음을 진작시키도다. 잠시 도끼 소리를

50 오나라……듯하고 : 《초사(楚辭)》〈국상(國殤)〉에 "오나라 창을 잡고 무소가죽 갑옷을 입었음이여, 양쪽 수레가 마주치자 칼을 잡고 싸우네.〔操吳戈兮被犀甲, 車錯轂兮短兵接.〕"라는 구절이 있다.

51 붉은……기다리겠는가 : 꿈속에서 나지(羅池)를 계시하기를 기다리지 않고 사당을 지어 제사를 지내겠다는 말이다. 붉은 여지(荔枝)와 누런 바나나는 제수(祭需)를 뜻하는데, 한유(韓愈)의 〈유주나지묘비(柳州羅池廟碑)〉에 "여지는 붉고 바나나는 누런데, 안주와 채소를 곁들여 사당에 올리네.〔荔子丹兮蕉黃, 雜肴蔬兮進侯堂.〕"라고 한 데서 온 말이다. 〈유주나지묘비〉에 "후(侯 유종원(柳宗元)을 말함)가 구양익(歐陽翼)의 꿈에 나타나 '나를 나지에 모셔라.' 하였다."라는 내용이 있다.

52 하루도……완성되었다 : 《시경》〈영대(靈臺)〉에 "영대를 경영하기 시작하여 헤아리고 도모하시니, 백성들이 달려와 일하는지라 하루도 못 되어 완성되었다.〔經始靈臺, 經之營之, 庶民攻之, 不日成之.〕"라는 구절이 있다.

멈추고 윤환(輪奐)[53]의 노래를 부르노라.

어영차 들보 동쪽에 떡을 던지세 兒郎偉　抛梁東
아득한 바다빛이 먼 하늘에 이어지네 蒼茫海色接遙空
장부의 장대한 뜻이 무엇과 같을까 丈夫壯志知何似
만 리에서 불어와 파도 헤치는 바람이라네[54] 萬里吹來破浪風

어영차 들보 서쪽에 떡을 던지세 兒郎偉　抛梁西
도성으로 돌아가는 길 시야에 흐릿하네 日邊歸路望中迷
황홀하게 영령이 오고가는 곳 恍惚英靈來去地
기린각 높은 곳에 오색구름 드리웠네 麟臺高處五雲低

어영차 들보 남쪽에 떡을 던지세 兒郎偉　抛梁南
칠보산[55]이 우뚝하게 푸른 하늘에 솟구쳤네 七寶巖巖上蔚藍
때로 산림의 운무를 보내어 단비를 만드니 時遣雲嵐作甘雨
천추토록 혜택에 잘 참여하리라 千秋惠澤好相參

53 윤환(輪奐) : 큰 규모의 훌륭한 건물을 뜻하는데, 진(晉)나라 문자(文子)의 집이 완공되자 대부인 장로(張老)가 그 규모를 보고는 "아름답구나, 높고 크도다. 멋지구나, 없는 게 없네.〔美哉輪焉, 美哉奐焉.〕"라고 노래한 데서 온 말이다.《禮記 檀弓下》

54 만……바람이라네 : 남조(南朝) 송(宋)의 종각(宗慤)이 소년 시절에 숙부가 장래의 포부를 묻자 "장풍을 타고서 만리의 파도를 헤쳐 나가고 싶다.〔願乘長風破萬里浪〕" 하였다.《宋書 卷76 宗慤列傳》

55 칠보산(七寶山) : 함경도 명천(明川)에 있는 산 이름이다.《국역 신증동국여지승람 제50권 함경도 명천현》

어영차 들보 북쪽에 떡을 던지세　兒郎偉　抛梁北
하늘 잇닿는 장백산이 쉬지 않고 뻗어가네　長白連天走不息
창 비껴들고 말 달리는 모습 어렴풋이 상상하니　橫戈躍馬想依俙
늠연한 충성과 의리가 차가운 눈빛과 다투네　忠義凜然爭雪色

어영차 들보 위쪽에 떡을 던지세　兒郎偉　抛梁上
빛나는 광채가 별자리를 움직이네　炯炯精光動星象
활을 당겨 밤마다 천랑성[56]을 겨누나니　彎弧夜夜向天狼
하토의 오랑캐 비린내 언제나 씻어낼까　下土腥羶幾時盪

어영차 들보 아래쪽에 떡을 던지세　兒郎偉　抛梁下
엄숙한 사당이 평야를 굽어보네　靈牖陰森俯平野
수많은 청금[57] 사이에 호영[58]이 섞여 있으니　青衿濟濟間胡纓
사방에서 의리를 사모하는 자들이 달려왔네　奔走四方慕義者

부디 상량한 이후에 오로지 분필(苾苾)[59]을 삼가하여 사당이 영원히

56 천랑성(天狼星) : 반란이나 전쟁을 상징하는 불길한 별 이름이다. 《초사(楚辭)》 〈구가(九歌) 동군(東君)〉에 “긴 화살을 겨누어 천랑성을 쏜다.〔擧長矢兮射天狼〕” 하였다.

57 청금(青衿) : 청색으로 깃을 두른 옷으로 선비의 복장을 말한다. 《시경》 〈청청자금(青青子衿)〉의 ‘푸르고 푸른 그대의 옷깃이여.〔青青子衿〕’라고 한 데서 온 말이다.

58 호영(胡纓) : 장식과 무늬가 없는 갓끈으로 무사의 복식을 말한다.

59 분필(芬苾) : 향기로운 음식으로 제수(祭需)를 말한다. 《시경》 〈초자(楚茨)〉에 정결하고 향기로운 효성스러운 제사에 신령이 음식을 즐겁게 드셨다.〔苾芬孝祀, 神嗜

새로워지기를, 유새(楡塞)[60]의 성보(城堡)가 안정되어 길이 자물쇠처럼 굳건하고 동향(桐鄕)[61]의 비와 햇살이 사시에 알맞아 곡식이 창고와 수레 짐칸을 채우기를, 정령을 밝게 드러내어 영재를 기르고 충절을 권면하여 아름다운 풍속을 이루기를, 백세토록 도움이 되기를 기약하고 한 지방에 광채를 보태기를 바라노라.

飮食.]"라고 한 데서 온 말이다.

60 유새(楡塞) : 진(秦)나라 몽염(蒙恬)이 흉노족을 막기 위하여 설치한 관(關)으로, 지금의 내몽고 지역에 있다. 유림새(楡林塞)라고도 하는데 흔히 변경 지방을 일컫는다.

61 동향(桐鄕) : 중국 안휘성(安徽省) 동성현(桐城縣)의 북쪽에 있는 지명으로, 한(漢)나라 때 주읍(朱邑)이 이곳의 지방관이 되어 어진 정사를 폈기 때문에 이후로 지방관이 선정(善政)을 베푼 고을을 뜻한다.

잠 箴

응잠

凝箴

대심[62]을 위해 짓다.

도가 비록 크지만	道雖大
덕이 아니면 어찌 응집되리	非德曷凝
뜻이 분산되지 않아야	志不分
그 정신이 응집되리라[63]	厥神乃凝
경을 힘쓰기를 권하노니	勖爾敬
경하면 날로 응집되리라	敬則日凝

62 대심(大心) : 저자의 사촌 동생 이유(李維)이다.

63 뜻이……응집되리라 : 《장자》 〈달생(達生)〉에 "뜻을 쓰기를 분산하지 않아야 정신이 응집된다.〔用志不分, 乃凝於神.〕" 하였다.

인잠

忍箴

조정세(趙靖世)[64]를 위해 짓다

무익한 데에 지혜를 쓰지 말지니 勿役智於無益

옛 성인이 사람들에게 큰 도를 보이셨다 往聖示人以大道

재능을 지녔다 스스로 기뻐하지 말지니 毋負能而自喜

하늘이 너에게 온전한 덕을 부여하셨다 皇天賦汝以全德

밤낮으로 너를 낳아주신 분을 생각하라[65] 夙夜念爾生

어찌 감히 원한을 품고 통분을 참는 뜻을 느슨히 하겠는가

曷敢弛其含寃忍痛之心

기질을 성으로 여기지 않으니[66] 氣質有不性

반드시 청명하고 순정한 영역에 이르기를 기필하라

必期臻乎淸明粹正之域

64 조정세(趙靖世) : 본관은 풍양(豊壤), 자는 정보(正甫)로, 저자의 문인이다. 조정세의 부친 조성복(趙聖復)은 경종(景宗)에게 세제(世弟, 영조)의 대리청정(代理聽政)을 요구하는 소를 올려 국문을 받고 위리안치(圍籬安置)되었다가 신임사화 때에 옥중에서 음독자살하였다.

65 밤낮으로……생각하라 : 《시경》 〈소완(小宛)〉에 "아침 일찍 일어나고 늦게 잠들어 너를 낳은 부모님을 더럽히지 말라. 〔夙興夜寐, 毋忝爾所生.〕"라 하였다.

66 기질을……않으니 : 장재(張載)의 《정몽(正蒙)》 제6 〈성명(誠明)〉에, "형체를 이룬 뒤에 '기질의 성'이 있으니, 이를 잘 돌이키면 '천지의 성'이 보존된다. 그러므로 '기질의 성'을 군자는 '성'으로 여기지 않는다.〔形而後有氣質之性, 善反之則天地之性存焉. 故氣質之性, 君子有不性者焉.〕" 하였다.

명 銘

좌우명

座右銘

시작하고 끝마치는 조리[67]를 알고 싶다면	欲知始終條理
《소학》과 《근사록》에 실려 있다	小學近思之編
사서와 육경으로 동여 묶고	緯以四書六經
《주자대전》으로 관통하라	貫之朱子大全
이렇게 몸을 마쳐도 싫증나지 않으리니	蓋將以是終身而不厭
감히 근력이 이미 쇠했다고 말하겠는가	敢曰膂力之既愆

67 시작하고 끝마치는 조리 : 《맹자》 〈만장 하(萬章下)〉에 "공자는 집대성하신 분이라 하는데, 집대성이란 음악을 연주할 때 쇠종을 쳐서 소리를 퍼트리고 옥경을 쳐서 소리를 거두어들이는 것이다. 쇠종을 쳐서 소리를 퍼트리는 것은 시작하는 조리이고, 옥경을 쳐서 소리를 거두어들이는 것은 마무리하는 조리이니, 시작하는 것은 지혜에 속하고 마무리하는 것은 성인의 일이다.〔孔子之謂集大成. 集大成也者, 金聲而玉振之也. 金聲也者, 始條理也; 玉振之也者, 終條理也. 始條理者, 智之事也, 終條理者, 聖之事也.〕" 하였다.

좌우명

座右銘

비단옷에 홑옷을 덧입는 것이	錦以絅
마음을 세우는 시초요[68]	立心始
묵묵히 이루는 것이[69]	默而成
마무리하는 조리이니	終條理
이것이 하늘의 법칙이다	是天則
아, 소자들아	嗟小子

68 비단옷에……시초요 : 《중용장구》 제33장에 "《시경》에 '비단옷을 입고 홑옷을 덧입는다.' 하였으니, 이는 문채가 드러나는 것을 싫어하기 때문이다.〔衣錦尚絅, 惡其文之著也.〕" 하였는데, 그 주석에서 "이는 초학자가 마음을 세우는 시초로부터 말씀한 것이다." 하였다.

69 묵묵히 이루는 것이 : 《주역》 〈계사전 상(繫辭傳上)〉에 "묵묵히 이루며 말하지 않아도 믿음은 덕행에 있다.〔默而成之, 不言而信, 存乎德行.〕" 하였다.

춘옹이 손수 쓰신 퇴계 선생의 병명(屛銘)[70]을 보고서 삼가 차운하다

伏覩春翁手書退溪先生屛銘敬次其韻

아, 탕왕과 문왕께서는	猗嗟湯文
두려워하고 공경하셨네[71]	翼翼慄慄
요순 시대로 거슬러 올라가면	上溯虞唐
극으로 모여들고 극으로 돌아왔다네[72]	會極歸極
대체로 성인과 현인들은	大抵賢聖
이 근심과 두려움을 함께하였네	同此憂惕
양심은 죽지 않는지라	人心不死

70 춘옹(春翁)이……병명(屛銘) : 한국문집총간 107집에 수록된 《동춘당집(同春堂集)》 권16 〈사진춘궁선현격언병폭발(寫進春宮先賢格言屛幅跋)〉에 퇴계의 병명(屛銘)이 실려 있는데, 《퇴계집(退溪集)》 권44 〈제김사순병명(題金士純屛銘)〉에 실려 있는 글과 자구(字句)가 다른 것이 많다

71 탕왕(湯王)과……공경하셨네 : 《서경》 〈탕고(湯誥)〉에 "놀라고 떨면서 위태롭게 여겨 두려워하기를 마치 장차 깊은 못에 빠질 것처럼 조심스럽게 여긴다.〔慄慄危懼, 若將隕于深淵.〕" 하였고, 《시경》 〈대명(大明)〉에 "오직 이 문왕이 조심조심 공경하고 삼간다.〔惟此文王, 小心翼翼.〕" 하였다.

72 요순……돌아왔다네 : 《서경》 〈홍범(洪範)〉에 "편벽됨이 없고 편당함이 없으면 왕의 도가 탕탕(蕩蕩)하며, 편당함이 없고 편벽됨이 없으면 왕의 도가 평평(平平)하며, 상도(常道)에 위배됨이 없고 기울어짐이 없으면 왕의 도가 정직(正直)할 것이니, 그 극이 있는 곳으로 모여들고 그 극이 있는 곳으로 돌아올 것이다.〔無偏無黨, 王道蕩蕩; 無黨無偏, 王道平平; 無反無側, 王道正直, 會其有極, 歸其有極.〕" 하였다. 극(極)은 모든 사람이 표준으로 삼는 제왕의 법칙이다.

실로 마음을 기울였네	實維主一
여기에 종사하면	於斯從事
저절로 양강(陽剛)이 돌아오리라	自然剛復
의로 붙잡아야 하니	義以夾持
성은 하늘의 도라네[73]	誠則天道
비루한 생각이 한번 싹트면	私吝一萌
이 호연한 기운을 잃는다네	此氣失浩
귀하게 여기는 것은 마음이	所貴胸襟
광풍제월(光風霽月)처럼 깨끗하게 되는 것[74]	灑落風月
천지 온통 오랑캐 비린내	天地腥羶
내가 장차 어디로 가리오	我將安適
부디 바라노라	庶幾保守
사문의 일맥을 보존해서 지키기를	斯文一脉

73 성은 하늘의 도라네 : 《맹자》 〈이루 상(離婁上)〉에 "성은 하늘의 도이고 성하기를 생각하는 것은 사람의 도이다.〔誠者, 天之道也 ; 思誠者, 人之道也.〕" 하였다

74 귀하게……것 : 황정견(黃庭堅)이 〈염계시서(濂溪詩序)〉에서 주돈이(周敦頤)의 높은 인품과 탁 트인 흉금을 묘사하여 "용릉의 주무숙은 인품이 매우 고상하고 가슴속이 깨끗하기가 마치 비갠 날의 맑은 바람과 밝은 달빛 같다.〔春陵周茂叔, 人品甚高, 胸中灑落, 如光風霽月.〕" 하였다.

퇴계 선생의 병명에 다시 차운하다

更次退溪先生屛銘

춘옹(春翁)이 손수 쓰신 병명과 선생의 문집에 실린 병명이 각기 다른 본이기에 다시 차운하였다.

우임금은 유정유일의 심법(心法)을 전하고[75]	禹傳精一
탕임금은 위태로워하고 두려워하는 마음 지녔네	湯懷危慄
도의 오묘함 드러내 밝히니	發揮道妙
중용과 태극이로다	中庸太極
공자와 안자는 멀어졌으나	孔顏已遠
그 즐거움은 찾을 수 있네[76]	可尋其樂
나는 인을 구하고자 하여	我欲求仁
《주역》〈복괘〉에서 얻었네[77]	於易得復

75 우임금은……전하고 : 순(舜)임금이 우(禹)임금에게 선위(禪位)하면서 "인심은 위태하고 도심은 은미하니, 오직 정밀하고 전일하여야 진실로 그중을 잡으리라.〔人心惟危, 道心惟微, 惟精惟一, 允執厥中.〕" 하였다. 《書經 大禹謨》

76 공자(孔子)와……있네 : 공자가 제자 안연(顔淵)의 안빈낙도(安貧樂道)를 칭찬하며 "어질도다, 안회여! 한 그릇의 밥과 한 표주박의 음료로 누추한 골목에서 생활하는 것을 다른 사람들은 그 근심을 견뎌내지 못하는데, 안회는 그 즐거움을 바꾸지 않는구나. 어질도다, 안회여!〔賢哉回也! 一簞食一瓢飮, 在陋巷, 人不堪其憂, 回也不改其樂. 賢哉回也!〕" 하였다. 《論語 雍也》

77 주역 복괘에서 얻었네 : 《주자대전(朱子大全)》 권90 〈병산선생유공묘표(屛山先生劉公墓表)〉에, 주자가 초년 시절 스승인 병산(屛山) 유자휘(劉子翬)에게 도(道)에 들어가는 차제(次第)를 묻자, 유자휘가 "내가 《주역》에서 덕(德)에 들어가는 문을 얻었다. 이른바 '멀리 가지 않고 돌아온다.'라는 것은 나의 석 자의 부절이니, 이를 패복(佩服)하여 힘써서 감히 실추함이 없도록 하였다.〔吾於易得入德之門焉, 所謂不遠復者,

지난날 문왕께서는	維昔文王
도를 보지 못한 듯이 여기셨네[78]	如未見道
공부하는 길은 성실함 뿐이니	下手惟誠
아득히 끝없다고 말하지 말라	無曰浩浩
묵묵히 이 마음을 살피면	默察此心
해와 달처럼 밝아지리라	其至日月
나이 육십이 넘었건만	年踰六十
학문이 이립[79]에 부끄럽네	學慚而立
아직도 의를 따르지 못하여	義未與比
전적으로 안 된다고 하지 않으면 무조건 주장하네[80]	非莫則適
그나마 《소학》에 힘입어	尙賴小學
길을 헤매지는 않노라	不迷路脉

則吾之三字符也. 佩服周旋, 罔敢失墜.〕"라고 대답하였다. '불원복(不遠復)'은 《주역》 〈복괘(復卦)〉의 "초구(初九)는 멀리 가지 않고 돌아오는지라 후회하는 데 이르지 않으니 크게 선하여 길하다.〔初九, 不遠復, 毋祗悔, 元吉.〕"라는 것으로, 불선(不善)한 행동이 있는 초기에 그 잘못을 깨닫고 곧바로 선(善)으로 돌아온다는 뜻이다.

78 지난날……여기셨네 : 《맹자》 〈이루 하(離婁下)〉에 "문왕은 도를 바라보고도 보지 못한 듯이 여기셨다〔望道而未之見〕" 하였다.

79 이립(而立) : 공자가 나이 서른에 학문을 수립하였던 것을 말한다. 《논어》 〈위정(爲政)〉에 "나는 15세에 학문에 뜻을 두었고, 30세에 학문을 수립하였다.〔吾十有五而志于學, 三十而立.〕" 하였다.

80 의를……주장하네 : 《논어》 〈이인(里仁)〉에 "군자는 천하의 일에 전적으로 주장하는 것도 없고 전적으로 안 된다고 하는 것도 없다. 오직 의를 따를 뿐이다.〔君子之於天下也, 無適也, 無莫也, 義之與比.〕" 하였다.

고축문 告祝文

명천 상렬사에 해성군 오박 을 봉안하는 글
明川尙烈祠奉安海城君 吳珀 文

우뚝한 저 장백산이	屹彼長白
북진에 웅장하게 서리었네	雄蟠北鎭
영기가 그 정화(精華)를 길러	炳靈毓精
세상에 특출한 인물을 내었네	乃生豪俊
아, 오공은	猗歟吳公
백 명을 당해낼 분이셨네[81]	百夫之防
군중에서 발탁되어	拔自行伍
무과에 급제하였네	爰擢虎榜
임혁의 강함[82]은	袵革之强

81 백……분이셨네 : 《시경》 〈황조(黃鳥)〉에 "나는 꾀꼬리여, 뽕나무에 그치누나. 누가 목공을 따라 죽었는가. 자거중항이로다. 이 중항이여 백 명을 당해낼 만하도다.〔交交黃鳥, 止于桑. 誰從穆公? 子車仲行. 維此仲行, 百夫之防.〕" 하였다.

82 임혁의 강함 : 병기와 투구를 늘 일상에 끼고 지내는 북방 사람들의 강함을 말한다. 《중용장구》 제10장에 "무기와 갑옷을 깔고 지내면서 죽어도 싫어하지 않는 것은 북방 사람의 강함이다.〔衽金革, 死而不厭, 北方之强也.〕"라고 한 데서 온 것으로, 오박(吳

풍기가 그러하다네　　風氣則然
게다가 이 충효는　　矧伊忠孝
타고난 천성이었네　　秉彝自天
호랑이 입에서 아버지를 구했으니　　脫父虎口
누가 그 지혜만 하겠는가　　孰如其智
필마로 오랑캐에 달려들어　　匹馬赴虜
포로가 된 우리 군사를 귀환시켰네　　還我俘士
위태롭고 혼란하지[83] 않으면　　不有板蕩
어찌 위명을 드러내리오　　曷著威聲
당시에 옥성[84]이　　時維玉城
서쪽 지방에 군영을 개설하였네　　西垂開營
공이 화살을 지고 나아가니　　公來負羽
용맹이 무관 중에 으뜸이었네　　勇冠韐弁
역적이 하늘을 쏘아[85]　　逆豎射天
우리의 중외를 유린하였네　　蹂我都甸

珀)이 북방 출신이기 때문에 한 말이다.

83 위태롭고 혼란하지 : 원문의 '판탕(板蕩)'은 《시경》〈판(板)〉과 〈탕(蕩)〉 두 편의 별칭으로, 모두 주 여왕(周厲王)이 무도하여 나라가 혼란함을 풍자한 시이다. 나라가 위태롭고 사회가 혼란함을 뜻하는 말로 쓰인다.

84 옥성(玉城) : 장만(張晩, 1566~1629)으로 자는 호고(好古), 호는 낙서(洛西), 본관은 인동(仁同)이다. 1624년(인조2)에 이괄(李适)의 반란이 일어나자 각지의 관군과 의병을 모집하여 이를 진압하였다. 이 공로로 진무 공신(振武功臣) 1등에 책록되고 보국숭록대부에 올라 옥성부원군에 봉해졌다.

85 하늘을 쏘아 : 21쪽 주35 참조.

공은 이에 눈물을 흘리며　　公乃灑泣
창을 잡고서 출정하였네　　戈祋從征
장단진(長湍津)을 건넌 일은　　臨湍利涉
목앵[86]의 계책에 필적되네　　計敵木罌
안령(무악재)의 전투에선　　鞍嶺之戰
공이 실로 먼저 나섰네　　公實先登
의를 이끌어 죄를 성토하니　　引義聲罪
적의 기세가 크게 무너졌네　　賊勢大崩
상처를 싸매고 피를 머금고서　　裹瘡飮血
화살 한 발에 세 명을 죽였네　　一發三殪
아침이 끝나기도 전에[87]　　曾不崇朝
요망한 기운이 말끔히 사라졌네　　廓淸氛翳
원수가 말하기를, 아　　元帥曰吁
나에게 무슨 공이 있겠는가　　臣力何有
적의 예봉을 꺾고 섬멸함은　　摧鋒盡敵
너의 공에 짝할 자 없다 하였네　　功莫汝偶
한대에 공신을 책봉한 것처럼　　漢代策勳

86 목앵(木罌) : 한신(韓信)이 위왕(魏王) 표(豹)를 칠 때에 임진(臨晉)을 건너기 위해 고안한 장치로, 나무로 만든 통 여러 개를 얽어 한 줄로 쭉 띄우고 그 위에 판자를 깔아서 병사를 도강시킨 장치이다.

87 아침이 끝나기도 전에 : 《시경》 〈하광(河廣)〉에 "누가 하수가 넓다고 말하는가. 작은 거룻배도 용납하지 못하는도다. 누가 송나라가 멀다고 말하는가. 아침이 끝나기 전에 닿을 수 있도다.〔誰謂河廣? 曾不容刀. 誰謂宋遠? 曾不崇朝.〕"라고 한 데서 온 말이다.

기린각[88]에 초상이 빛났네	有煥麒麟
봉작(封爵)을 하사받음에	疏封錫爵
어찌 다른 사람 없었으랴	豈無他人
북쪽 지방에는 공이 있어	維北有公
성대하게 광영을 입었네	蔚爲光榮
이목(李牧)이 대(代)에 있듯이[89]	若牧居代
변방의 먼지가 놀라지 않았네[90]	邊塵不驚
능력을 비록 다 펴지 못했지만	雖未大究
위중하기가 한 국가와 같았네[91]	隱若一敵
어찌 오래도록 살아서	胡不百年
강토를 견고하게 지키지 못했나	以固疆埸
우리 명천은	惟我明州
공이 일찍이 다스린 곳이네	公昔莅之

88 기린각(麒麟閣) : 23쪽 주47 참조.

89 이목(李牧)이 대(代)에 있듯이 : 이목은 전국 시대 조(趙)나라의 장군로, 항상 대(代) 땅 안문(雁門) 지방에 있으면서 흉노를 제어하였다. 《史記 卷6 秦始皇本紀》

90 변방의……않았네 : 변경이 안정되어 전쟁이 없음을 뜻한다. 당 태종(唐太宗)이 "나는 오직 이세적을 진양에 둠으로써 변경의 먼지도 놀라지 않게 되었으니, 그 장성됨이 어찌 장대하지 않은가.〔朕唯置李世勣於晉陽, 而邊塵不驚, 其爲長城, 豈不壯哉?〕"라고 한 데서 온 말이다.

91 위중하기가……같았네 : 한 개인이 하나의 국가 역할을 한다는 뜻이다. 후한(後漢) 광무제(光武帝) 때의 장수 오한(吳漢)이 성도(成都)로 쳐들어가서 공손술(公孫述)의 군대를 대파하였다. 이때 오한이 강한 적과 대치하고 있으면서도 태연자약하게 작전 계획을 수립하자, 광무제가 "오공은 위중하기가 하나의 국가와 같다.〔吳公隱若一敵國矣〕"라고 찬탄하였다. 《後漢書 卷18 吳漢列傳》

따뜻이 보살피고 어루만져　　煦濡撫摩
피폐한 백성을 소생시켰네　　一蘇癃疲
온갖 폐단 씻은 듯 사라져　　百弊如洗
관청이 이에 새로워졌네　　廨宇聿新
길이 잊을 수 없는 은혜　　沒世之恩
어제 일처럼 엄연하네　　凜若隔晨
공적을 기리고 은혜에 보답하여　　崇功報惠
어찌 사당에 제사하지 않으리오　　曷不廟饗
또한 세 선비[92]는　　亦粤三士
우리 고을의 명망 있는 선비라네　　吾鄉之望
공과 함께 일어나　　與公偕作
한 마음으로 공업을 성취하였네　　一心成功
이에 함께 사당에 배향하니　　於焉醊食
새로운 사당 날아오를 듯하네　　翼然新宮
길한 아침에 영령을 봉안하고　　穀朝于妥
살진 희생과 향기로운 술 올리네　　牲酒肥馨
영령의 감응에 처창한 마음[93] 일어　　肹蠁悽愴
마치 영령을 뵙는 듯하네　　如見英靈

92 세 선비 : 미상이다.

93 처창한 마음 : 《예기》 〈제의(祭義)〉에 "서리가 내리면 군자가 이를 밟음에 반드시 서글픈 마음이 드니, 날이 추워서 그런 것이 아니다. 봄에 비와 이슬이 내려 땅이 축축해지면 군자가 그것을 밟음에 반드시 섬뜩하게 두려운 마음이 생겨 마치 죽은 부모를 곧 만날 것 같은 생각이 들게 된다.〔霜露既降, 君子履之, 必有悽愴之心, 非其寒之謂也. 春雨露既濡, 君子履之, 必有怵惕之心, 如將見之.〕"라고 한 데서 온 말이다.

엄숙한 창렬사가	有儼彰烈
어랑의 들판에 있다네[94]	漁郎之原
이 위대한 공적	惟玆偉績
어찌 우열을 따지리오	誰輕誰軒
말하지 말라, 우리 고을이	勿云吾土
이름 없는 누추한 변방이라고	逖陋無聞
길이 풍교(風敎)를 세워서	永樹風聲
삼가 정결한 제사를 올리네	明禋惟謹

94 엄숙한……있다네 : 함경북도 경성(鏡城) 어랑리(漁郎里)에 있는 창렬사(彰烈祠)는 임진왜란 의병장 이봉수(李鵬壽), 정문부(鄭文孚) 등을 배향한 곳이다.

장기 죽림사우에 우암 선생을 봉안하는 글

長鬐竹林祠宇奉安尤菴先生文

자양[95]의 전통이	紫陽之統
동방으로 전해졌네	迺傳東方
하늘이 호걸을 내시니	天挺豪傑
기운이 크고 강하였네[96]	氣大而剛
태산교악처럼	泰山喬岳
우뚝한 모습이라네	巖巖其相
일찍 문원(文元 김장생(金長生))을 스승삼아	蚤師文元
예학에 침잠하였네	沈潛禮場
마침내 우리의 도를 밝힘이	遂闡吾道
탄탄대로 걷듯 거침없었네	履若康莊
성조(聖祖 효종)를 만났으니	際遇聖祖
이윤과 탕왕의 모습 같았네	若伊曁湯
드높고 위대하고 빛나고 밝았으니	峻偉光明
처음부터 끝까지 출처 한결같았네	始終行藏
오직 《춘추》 필법이	惟春秋筆

95 자양(紫陽) : 남송(南宋)의 학자 주희(朱熹)를 말한다. 주희가 복건성(福建省) 숭안현(崇安縣)에 있을 때 서재를 자양서실(紫陽書室)이라 명명하고 호로 삼았다.

96 기운이 크고 강하였네 : 《맹자》 〈공손추 상(公孫丑上)〉에 "기운이 지극히 크고 강하니, 곧은 도의(道義)로 잘 기르고 해치지 않으면 천지 사이에 꽉 차게 된다.〔其爲氣也, 至大至剛, 以直養而無害, 則塞于天地之間.〕" 하였다.

존왕양이(尊王攘夷)의 의리 엄정하네　義嚴尊攘
이를 자신의 임무로 삼아　斯爲己任
인륜의 상도를 세우셨네　以樹倫常
백성이 오랑캐 됨을 면하였으니　民免左衽
어찌 천하를 한번 바로잡은 것만 못하리오[97]　奚讓一匡
저 편벽되고 부정한 말을　凡厥詖淫
사문(師門)에서 물리쳤네[98]　麾之門墻
거센 물결을 막은[99] 힘 거대하였고　力鉅障瀾
양주(楊朱)를 물리친[100] 공 드러났네　功著闢楊

97 백성이……못하리오 : 《논어》 〈헌문(憲問)〉에 "관중이 환공을 도와 제후의 패자(霸者)가 되게 하여 한번 천하를 바로잡았는데, 백성들이 지금껏 그 혜택을 받고 있다. 관중이 없었더라면 우리는 머리를 풀어 헤치고 옷섶을 왼쪽으로 여미는 오랑캐가 되었을 것이다.〔管仲相桓公覇諸侯, 一匡天下, 民到于今受其賜. 微管仲, 吾其被髮左衽矣.〕" 하였다.

98 저……물리쳤네 : 양웅(揚雄)의 《법언(法言)》에 "이단(異端)을 하는 자가 사문(師門) 안에 있으면 그를 물리치고, 오랑캐 땅에 있으면 그를 받아들여야 한다.〔在門牆則麾之, 在夷狄則進之.〕"라고 한 데서 온 말이다

99 거센 물결을 막은 : 이단을 물리치고 유도(儒道)를 진작시켰다는 뜻으로, 한유(韓愈)의 〈진학해(進學解)〉에 "온갖 냇물을 막아서 동으로 흘려보내고, 이미 거꾸로 흐르는 데서 거센 물결을 되돌렸다.〔障百川而東之, 回狂瀾於旣倒.〕"라고 한 데서 온 말이다.

100 양주(楊朱)를 물리친 : 《맹자》 〈등문공 상(滕文公上)〉에 "양씨(楊氏)는 자신만을 위하니 이는 군주가 없는 것이요, 묵씨(墨氏)는 똑같이 사랑하니 이는 아버지가 없는 것이니, 아버지가 없고 군주가 없으면 이는 금수(禽獸)이다.……양주(楊朱)와 묵적(墨翟)의 도가 종식되지 않으면 공자의 도가 드러나지 못할 것이니, 이는 부정한 학설이 백성을 속여 인의(仁義)를 막는 것이다. 인의가 막히면 짐승을 내몰아 사람을 잡아먹게 하다가 사람들이 장차 서로 잡아먹게 될 것이다. 내가 이 때문에 두려워하고 선성(先聖)의 도를 보호해서 양주와 묵적을 막으며 부정한 설을 추방하여 부정한 학설

혹여 선생을 헐뜯고 모욕하는 자는	有或侮毁
수레바퀴 막는 노한 사마귀 꼴이네	拒轍怒螳
저 해와 달에 비유할 수 있으니	譬彼日月
그 밝음에 무슨 해가 되겠는가[101]	其明何傷
양구의 나쁜 운수[102]를 만나	運値陽九
선생이 도와 함께 사라졌네	身與道喪
나라의 운세 병들게 되었으니[103]	邦其殄瘁
들보 꺾인[104] 애통함과 같다네	痛均摧樑
애도와 영광에는 굴신이 있고	哀榮屈伸
세상만사 상천벽해처럼 변하네	世事滄桑
그러나 선생의 덕업은	而其德業

을 하는 자가 나오지 못하게 하는 것이다." 하였다.

101 저……되겠는가 : 노(魯)나라 대부 숙손무숙(叔孫武叔)이 공자를 헐뜯자, 자공(子貢)이 "그러지 말라. 중니(仲尼)는 헐뜯을 수 없는 분이다. 다른 사람의 현덕(賢德)은 구릉(丘陵)과 같아서 넘을 수 있지만, 중니의 현덕은 해와 달과 같아서 넘을 수가 없다. 사람들이 비록 그와 관계를 끊으려 해도 해와 달에 무슨 해를 미치겠는가. 자기의 분수를 모른다는 사실만 드러낼 뿐이다." 하였다. 《論語 子張》

102 양구(陽九)의 나쁜 운수 : 양구는 큰 액운(厄運)을 이른다. 음양가(陰陽家)의 설에 따르면, 4617년을 주기로 순환하는 1원(元)의 처음 106년째가 되면 큰 재해가 일어나는데, 이를 양구라 한다. 《漢書 卷99 王莽傳》

103 나라의……되었으니 : 현인이 사라져 나라의 운세가 곤궁에 처하게 되었다는 말이다. 《시경》 〈첨앙(瞻仰)〉에 "현인이 죽었으니 나라가 병들게 되었도다.〔人之云亡, 邦國殄瘁.〕"라고 한 데서 온 말이다.

104 들보 꺾인 : 공자가 자신의 죽음을 예견하고서 "태산이 무너지겠구나. 들보가 부러지겠구나. 철인이 죽겠구나.〔泰山其頹乎! 樑木其壞乎! 哲人其萎乎!〕" 하였다. 《禮記 檀弓上》

고금에 영원히 빛나네	窮宙煒煌
선생의 발길 미친 곳마다	杖屨所及
남은 은택이 크고 넓었네	流澤弘長
높은 산을 우러르니[105]	高山仰止
사당이 서로 바라보이네[106]	廟貌相望
하물며 이 남쪽 지방은	矧玆炎陬
선생이 유배되었던 곳이네[107]	曾辱佩纕
덕을 목도하고 풍도를 듣고는	覿德聞風
궁벽한 고을이 한번 변하였네	一變偏荒
예전에 선생을 뵈었는데	昔觀之子
곤의와 수상을 입으셨네[108]	袞衣繡裳
길이 잊지 못할 그리움	沒世之思
강한추양[109]과 같도다	江漢秋陽

105 높은 산을 우러르니 : 송시열의 학문과 덕행을 흠모한다는 뜻으로, 《시경》 〈거할(車舝)〉에 "높은 산을 우러러보며 큰길을 가도다.〔高山仰止, 景行行止.〕"라고 한 데서 온 말이다. 높은 산은 인품이 훌륭한 사람을 말한다.

106 사당이 서로 바라보이네 : 송시열을 배향한 사당이 많이 세워졌다는 말이다.

107 선생이 유배되었던 곳이네 : 송시열은 2차 예송논쟁에서 패하여 1675년(숙종1) 함경남도 덕원(德源)에 유배되고, 이해 6월 경상도 장기(長鬐)로 이배(移配)되었다.

108 선생을……입으셨네 : 곤의와 수상은 고대 제왕과 상공의 예복으로, 《시경》 〈구역(九罭)〉에 "내가 그 분을 만나 보니 곤의와 수상을 입었도다. 〔我覯之子, 袞衣繡裳.〕"라고 한 데서 온 말이다. 이 시는 주공(周公)이 동쪽 지방에 머물 때 그곳 사람들이 주공을 만나서 기뻐하는 내용인데, 여기서는 송시열이 주공과 같은 면모를 지니고 있음을 비유한 말이다.

109 강한추양(江漢秋陽) : 공자의 덕을 칭송하는 말로, 증자(曾子)가 공자의 도덕을

무엇으로 제사를 받들까 何以祀之
선생의 영정이 사당에 있네 遺像在堂
수염과 모발은 예전 그대로이고 鬜髮如昔
혼백이 충만하게 임하신 듯하네[110] 神魄洋洋
사당을 짓고 신주를 만들어 建祠治主
성대한 의식을 거행하네 縟儀斯張
몇 해 동안 사당을 지어 幾歲經營
마침내 훌륭하게 완성되었네 其究允臧
경건하게 영령을 봉안하니 爰揭爰妥
좋은 날 좋은 때라네 日吉辰良
젊은 유생들 모두 나오니 衿佩咸造
난초와 국화처럼 향기롭네 蘭菊芬芳
예전에 한유(韓愈)를 昔祠韓子
조주(潮州)에서 제사지냈네[111] 于潮之鄕

칭송하면서 "강수와 한수에 씻고 가을볕에 말린 것처럼 깨끗하여 더할 나위 없으시다.〔江漢以濯之, 秋陽以暴之, 皜皜乎, 不可尙已.〕"라고 한 데서 온 말이다. 《孟子 滕文公上》

110 혼백이……듯하네 : 《중용장구》 제16장에 "귀신의 덕이 성대하도다.……천하 사람으로 하여금 재계하고 깨끗이 하고 의복을 성대히 하여 제사를 받들게 하고는, 충만하게 위에 있는 듯하며 좌우에 있는 듯하다.〔鬼神之爲德, 其盛矣乎……使天下之人齊明盛服 以承祭祀, 洋洋乎如在其上, 如在其左右.〕"라고 한 데서 온 말이다.

111 예전에……제사지냈네 : 한유가 좌천되어 조주 자사(潮州刺史)를 지낸 적이 있는데, 사후에 조주에서 한유를 모시는 사당을 지어 제사지냈다. 소식(蘇軾)의 〈조주한문공묘비(潮州韓文公廟碑)〉에 "남해의 백성에게 신망을 받아 사당에서 백대 동안 제향을 받았다.〔能信於南海之民, 廟食百世.〕" 하였다.

이 고을이 비록 누추하지만	玆邦雖陋
아직 성대한 덕업에 젖었네	尙襲休光
혹여 외면하지 마시고	或不遐棄
성대하게 강림하소서	降假皇皇
유가(儒家)의 교화를 크게 진작시켜	丕振儒化
어둠속에 헤매는 우리를 인도하소서	牖我昏倀
사당의 남쪽에는	維祠之南
아득한 바다 펼쳐져 있네	有海茫茫
보은의 제사에 태만하지 말아	報祀不怠
무궁하게 이어지게 할지어다	其永無疆

춘추향 축문[112]

春秋享祝文

《춘추》의 대의[113]요 麟經大義

고정[114]의 정맥이시니 考亭正脉

남쪽의 두성과 함께 維南有斗

천억 년을 빛나리라 並耀千億

112 춘추향 축문 : 죽림사우(竹林祠宇)의 춘추향 축문이다.

113 춘추(春秋)의 대의 : 《춘추》에서 강조한, 주(周)나라를 존숭하고 오랑캐를 물리치자는 존주양이(尊周攘夷)의 의리를 말하는데, 죽림사우에 배향된 송시열이 명(明)나라를 존숭하고 청(淸)나라를 토벌할 뜻을 가졌던 것을 말한 것이다. 원문의 "인경(麟經)"은 《춘추》의 별칭으로, 《춘추》 애공(哀公) 14년 조가 "서쪽 들판으로 사냥을 나가서 기린을 붙잡았다.〔西狩獲麟〕"라는 경문(經文)으로 끝나기 때문에 붙은 별칭이다.

114 고정(考亭) : 복건성(福建省) 건양(建陽) 서남에 있는 정자로, 주희(朱熹)를 가리킨다. 주희가 만년에 이곳에 거처하며 창주정사(滄洲精舍)를 지었는데, 이종(理宗)이 '고정서원(考亭書院)'이라는 명칭을 하사하였다. 《朱子大全 附錄 卷7》

부여현에서 신독재와 백강을 서원에 함께 배향할 때의 봉안문[115]

扶餘縣愼齋白江幷享書院奉安文

아, 문경공(文敬公 김집)은	猗歟文敬
하늘이 아름다운 자질을 주셨네	天與美質
온아하고 순수하시며	溫雅和粹
성실하고 정밀하셨네	純慤精密
스승이자 아버지는 누구였나	誰其父師
도학자 문원공(文元公 김장생)이셨네	文元道學
그 훌륭한 계통은	有卓其緖
율곡에게서 비롯되었네	蓋自栗谷
예를 깊이 연구하여 몸을 닦고	致禮治躬
법도를 지켜 어긋남이 없었네	繩度靡忒
그 천덕[116]의 요체는	天德之要
오직 신독[117]이었네	曰惟愼獨

115 부여현에서……봉안문 : 이 글은 부여 부산서원(浮山書院)에 신독재(愼獨齋) 김집(金集)과 백강(白江) 이경여(李敬輿)를 봉안하는 글이다. 부산서원은 1791년(숙종 45) 김집과 이경여의 학문과 덕행을 추모하기 위해 지방 유림의 공의로 창건되었다.

116 천덕(天德) : 하늘이 부여해주고 자신이 받아서 덕으로 삼은 것이다.

117 신독(愼獨) : 홀로 있을 때에도 도리에 어그러짐이 없도록 몸가짐을 바르게 하고 언행을 삼가는 것으로, 《중용장구》 제1장에 "숨겨진 것보다 드러남이 없으며 은미한 것보다 나타남이 없으니, 그러므로 군자는 그 홀로를 삼가는 것이다.〔莫見乎隱, 莫顯乎

그 학문은 넓었으나	而學之博
지키는 바는 간약하였네[118]	所操者約
내면은 곧고 외면은 방정하였으니[119]	內直外方
경(敬)과 의(義)를 겸비하여 위로 천덕을 통달하였네[120]	夾持上達
이미 다듬고 이미 갈았으니	旣磋旣磨
그 광채 빛나고 성대하였네[121]	其光晅赫
비가 개면 가고 장마가 들면 그쳤으니[122]	霽行潦止
오직 의를 따를 뿐이었네	惟義是適
공손하면서도 편안하며[123] 장엄하여 강한[124] 모습	恭安莊强

微, 故君子愼其獨也.〕" 하였다.

118 지키는 바는 간약하였네 : 《대학장구》 제10장 주석에 "지키는 바는 간약하면서도 미치는 바는 넓으니 이는 평천하의 요도이다.〔所操者約, 而所及者廣, 此平天下之要道也.〕" 하였다.

119 내면은……방정하였으니 : 《주역》 〈곤괘(坤卦) 문언(文言)〉에 "군자는 경으로 내면을 곧게 하고, 의로 외면을 바르게 하니, 경과 의가 확립되면 덕이 외롭지 않다.〔君子敬以直內, 義以方外, 敬義立而德不孤.〕" 하였다.

120 경(敬)과……통달하셨네 : 《근사록》 권2에 "경과 의가 좌우에서 잡아 주면 곧바로 위로 올라가 천덕을 통달함이 이로부터 시작된다.〔敬義夾持, 直上達天德自此.〕" 하였다.

121 이미……성대하였네 : 《시경》 〈기욱(淇澳)〉에 "문채 나는 군자여, 잘라놓은 듯 다듬어놓은 듯 쪼아놓은 듯 갈아놓은 듯하네. 장엄하고 굳세며 빛나고 성대하니, 문채 나는 군자여 끝내 잊을 수 없도다.〔有匪君子, 如切如磋, 如琢如磨. 瑟兮僩兮, 赫兮晅兮, 有匪君子, 終不可諼兮.〕" 하였다.

122 비가……그쳤으니 : 처한 상황에 따라 적절하게 처신하는 것을 말한다. 송나라의 임포(林逋)가 "비가 개면 가고 장마가 들면 그친다.〔如霽則行, 如潦則止.〕"라고 한 데서 온 말이다.

팔십 노년까지 계속되었네	迄于大耋
또한 문정공(文貞公 이경여(李敬輿))은	亦粤文貞
금옥과 같은 분이셨네	如金如玉
자품이 뛰어난 데다	姿稟旣異
경술까지 겸비하셨네	濟以經術
한밤과 새벽녘의 깨끗한 기운[125]	夜朝之氣
환하게 마음에 얻으셨네	犂然心得
이것을 사업에 드러내니	發諸事業
사람들이 기설[126]같은 명신을 기대하였네	人期夔卨
묘당에서 홀을 바로잡으니	正笏巖廊
백관들이 존경하고 본받았네	百僚矜式
공정한 언론을 펼치시니	淸議斯張
임금의 잘못을 바로잡은 대인이셨네[127]	大人能格

123 공손하면서도 편안하고 : 《논어》 〈술이(述而)〉에 "공자께선 온화하면서도 엄숙하시고, 위엄이 있으면서도 사납지 않으시고, 공손하면서도 편안하였다.〔溫而厲, 威而不猛, 恭而安.〕"라 한 데서 온 말이다.

124 장엄하여 강한 : 《예기》 〈표기(表記)〉에 "장엄하고 공경하면 날로 강해지고, 안일하고 방자하면 날로 구차해진다.〔莊敬日强, 安肆日偸.〕" 하였다.

125 한밤과……기운 : 한밤에 자라는 좋은 기운과 새벽녘의 맑고 깨끗한 기운을 말한다. 《맹자》 〈고자 상(告子上)〉 "양심을 잃은 사람은, 밤낮으로 길러주는 좋은 기운과 새벽녘의 맑고 깨끗한 기운에도 불구하고, 선을 좋아하고 악을 미워함에 있어 남들과 유사한 점이 많지 않은데, 그가 낮에 하는 소행이 다시 그나마 있는 것을 해치고 만다." 하였다.

126 기설(夔卨) : 순(舜)임금의 두 신하인 기(夔)와 설(卨)을 말한다. 기는 전악(典樂)이 되어 음악을 담당하였으며, 설은 사도(司徒)가 되어 문교(文敎)를 담당하였다.

비유하면 저 우뚝한 산의	譬彼喬岳
공효가 만물에 미치는 것과 같네	功利及物
오랑캐 땅에 억류되고 남쪽 지방에 유배되어도[128]	蠻貊炎徼
시종일관 한결같은 절의였네	終始一節
그 충성과 믿음은	維忠維信
오직 학문의 힘이었네	是惟學力
아, 이 두 분 어른께선	嘻茲二老
같은 시대에 태어나셨네	同時有作
한 분은 산림으로 한 분은 종정으로	山林鍾鼎
그 출처는 다르셨지만[129]	出處殊迹
자석과 철처럼 지초와 난초처럼	磁鐵芝蘭
그 기상과 지취는 똑같으셨네	氣味則一
효종께서 처음 즉위하여	寧陵初服
복수의 뜻을 다잡으셨네	勵志復雪
혹 산림에서 초빙하고	或起邱園

127 임금의……대인이셨네 : 《맹자》 〈이루 상(離婁上)〉에 "오직 대인만이 임금의 잘못된 마음을 바로잡을 수 있다.〔惟大人爲能格君心之非〕" 하였다.

128 오랑캐……유배되어도 : 이경여는 청나라에 반대하여 청나라의 연호를 사용하지 않다가 임오년(1642)에 이계(李烓)의 밀고로 인해 심양(瀋陽)에 억류되었고, 풀려난 뒤 얼마 후에 사은사로 다시 심양에 들어갔다가 다시 억류되었다. 또 소현세자의 처 민회빈(愍懷嬪) 강씨(姜氏)를 사사(賜死)하려 할 때, 그 죄를 용서해 줄 것을 청하였다가 진도(珍島)로 유배되었다.

129 한……다르셨지만 : 산림은 벼슬에 나아가지 않고 은거하는 것이고, 종정(鍾鼎)은 조정에서 벼슬하는 것이다. 김집은 벼슬에 나아가지 않고 산림에서 경전 연구와 수양에 힘썼고, 이경여는 인조반정 이후 벼슬에 나와 효종 때에 영의정에 올랐다.

혹 배소에서 등용하셨네[130]	或從徒謫
함께 공경하고[131] 함께 마땅하였으니[132]	同寅共貞
다스림이 치밀하였네	經緯密勿
원우[133] 연간으로 치자면	其在元祐
백순과 군실[134]같은 존재였네	伯淳君實
도가 폐해지려 하고	道之將廢
화를 예측하기 어려웠네	禍有難測
깨끗한 흰 망아지요[135]	皎皎白駒

130 혹 배소에서 등용하셨네 : 효종이 즉위하여 산림에 은거하던 김집을 불러 예조참판에 임명하고, 유배되었던 이경여를 석방하여 영의정에 임명하였다.

131 함께 공경하고 : 임금과 신하가 함께 공경하여 정사에 힘쓴다는 뜻으로, 《서경》〈고요모(皐陶謨)〉에 "군신(君臣)이 공경함을 함께하고 공손함을 합하여 충을 화하게 하소서.〔同寅協恭, 和衷哉.〕"라고 한 데서 온 말이다.

132 함께 마땅하였으니 : 임금과 신하가 함께 태평을 누린다는 뜻으로, 《서경》〈낙고(洛誥)〉에 "공이 이미 집터를 정하고 사람을 보내어 점괘가 항상 길함을 보여주니, 우리 두 사람이 함께 마땅할 것입니다.〔公旣定宅, 伻來, 來視予卜休恒吉, 我二人共貞.〕"라고 한 데서 온 말이다.

133 원우(元祐) : 1086~1093년으로, 송(宋)나라 철종(哲宗)의 초기 연호이다. 왕안석(王安石)의 개혁 정치를 적극 지지했던 신종(神宗)을 이어 즉위한 철종은 그간 왕안석이 추진했던 신법을 반대해 왔던 사마광(司馬光)을 재상으로 삼고 신법을 모두 혁파하였다.

134 백순(伯淳)과 군실(君實) : 김집은 백순 정호(程顥)에 비유하고, 이경여는 군실 사마광(司馬光)에 비유하였다.

135 깨끗한 흰 망아지요 : 김집을 비유한 말로, 《시경》〈백구(白駒)〉의 "깨끗한 흰 망아지가 나의 채마밭을 망친다는 구실로 발을 묶고 고삐를 매어 오늘 아침 내내 붙잡아 두고서 그분을 여기에서 소요하게 하리라.〔皎皎白駒, 食我場苗. 縶之維之, 以永今朝. 所謂伊人, 於焉逍遙.〕"라는 구절에서 온 말이다. 이 시는 임금이 어진 은사(隱士)가

편안한 붉은 신이었네[136] 几几赤舃
낭패를 겪고 은둔하여 跋疐懷藏
뜻과 사업 마치지 못했네 志業未卒
날은 저물고 길은 멀다는 日暮途遠
성상의 하교 간곡하셨네[137] 聖敎諄惻
백대 이후에도 百代之下
어느 누가 눈물 흘리지 않으리 孰不涕歔
하물며 우리 고을은 矧我下邑
일찍이 두 분의 은택 입은 곳이네[138] 曾沐休澤
글 읽는 소리가 絃歌之聲
학교에서 들리는 듯하네 如聞庠塾
옛 집과 강산에 故宅江山
거닐던 모습 마치 어제 일인 듯하네 杖屨猶昨
훌륭한 말씀이 사람들에게 남아 있으니 德音在人
누가 감히 그 가르침을 실추시키겠는가 誰敢墜失

떠나지 못하도록 간절히 만류하는 뜻을 담고 있다

136 편안한 붉은 신이었네 : 이경여를 비유한 말로, 《시경》 〈낭발(狼跋)〉에 "공이 크고 아름다운 공로를 사양하니, 예장의 붉은 신이 편안하시도다.〔公孫碩膚, 赤舃几几.〕"라는 구절에서 온 말이다. 이 시는 주공(周公)이 섭정할 때 많은 비방과 의심을 받으면서도 조금도 동요하지 않고 위의(威儀)를 갖추었다는 뜻을 담고 있다.

137 날은……간곡하셨네 : 이경여가 올린 차자(箚子)에 대한 효종의 비답에 "참으로 지극한 고통이 마음속에 있으니 날은 저물고 길이 멀다는 생각이 들기 때문이다.〔誠以至痛在心, 有日暮道遠之意故也.〕" 하였다. 《孝宗實錄 8年 5月 5日》

138 하물며……곳이네 : 김집은 4년간 부여 현감을 지냈고, 이경여는 관직 생활을 끝내고 말년에 부여로 낙향하였다.

아직까지 제사를 빠뜨린 것	汔闕俎豆
우리 당의 책임이라네	吾黨之責
일제히 대궐에 호소하니	齊聲叫闇
사당이 우뚝하게 섰도다	廟貌斯屹
저 양암을 바라보니	相彼陽巖
어필(御筆)이 빛나네[139]	有煥宸筆
동덕(同德)[140]을 돌아보시고	眷言同德
은혜로운 편액을 내리셨네	爰錫恩額
경건하게 영령을 봉안하니	以揭以妥
좋은 때 좋은 날이라네	辰良日吉
젊은 유생들 모두 나와서	衿佩咸造
이 향기로운 제수를 올리네	陳此芬苾
도도히 흐르는 강물처럼	滔滔江水
나라의 벼리가 되었네[141]	爲紀于國
나란히 제사지내어	一體享祀
영원토록 이어지리라	永流千億

139 어필(御筆)이 빛나네 : 효종이 이경여에게 내린 비답 속의 "지극한 고통이 마음속에 있으니 날은 저물고 길이 멀다.〔至痛在心, 日暮道遠.〕"는 여덟 글자가 부산(浮山) 기슭 백마 강변 바위에 새겨져 있다.

140 동덕(同德) : 임금과 생각과 행동을 함께하는 신하를 말한다. 《서경》〈태서 중(泰誓中)〉에 "나에게는 정치를 잘 보좌하여 다스리는 신하 열 명이 있는데, 그들과 나는 마음이 같고 덕이 같다.〔予有亂臣十人, 同心同德.〕"라고 한 데서 온 말이다.

141 도도히……되었네 : 《시경》〈사월(四月)〉에 "도도하게 흐르는 강수(江水)와 한수(漢水)는 남국의 벼리가 되어 흐르네.〔滔滔江漢, 南國之紀.〕" 하였다.

중봉 선생 표충사 고유문[142]

重峯先生表忠祠告由文

아, 선생께서는　猗歟先生

타고난 자품 순수하셨네　天稟其純

강건하고 독실하시며　剛健篤實

무리에서 뛰어나셨네　絶類離倫

공자(孔子)와 안자(顔子), 가의(賈誼)와 굴원(屈原)처럼　孔顔誼原

학문에 뜻을 둠이 올발랐네[143]　志學之正

먼저 근심하고[144] 충정을 다하기를　先憂竭忠

142 중봉……고유문 : 이 글은 1734년(영조10) 표충사(表忠祠)라는 편액이 다시 내려진 뒤에 금산(錦山)에서 함께 순절한 아들 조완기(趙完基)를 함께 배향하는 고유문으로, 한국문집총간 54집에 수록된 《중봉집(重峯集)》 부록 권7에 〈표충사 편액을 다시 걸 때에 지평공을 배향하는 고유제문〔表忠祠還額時配享持平公告由祭文〕〉이라는 제목으로 실려 있다. 표충사는 임진왜란 때의 의병장 조헌(趙憲, 1544~1592)을 배향한 사당이다. 처음 1608년(광해군즉위년) 옥천(沃川) 안읍(安邑)에 세워졌던 표충사는 잦은 수해로 몇 번 옮겨져 1682년(숙종8) 김집(金集)을 함께 배향하면서 "창주서원(滄州書院)"으로 바뀌었다. 그 후 1720년(숙종46) 고을 유생들이 다시 조헌의 묘소 아래에 사당을 지었으나 첩설금지(疊設禁止)로 인해 옛 편액을 걸지 못하였다. 1734년(영조10) 유생들의 상소로 다시 표충사 편액을 내리고 금산에서 함께 순절한 아들 조완기(趙完基)를 배향하게 하였다.

143 공자(孔子)와……올발랐네 : 송강(松江) 정철(鄭澈)이 조헌을 애도하여 "슬프다 여식이여, 공자와 안자를 배우고 가의와 굴원을 사모하였네.〔吁嗟乎汝式, 學孔顔而慕誼原.〕" 하였다.

144 먼저 근심하고 : 범중엄(范仲淹)의 〈악양루기(岳陽樓記)〉에 "천하 사람들이 근

마치 몸에 병이 있는 듯이 하였네 若躬在病
조용하게 성취하여 成就從容
마침내 순절하셨네 竟與節殉
《춘추》로 명맥을 삼고 春秋命脉
인의로 갑옷과 방패를 삼았네 仁義甲楯
평원에 갑자기 平原于忽
독사와 시랑이 가득찼네 虺豺如林
천하가 지극히 어려워지자 天下至難
부자가 한 마음이 되었네 父子一心
열렬하신 그 충정 惟忠烈烈
하늘에 해와 별처럼 빛나네 日星于天
애모하는 백성의 마음 邦人哀慕
천년 백년 이어지리라 於千百年
처음으로 무덤 쓴 곳 爰初墳塋
안읍에 사당이 있었네 安邑有廟
표충이라는 편액은 表忠之額
성조의 보답이셨네 聖祖攸報
효자가 무덤을 새로 점쳐 孝子筮宅
이 언덕으로 이장하였네 改于斯阡
예전의 사당도 惟故之祠
따라서 옮겨왔네 亦隨以遷

심하기 전에 내가 먼저 근심하고, 천하 사람들이 즐거워한 뒤에 내가 즐거워할 것이다.〔先天下之憂而憂, 後天下之樂而樂.〕"라고 한 데서 온 말이다.

의관 묻힌 곳 가까이에서 密邇衣冠
경건하게 제사를 올렸네 俎豆惟虔
세월이 오래 흐르자 歲月滋久
오히려 의식을 빠뜨렸네 尙有闕儀
성상께서 세상을 다스리심에 惟聖御世
광세지감(曠世之感)이 있었네 有感曠時
일이 위로 알려지자 因事上聞
밝은 명을 내리셨네 載煥其命
다시 옛 편액을 걸어주시니 重扁故額
제향(祭享)이 바르게 되었네 祀事克正
사문의 경사가 斯文之慶
이에 성대하네 於斯爲盛
어진 아드님이 惟賢嗣子
떳떳한 가르침을 돈독히 지켰네 克篤彜訓
한 집안의 충효가 一家忠孝
동시에 위용(威勇)을 세웠네 同時立僅
면한[145]의 사당에는 沔漢之祠
제갈량 부자가 모셔져 있네[146] 諸葛二世
앞 시대에서 일을 징험하니 事徵于前

145 면한(沔漢) : 한수(漢水)와 그 상류인 면수(沔水)이다.

146 제갈량(諸葛亮)……있네 : 성도(成都)의 무후사(武侯祠)에는 제갈량과 제갈량의 아들 제갈첨(諸葛瞻)이 함께 배향되어 있다. 제갈첨은 아버지를 이어 촉한의 무장으로 활약하다가 등애(鄧艾)의 십만 대군을 맞아 싸우다 전사하였다.

제사 올림이 예에 마땅하네 禮則當祭
부자(父子)의 배향이 天倫之配
옛사람보다 빛나도다 於古有光
길일을 가려 정결하게 술과 밥을 짓고[147] 吉蠲爲饎
띠풀에 술을 거르니 향기롭네[148] 蕭茅維香
강산은 유장하고 江山悠長
정기는 유행하네 精氣流行
천추토록 제사가 이어져 肹蠁千秋
의리가 더욱 곧아지리라 義理彌貞
가지런한 충절이 함께 빛나니 齊休幷采
같은 사당 다른 위치에 계시네 同堂異置
우리를 버리지 마시고 無我斁遺
보우하시고 흠향하소서 保佑享止

147 길일을……짓고 : 《시경》 〈천보(天保)〉에 "길일을 가려서 정결하게 술과 밥을 지어 이것을 효도로 제향한다.〔吉蠲爲饎, 是用孝享.〕"라고 한 데서 온 말이다.

148 띠풀에……향기롭네 : 《주례(周禮)》 〈천관(天官) 전사(甸師)〉에 "소모(蕭茅)를 지공(支供)하는 것을 맡는다." 하였는데, 그 주석에 "띠풀을 묶어 세워, 제사 지내기 전에 술을 그 위로 붓는다. 술이 아래로 스며들어 내려감이 마치 신이 마시는 것 같기에 '축(縮)'이라 한다." 하였다. 축주(縮酒)는 술을 걸러내는 것을 말한다.

증 지평 조공을 표충사에 배향할 때의 봉안문[149]

贈持平趙公配享表忠祠奉安文

《춘추》가 완성됨에	春秋之成
그 뜻이 수천 가지네[150]	其指數千
복잡하되 어지럽지 않아	賾而不亂
대의가 환하게 빛났네	大義炳然
그 대의가 무엇인가	其義維何
인과 의라네	曰義與仁
인과 의의 실질은	仁義之實
임금과 어버이보다 앞서는 것이 없네	莫先君親
성인의 법은	聖人之法
성명에 근원하네	本乎性命
백성의 성품은	民之所秉
어두워 살피지 못할 때가 있네	有昏不省
열렬한 공은	烈烈惟公
제충[151]이 이지러지지 않았네	帝衷不虧

149 증……봉안문 : 이 글은 1734년(영조10) 지은 것으로, 조헌(趙憲)을 배향한 표충사(表忠祠)에 금산(錦山)에서 함께 순절한 그의 아들 조완기(趙完基, 1570~1592)를 배향하는 고유문이다.

150 춘추가……가지네 : 사마천(司馬遷)의 〈태사공자서(太史公自序)〉에 "《춘추》는 수만 자로 되어 있고 그 뜻이 수천 가지이다.〔春秋文成數萬, 其指數千.〕" 하였다.

151 제충(帝衷) : 하늘이 내려 준 치우침 없는 덕을 말한다. 《서경》 〈탕고(湯誥)〉에

부자가 함께 정도에 거했으니	一統居正
가정에 스승이 있었네	家庭有師
노선생[152]께서는	惟老先生
인을 품고 의를 도우셨네	懷仁輔義
그 충정에 재앙이 내려	厄于忠貞
누차 엎어지고 넘어졌네	屢顚而躓
임금의 은혜로운 명으로	君親之恩
남북 천 리 길을 다녔네	南北千里
임진년과 계사년 전란은	龍蛇之變
너무도 망극한 사태였네	事有罔極
시랑과 멧돼지가 난을 일으키니	豺豕發釁
하늘의 북이 대낮에 울렸네[153]	天鼓晝哭
몸소 떨쳐 일어나 군사들에게 맹세하니	奮身誓衆
칠백의 군사들이 피 마시며 맹세하였네	七百飮血
인과 의로 병기를 삼았으니	仁義爲兵
일그러지거나 부러지지 않네	不缺以折
우뚝하게 높은 호서의 성[154]	額額湖城

"위대한 상제께서 백성들에게 치우침 없는 덕을 내려 주시어, 그 떳떳한 성품을 가지게 하였다.〔惟皇上帝降衷于下民, 若有恒性.〕"라고 한 데서 온 말이다.

152 노선생 : 조완기의 부친 조헌(趙憲)을 말한다.

153 하늘의……울렸네 : 하늘의 북은 하늘이 북소리처럼 울리는 현상으로, 전란이 일어날 것을 예보하여 뇌성 같은 큰 소리가 울린다고 한다. 조헌은 천문(天文)에 밝았는데, 하루는 동남쪽에서 큰 우레소리가 들려오자 울면서 "이것은 바로 하늘의 북이 울리는 것이니, 필시 왜적이 지금 바다를 건넜을 것이다."라고 예언하였다고 한다.

십만의 강적이 침입하였네	强寇十萬
내게서 말미암지 않은 것은 천명이라[155]	不我者天
적을 이기고는 마침내 쓰러졌네	旣戡乃頓
공이 이러한 때에	公於此時
의리상 홀로 살아남지 않았네	義不獨完
부자가 함께 돌아가	父子同歸
죽음을 편안히 여겼네	一死其安
의연히 의를 취함과 감개하여 죽음은	從容感慨
이치상 어렵고 쉬운 차이가 있네[156]	理有易難
공의 밝은 견식으로	惟見之明
어찌 이루기 어려웠으랴	何艱其成
충성하고 또 효도하였으니	旣忠且孝
인과 의가 함께 행해졌네	仁義惟幷
슬퍼하시며 은전을 내리시니	閔有寵錫
신하된 자의 영광이네	侍御之榮
세운 바가 우뚝하니	卓兮所立
사문의 광영이로다	斯文有光

154 호서의 성 : 금산(錦山)을 말한다.

155 내게서……천명이라 : 한유(韓愈)의 〈당고조산대부상주자사제명사봉주동부군묘지명(唐故朝散大夫商州刺史除名徙封州董府君墓誌銘)〉에 "내게서 비롯된 것은 내가 초래한 것이고, 내게서 말미암지 않은 것은 천명이다.〔由我者吾, 不我者天.〕" 하였다

156 의연히……있네 : 《근사록》〈정사류(政事類)〉에 "일시적으로 감격하고 분개해서 자기 몸을 죽이기는 쉬워도, 의연히 의리를 위해 목숨을 바치기는 어렵다.〔感慨殺身者易, 從容就義者難.〕" 하였다. 《近思錄 卷10》

여기에 사당이 있으니	惟玆有廟
실로 선영 가까운 곳이네	寔邇先崗
유명(幽明)은 하나의 이치라 간극이 없으니	一理無間
혼백에 막힘없이 통하리라	魂魄流通
구천에서 어찌 슬퍼하리오	九泉奚戚
화락한 모습으로 담소하리라	談笑雍容
그 근본을 찾아보면	推原本始
대개 연원이 있도다[157]	斯蓋取斯
성대한 보답이	隱崇之報
예에 마땅하네	於禮其宜
아래에 배향하라는	從食于下
성상의 은혜로운 말씀 계셨네	聖有恩言
이에 좋은 날을 정하여	爰卜吉辰
제수를 갖추어 진설하네	載陳牢尊
어깨살 앞다리살 옆구리살 육포	肩臑胉膊
흰 탁주[158] 놓였네	有盎其齊
봄가을로 올리는 제사	于秋于春
예를 행함이 지극하네	式禮其至
제사 지내기에 앞서	卽事之始

157 연원이 있도다 : 원문의 '사개취사(斯蓋取斯)'는 공자가 제자 자천(子賤)을 군자답다고 칭찬하면서 "노나라에 군자가 없었다면 이 사람이 어디에서 이러한 덕을 취하였겠는가.〔魯無君子者, 斯焉取斯?〕"라고 한 데서 온 말이다. 《論語 公冶長》

158 흰 탁주 : 종묘(宗廟) 등의 대제(大祭)에 사용하는 다섯 종류의 술〔五齊〕 가운데 하나인 앙제(盎齊)로, 흰색 빛이 나는 탁주를 말한다. 《周禮 天官冢宰 酒正》

공경히 글을 지어 권하네	敬以文侑
끝없이 우리를 보우하여	啓祐無極
권하는 술을 흠향하소서	庶幾歆右

춘추향 축문[159]

春秋享祝文

천인의 학문[160]을 궁구하고	學周天人
생사 간에 충성을 다하였네	忠畢死生
우리 백성의 표준을 세웠으니	立我民極
만세토록 본받으리라	萬世是程

중봉(重峯 조헌(趙憲))의 신위

자식으로 효성을 다하고	爲子克孝
충성을 바쳐 순국하였네	殉國以忠
그 인의에 대한 보답	仁義之報
백세토록 성대하리라	百世其隆

지평(持平 조완기(趙完基))의 신위

159 춘추향 축문 : 표충사(表忠祠)의 춘추향 축문이다.

160 천인(天人)의 학문 : 천리(天理)와 인사(人事)에 대한 학문을 말한다.

신항서원의 위차를 다시 바로잡을 때 신주를 옮겨 봉안하는 글

莘巷書院位次重正時移安文

삼가 아룁니다. 이 서원이 설립된 지 백여 년이 되었는데 오직 우리 아홉 선생[161]을 선후로 제향(躋享)하였으니, 그 도학의 연원이 유래가 있고 그 절행과 풍도의 영향이 성대하다고 할 수 있습니다. 생각건대, 그 반차(班次)는 실로 퇴계(退溪) 이 문순공(李文純公)께서 정하신 영봉서원(迎鳳書院)의 제도[162]에 따라 율곡(栗谷) 이 선생(李先生)의 신위를 북쪽 가까운 동쪽에 봉안하여 그 사이를 칸막이로 막고, 일곱 선생의 신위는 차례로 나란히 배열하되 비록 세대의 선후가 있어도 압굴(壓屈)하지 않았으며, 또 한 신위는 서쪽에 자리하여 동쪽을 향하

161 아홉 선생 : 신항서원(莘巷書院)은 청주(淸州)에 있는 서원으로 1570년(선조3) 창건되어 경연(慶延), 박훈(朴薰), 김정(金淨), 송인수(宋麟壽)를 모시다가 1642년(인조20) 개건하면서 한충(韓忠)을 추향하고, 1650년(효종1) 송상현(宋象賢), 이득윤(李得胤)을 추향하고 1656년(효종7) 이이(李珥), 이색(李穡)을 추향하였다.

162 퇴계(退溪)……제도 : 영봉서원(迎鳳書院)은 이조년(李兆年), 이인복(李仁復), 김굉필(金宏弼)을 봉안하기 위해 경상도 성주(星州)에 세운 서원이다. 처음 건립할 때, 제생(諸生)들이 모두 김굉필만 독향(獨享)으로 하려 하였고, 이인복을 배향하려는 자는 10여 명밖에 되지 않았으며, 이조년을 병향(幷享)하려고 하면 모든 선비는 들은 척도 하지 않았는데, 이는 이조년이 유상(遺像) 속에서 염주를 들고 있었기 때문이었다. 이에 대한 논의가 분분하자 이황(李滉)은 김굉필을 수위(首位)로, 이조년과 이인복을 차위(次位)로 하여 함께 배향하되, 부득이 위패 사이를 각각 칸막이로 막아 봉안하도록 하였다.

게 하였습니다.[163] 이는 모두 당시의 사림이 동춘(同春) 송 문정공(宋文正公)에게 여쭈어 정한 것인데, 우암(尤菴) 송 문정공(宋文正公)도 이 논의에 참여하였고 그 후에 또 비문(碑文)[164]을 지어 사실대로 기술하였으니, 이야말로 영원히 바꿀 수 없는 법입니다.

그런데 왕년에 갑자기 바꾸어 동서(東西)로 분리하는 법식을 만들어,[165] 실상을 참착하여 정하신 두 선정(先正)의 깊은 뜻이 감추어져 드러나지 않게 하고, 또 중정(中庭)의 비석[166]이 오늘날에 믿음을 받지 못하게 하였으니, 이것이 후학이 크게 두려워하는 바입니다. 제현(諸賢)의 유집(遺集)을 두루 상고해보아도 근거할 만하고, 한 고을의 공론을 널리 채택해보아도 의심이 없기에 비로소 일체 비문에 실린 내용대로 다시 위차(位次)를 바로잡으려 하니, 감히 강당(講堂)에 임시로 봉안하기를 청합니다. 삼가 술과 과일을 차려 경건하게 고합니다. 삼가 고합니다.

163 한……하였습니다 : 한 신위란 이득윤(李得胤)의 신위를 말하는데, 송시열의 〈신항서원묘정비(莘巷書院廟庭碑)〉에 "동편(東偏)을 막아서 이 문성공(李文成公)을 봉안하고, 일곱 분 선생을 차례로 배열하여 배향하였으며, 서계 선생(西溪先生 이득윤(李得胤))을 서쪽에 자리하고 동으로 향하게 하였다." 하였다.

164 비문(碑文) : 송시열이 지은 〈신항서원묘정비(莘巷書院廟庭碑)〉로, 《송자대전(宋子大全)》 권171에 실려있다.

165 왕년에……만들어 : 정호(鄭澔)가 신항서원 원장이 되어 칸막이로 나눈 것을 폐지하고 이이와 이색을 동서로 나누어 봉안하였다.

166 중정(中庭)의 비석 : 송시열의 〈신항서원묘정비〉를 말한다.

연풍의 장암 영당에 봉안하는 글[167]

延豐丈巖影堂奉安文

삼가 생각건대 선생은	恭惟先生
문청공(文淸公 정철(鄭澈))의 증손자요	祖于文淸
우암 노선생의 제자였네	師則尤老
남기신 법도에 따라 행동하고	動循遺矩
사도를 독실하게 숭상하였네	篤尙斯道
강하고 굳세며 곧고 방정하였으며	剛毅直方
높고 고결하며 깨끗하고 밝으셨네	峻潔淸明
선생의 학문 이미 넉넉하여	我學旣優
때에 맞게 멈추고 행하셨네[168]	時止時行
엄정한 기색으로 조정에 벼슬하여	正色立朝
간신을 배척하고 현인을 보호하였네	斥邪衛賢
사문(師門)을 위배하는 자는	有背門墻
홀로 앞장서서 물리치셨네	麾之獨先

167 연풍의……글 : 장암(丈巖)은 정호(鄭澔, 1648~1736)로, 본관은 연일(延日), 자는 중순(仲淳), 호가 장암이다. 영당(影堂)은 초상(肖像)이나 영정(影幀)을 모신 사당으로, 장암 영당은 1739년(영조15) 세워졌다.

168 때에……행하셨네 : 중도에 맞게 벼슬하고 은둔하는 것을 말한다. 《주역》〈돈괘(遯卦) 구오(九五)〉에 "아름다운 은둔이니, 정하여 길하다.〔嘉遯貞吉〕"라고 하였는데, 이에 대한 전(傳)에서 "처함이 중정의 도를 얻어서 때에 맞게 멈추고 행함이 이른바 아름다움이란 것이다.〔處得中正之道, 時止時行, 乃所謂嘉美也.〕" 하였다.

소인들의 미움은 고슴도치 털처럼 일어나고	小慍蝟集
선비들의 기대는 구름처럼 모여들었네	士望雲附
선생의 진퇴를 살펴보면	觀我進退
세상의 성쇠를 알 수 있네	卜世隆汙
남쪽 바닷가와 북쪽 변방에서	南荒北陬
구사일생 속에 신념을 지녔네[169]	九死自信
은산철벽[170]과 같은 모습	鐵壁銀山
하늘이 한 원로를 남겨두었네[171]	一老天憖
아름다운 운수가 금방 회복되어	休運乍復
붉은 신[172]이 동쪽에서 돌아왔네[173]	赤舃自東

169 남쪽……지켰네 : 정호는 1710년 당론(黨論)을 일삼는다는 죄목으로 갑산(甲山)에 유배되고, 1722년에 신임사화로 강진(康津) 신지도(薪智島)에 유배되었다.

170 은산철벽(銀山鐵壁) : 은(銀)으로 된 산과 쇠〔鐵〕로 된 벽으로, 유배생활 속에서 조금도 꺾이지 않는 태연자약한 모습을 비유한 말이다. 《주자어류(朱子語類)》 권130에 "원성이 남도에 유배되었을 적에 그 모습이 마치 은산철벽과 같았다.〔元城在南都, 似個銀山鐵壁.〕"라고 한 데서 온 말이다.

171 하늘이……남겨두었네 : 《시경》 〈시월지교(十月之交)〉에 "원로 한 분을 아껴 남겨 두어서 우리 임금을 지키게 하지 않는구나.〔不憖遺一老, 俾守我王.〕"라는 구절이 있고, 또 공자가 죽었을 때에 노나라 애공(哀公)이 내린 조사에 "하늘이 나를 불쌍히 여기지 않아, 한 원로를 남겨두어 나 한 사람을 도와 임금 자리에 있게 하지 않는구나.〔旻天不弔, 不憖遺一老, 俾屏余一人以在位.〕"라는 탄식이 있었다. 《春秋左氏傳 哀公 16年》

172 붉은 신 : 54쪽 주136 참조.

173 동쪽에서 돌아왔네 : 《시경》 〈동산(東山)〉에 "내가 동산에 가서 오랫동안 돌아오지 못하였는데, 동쪽에서 돌아올 적에 부슬비 자욱이 내렸다네.〔我徂東山, 慆慆不歸. 我來自東, 零雨其濛.〕"라고 한 데서 온 말로, 이 시는 주공이 동산에 가서 무경(武庚)을

마치 사마광이	有如司馬
원우 연간에 있었던 것과 같네[174]	在元祐中
일은 간혹 평탄하기 어렵고[175]	事或難平
도는 행할 수 없을 때가 있네	道有不可
한 골짜기로 용감하게 돌아가니	一壑勇歸
봄물이 배를 가볍게 띄웠네[176]	春水輕舸
간간이 상소와 차자를 통하여	間從章箚
늙어서도 더욱 충정을 보였네	老逾見忠
우뚝한 큰 절개여	卓然大節
출처가 시종 한결같았네	出處始終
그 누군들 덕을 좋아하면서	孰是好德
우러러 존경하지 않으리오	而不宗仰

치고 3년 만에 돌아오면서 감회를 읊은 시이다.

174 사마광이……같네 : 원우(元祐)는 송(宋)나라 철종(哲宗)의 초기 연호로, 왕안석(王安石)의 개혁 정치를 적극 지지했던 신종(神宗)을 이어 즉위한 철종은 그간 왕안석이 추진했던 신법을 반대해 왔던 사마광(司馬光)을 재상으로 삼고 신법을 모두 혁파하였다. 정호가 신임사화로 강진(康津)에 유배되었다가 영조가 즉위하자 풀려나 영의정에 제수된 것을 말한다.

175 일은……어렵고 : 제갈량(諸葛亮)의 〈후출사표(後出師表)〉에 "평탄하기 어려운 것이 일이다.〔難平者事也〕" 하였다.

176 봄물이……띄웠네 : 학문을 깊이 쌓아 이전에는 노력해도 이해하지 못했던 심오한 이치를 쉽게 이해했다는 뜻으로, 주희(朱熹)의 〈관서유감(觀書有感)〉 둘째 수에 "지난 밤 강가에 봄물이 불어나니, 거대한 군함이 터럭처럼 가볍네. 이제껏 밀고 옮기는 힘을 헛되이 허비하였는데, 오늘은 강 가운데 자유로이 다니네.〔昨夜江邊春水生, 蒙衝巨艦一毛輕. 向來枉費推移力, 此日中流自在行.〕"라고 한 데서 온 말이다.

말하기를, 사당을 지어 제향함이 마땅하니	曰宜祭社
우리 고을이 동참하겠다 하였네	同我州黨
이 연풍 산골을 돌아보니	睠兹延峽
신이 펼쳐놓은 승경이네	神闢勝邱
선생의 고향에 가깝고	鄕園密邇
그 발길 머물던 곳이네	杖屨淹留
시냇물이 맑게 쏟아지고	溪流淸瀉
원문 4자 빠짐	□□□□
우뚝 솟은 산을 우러러보니	望之巖嶭
엄연히 선생의 기상과 같네	儼若氣象
어찌 이 곳에다	曷不于斯
길이 사모하는 마음 의탁하지 않으리	用寓永思
예전에 글을 읽으며	昔也絃誦
계수나무 가지 부여잡던 땅이네[177]	攀桂之地
지금 제사를 올리니	今焉俎豆
엄숙하고 맑은 모습 당에 계시네	肅淸在堂
골경지신의 자태요	骨鯁之姿
산하의 정기라네	山澤之精
옆에 계신 것처럼 숙연하니	愀然如在
성대하게 선비들 모여들었네	有來濟濟

177 계수나무……땅이네 : 은자가 사는 곳을 상징하는 말로, 《초사(楚辭)》〈초은사(招隱士)〉에 "계수나무 가지를 부여잡으며 편히 오래 머무른다네.〔攀援桂枝兮聊淹留〕" 라고 한 데서 온 말이다.

부디 정갈한 제사를 흠향하시어 庶歆精禋

영원토록 보우해 주소서 保佑百世

흥현서원[178] 춘추향 축문

興賢書院春秋享祝文

절의는 문산[179]과 나란하였고 節並文山

학문은 무이[180]를 계승하였네 學接武夷

과화[181]의 자취를 남기셨으니 蹟留過化

깊은 정성으로 스승을 높이리 誠深尊師

포은(圃隱 정몽주(鄭夢周))의 신위

예의와 법도에 따라 행하여 規趨矩步

세상을 교화하고 풍속을 바로잡으셨네 陶世範俗

접역[182]에 도가 밝아졌으니 鰈域道明

178 흥현서원(興賢書院) : 함경남도 영흥군(永興郡)에 있는 서원으로, 1612년(광해군4) 정몽주(鄭夢周)와 조광조(趙光祖)의 학문과 덕행을 추모하기 위해 창건하여 위패를 모셨고, 1666년(현종7) 별도로 사당을 지어 이계손(李繼孫)을 배향하였다.

179 문산(文山) : 문천상(文天祥, 1236~1283)의 호로, 원(元)나라에 대항하여 절개를 굽히지 않고 죽은 남송(南宋)의 충신이다.

180 무이(武夷) : 주희(朱熹)를 가리킨다. 무이는 중국 복건성(福建省)에 있는 산 이름으로, 주희가 무이정사(武夷精舍)를 지어 강학한 곳이다.

181 과화(過化) : 군자의 가르침에 백성이 감화된다는 말로, 《맹자》 〈진심 상(盡心上)〉에 "군자는 지나가는 곳마다 교화된다.〔夫君子所過者化〕"라고 한 데서 온 말이다.

182 접역(鰈域) : 접허(鰈墟) 또는 접강(鰈疆)이라고도 하는데, 중국 동쪽에 있는 조선을 가리키는 말이다. 《이아(爾雅)》 〈석지(釋地)〉에 "동쪽에 눈을 나란히 붙이고 다니는 물고기가 있는데, 눈을 나란히 붙이지 않으면 다닐 수가 없다. 그 이름을 접이라

추향[183]에서 독실히 사모하리라　楸鄕慕篤

정암(靜菴 조광조(趙光祖))의 신위

무성(武城)의 현가(絃歌)[184]로 교화를 밝히니　武絃闡敎

소공(召公)의 감당(甘棠)[185]에 공덕이 남았네　召棠遺愛

그 은택에 풍속이 일변했으니　恩需一變

백세토록 경건하게 모시리라　虔奉百代

이경헌(李敬憲 이계손(李繼孫))의 신위

고 한다.〔東方有比目魚焉, 不比不行, 其名謂之鰈.〕"라고 한 데서 온 말이다.

183 추향(楸鄕) : 조상의 무덤이 있는 고향을 말한다.

184 무성(武城)의 현가(絃歌) : 공자의 제자 자유(子游)가 무성(武城)의 수령으로 부임하여 예악(禮樂)으로 고을을 다스리는 것을 보고, 공자가 빙그레 웃으며 말하기를 "닭을 잡는 데 소 잡는 칼을 사용할 것이 뭐가 있느냐."라고 한 데서 온 말로, 지방관으로 나가 예악의 덕화를 베푸는 것을 비유한 말이다.《論語 陽貨》 이계손은 1470년(성종1)에 함경도관찰사 겸 영흥부윤으로 부임하였다.

185 소공(召公)의 감당(甘棠) : 주(周)나라 소공 석(召公奭)이 남쪽 지방을 순행하며 정사를 베풀 적에 이 감당나무 아래에서 쉬어 갔기 때문에, 백성들이 그의 선정(善政)을 사모하여 그가 쉬어 간 나무도 감당나무도 차마 베지 못하며 "무성한 저 감당나무, 베지도 말고 치지도 말라. 우리 소백께서 쉬시던 곳이니라.〔蔽芾甘棠, 勿翦勿伐, 召伯所茇.〕"라고 노래하였다. 후세에 지방관의 선정(善政)을 칭송하는 고사로 곧잘 인용되었다.《詩經 甘棠》

인산서원[186]에 우암의 화상을 봉안하는 글
仁山書院奉安尤菴眞像文

아, 선생께서는	嗚呼先生
타고난 기질이 강대하셨네	稟氣剛大
영릉(寧陵 효종)의 시대를 만나니	際遇寧陵
천재일우의 기회였네	千一之會
천리와 인심이	天理人心
날로 어두워지니	日以晦昧
이를 밝히고 바로잡을 책임	明之正之
그 누구에게 있는가	其責誰在
선생께서 답하기를, 아 훌륭합니다	先生曰都
신이 감히 받들지 않겠습니까	臣敢不拜
물리쳐 환하게 터놓는 말씀[187]	闢廓之辭
존주양이(尊周攘夷)의 계책	尊攘之計

186 인산서원(仁山書院) : 1719년(숙종45) 지방 유림의 공의(公議)로 송시열(宋時烈)의 학문과 덕행을 추모하기 위해 경상북도 경주 봉암산(鳳巖山) 아래에 창건하여 위패를 모셨는데, 당시 봉암영당(鳳巖影堂)이라고 하였다. 이후 1722년(경종2) 훼철되었다가 1725년(영조1) 다시 인왕산(仁旺山) 아래에 중건하고 송시열의 진상을 봉안하여 인산영당(仁山影堂)이라 하였다.

187 물리쳐……말씀 : 이단을 물리쳐 유학을 환하게 터놓았다는 뜻으로, 한유(韓愈)의 〈여맹간상서서(與孟簡尙書書)〉에 "옛날에 양주(楊朱)와 묵적(墨翟)이 정도(正道)를 막자, 맹자께서 말씀하여 물리쳐서 환하게 터놓았다.〔古者楊墨塞路, 孟子辭而闢之廓如也.〕" 하였다.

이를 한 몸에 책임졌으니 任以一身
맹자와 주자를 계승하셨네 孟朱是繼
끝까지 한결같았으니 終是惟一
생사의 위급한 상황에도 마찬가지였네 死生顚沛
성패를 어찌 말하리오 成敗奚說
대의를 밝게 내걸었네 大義昭揭
망극한 그 은혜 罔極之恩
우리들에게 고루 베풀어졌네 均被吾輩
더구나 계림은 矧惟雞林
선생의 발길이 미친 곳이네[188] 杖屨所逮
이에 유상을 봉안하여 爰奉遺像
아름다운 은혜 끝까지 베풀어주시길 바랐네 冀卒嘉惠
자그마한 서원이 一畝儒宮
옥산과 마주하고 있네 玉山與對
도유의 남은 화[189]가 屠維餘禍
임인년까지 미쳤네[190] 訖于壬歲
치효가 집을 헐어버리니[191] 鴟鴞毁室

188 계림(鷄林)은……곳이네 : 한국문집총간 124집에 수록된 《입헌집(立軒集)》 권16 〈통태학문(通太學文)〉에 "인산(仁山)은 실로 선생(송시열을 말함)께서 유배되었을 때 발길이 지나갔던 곳이다." 하였다.

189 도유(屠維)의 남은 화 : 도유는 천간(天干) 중에 기(己) 자가 들어간 해로, 여기서는 기사환국(己巳換局)을 말한다.

190 임인년까지 미쳤네 : 임인년(1722, 경종2) 새로 경주 부윤으로 부임한 권세항(權世恒)이 영당을 철거한 일을 말한다.

시인이 개탄하는 바였네	詩人攸嘅
칠분[192]의 화상도	七分之眞
화를 당하였네	亦遭傷敗
사문의 한 차례 액운에	斯文一厄
많은 선비들 눈물 흘렸네	多士隕涕
평피왕복[193] 순환하는지라	平陂往復
태평의 운세가 돌아왔네	世運回泰
그 악인이 추적[194]되니	追謫其人
사당이 환하게 바뀌었네	廟貌煥改
화상 한 본이	有肖一本
한수의 물가에 있었네[195]	寒水之汭

191 치효(鴟鴞)가 집을 헐어버리니 : 치효는 간악한 사람을 비유하는 말로, 《시경》 〈치효(鴟鴞)〉에 "올빼미야 올빼미야 이미 내 새끼를 잡아먹었으니, 내 집마저 헐지 말지어다.〔鴟鴞鴟鴞! 旣取我子, 無毁我室.〕"라고 한 데서 온 말이다. 〈치효〉는 주공(周公)이 악인을 올빼미에 비유하여 성왕(成王)을 깨우친 시이다.

192 칠분(七分) : 초상화가 실물과 완전히 똑같을 수는 없고 아무리 잘해봐야 7할 정도를 닮을 뿐이라는 뜻에서 나온 말이다.

193 평피왕복(平陂往復) : 세상의 길흉화복이 순환하는 것을 말하는데, 《주역》 〈태괘(泰卦) 구삼(九三)〉에 "평평하기만 하고 기울지 않는 것은 없으며, 가기만 하고 돌아오지 않는 것은 없다.〔无平不陂, 无往不復.〕"라고 한 데서 온 말이다.

194 추적(追謫) : 사후(死後)의 처벌을 말하는데, 당시 권세항(權世恒)이 이미 죽은 뒤였지만 관작을 추탈당하였다. 《英祖日記 1年 3月 12日》

195 화상……있었네 : 《입헌집》 권16 〈통태학문〉에 따르면, 송시열의 영정은 권상하(權尙夏)의 집에 보관된 구본(舊本)을 옮겨왔다고 한다. 한수(寒水)는 권상하가 살았던 청풍(淸風) 황강(黃江)을 말하는데, 권상하의 강당(講堂)에 스승 송시열이 한수재(寒水齋)라는 당호를 짓고 편액을 직접 써서 내려 보냈다. 한수는 주희(朱熹)의 〈재거

이에 받들어 와서	於焉奉來
길일에 봉안하도다	吉日斯妥
동산의 곤의[196]를	東山袞衣
다시 보는 듯이 기쁘네	喜覩若再
숙연히 청고한 모습에	肅然淸高
우러러 공경함이 게으르지 않네	瞻敬靡懈
옷자락 치켜들고 나아갈[197] 때엔	摳趨之際
훌륭한 가르침 받드는 듯이 하네	如奉盛誨
정성을 다해 정결하게 재계하고서	齊誠致潔
이 여지(荔枝)와 계주(桂酒)를 올리네	薦此荔桂
우리 유학의 교화를 밝히셨으니	闡我儒化
만세토록 길이 의지하리라	萬世永賴

감흥(齋居感興)〉에 "삼가 천 년의 마음을 살피건대, 가을 달이 찬 강물을 비추는 듯하네.〔恭惟千載心, 秋月照寒水.〕"라고 한 데서 온 말이다.

196 동산(東山)의 곤의(袞衣) : 송시열의 모습을 주공이 동산에 있을 때의 모습에 비유한 것이다. 45쪽 주108 참조.

197 옷자락 치켜들고 나아갈 : 윗사람에게 공경을 표하는 예로, 《예기》 〈곡례 상(曲禮上)〉에 "어른이 계신 방 안으로 들어갈 때에는 옷자락을 공손히 치켜들고 실내 구석으로 향한다.〔摳衣趨隅〕"라고 한 데서 온 말이다.

인제에서 돌아올 때[198] 가묘에 고하는 글

麟峽歸時告家廟文

유세차(維歲次)……. 삼가 아룁니다. 신임사화는 지난 역사에서는 볼 수 없던 참화라, 궁벽한 산골에 숨어살면서 구차하게 목숨을 보존하였습니다. 주상께서 즉위하신 원년 정월에 하늘의 뜻이 환연히 돌아와 조정이 깨끗하고 밝아졌습니다. 재(縡)는 먼저 홍문관 부제학에 제수되었다가 곧바로 이조 참판으로 옮겨 제수되었으며 체차되고 나면 다시 제수되었습니다. 3월 2일에는 특별히 중부(仲父) 고(故) 이조 판서 만성(晩成)의 원통함을 풀어주시고 관작을 회복시켜 주셨습니다. 화전(花田) 옛 집으로 돌아가려니 타향을 떠돌며 고생하던 뒤라 슬픔과 기쁨이 서로 지극합니다. 4년간 산중에서 노모를 그럭저럭 편안히 모시고 성대(聖代)를 만나 금의환향하게 되었으니 실로 선조의 말없는 보살핌 덕분입니다. 이제 신여(神轝)로 모시고 나가기에 삼가 술과 과일을 차려 경건하게 고합니다. 삼가 고합니다.

198 인제에서 돌아올 때 : 저자는 1722년 중부(仲父) 이만성(李晩成)이 신임사화로 화를 당하자 가솔을 이끌고 강원도 인제(麟蹄)로 들어갔다가, 영조의 즉위로 1725년 4월에 다시 예전에 살던 고양(高陽)의 화전(花田)으로 돌아왔다.

처음으로 예제[199]를 행할 때 고하는 글

始行禰祭告文

효자 재(縡)는 지금, 9월이 만물이 성숙하기 시작하는 때이므로 현고(顯考)께 제사를 올립니다.[200] 삼가 자신의 생일에 아버지 사당에 제사 지내던 주부자(朱夫子)의 의례를 따라 올해부터 시작하여 매년 9월 28일에 제사를 지내겠습니다.[201] 감히 고합니다.

199 예제(禰祭) : 음력 9월에 선친에게 올리는 제사이다.

200 9월이……올립니다 : 《상변통고(常變通攷)》 권24 〈계추제예(季秋祭禰)〉에 "정자(程子)가 말하기를, '계추는 만물이 성숙하기 시작하는 시점이니 또한 그 비슷한 유를 형상하여 제사 지낸다.' 하였다."라는 내용이 있다.

201 삼가……지내겠습니다 : 《상변통고》 권24 〈계추제예〉에 "주자(朱子)가 말하기를, '내 집에서는 옛날부터 입춘과 동지와 계추에 항상 제사를 지내왔는데, 뒤에 입춘과 동지의 두 제사가 체제(禘祭)와 협제(祫祭)에 가까워 편치 않음을 깨닫고는 마침내 중지하였다. 계추에는 그대로 예제를 지냈는데 내 생일에 제사를 지냈으니, 마침 내 생일이 계추에 있었기 때문이다.' 하였다."라는 내용이 있다. 저자의 생일이 9월 28일이다.

중부의 묘를 이장할 때 고하는 글[202]

仲父遷窆告文

생각건대 이 무덤이 오래 되었습니다. 처음 무덤을 조성할 때에는 모두 길하다고 하였지만, 불행하게도 근세에 이처럼 혹독한 화란이 거듭되어 어진 분에게 후사가 없게 되었으니[203] 어찌 하늘이 있다고 하겠습니까. 체백(體魄)이 제자리가 아닌 곳에 의탁한 것일까 참으로 두렵습니다. 간혹 재해(災害)가 황천을 놀라게 하였고, 더구나 황량한 바닷가 구석에 무덤이 외로이 떨어져 있어 꼴 베는 자들을 금지하지 못하고 성묘를 자주 빠트렸습니다. 생각이 여기에 미치니 마음이 찢어지는 듯합니다. 지금의 계책으로는 오직 선영으로 옮겨 모시어 영원토록 평안하고 견고한 터전으로 삼는 방법뿐이니, 구(絿)가 죽음에 임하여 피눈물을 흘리며 쓴 글에도 실로 이 일에 절절하였습니다.

다만 생각건대, 부군께서는 일찍이 인가(人家)에서 이장하는 잘못을 논하시어 "신도(神道)는 고요함을 숭상하니 가벼이 움직여서는 안 된다."고 하셨으니, 소자가 진실로 마음에 새기고 있습니다. 그러나 모든 일은 궁하면 변하고 변하면 통하니[204] 한 가지 논의만 고집할 수는

202 중부의……글 : 이 글은 1728년에 저자의 중부 이만성(李晩成, 1659~1722)의 무덤을 수원에서 용인 한천동(寒泉洞) 선영으로 이장할 때 지은 고유문이다.

203 어진……되었으니 : 본서 제38권 〈종제 정랑 증 집의군의 묘갈〔從弟正郎贈執義君墓碣〕〉에 따르면, 이만성의 아들 이구(李絿)는 39세의 나이로 1726년(영조2) 후사가 없이 죽었다.

204 궁하면……통하니 : 《주역》 〈계사전 하(繫辭傳下)〉 제2장에 나오는 말이다.

없습니다. 감히 평소의 가르침을 어기려는 것이 아니라, 효자의 마음을 상하게 할까 두려웠던 까닭에 여러 해 근심하고 의심하여 머리털이 세고 마음이 문드러졌습니다. 한밤중에 베개를 어루만지며 누구에게 확인하고 누구에게 물어보겠습니까. 또 생각건대, 부군께서 일찍이 이 땅을 반드시 돌아갈 곳으로 삼아 거의 50년간 경영하였고 묘목(墓木)들도 재목감으로 자랐으니, 하루아침에 어찌 차마 버리고 떠나겠습니까.

저 한천동(寒泉洞)은 거리가 멀지 않고 부형(父兄)과 조비(祖妣)의 무덤이 좌우 언덕에 있습니다. 요컨대 신도(神道)가 인정(人情)에서 벗어나지 않으니, 지금 상황으로는 택할 바를 거의 알 수 있습니다. 다행스럽게도 이 한천은 재앙이 없는 길한 땅이니, 또한 남기신 뜻을 본받는 것입니다. 이에 감히 길일을 택하여 무덤을 열어 머뭇거리던 일을 결행하오니, 삼가 존령(尊靈)께서는 굽어살피시어 놀라지 마소서.

선비의 대상 하루 전에 고하는 글

先妣大祥前一日告文

내일 대상(大祥)을 행해야 하는데 왕대비의 재궁(梓宮)이 빈소에 있는 터라 감히 의식을 갖출 수 없으니, 졸곡 이후로 물려서 행하겠습니다. 단지 일헌(一獻)의 예를 행하여 공손히 애모(哀慕)의 정을 폅니다. 삼가 고합니다.

선비의 대상을 물려서 행하기 하루 전에 고하는 글

先妣大祥退行前一日告文

왕대비의 인산(因山)이 이미 끝나고 졸곡도 막 지났으니 내일 대상(大祥)을 행하고자 합니다. 예법상으로는 응당 현증조비(顯曾祖妣)이신 증 정경부인 파평 윤씨(坡平尹氏)의 사당에 합부(合祔)하여 합사(合祀) 때까지 기다려야 합니다.[205] 그러나 같은 집도 아닌데다 지역도 멀리 떨어져 있으니, 삼가 "선고(先考)의 감실(龕室)에 합부한다."는 예문[206]에 따라 제사를 마치고 사당에 들이겠습니다. 삼가 고합니다.

205 예법상으로는……합니다 : 《상변통고(常變通攷)》 권20 〈부신주고사(祔新主告辭〉에 "《의례》에 '담월(禫月)의 길제(吉祭)에는 아직 배위(配位)를 모시지 않는다.'고 하였으니, 이로 미루어 보면 어머니의 상을 마치자마자 곧바로 선고(先考)와 합독(合櫝)해서는 안 됨이 분명하다. 혹자가 말하기를 '아버지가 비록 먼저 사당에 들었고 어머니 상을 마쳤더라도 또한 증조비(曾祖妣)에 합부(合祔)하여 합사할 때를 기다려 선고에 배위하는 것이 고례의 본뜻에 가깝다.' 하였다."라는 내용이 있다.

206 선고(先考)의……예문 : 《상변통고》 권20 〈부신주고사〉에 "구준(丘濬)이 말하기를, '만약 아버지가 먼저 돌아가셔서 이미 사당에 들어간 뒤에 어머니가 돌아가신 경우엔 그 축문에 「이에 선비 모봉 모씨의 대상이 이르러 예법상 마땅히 선고에 합부합니다.」라고 쓴다.'"라는 내용이 있다.

아들 제원의 과거 급제를 선영에 고하는 글
男濟遠登第告先塋文

유세차(維歲次) 병진년(1736, 영조12) 10월 신유삭(辛酉朔) 11일 신미(辛未)에 증손 가의대부 사헌부대사헌 재(縡)는 감히 현증조고(顯曾祖考)와 현증조비(顯曾祖妣) 관함(官啣)과 봉증(封贈)도 함께 씀 의 무덤에 밝게 고합니다. 재의 아들 제원(濟遠)이 10월 2일에 알성 문과(謁聖文科)에 병과(丙科) 제2인으로 급제하는 은혜를 입었습니다. 선대의 가르침을 계승하여 출신(出身)하게 되고 대를 이은 과거 급제로 집안의 명성을 드러내었습니다. 이는 실로 선대에서 덕을 쌓은 덕택에 남은 경사가 무궁한 것이니, 영분(榮墳)[207]에 감회와 추모의 정을 이기지 못하겠습니다. 삼가 술과 음식을 차려 경건하게 고합니다. 삼가 고합니다.

조고비(祖考妣)의 무덤에 고한 것도 같다.

유세차……. 대를 이은 과거 급제로 집안의 명성을 드러내었으니, 이는 실로 선대에서 누리지 못한 보답이요 덕을 쌓은 남은 경사인지라, 영분(榮墳)에 감회와 추모의 정이 끝이 없습니다. 삼가…….

이상은 고비(考妣)의 무덤에 고한 것이다.

207 영분(榮墳) : 과거에 급제하거나 관직에 임명된 사람이 부모의 묘소에 가서 고하고 예(禮)를 올리는 것을 말한다.

유세차……. 이것이 본디 선조에서 덕을 쌓은 남은 경사지만 또한 부인의 말없는 보살핌으로 이룩한 경사입니다. 은혜를 받들고 귀성(歸省)하고 이어 영분(榮墳)하니, 가상히 여기고 기뻐하는 마음이 살아있는 사람이든 죽은 사람이든 무슨 차이가 있겠습니까. 지난 일을 추억하니 슬픈 심정이 더욱 간절합니다. 술과 음식을 대략 갖추어 이러한 경사를 고합니다. 삼가 고합니다.

이상은 망실(亡室)의 무덤에 고한 것이다.

유세차……. 재(縡)가 다섯 살에 아버지를 잃고 간신히 성장한 것은 실로 부군의 가르침 덕택이니, 그 은혜에 보답하려 해도 하늘처럼 끝이 없습니다. 지금 재의 아들 제원이 모월 모일에 모과(某科) 모갑(某甲) 제(第) 몇 인(人)으로 급제하는 은혜를 입어, 대를 이은 과거 급제로 집안의 명성을 드러내었습니다. 이것이 본디 선조에서 덕을 쌓은 덕택이지만 또한 부군의 은혜로운 영령의 보살핌으로 이룩한 경사입니다. 화란에서 살아남은 목숨이 유독 이런 경사를 보았으니 지하에서 어찌 가상히 여기고 기뻐하지 않으시겠습니까. 술과 음식을 대략 갖추어 감히 경사를 고합니다. 삼가 고합니다.

이상은 중부(仲父) 귀락공(歸樂公 이만성(李晩成))의 무덤에 고한 것이다.

유세차……. 부군(府君)[208]께서 조정에서 벼슬하신 것이 300년 전의

208 부군(府君) : 저자의 9대조 이길배(李吉培, ?~1440)로, 1411년(태종11) 문과에 급제하여 선산 도호부사(善山都護府使), 황해도 관찰사(黃海道觀察使) 등을 역임하였다.

일이라, 유풍이 아득하고 벼슬길 행적이 묘연하니 역사에 드러난 것은 오직 남쪽 고을에서 행한 유학의 교화[209] 한 가지 일뿐입니다. 그러나 자손이 지금까지 끊어지지 않아서 효우(孝友)와 충후(忠厚)를 행하여 그 가업을 잇고 대대로 벼슬하여 한미한 집안이 이름난 가문이 되게 한 것은 모두 남기신 가르침에서 비롯되었습니다. 묘역이 오랫동안 묻혀 있다가 다시 드러난 것[210]은 실로 세상에 드물게 있는 기이한 일입니다. 부군께서 인을 쌓고 덕을 길러 무궁한 복을 드리우지 않았다면 어찌 이렇게 될 수 있었겠습니까.

을미년(1715, 숙종41)에 다시 찾아 개봉(改封 무덤에 흙을 더 얹고 떼를 입힘)할 때에 재(縡)와 재의 중부(仲父) 판서 만성(晩成)과 계부(季父) 관찰사 만견(晩堅)이 함께 와서 공경히 제사지냈는데, 얼마 뒤에 두 숙부가 세상을 떠났고, 지금까지 이십여 년 동안 세상일이 어지러워 이루 다 말할 수 없는 일이 있었습니다. 화란을 겪고 겨우 살아남은 목숨이 깊은 산골에 유락(流落)하며 때로 와서 성묘만 하는 처지라 꼴 베는 자들을 금하지 못하였으니, 문호가 쓸쓸해지고 집안의 명성을 잇지 못해 선대를 욕되게 하는 죄를 보탤까 늘 두려웠습니다. 그러다가 이번에 제 아들 제원이 성은을 입어 모과 모갑에서 몇등으로 급제하였

209 남쪽……교화 : 본서 제46권 〈9대조 관찰사부군 묘지(九代祖觀察使府君墓誌)〉에 따르면, 이길배가 1428년(세종10) 선산 도호부사에 제수되었을 때 학문을 권장하는 데 힘쓴 결과 향교의 학생이 과거에 많이 급제하여 세종이 가상히 여겨 특별히 두 자급을 더해주었다고 한다.

210 묘역이……것 : 본서 제46권 〈9대조 관찰사부군 묘지〉에 따르면, 이길배의 무덤이 광주(廣州) 구천(龜川)에 있었는데, 백년 동안 무덤을 찾지 못하다가 그 마을 사람이 알려주어 1715년(숙종41) 저자와 이만성, 이만견이 급히 달려가 확인했다.

습니다. 이는 실로 부군께서 선을 쌓아 남은 경사가 발로된 것이지만, 또한 석과(碩果)[211]가 그치지 않고 생겨나는 것을 징험할 수 있습니다. 만일 은혜로운 영령의 보살핌으로 실추되지 않게 된다면 어찌 유독 불초배의 큰 다행일 뿐이겠습니까. 영예를 받들어 배알하니 황천이 다시 빛납니다. 감히 관전(官奠 관에서 내린 제물)을 차려 삼가 그 사유를 고합니다. 삼가 고합니다.

이상은 9대조 관찰공의 무덤에 고한 것이다.

유세차……. 선생의 굴신(屈伸)과 영욕(榮辱)[212]은 늘 시운(時運)과 관련되었으니 어지러운 변고가 이루 다 말할 수 없을 정도입니다. 소자는 세상에 오랫동안 살아남아 상전벽해(桑田碧海)를 겪은지라 세도(世道)가 막히는 것을 개탄하고 문호(門戶)가 침체되는 것을 염려하여 그저 죽기 전에 몸을 경계하고 행실을 닦아 선생의 덕의(德義)의 가르침에 욕됨이 없고자 할 뿐이었는데, 근자에 재(縡)의 아들 제원(濟遠)이 알성 문과에 급제하는 은혜를 입었습니다. 이는 본디 선조에서 덕을 쌓아 남은 경사가 발로된 것이지만, 또한 선생의 은혜로운 영령의 보살핌으로 이룩한 경사입니다. 선영에 성묘하고 이 경사를

211 석과(碩果) : 《주역》 〈박괘(剝卦) 상구(上九)〉에 "큰 과일은 다 먹지 않고 남겨 둔다.〔碩果不食〕"에서 나온 말로, 어떤 사물이 단절되지 않고 지속되는 것을 뜻한다.

212 선생의 굴신(屈伸)과 영욕(榮辱) : 선생은 저자의 숙조(叔祖) 이상(李翔, 1620~1690)으로, 자가 운거(雲擧), 호가 타우(打愚)이다. 1658년(효종9) 유일(遺逸)로 천거되어 이조 참판, 대사헌 등을 역임하였다. 서인(西人)으로서 1674년(숙종1) 제2차 예송 때에 파직되어 유배되었다가 1680년(숙종6) 경신대출척으로 남인(南人)이 실각하자 다시 기용되었고, 1689년 기사환국으로 투옥되어 옥사하였다.

올리는데, 선생의 무덤을 바라보니 멀지 않은 가까운 곳에 있습니다. 고금의 일을 생각하니 애통한 심정을 가눌 수 없습니다. 이어 술과 음식을 차려 감히 경건하게 고합니다. 삼가 고합니다.

이상은 숙조(叔祖) 타우 선생(打愚先生)의 무덤에 고한 것이다.

선고의 증질을 고하는 글

先考贈秩告文

재(縡)는 기미년(1739, 영조15) 봄에 은혜를 받아 품계가 올랐으니[213] 법으로 볼 때 마땅히 정2품직에 현고(顯考)를 추증해야 합니다. 다만 생각건대, 소자가 소명을 어기고 시골에 있는지라 죄만 쌓고 아무런 공로도 없기에 참으로 감히 은전을 청하여 스스로 부끄러움을 보탤 수 없었습니다. 그런데 근자에 이조에서 규례를 끌어 입계(入啓)하여 경신년(1740) 3월 15일에 모직(某職)에 추증하는 교지(敎旨)가 작성되었으니, 분수와 의리에 두려워 감히 받지 않을 수 없었습니다. 선고의 남은 경사가 미친 것이라 더욱 가슴이 무너지고 목이 메입니다. 신주를 고쳐 쓰는 의식을 지금까지 미적대며 행하지 못하고 있으니, 인정과 예문으로 헤아려보건대 실로 매우 온당치 못합니다. 이에 삭다례(朔茶禮)를 통하여 먼저 이렇게 경건하게 고합니다.

213 재(縡)는……올랐으니 : 저자는 1739년(영조15) 1월 자헌대부(資憲大夫)에 가자되었다. 《英祖日記 15年 1月 6日》

선고가 증질되어 신주를 고쳐 쓸 때 고하는 글

先考贈秩改題告文

재(縡)가 선조의 가르침 계승하여	縡奉承先訓
외람되이 조정에 올랐는데	猥登于朝
재주가 없고 처지가 기구하여	才疎迹畸
버려진 몸으로 자처하였습니다	自甘屛廢
온갖 변란을 수없이 겪으며	飽歷百變
오랫동안 살아남아	支離不死
차례대로 승진하여	節次推排
가만히 앉아 재신(宰臣)의 자리에 올랐습니다	坐竊卿月
우러러 은혜를 받들자니	仰戴恩私
두려운 한편 부끄러운데	且惶且慚
나라에서 규례를 행하여	國用常典
이렇게 추증해주셨습니다	有此貤贈
추모하는 마음 미칠 수 없는지라	追慕莫及
가슴이 무너지고 목이 메어 견딜 수 없습니다	摧咽難勝
삼가 술과 과일을 차려	謹以酒果
경건하게 고합니다	用伸虔告
삼가 고합니다	謹告

묘표를 세울 때 고하는 글

竪阡表告文

유세차……. 무덤에 묘표가 있어야 하는데도 지금까지 세우지 못한 것은 감히 늦춘 것이 아니라 기다렸던 것입니다. 불초소생이 망령되이 상강천표(瀧崗阡表)[214]를 본떠 묘문을 짓고 싶었으나 재주와 식견이 미치지 못함이 너무도 두려워 조금 진보하기를 기대하였습니다. 그러나 이제는 늙고 병들어 장차 죽게 되었는지라 더는 기다릴 수 없어 작년에 묘표를 지었습니다. 글씨는 어머니의 조카 민우수(閔遇洙)에게 쓰게 하였고 돌에 새기는 일이 막 끝났으니 이달 13일에 무덤 왼쪽에 세우려합니다. 추모하는 마음은 미칠 수 없고 하늘과 같은 은혜는 끝이 없습니다. 삼가 술과 음식을 갖추어 감히 그 사유를 고합니다. 삼가 고합니다.

214 상강천표(瀧崗阡表) : 구양수(歐陽脩)가 자기 아버지의 무덤에 세운 묘표이다.

종제 여강[215]의 무덤에 묘갈을 세울 때 고하는 글

從弟汝剛墓竪碣告文

유세차……

중부의 비석을	仲父豐碑
비로소 무덤에 세웠으니	纔揭泉隧
그대가 살아있었다면	君若在世
어찌 이토록 지체했으리	豈稽至此
다음으로 그대에게 미쳐	次及君行
그 대략을 서술하고	叙其大致
사원(민우수(閔遇洙))에게 글씨를 쓰게 하니	倩筆士元
또한 그대의 뜻 따른 것이네	亦用遺意
지금 무덤 앞에 세워서	今樹墓前
몽매한 자들을 경계하노니	以飭昧稚
그대가 다시 살아나더라도	使君復起
거의 부끄럽지 않으리라	庶幾不愧
내 목숨이 붙어있을 때에	迨吾在寓
두 가지 일을 그럭저럭 마쳤는데	粗了兩事
후사를 세울 책임도	立後之責
나에게 있을 뿐이네	亦惟吾耳

215 여강(汝剛) : 저자의 사촌 동생 이구(李絿, 1688~1726)로, 중부(仲父) 이만성(李晩成)의 아들이다.

가까운 친척도 없는데다　旣乏强近
종족마저도 적으니　又鮮族類
끊어진 후사를 잇고 싶어도　雖欲繼絶
어디에서 착수한단 말인가　着手何地
부디 그대가 가만히 도와　冀君陰相
꿈속에서라도 알려주시게　或發夢寐
이에 술과 과일을 차려　玆將酒果
경건하게 고합니다　用伸虔告

이계통[216] 집 에게 고하는 글
告李季通 潗 文

정미년(1727, 영조3) 6월 기해(己亥)에 삼주(三州) 이재(李縡)는 아들 제원(濟遠)을 시켜서 고(故) 관찰사 이공(李公)의 영전에 고합니다.

지난 봄 윤달에 공이 편지를 보내어 선조의 묘문(墓文)[217]을 부탁하였는데, 재주가 용렬한 것이 두렵지만 일찍이 그분의 충렬을 사모하였던 터라 묘문에 이름을 싣는 것을 기쁨으로 여겼습니다. 폐백이 많아도 감히 사양하지 않았던 것은 또한 일찍이 거마(車馬)에도 절하지 않는 의리[218]를 들었기 때문입니다. 그런데 한 달도 못되어 공이 병들어 일어나지 못하였고, 임종 때에 또 이 묘문을 재삼 부탁했다고 하니, 이 말을 듣고서 눈물이 흘렀습니다. 영구(靈柩)가 집에 있을 때에 미쳐 병을 무릅쓰고 묘문을 완성하여 삼가 궤연(几筵)에 올리니, 돌아가신

216 이계통(李季通) : 이집(李潗, 1670~1727)으로, 본관은 한산(韓山), 호는 한주(韓州), 자가 계통이다.

217 선조의 묘문(墓文) : 이집의 조부 이경류(李慶流, 1564~1592)의 묘문으로, 본서 제31권에 〈종사관 이공 묘갈(從事李公墓碣)〉이 수록되어 있다. 이경류의 자는 장원(長源), 호는 반금(伴琴)이다. 임진왜란 때에 병조 좌랑으로 출전하여 상주(尙州) 전투에서 전사하였다.

218 거마(車馬)에도 절하지 않는 의리 : 《논어》 〈향당(鄕黨)〉에 "벗이 보낸 물건은 거마와 같은 귀한 것이라도 제사지낸 고기가 아니면 절하지 않으셨다.〔朋友之饋, 雖車馬, 非祭肉, 不拜.〕" 하였다.

분의 뜻에 조금이나마 보답하게 되었습니다.

아! 함께 어울리던 젊은 시절의 즐거움과 쇠약해가는 노년의 슬픔을 말로는 다할 수 없으니, 생사를 달리해도 오직 한결같은 마음 빛날 뿐입니다. 장사 지낼 날이 정해졌으니 이로 인해 영결을 고합니다. 신령께서는 들으시고 나의 지면(漬綿)[219]을 흠향하소서.

219 지면(漬綿) : 술에 담갔다가 말려 둔 솜으로, 후한(後漢)의 서치(徐穉)가 평소에 솜을 술에 담갔다가 꺼내어 잘 말려 두었다가 여기에 구운 닭을 싸 가지고 죽은 이의 무덤에 찾아가 그 솜을 물에 담가 술을 우러나게 하여 제사를 올렸던 고사에서 온 말이다.《後漢書 卷53 徐穉列傳》

제문祭文

판서 김진규[220]에 대한 치제문

判書金鎭圭致祭文

아, 내게 신하가 있으니	嘻予有臣
경이 실로 골경지신이로다	卿實骨鯁
지식은 정미하고 심오하고	精深其識
성품은 고상하고 순결하네	脩潔其性
비유하면 저 좋은 쇠가	譬彼良金
백번 단련되어 더욱 강해짐과 같도다	百鍊彌勁
경은 집안 대대로 내려온 미덕 있으니	卿有世美
바로 도덕과 절행이네	道德節行
시례의 가르침[221]을 받아	襲訓詩禮
엄정하게 자신을 단속하였네	飭躬嚴整

220 김진규(金鎭圭) : 1658~1716. 본관은 광산(光山), 자는 달보(達甫), 호는 죽천(竹泉)이다. 1686년(숙종12) 문과에 급제하여 예조 판서, 강화 유수, 좌참찬 등을 역임하였다.

221 시례(詩禮)의 가르침 : 가정에서의 부형의 가르침을 뜻하는데, 공자가 아들 리(鯉)에게 시(詩)와 예(禮)를 꼭 읽어야 한다고 훈계했던 데서 온 말이다. 《論語 季氏》

문예는 여사로 여겼지만	餘事文藝
일찍 심오한 경지에 이르렀네	蚤臻奧境
마침내 장원급제하여	遂捷魁科
조정의 중망을 받았네	望傾朝廷
도유의 화로	屠維之禍
온 집안이 쫓겨났네[222]	闔門竄迸
예전에 선경[223]의	蓋昔先卿
훈업이 가장 성대하였네	勳業最盛
정성을 다해 사직을 보호하여	殫誠衛社
난신의 목을 모두 베어버렸네[224]	悉芟亂領
남은 당여들이 금세 치성하여	餘黨旋熾
사사로운 원한 풀었던 것이네	私忿乃逞
마침 내가 새로운 정치를 펴니	屬予更化
가장 먼저 대성으로 돌아왔네[225]	首還臺省
논사하여 나를 계도할 적에	論思啓沃

222 도유(屠維)의……쫓겨났네 : 도유는 천간(天干) 중에 기(己) 자가 들어간 해로, 기사환국(己巳換局)을 말한다. 이때 김진규는 거제도(巨濟島)로, 숙부 김만중(金萬重)은 남해(南海)로, 형 김진귀(金鎭龜)는 제주도(濟州道)로 유배되었다.

223 선경(先卿) : 임금이 신하의 작고한 아버지를 칭하는 용어로, 여기서는 김진규의 부친 김만기(金萬基)를 말한다.

224 정성을……베어버렸네 : 김만기는 1680년(숙종6) 경신대출척 때 훈련대장으로서 허적(許積)의 서자 허견(許堅)과 종실 복창군(福昌君), 복선군(福善君), 복평군(福平君)의 역모를 막았다.

225 마침……돌아왔네 : 1694년(숙종20) 갑술환국으로 남인이 물러나고 서인이 재집권하자, 김진규는 사헌부 지평에 제수되어 돌아왔다.

항상 곧은 도를 견지하였네	直道常秉
겁쟁이처럼 권세있는 자리 피했으나	避權若懦
일을 맡아서는 맹렬하게 분발하였네	當事奮猛
명분과 의리를 힘써 부지하였으니	力扶名義
용납 받지 못한들 무슨 상관이리오[226]	不容何病
잠깐 번거롭게 누워서 다스리니[227]	暫煩臥治
백성이 맑은 정사를 칭송하였네	民頌淸靜
승정원에 있을 때에는	其在喉司
누차 명령을 작환(繳還)[228]하였네	屢繳命令
이어 성균관 대사성이 되어	繼長胄監
학정(學政)을 잘 거행하였네	克擧庠政
경전의 뜻을 훼손하고 현인을 모욕하여[229]	毁經侮賢

226 용납……상관이리오 : 공자가 안회(顔回)에게 "《시경》에 '외뿔소도 아니고 범도 아닌데, 어째서 저 거친 들판을 헤매게 한단 말인가.' 하였다. 우리의 도가 잘못된 것인가? 어째서 우리가 이런 곤욕을 당해야 한단 말인가."라고 묻자, 안회가 "선생님의 도는 지극히 광대합니다. 그래서 세상 사람들이 용납하지 못하는 것입니다. 비록 그렇다고 하더라도 선생님께서는 그 도를 추진해서 행하시기만 하면 될 것이니, 세상에 용납 받지 못한들 그것이 무슨 상관이겠습니까. 용납받지 못한 뒤에야 군자를 알 수 있는 것입니다.〔夫子之道至大, 故天下莫能容. 雖然, 夫子推而行之, 不容何病? 不容然後見君子.〕" 하였다. 《史記 卷47 孔子世家》

227 누워서 다스리니 : 정무를 간략하게 줄여 무위(無爲)의 정치를 행했다는 말로, 한(漢)나라 급암(汲黯)이 동해 태수(東海太守)로 있을 때에 병으로 문밖에 나가지 않고 누워 다스렸는데도 1년 만에 고을이 크게 잘 다스려졌다는 고사에서 온 말이다. 여기서는 김진규가 회양 부사(淮陽府使)로 좌천되어 나갔던 일을 말한다.

228 작환(繳還) : 임금의 전교(傳敎)에 잘못된 부분이 있다고 여겨질 경우, 승지가 전교를 하달하지 않고 되돌려 올려 환수하기를 청하는 것을 말한다.

사악한 학설이 횡행하였네	邪說馳騁
한 마디로 통렬히 물리치니	一言痛闢
사도가 더욱 밝아졌네	斯道增炳
존주대의[230]로	尊周大義
일찍이 나를 이끌어주었네	嘗啓予聽
황단[231]에 제사를 올릴 때	及祀皇壇
붉은 붓대로 명을 따랐네[232]	赤管應命
강한의 뜻[233]을 깊이 생각하고	江漢深思
풍천의 시[234]를 노래하였네	風泉遺詠

229 경전의……모욕하여 : 주자학적 경학 사상을 비판하였던 박세당(朴世堂) 일파를 말하는데, 박세당이 《사변록(思辨錄)》을 지어 사서(四書)의 장구(章句)를 고친 일과 이경석(李景奭)의 신도비문(神道碑文)을 지으면서 송시열(宋時烈)을 춘추 시대 노(魯)나라 때 정사를 어지럽힌 대부 소정묘(少正卯)에 비유한 일을 말한다.

230 존주대의(尊周大義) : 주나라 왕실을 존숭하는 대의라는 뜻으로, 명나라를 존숭하고 청나라를 배척하는 의리를 말한다.

231 황단(皇壇) : 대보단(大報壇)으로, 임진왜란 때 원군을 보낸 명(明)나라 신종(神宗)의 은혜를 기리기 위해 1704년(숙종30) 창덕궁(昌德宮) 안에 설치한 제단이다. 《肅宗實錄 30年 10月 14日》

232 붉은……따랐네 : 숙종이 대보단에 나아가 친제(親祭)를 올릴 때에 예문관 제학이었던 김진규가 그 제문을 지었다. 《肅宗實錄 31年 3月 9日》

233 강한(江漢)의 뜻 : 물이 바다로 모이는 것처럼 제후들이 천자에게로 향한다는 뜻으로, 명나라에 대한 존모(尊慕)의 뜻이다. 《서경》 〈우공(禹貢)〉에 "강수(江水)와 한수(漢水)가 바다로 모여든다.〔江漢朝宗于海〕"라고 한 데서 온 말이다.

234 풍천(風泉)의 시 : 《시경》 〈비풍(匪風)〉과 〈하천(下泉)〉의 병칭으로, 모두 제후의 대부가 주(周)나라 왕실이 쇠미해진 것을 탄식해 읊은 시이다. 여기서는 명나라의 멸망을 슬퍼하는 뜻이다.

의식과 제도도 儀文制度
교정한 것이 많았네 亦多攷訂
지난날 조정에서 往者朝端
칭경을 처음 논의하였네[235] 始議稱慶
나는 부끄러웠네, 광무제(光武帝)가 予慚建武
성(聖)이라고 칭하지 못하게 한 일[236]에 禁人言聖
경은 말하였네, 지금 사람 중에 卿謂時人
신만큼 공경하는 자가 없습니다[237] 莫如我敬
마땅히 겸양을 힘쓰고 謙挹宜勉
예대[238]를 경계하소서 豫大是儆
내가 선위하려 할 적에는 逮予將禪
혈성을 모두 쏟아내었네 腔血畢罄
그 한결같은 곧은 충성 斷斷危忠
하늘을 가리켜 증명하였네 指天爲證

235 지난날……논의하였네 : 1705년(숙종31) 숙종 즉위 30년을 맞이하여 조정 신료들 사이에서 숙종에게 존호를 올려야 한다는 논의가 일었다.

236 광무제(光武帝)가……일 : 광무제는 일식(日食)으로 인해 백관들에게 봉사(封事)를 올리게 하였는데, 글을 올리는 자들에게 황제를 성(聖)이라고 칭하지 못하게 하였다. 《後漢書 卷1 光武帝本紀》 원문의 건무는 광무제의 연호이다.

237 경은……없습니다 : 김진규는 칭경하고 존호를 올리는 일에 반대하였는데, 이로 인해 세자를 업신여겼다는 모함을 받자 "신만큼 세자를 공경하는 자가 없다." 하였다. 《竹泉集 卷22 被申涺搆誣請按覈疏》

238 예대(豫大) : 기쁨과 즐거움이 크다는 뜻으로, 《주역》〈예괘(豫卦) 단사(彖辭)〉의 '예(豫)의 시의(時義)가 크도다.〔豫之時義大矣哉〕'라고 한 데서 온 말인데, 궁중 경사의 성대한 의식으로 뜻이 전용(轉用)되었다.

내가 밝게 살피지 않았다면 微予昭燭
화의 함정에 빠질 뻔하였네 幾墮禍穽
세 번 이르는 말은 三至之言
자모도 의심하는 바라네[239] 慈母亦焚
얼마 뒤에 유배지에서 일으켜 俄起謫籍
곧바로 대제학에 제수하였네 卽授文柄
공정한 마음은 저울을 잡은 듯 公心執秤
감식안은 거울을 매단 듯하였네 藻鑑懸鏡
마침 시옥[240]이 일어나 適値試獄
정평[241]으로 발탁하였네 爰擢廷平
법을 따라 실정을 찾아내 援法鉤情
마침내 진상을 파악하였네 卒得肯綮
외직으로 보장[242]을 맡아 出莅保障

239 세……바라네 : 참소가 여러 번 이르면 끝내는 믿게 되고 만다는 말이다. 《전국책(戰國策)》에 "옛날 증자가 비(費) 땅에 살 때, 비 땅 사람으로 증자와 이름이 같은 자가 있었는데 그가 사람을 죽였다. 이에 어떤 사람이 증자의 어머니에게 '증삼이 사람을 죽였소.' 하니, 증삼의 어머니는 '내 아들이 사람을 죽일 리 없소.' 하고 태연히 베만 짰다. 조금 뒤에 어떤 사람이 또 '증삼이 사람을 죽였소.' 하였으나 어머니는 여전히 들은 체하지 않고 베만 짜다가, 또 한 사람이 '증삼이 사람을 죽였소.' 하자, 증자의 어머니도 두려워서 베를 짜던 북을 던져 버리고 담을 넘어 달아났다." 하였다.

240 시옥(試獄) : 1712년(숙종38) 정시(廷試) 고시관인 예조 판서 이돈(李墪)과 관련하여 발생한 과옥(科獄)이다. 《肅宗實錄 36年 9月 12日, 38年 12月 6日》

241 정평(廷平) : 정위평(廷尉平)과 같은 말로, 한(漢)나라 때 형옥(刑獄)을 관장하던 관직이다. 김진규는 1712년(숙종38) 형조 판서에 제수되었다.

242 보장(保障) : 국가를 지키는 든든한 울타리를 말하는데, 서울의 울타리 역할을

다스림이 질서정연하였네	區畫井井
칭병하고 관직에서 물러나	引疾解符
때때로 조청[243]을 받들었네	時奉朝請
시대를 근심하고 세상을 개탄하여	憂時慨世
죽어서도 눈을 감기 어려우리라	死目難瞑
공의 반쯤 쓴 유고를 읽으니	予讀半藁
그 마음이 밝게 드러나 있네	其心炯炯
하늘이 나의 훌륭한 신하를 빼앗아	天奪我良
어찌하여 오래 살지 못하게 하였나	胡年不永
예전의 외척들은	維昔戚畹
총애받지 않는 이가 드물었네	鮮不寵幸
외척으로서[244] 기구했던 것은	地親跡畸
곧고 바른 절개 때문이었네	由卿介耿
아, 사람들은 너무 심하니	噫人太甚
걸핏하면 교만방자하다 지목하였네	輒目驕橫
안전하게 보호할 생각으로	意欲全安
나는 더러 경계를 보였네	予或示警
온갖 고난이 몰아쳐도	風霜震薄

하는 강화도를 가리킨다. 김진규는 1713년(숙종39) 강화 유수에 제수되었다.

243 조청(朝請) : 조청은 제후가 봄에 천자를 알현하는 것을 '조(朝)'라 하고, 가을에 알현하는 것을 '청(請)'이라고 하던 데서 나온 말로, 신하가 정기적으로 조회에 참석하는 것을 일컫는다. 《漢書 卷68 霍光傳》

244 외척으로서 : 김진규는 숙종의 첫 번째 왕비 인경왕후(仁敬王后)의 오빠이다.

지조는 더욱 굳세었네 操守愈硬
충절과 의리에 죽을 사람이니 伏節死義
공의 간쟁을 구해야 마땅하네 當求諫諍
간혹 뜻이 부합하지 않았으나 間有不合
어찌 경이 성내고 원망했으랴[245] 卿豈悻悻
청고하고 간약하다는 평가 淸苦簡約
경의 원수들의 평론이었네 仇者所評
몸을 바쳐 직분을 다했으니 鞠躬盡職
누가 경과 더불어 다투리오 孰與之競
나는 경을 잘 알면서도 予則知卿
아, 끝까지 쓰지 못하였네 嗟用未竟
더구나 경은 지난날 況卿曩歲
상소하여 정도를 부지하였네 抗章扶正
임금과 신하, 스승과 제자는 君臣師生
그 의리가 똑같다고 하였지[246] 其義則侔
실로 경전에 근거한 말이었는데 言實據經

245 성내고 원망했으랴 : 《맹자》 〈공손추 하(公孫丑下)〉에 "내가 어찌 속 좁은 사내처럼 임금에게 간하여 받아 주지 않으면 성을 내며 얼굴에 노기를 드러내고, 한번 떠나면 하루 종일 쉬지 않고 간 뒤에야 묵겠느냐.〔予豈若是小丈夫然哉? 諫於其君而不受則怒, 悻悻然見於其面, 去則窮日之力而後宿哉?〕"라고 한 데서 온 말이다.

246 임금과……하였지 : 김진규가 스승 송시열을 위해 변무(辨誣)한 상소에 "임금과 스승은 그 의리가 같으니, 만약 스승과 제자의 의리가 가볍다고 한다면 임금과 신하의 큰 의리가 이로 인해 흐려져 분명하지 못하게 될까 두렵습니다."라는 내용이 있다. 《竹泉集 卷17 因李鳳瑞疏斥辭職兼辨宋文正公被誣疏》

안타깝게도 나는 살피지 못했네　悔予未省
시간[247]의 충성은　尸諫之忠
간인이 사라지기를 바랐네[248]　壬人思屛
이제 나는 크게 깨달아　今予大覺
시비를 분명하게 정했노라　是非夬定
애석한 것은 경으로 하여금　惜不令卿
조금 더 살게 하지 못한 것이네　毋死少頃
온 조정이 우물쭈물 머뭇대니　擧朝媕娿
내 곁에서 누가 가르침 주겠는가[249]　予側誰謦
경에게 모친이 있음을 생각하니　念卿有母

247 시간(尸諫) : 자신의 시신을 가지고 간언을 올린다는 뜻으로, 죽어서도 간언을 올리는 것을 말한다. 위 영공(衛靈公)이 현신(賢臣) 거백옥(蘧伯玉)을 멀리하고 불초(不肖)한 미자하(彌子瑕)를 중용하였는데, 대부로 있던 사어(史魚)가 병이 들어 죽게 되었을 때, 그 아들에게 "나는 남의 신하가 되어 살아서는 어진 이를 등용하게 하지 못하였고 불초한 자를 물리치게 하지 못하였다. 그러니 내가 죽으면 정당(正堂)에서 치상(治喪)하지 말고 실(室)에서 빈(殯)해 주는 것으로 족하다." 하였다. 그러자 영공이 그 말을 듣고는 자신의 잘못을 뉘우친 다음 거백옥을 부르고 미자하를 물리쳤다는 고사에서 온 말이다. 《孔子家語 困誓》

248 간인이 사라지기를 바랐네 : 김진규가 임종 때에 아들에게 불러서 쓰게 한 유소(遺疏)에 "상하가 도치된 것을 잊지 말아 대의(大義)가 없어지지 않게 하시고, 음양(陰陽)이 뒤섞인 것을 통렬히 경계하여 소인들이 자취를 감추게 하십시오."라는 내용이 있다. 《竹泉集附錄 卷1 行狀》

249 내……주겠는가 : 《장자(莊子)》〈서무귀(徐无鬼)〉에 "저벅저벅 걸어오는 사람의 발자국 소리만 들어도 기쁜데, 더구나 형제나 친척의 기침 소리가 바로 옆에서 들린다면 얼마나 기쁘겠는가.〔聞人足音跫然而喜矣, 又況乎昆弟親戚之謦欬其側者乎?〕"라는 구절에서 차용하였다.

나는 더욱 슬픔에 목이 메노라	增予悲哽
제전(祭奠)에는 법도가 있어	奠儀有常
발인하기 전에 올려야 하네	未及引堩
영령은 어둡지 않으리니	靈其不昧
부디 형작(泂酌)[250]을 흠향하시라	尙歆酌泂

250 형작(泂酌) : 먼 곳에서 길어왔다는 뜻으로, 소박하지만 정성껏 차린 제수(祭需)를 뜻한다. 《시경》 〈형작(泂酌)〉에 "멀리 저 길가의 빗물을 떠서, 저것을 떠다가 여기에 붓더라도 선밥과 술밥을 만들 수 있도다.〔泂酌彼行潦, 挹彼注玆, 可以饙饎.〕"라고 한 데서 온 말이다.

고모부 홍 상서[251] 수헌 에 대한 제문
祭姑夫洪尚書 受瀗 文

유세차(維歲次) 신묘년(1711, 숙종37) 8월 무오삭(戊午朔) 27일 갑신(甲申)에 잠성(岑城) 이재(李縡)는 근래에 작고하신 고모부 상서 담포(淡圃) 홍공(洪公)의 영구가 도성에서 적성(積城) 언덕으로 발인하여 다음날 을유(乙酉)에 장사지낸다는 말을 듣고, 마침내 구운 닭과 지면(漬綿)[252]으로 새로 조성한 무덤에 달려가 영연(靈筵)에 곡하고 전을 올리며 제문을 지어 권합니다.

아, 슬픕니다. 철인(哲人)이 돌아가시니 나라가 병들고, 원로가 사라지니 세도가 무너지게 되었습니다. 공이 나아가 조정에 계실 때에는 하늘에 걸린 큰 별처럼 조야(朝野)가 우러러보았고, 공이 물러나 한가로이 지낼 때에는 산에 있는 맹호처럼 사류(士類)들이 의지하였습니다. 가령 백관 위에서 띠를 드리우고 홀을 바로잡았다면 목소리나 안색을 조금도 동요하지 않고 만물을 안정시키고 세상을 구제하는 공이 있었을 것인데[253] 이제는 모두 끝나버렸습니다. 나이가 팔십을 바라보

251 홍 상서(洪尚書) : 홍수헌(洪受瀗, 1640~1711)으로, 본관은 남양(南陽), 자는 군택(君澤), 호는 담포(淡圃)이다. 1682년(숙종8) 문과에 급제하여 대사헌, 이조 판서, 호조 판서 등을 역임하였다.

252 구운 닭과 지면(漬綿) : 96쪽 주219 참조.

253 백관……것인데 : 홍수헌이 정승이 되었다면 천하를 안정시켰을 것이라는 말이다. 송(宋)나라 재상 한기(韓琦)를 칭송한 구양수(歐陽脩)의 〈상주주금당기(相州晝錦堂記)〉에 "국가의 대사를 당하고 큰 의논을 결단할 때에는 띠를 드리우고 홀을 바로잡고

았지만 사람들은 장수했다고 여기지 않았으며, 관직이 구경(九卿)에 올랐지만 사람들은 벼슬이 높다고 여기지 않았습니다. 여기에서 공의 성대한 명덕(明德)을 볼 수 있건만 하늘은 우리에게 원로 한 분을 남겨주지 않았으니, 국운이 바야흐로 병들어 회복할 수 없고, 세도가 이미 무너져 다시 떨칠 수 없는 것이 아니겠습니까. 통탄스럽고 통탄스럽습니다.

공이 돌아가시자 하인들은 공의 덕을 그리워하고, 훌륭한 사관(史官)은 공의 행적을 기록하였으며, 어진 사대부들은 또 각자 만사(輓詞)와 뇌사(誄詞)를 지어 공의 아름다운 덕을 칭송하였으니, 공의 덕업과 언행은 진실로 이미 당세에 빛나고 후세에 드리워졌습니다. 몽매하고 무식한 소자가 비록 가려지고 드러나지 않은 공의 행적을 드러내어 밝히는 정성을 바치고자 하나 도리어 또 여기에 무엇을 덧붙이겠습니까.

그러나 소자가 일찍이 공에게 사랑을 받았기에 사적으로 공을 살펴보니, 공은 담박하고 점잖으시고 차분하고 고요하시며 기백과 풍도가 엄정하고 심원하여 종일토록 조용히 앉아 있노라면 사람들이 그 경지를 엿볼 수 없었습니다. 비록 몸가짐을 하나하나 억제하고 단속하지는 않았지만 내면은 온화하고 외면은 엄정하여 엄연히 두려워할 만하고 함부로 할 수 없는 위의가 있었습니다. 교만하고 오만한 기운과 발끈 성내는 말이 한 번도 얼굴빛이나 말에 드러난 적이 없습니다. 사람들과 교제할 때에는 무심한 것처럼 담담하여 시종 감괴(甘壞)[254]의 유별남이

서 목소리나 안색을 조금도 동요하지 않고 천하를 태산처럼 안정시켰다.〔至於臨大事決大議, 垂紳正笏, 不動聲色, 而措天下于泰山之安.〕" 하였다.

전혀 없었으며, 직사를 다스릴 때에는 무능한 것처럼 묵묵하여 번다함을 제어하는 요체를 깊이 터득하였습니다. 청렴하고 검소함에 있어서는 처음부터 끝까지 변함이 없어 깨끗한 빙벽(氷蘗)[255]의 풍도가 있었습니다. 이는 모두 일상생활에서 드러난 것이니 공의 겸손한 덕으로도 그 빛을 감출 수 없습니다.

조정에서의 사업으로 말하면 본말이 다 갖추어져 있지만 만년에 수립한 것이 더욱 탁월합니다. 공은 마음가짐이 너그럽고 공평하여 대놓고 말하거나 따져서 논하지는 않지만 시비(是非)와 사정(邪正)의 구별에 이르러서는 확고하게 지킴이 있어 의연히 자신의 한 몸으로 선류(善類)의 종주가 되었습니다. 비록 여러 무리들의 미움이 고슴도치 털처럼 모여들고 여러 사람들이 시끄럽게 떠들었지만 미친 물결이 지주(砥柱)에 부딪치는 것과 다름이 없었으니 진실로 우리 공의 터럭 하나도 동요시킬 수 없었습니다. 놀라운 재앙이 갑자기 일어나자 공은 태연히 뜻을 거두어 은거하였으니, 영욕과 득실을 하늘을 지나는 뜬구름 정도로도 여기지 않았습니다. 문을 닫고 칭병하여 조정에 자취를 끊고서 거문고와 책을 좌우에 두고 즐기며 자리엔 먼지가 가득하였으니, 비록

254 감괴(甘壞) : 솔깃한 말과 행동으로 교우 관계를 해치는 소인의 행태를 말한다. 《예기》〈표기(表記)〉에 "군자의 사귐은 물과 같고 소인의 사귐은 단술과 같다. 군자는 담박함으로 이루고 소인은 달콤함으로 무너뜨린다.〔君子之接如水, 小人之接如醴. 君子淡以成, 小人甘以壞.〕"라고 한 데서 온 말이다.

255 빙벽(氷蘗) : 맑은 얼음물과 쓰디쓴 소태나무라는 뜻으로, 청고(淸苦)한 생활을 말한다. 백거이(白居易)의 "3년 동안 자사(刺史)로 있으면서, 맑은 얼음물을 마시고 쓰디쓴 소태를 씹었노라.〔三年爲刺史, 飮氷復食蘗.〕"라는 시구에서 온 말이다. 《白樂天詩集 卷1 三年爲刺史》

시끄럽고 번잡한 성시(城市)에 살았지만 훌쩍 세속을 벗어나는 생각이 있었습니다. 간혹 말을 타고 홀로 떠나 산수를 소요하셨는데, 사람들이 혹 공을 만나도 재상을 지낸 분임을 몰라보았으니, 공의 몸가짐이 겸손하여 명성을 가까이하는 일은 하려하지 않았기 때문입니다. 비록 번거롭게 현거(懸車)[256]를 청하지는 않았지만 바위처럼 확고부동한 뜻이 이미 나이가 이르기 전부터 정해져 있었으니, 수양이 깊고 지조가 굳건하지 않다면 어찌 이처럼 할 수 있겠습니까.

공이 비록 벼슬이 덕에 차지 못하여 포부의 만분의 일도 펼치지 못했지만 맑은 명성과 아름다운 덕은 이미 한 세대의 모범이 되었습니다. 공의 담박하고 간솔한 지조는 욕심 많고 조급한 자들의 생각을 바꾸게 하기에 충분하였고, 돈독하고 확고한 절개는 아첨하며 따르는 자들의 얼굴을 부끄럽게 만들기에 충분하였으며, 겸손하고 근후한 행실은 경박하고 자신을 뽐내는 자들로 하여금 경계할 바를 알게 하기에 충분하였으니, 쇠퇴한 풍속을 부지할 책임이 어찌 공의 몸에 있지 않겠습니까. 그런데도 공은 혼탁한 세상을 싫어하여 돌아보지 않고 멀리 떠나셨으니 또한 어찌된 것입니까. 이것이 벼슬아치와 평민들이 모두 눈물을 흘리며 탄식을 금할 수 없는 이유입니다.

소자에게는 더욱 개인적으로 끝없는 슬픔이 있습니다. 예전에 공이 우리 집안으로 장가드셨을 때에 우리 선친께선 어린 나이였습니다. 장성해서는 공과 함께 공부하며 경사(經史)를 연구하였으니, 도움을 주고받으며 강학하는 즐거움이 실로 붕우와 형제의 의리를 겸하였습니

256 현거(懸車) : 수레를 매달아 놓고 쓰지 않는다는 뜻으로, 70세가 되어 치사(致仕)하여 물러나 쉬는 것을 말한다.

다. 소자의 운수가 기구하여 다섯 살에 선친이 세상을 떠나자, 공께서 불쌍히 여겨 보살펴주시고 자식들과 차별하지 않으셨으니 수십 년이 한결같았습니다. 그 사이 슬픔과 즐거움의 변천에 별별 일이 다 있었는데, 지금 공은 돌아가시고 선친의 무덤의 묘목도 이미 무성해졌습니다.

아! 예로부터 현자(賢者)가 반드시 복을 받고 인자(仁者)가 반드시 장수하는 것은 아니니, 우리 선친처럼 일찍 요절하고 지업(志業)이 드러나지 못한 것은 천고의 한입니다. 공이 일찍이 선친을 언급하며 누차 탄식할 때마다 천도(天道)를 따질 수 없음에 의심을 품었는데, 지금 공의 두터운 덕과 많은 복으로 그나마 선한 이가 복을 받는 이치를 조금 징험할 수 있습니다. 선친을 잃은 외로운 목숨이 평생토록 의지하기를 바랐건만, 하늘이 또 공에게 백수(百壽)를 누리게 하지 않고 너무도 갑자기 앗아 가시니, 이른바 하늘이라는 것은 끝내 헤아릴 수 없는 것입니다. 통탄스럽고 통탄스럽습니다.

소자가 참으로 비할 바 없이 불초한데도 공은 비루하게 여기지 않았을 뿐 아니라 마치 취할 점이 있는 듯이 하셨으니, 장려하고 가르쳐주신 것에 참으로 지우(知遇)의 감개가 있습니다. 골목에서 서로 만나고 아침저녁으로 모시면서 어린 시절부터 오늘날까지 몇 개월도 헤어진 적이 없었습니다. 그 당시엔 얻기 어려운 지극한 즐거움인 줄 몰랐는데, 지금 생각하면 마치 어제 일처럼 완연합니다. 비록 이전의 즐거움을 다시 찾고 싶어도 어찌 될 수 있겠습니까. 통탄스럽고 통탄스럽습니다.

소자가 지난번 공의 병환이 위독하다는 소식을 듣고 교외에서 달려가 문안했을 때에 병은 이미 구제할 수 없는 상태였습니다. 그런데도 안석에 기대어 평소와 다름없이 담소하시며 심지어 출처의 의리에 대하여 간곡하게 가르침을 주셨으니 공의 뛰어난 식견과 밝은 안목이 평범한 사람이 미칠 바가 아님을 더욱 알 수 있습니다. 돌아올 때에 차마 영결을 고할 수 없어 다시 오겠다고 아뢰자, 공이 빙그레 웃으시며 "그대는 언제 오려는가?"라고 하셨으니, 임종을 앞두고 하신 말씀이 귀에 쟁쟁합니다.

소자가 마침 병을 앓은 탓에 돌아가신 지 8일 뒤에야 침문(寢門)에서 통곡하였으니,[257] 울부짖으며 통곡해도 공은 이미 들을 수 없었습니다. 지금 또 급히 달려와 봉분 쌓는 일을 돕는데 무덤이 닫히려 하니 더는 공의 음성과 모습을 떠올릴 수가 없습니다. 공은 아십니까? 영원한 이별이 이제 시작됩니다. 글은 뜻을 다 표현하지 못하고 곡은 소리를 다 표출하지 못하니, 부디 존령(尊靈)께서는 작은 정성을 흠향하소서.

257 침문(寢門)에서 통곡하였으니 : 《예기》 〈단궁 상(檀弓上)〉에 "형제의 경우에는 사당에서 곡하고, 아버지의 벗의 경우에는 사당문 밖에서 곡하고, 스승의 경우에는 정침(正寢)에서 곡하고, 붕우의 경우에는 침문(寢門) 밖에서 곡하고, 아는 사람의 경우에는 들에서 곡한다."라고 하였다.

홍 대간[258] 우서 에 대한 제문

祭洪大諫 禹瑞 文

사람들이 벗을 사귈 때	凡人論交
동년배끼리 어울리지만	各以輩行
의기가 서로 부합하면	意氣之合
장유(長幼)가 따로 없습니다	則無少長
아, 공은 저보다	嗟公長我
이십 년 가까이 어른이신데	垂二十稔
젊은 벗이라 부르셨으니	呼以少友
제게 어찌 가당하겠습니까	在余曷敢
공이 말씀하시를, 나이를 잊은 사귐이	公曰忘年
예전에 간혹 있었으니	於古或有
비유하면 저 지초와 난초가	譬彼芝蘭
향기를 지녔다는 공통점이 있는 것과 같다 하셨지요	所同者臭
어린 시절 뛰어놀던 때에	童歲游走
공이 때로 머리 쓰다듬어 주셨는데	公時撫頂
저와 함께 과거 급제했으니	同我擢第
어찌 이다지도 불우했던지요	一何蹭蹬

258 홍 대간(洪大諫) : 홍우서(洪禹瑞, 1662~1716)로, 본관은 남양(南陽), 자는 중웅(仲熊), 호는 서암(西巖)이다. 1702년(숙종28) 문과에 급제하여 이조 좌랑, 우승지 등을 역임하였다.

공이 봉황처럼 날아오르니	公如鳳翥
참으로 나라의 인재였습니다	展也國華
인재를 얻음이 성대하니	得人之盛
제 말이 과장이 아닙니다	非我言夸
저 웅크리고 있던 자들	彼蹲蹲者
어찌 우리를 미워하는가	何惡吾曹
같은 배에 탄 듯한 형세라	勢若同舟
험난한 풍랑 함께 넘나들었지요[259]	出沒風濤
높디높은 우뚝한 궁궐로	岧嶢丹禁
붓을 꽂고 나란히 나아가[260]	簪筆齊趨
대삼매와 소삼매[261]로	大小三昧
형체와 그림자처럼 의지하였습니다	形影相須
장난과 무례한 행동으로	謔浪無禮
저는 망령되고 어리석게 굴었지만	余妄而癡

259 저……넘나들었지요 : 당시 충주(忠州) 유학(幼學) 최세일(崔世鎰)이 상소하여, 홍우서와 저자가 모두 고관(考官)의 친척으로 과거에 급제하였다고 비난하였다. 《肅宗實錄 28年 8月 19日》

260 붓을……나아가 : 원문의 '잠필(簪筆)'은 관원이 관(冠)이나 홀(笏)에 붓을 꽂고서 서사(書寫)에 대비하는 것을 말하는데, 사관(史官)을 가리킨다. 저자와 홍우서는 함께 예문관 검열에 제수되었다.

261 대삼매(大三昧)와 소삼매(小三昧)로 : 삼매는 불가 용어로 잡념을 물리치고 마음이 흐트러지지 않아 한곳에 집중하는 뜻이다. 송(宋)나라 범조우(范祖禹)가 한림시강학사(翰林侍講學士)로 경연에 참석하여 진강할 때, 고의(古義)를 열거하고 시사(時事)를 곁들여 말하는데 간략하면서도 합당하여 군더더기가 하나도 없었으므로, 소식(蘇軾)이 "강사(講師)의 삼매(三昧)를 얻었다."라고 높이 평가하였다. 《遺閑雜錄》

공은 화락하여	公則怡如
어떤 기색도 드러내지 않았지요	曾不見微
한가한 날에는 즐겁게 노닐어	暇日嬉遊
우뚝한 도봉산에 올랐습니다	道峯峨峨
새 지저귀고 꽃 피었으니	鳥嚶花開
그 즐거움 어떠했겠습니까	其樂如何
엄중한 옥당에	玉堂深嚴
외람되이 다시 함께 올랐는데[262]	復忝同登
논사하고 보필함에 있어	論思黼黻
누가 공처럼 할 수 있겠습니까	孰如公能
남쪽 바닷가로 멀리 쫓겨났다가[263]	瘴海遠逐
곧바로 선실[264]로 돌아왔으니	宣室旋返
골수에 새긴 공의 충정에	耿耿緘髓
둔괘를 점친[265] 저는 부끄러웠지요	愧我筮遯

262 엄중한……올랐는데 : 저자와 홍우서는 함께 홍문록에 올라 홍우서는 홍문관 부교리에, 저자는 헌납에 제수되었다. 《肅宗實錄 34年 11月 26日, 35年 4月 11日》

263 남쪽……쫓겨났다가 : 홍우서는 1710년(숙종36) 군부(君父)를 업신여기고 사당(私黨)을 비호했다는 죄목으로 무안(務安)으로 유배되었다. 《肅宗實錄 36年 閏7月 4日, 14日》

264 선실(宣室) : 한나라 미앙궁(未央宮)에 있던 선실전(宣室殿)으로, 일반적으로 제왕이 머무는 정실(正室)을 말한다. 가의(賈誼)가 참소를 입어 장사왕 태부(長沙王太傅)로 좌천되었다가 후에 문제(文帝)가 선실로 다시 불러서 귀신에 대하여 물어보았다는 고사에서 온 말로, 임금이 다시 불러 주는 것을 의미한다.

265 둔괘를 점친 : 상소를 올리려다 그만두었다는 뜻이다. 주희(朱熹)가 영주(永州)로 유배된 재상 조여우(趙汝愚)의 억울함을 변론하고 한탁주(韓侂胄)의 간사함을 밝히

나아가던 물러나던 헤어지던 만나던	出處離合
가까운 교외에 살았으니	莽蒼之間
어찌 제게	豈余無朋
흉금을 터놓는 벗이 없겠습니까	相照心肝
작년 겨울	昨歲之冬
제가 조정에 나아가니	余造大庭
공은 당시 승지로서	公時司舌
웃으며 맞아주셨지요	一粲逢迎
궁궐 서쪽의 솔과 대가	殿西松竹
눈빛으로 하얗게 빛나자	雪色皓然
종이 들고 가서 시를 읊으니	執牋哦詩
완연히 십년 전과 같았습니다	宛十年前
귀밑머리 서로 돌아보니	鬢髮相顧
저는 희끗하고 공은 백발인데	我蒼公白
만날 때마다 속마음 털어놓고	見輒輸寫
즐겁게 옛 이야기 나누었지요	歡然道昔
그 온화한 안색과 웃음소리	溫溫色笑
제 마음과 귀에 가득하건만	盈我心耳
며칠 만나지 못한 사이에	不見幾日
갑자기 부고가 이르렀습니다	遽以訃至
아침에 웃던 분이 저녁에 죽으니	朝嘻夕死

는 상소를 지어 올리려 하였는데, 이때 문인 채원정(蔡元定)이 점을 쳐서 둔괘(遯卦)가 나오자 상소를 불태웠다는 고사에서 온 말이다. 《閩中理學淵源考 卷16》

마치 바람 앞의 등불과 같습니다	忽若風燈
친척과 벗들이 급히 달려갔으나	親知疾赴
아무리 불러도 대답이 없었지요	有呼莫膺
공을 뵈었던 자들도 탄식을 머금는데	見猶含嚱
직접 뵙지도 못한 저는 어떻겠습니까	矧余未親
궤연에 달려가 곡하노라니	走哭其床
보이는 것마다 슬프고 마음 아픕니다	觸目悲辛
사류들이 탄식하고	士類嗟咨
노복들까지 슬퍼하니	徧于僮隸
어찌 이렇게도 슬퍼하는 것인가	何以得此
공이 실로 화락했기 때문이지요	公實愷悌
효도는 행실의 근본이요	孝爲行原
공손은 덕행의 기본이라[266]	恭乃德基
본분을 지킴이 굳세고 변치 않아	素履堅貞
거스르지도 맹종하지도 않았지요	不激不隨
아름다운 군자는	有美君子
금옥과 같습니다	如玉如金
부요유(傅堯兪)가 그렇다는 말 예전에 들었는데[267]	昔聞堯兪

266 공손은 덕행의 기본이라 : 《시경》 〈억(抑)〉에 "온순하고 온수한 공인은 덕의 기본이니라.〔溫溫恭人, 維德之基.〕" 하였다.

267 부요유(傅堯兪)가……들었는데 : 부요유는 송(宋)나라의 명신이다. 부요유가 죽은 뒤에 선인태후(宣仁太后)가 신하들에게 말하기를, "부 시랑(傅侍郎)의 청렴하고 정직한 절개는 처음부터 끝까지 변하지 않았으니 금옥(金玉) 같은 군자이다. 바야흐로 의지하여 재상으로 삼으려 하였는데 갑자기 이 지경에 이르렀다." 하였다. 《宋史 卷341

제가 오늘날에 그런 분을 뵈었습니다	我見于今
나라가 장차 어찌되겠습니까	國其奈何
선인이 돌아가시고 말았으니[268]	善人云亡
그 누구만 못하기에	誰之不如
정승이 되지 못하셨습니까	而不廟廊
어진 사람이 장수하지 못하니	仁而不壽
헤아릴 수 없는 것이 하늘입니다	莫測者天
예전에 한창려(韓昌黎)가	惟昔昌黎
동년의 죽음에 곡했는데	哭其同年
살아있는 이들 모두 노쇠하고	存皆衰謝
절반이 또한 세상을 떠났다고 하였지요[269]	半亦辭世
예전에는 이 말을 대수롭지 않더니	舊忽斯語
지금은 눈물이 흘러내립니다	今焉一涕
지난 일들 뜬구름처럼 부질없으니	往事浮雲
영욕을 어찌 따질 것이 있으리오	榮辱何論
찬란한 문장이 남았으니	有燦篇翰
공에 대한 그리움 잊을 수가 없습니다	我思不諼
하늘이 사문에 재앙을 내려	天厄斯文

傳堯兪傳》

268 나라가……말았으니 : 44쪽 주103 참조.

269 예전에……하였지요 : 한유(韓愈)의 〈제우부장원외문(祭虞部張員外文)〉에 "어느덧 오늘에 이르고 보니 20여 년이 지났네. 살아있는 이들은 모두 노쇠하였고 절반이 또한 세상을 떠났네.〔儵忽逮今, 二十餘歲. 存皆衰白, 半亦辭世.〕"라는 구절이 있다.

경위[270]가 무너지고 쪼개졌습니다	涇渭奔析
공이 일찍이 탄식하였으니	公嘗歎咤
마주보며 하신 말씀 어제처럼 생생합니다	晤言如昨
비록 옛말에	雖古有言
차라리 잠들어 깨어나지 않겠다[271]고 했지만	尙寐無吪
어찌하여 오래 살아서	曷不久視
평피의 순환[272]을 보지 못하신 것입니까	以極平頗
세도에 대한 근심은	世道之憂
오직 살아남은 저의 몫이 되었습니다	獨此後死
장례 날짜가 정해졌는데	卽遠有期
선친의 기일과 상치합니다	値我先忌
장지까지 따라가지 못하니	葬不臨穴
한이 구천에까지 닿습니다	恨徹窮泉
한 잔 술로 영결을 고하니	一巵告訣
진실한 정성을 흠향하소서	庶格誠虔

270 경위(涇渭) : 뒤섞일 수 없는 사물의 진위나 사리의 시비를 말한다. 경수(涇水)는 탁하고 위수(渭水)는 맑은데, 이 두 강물이 장안(長安)의 앞에서 합류해도 본래의 청탁이 뒤섞이지 않는데서 온 말이다.

271 차라리……않겠다 : 《시경》 〈토원(兎爰)〉에 "온갖 근심 모여드니 차라리 잠들어 깨어나지 말았으면.〔逢此百罹, 尙寐無吪.〕"이라는 구절이 있다.

272 평피(平陂)의 순환 : 77쪽 주193 참조.

계부 감사 부군[273]에 대한 제문

祭季父監司府君文

우리 계부(季父) 감사 부군께서 정유년(1717, 숙종43) 6월 14일에 세상을 떠나셨습니다. 당시 종자 재(縡)가 막 큰 슬픔을 당한 터라[274] 거상(居喪) 중에 제문도 짓지 못한 채 애통한 심정으로 수년을 지냈는데 어느덧 궤연(几筵)을 철거하게 되었습니다. 마침내 대상 하루 전 갑인(甲寅)에 술과 과일을 대략 갖추고서 제문을 지어 고합니다.

아! 슬픕니다. 소자는 운수가 기구하여 다섯 살에 부친을 여의고 의지할 곳 없는 고아가 되어 오직 중부와 계부를 의지하였습니다. 저를 어루만지고 길러주시며 키워주시고 가르쳐주시어 성년이 되었으니, 지난날 어리고 무지했던 소자가 지금은 분란한 노인[275]이 되었습니다. 병자년(1696, 숙종22) 이후로 우리 집안에서 연이어 과거에 급제하여 불초한 소자도 뒤를 이어 조정에 오르고[276] 번갈아 청요직을 맡아 함께

273 계부 감사 부군 : 이만견(李晩堅, 1666~1717)으로, 본관은 우봉(牛峰), 자는 사동(士冬)이다.

274 당시……터라 : 저자가 당시 조모의 승중상(承重喪)을 당했을 때였다.

275 분란한 노인 : 자신의 노년에 대한 겸사로, 늙어서도 학문이 성취되지 못하여 분란하다는 뜻이다. 양웅(揚雄)의 《법언(法言)》 〈오자(吾子)〉에 "아이 때부터 학문을 익혔지만 늙어서도 분란스럽기만 하다.〔童而習之, 白紛如也.〕"라고 한 데서 온 말이다.

276 병자년……오르고 : 1696년 이만성(李晩成)이 정시문과에 장원급제하였고, 1699년 이만견이 식년문과에 병과로 급제하였고, 저자는 1702년 알성문과에 병과로 급제하였다.

높고 낮은 반열을 차지하였습니다. 사람들은 이를 영광으로 여기지만 우리는 두려워하였고, 사람들은 모두 영리를 쫓지만 우리는 뒤로 물러났습니다. 공무는 많고 녹봉은 적었으며 벼슬에 나아가기를 어렵게 여기고 물러나기를 쉽게 여겼으니, 진퇴와 출처 사이에서 일찍이 서로 이소(二疏)[277]처럼 되기를 기대하였습니다. 서울에서나 교외에서나 가까운 곳에 살면서 항상 뒤따르고 하루도 떨어진 적이 없으니, 그 밤낮으로 단란하던 즐거움은 또 남북의 양완(兩阮)[278]과 흡사하였습니다. 생을 마칠 때까지 바라보고 의지하면서 아버지를 잃은 슬픔을 위로받기를 바랐는데, 부군께서 하루아침에 세상을 버려 소자로 하여금 갈팡질팡 헤매며 원통하여 울부짖고 비통하여 쓰러지게 하면서도 뒤돌아보지 않고 떠날 줄 어찌 생각이나 했겠습니까.

아, 몇 년 사이에 국운(國運)이 병들었으니,[279] 사람들이 사망한 어진 대부를 손꼽을 때면 대번에 부군을 제일 먼저 거론합니다. 부군의 효성과 우애의 행실은 집안 대대로 전수받은 것입니다. 관직을 맡아서는 청렴하였고 일처리는 민첩하고 자세하였으며, 겸손한 몸가짐으로 남에게 낮추고 마음을 비워 선을 따랐습니다. 이 때문에 위로 향당과

277 이소(二疏) : 한 선제(漢宣帝) 때의 태자태부(太子太傅) 소광(疏廣)과 그의 조카인 태자소부(太子少傅) 소수(疏受)를 합칭한 말이다. 소광은 태자태부가 된 지 5년째에 벼슬과 명성이 극에 달함을 스스로 경계하여 병을 핑계로 사직하고서 조카 소수와 함께 고향으로 돌아갔다. 《漢書 卷71 疏廣傳》

278 남북의 양완(兩阮) : 진(晉)나라 완씨(阮氏)가 남북촌에 나누어 살았는데, 완적(阮籍)과 그의 조카 완함(阮咸)은 남쪽에 거주하고, 다른 완씨들은 북쪽에 거주하였다. 《晉書 卷49 阮咸列傳》

279 국운(國運)이 병들었으니 : 44쪽 주103 참조.

조정에서부터 아래로 미천한 노복과 이서(吏胥)에 이르기까지 모두 부군의 인자함에 감복하였으며 그들의 환심을 얻었습니다. 부군이 사람들에게 믿음을 받은 것이 참으로 이러한데도 지닌 포부를 백에 하나도 시행하지 못했으니 이는 하늘이 그렇게 한 것입니까? 사람이 그렇게 한 것입니까? 이것이 어찌 소자의 개인적인 슬픔일 뿐이겠습니까.

아, 지난날 상을 당한 초기에 부군께서 차분히 말씀하기를, "문호가 지나치게 성대하여 이처럼 느닷없는 변고가 생겼으니 우리들이 위태로울 것이다."라고 하셨습니다. 부군께서 일찍이 9년간의 거상으로 몸이 상하시어 동영(東營)에서 급히 돌아왔을 때[280]엔 심사가 어지럽고 근력이 없었습니다. 곧이어 상을 당하여 정신과 기운이 나날이 위태위태하기에 소자가 울면서 생강과 계피로 맛을 갖추어[281] 몸을 보양하기를 권하면 부군은 그때마다 음식을 물리치고 눈물을 흘리시며 "내가 차마 홀로 살 수 없다."고 하셨으니, 자질(子姪)이 자신에게 권한 것을 중씨(仲氏)[282]에게 권하려는 뜻이었습니다. 얼마 지나지 않아 피로한 기색을 보이시더니 잠깐 사이에 병이 손쓸 수 없는 지경에 이르렀습니다.

아, 사람이 물에 빠져 천천히 가라앉는데 그 곁에 있는 자가 전혀

280 동영(東營)에서……때 : 본서 제46권 〈계부 관찰사부군 묘지〔季父觀察使府君墓誌〕〉에 따르면, 이만견은 1716년(숙종42) 강원도 관찰사에 제수되었다가 1717년 본생계모(本生繼母)의 병이 위독하자 간호를 위해 사직하고 돌아왔다.

281 생강과……갖추어 : 《예기》 〈단궁(檀弓)〉에 "거상(居喪) 중에 병에 걸리면 고기도 먹고 술을 마실 수 있으나 반드시 초목으로 조미하여야 한다.' 하였는데, 생강과 계피로 음식 맛을 맞추는 것을 말한다.〔喪有疾, 食肉飮酒, 必有草木之滋焉, 以爲薑桂之謂也.〕" 하였다.

282 중씨(仲氏) : 이만견의 둘째 형 이만성(李晩成)을 말한다.

알지 못하고 태연히 있다가 급박한 형세에 이르러 온힘을 다해 미친 듯이 달려가 손발을 적시며 급히 구제해도 어쩔 수가 없습니다. 이는 부형의 자애와 자제의 사랑이 없어도 차마 할 수 없는 일이니, 길 가는 사람이라 하더라도 차마 할 수 있겠습니까. 생사가 나뉘는 즈음에 어떤 사람인들 유감이 없겠습니까마는 소자처럼 천지에 사무치는 통한을 지닌 자는 없습니다. 그런데도 오히려 보통사람들과 똑같이 먹고 말하면서 세월을 보내어 이미 상복을 벗었습니다. 드넓은 천지에 홀로 살아남아 무엇하겠습니까. 지난날 부군이 하셨던 말씀을 생각하니 저도 모르게 심장이 찢어지고 간장이 타들어갑니다.

작년에 겨우 소상(小喪)이 되었을 때에 오씨에게 출가한 고모[283]가 세상을 떠나셨으니 세간의 상화(喪禍) 중에 이처럼 혹독한 경우는 없었습니다. 울부짖는 어린 자녀들이 앞에 가득하여 정리상 너무도 참혹하니, 부군이 이를 보지 못한 것은 불행이 아닙니다. 그런데 우리 중부께서는 3년 사이에 세 번이나 동기(同氣)의 죽음에 곡하고 백발의 외로운 신세로 피눈물을 흘렸으니, 슬픔을 누그러뜨리는 위로의 말씀을 올리려 해도 할 말이 없습니다. 영령이 지각이 있다면 또한 어찌 산 사람의 마음과 다르겠습니까.

아, 부군은 교외에서 지내는 것을 몹시도 좋아하여 중장통(仲長統)의 낙지(樂志)의 지취[284]를 깊이 터득하였으니, 집에 계실 때는 채마밭

283 오씨에게 출가한 고모 : 오이주(吳履周)에게 출가한 저자의 둘째 고모이다.

284 중장통(仲長統)의 낙지(樂志)의 지취 : 중장통은 후한(後漢) 말의 명사(名士)로, 조정에서 벼슬로 부를 때마다 병을 핑계대고 사양하였으며 자신의 원림(園林) 속에서 유유자적하는 심경을 토로하여 〈낙지론(樂志論)〉을 지었다.

과 과수를 가꾸었으며 외출하면 산에 오르고 물가에 다다랐습니다. 친척들이 자리에 가득 모여 정다운 담소를 나누었는데, 당시 곁에서 모시던 소자는 예사롭게 여기고 이것이 지극한 즐거움인 줄 알지 못하였습니다. 지금에 와서 생각해보니 이런 즐거움을 어찌 다시 얻을 수 있겠습니까. 언사(言事) 하나하나 행동거지 하나하나에 어느 것 하나 마음 아프지 않은 것이 없으니, 마치 태양 아래에서 그림자를 피하는 것처럼 도망칠 곳이 없습니다. 요컨대 이 몸이 죽어야만 이 슬픔이 없어질 것입니다.

아, 옛집을 옮겨 짓는 것이 부군의 뜻이었습니다. 수(綬)[285]가 과감하게 경영하여 짧은 시일에 그런대로 완성하였지만 부군은 이미 알지 못하십니다. 지금 남기신 아이들이 집에 가득한데 출가한 자는 의지할 곳이 없고 출가하지 않은 자는 차례로 장성하여 모든 일이 아득하니 모두 살아남은 소자의 책임입니다. 심지어 어린 동생[286]의 게으른 습성은 아직도 고칠 줄을 모르니, 정성껏 인도하지 못하여 평소에 부탁하신 뜻을 저버린 것이 너무도 두렵습니다. 더구나 부군께서는 평소에 근본에 보답하고 돌아가신 분을 추모하는 정성이 독실하여 누차 소자에게 선대의 묘도(墓道)에 관해 말씀하셨는데, 소자가 게으르고 졸렬하여 분발하지 못한 탓에 아직도 이룬 것이 없습니다. 훗날 지하에서 아뢸 말씀이 없을까 두려우니, 혹여 지하에서 어리석은 소자를 이끌어 도와주시겠습니까?

아! 말은 끝이 있어도 슬픔은 끝날 수 없으니 오직 하늘에 닿는 통곡

285 수(綬) : 이만견의 첫째 아들 이수(李綬)이다.

286 어린 동생 : 이만견의 둘째 아들 이유(李維)를 말한다.

과 쏟아지는 눈물만 있을 뿐입니다. 삼가 바라건대 존령(尊靈)께서는 조금 헤아려 살피소서. 아! 슬픕니다.

권 감사[287] 수 에 대한 제문

祭權監司 燧 文

고(故) 관찰사 권공(權公)이 무술년(1718, 숙종44) 6월에 세상을 떠났는데, 잠성(岑城) 이재(李縡)는 당시 거상(居喪) 중이라[288] 곡위(哭位)를 만들어 곡하였습니다. 상을 마친 뒤에 조정의 관직에 매였다가 곧바로 죄를 받아 쫓겨나 병으로 칩거하느라 침문(寢門)의 슬픔[289]을 펼 수 없었습니다. 경자년(1720, 숙종46) 4월 모일에 삼가 서족제(庶族弟) 홍(紭)을 보내어 닭과 솜[290]을 대략 갖추어 글을 지어 고합니다.

아! 불초가 어려서 아버지를 잃은지라 자라면서 어른들에게 공이 우리 선친과 막역지우였다는 이야기를 들었으니, 어린 시절에 또한 자주 머리를 쓰다듬어주셨을 테지만 기억하지는 못합니다. 공이 과거에 급제하시던 해에 교외의 집으로 찾아주셨는데, 불초를 불러 절을 시키고는 손을 잡고 슬퍼하다가 기뻐하며 말씀하시기를, "네가 이처럼 장성하였구나."라고 하시고, 또 작은 방을 가리켜 "여기가 예전에 함께 공부하던 곳이다."라고 하셨습니다. 불초가 당시에 어린 나이였지만 또한 그 말씀에 배어있는 슬픔을 알 수 있었습니다. 불초가 심히 무지

287 권 감사 : 권수(勸燧, 1656~1718)로, 본관은 안동(安東), 자는 자성(子誠)이다. 1692년(숙종18) 문과에 급제하여 좌부승지, 동래 부사, 강원 감사 등을 역임하였다.

288 당시 거상(居喪) 중이라 : 저자는 1717년 조모의 승중상(承重喪)을 당하였다.

289 침문(寢門)의 슬픔 : 112쪽 주257 참조.

290 닭과 솜 : 96쪽 주219 참조.

하여 때맞추어 문안을 여쭈지 못해도 공은 버려두지 않고 정성껏 보살펴주시고 옛 벗들을 만날 때마다 불초의 안부를 물어주셨습니다. 그 후 공께서 서울로 올라오셨다는 소식을 들으면 반드시 찾아뵈었고, 또 호서(湖西)의 집으로 한번 찾아뵈었습니다. 공도 성묘길에 불초를 비루하게 여기지 않고 여러 번 찾아주셨습니다. 공께서 조정에 있은 날이 매우 적은 터라 수십 년간 자주 뵙지는 못했지만 만나면 슬피 탄식하며 옛일을 말씀하시고 정성스럽게 가르침을 주셨으니, 모두 약석(藥石)과 같은 경계였습니다. 불초는 이에 공이 옛 벗을 돈독하게 생각하여 생사를 달리해도 이처럼 그 마음이 달라지지 않음을 더욱 알았으며, 또 공이 후생(後生)을 권면하여 이처럼 고식적인 방법으로 사랑하지 않음을 알았습니다. 또 선친이 평소 교유가 적었지만 유독 공과는 깊이 사귀었던 것이 이유가 있음을 믿게 되었습니다.

지난번 공이 적성(赤城)으로 가실 적에 또 교외의 집에 들러 묵고 가셨는데, 시대를 근심하여 감개하시고 밤새도록 정답게 이야기를 나누었으니, 저는 공의 모습이 예전보다 좋아지고 지기(志氣)가 시들지 않은 것을 다행스럽게 생각하였습니다. 며칠 지나지 않아 불초가 갑자기 화를 당하자, 공은 불초가 견뎌내지 못할까 매우 근심하여 가엾게 여기시는 뜻이 편지글에 흘러넘쳤습니다. 모진 목숨은 아직도 이렇듯 구차하게 살고 있는데 공처럼 건강하고 병이 없으신 분이 끝내 불초를 버리고 먼저 돌아가실 줄 어찌 생각이나 했겠습니까.

아, 공의 자품은 순수하고 아름다워 옥처럼 깨끗하고 화살처럼 곧았으니, 효우(孝友)는 가정에서 드러났으며 신의(信義)는 향리에서 신임받았습니다. 평소에 구차하게 영합하지 않아 세간의 영리를 쫓는 자들을 보면 마치 자신을 더럽힐 것처럼 여기셨습니다. 이 때문에 벼슬에 나아가기를 어렵게 여기고 물러나기를 쉽게 여겼으나 벼슬에 나아가면 직분의 의리를 생각하였습니다. 굳세고 분명한 논의, 청고(淸苦)한 지조, 정민(精敏)한 견식을 지닌 자를 오늘날 세상에서 찾아보면 공과 같은 자가 거의 없건만, 세상에서는 혹 공이 한 일을 다 알지 못하고 하늘은 또 공을 남겨주지 않고 앗아가셨습니다. 지위는 재주를 다하기에 부족하고 수명은 덕에 차지 못했으니, 현인이 탄식하는 운수[291]라, 인력이 어찌할 수 없는 것이 아니겠습니까. 아니면 더러운 세상을 싫어하여 마침내 훌훌 떠나버려 붙잡을 수 없는 것이 아니겠습니까.

불초가 평소에 사모한 이유가 단지 선친의 벗이기 때문만은 아니지만, 아버지를 잃고 남은 인생을 장막처럼 의지하였는데, 지금은 끝나버렸으니 다시 누구를 의지하겠습니까. 집안의 우호를 대대로 닦아 두 분 아버지의 뜻을 저버리지 않는 것이야말로 살아있는 자들이 서로 권면해야 할 일입니다. 다만 공의 후사를 잇는 중임이 실낱처럼 이어지는 것을 생각하면, 유종원(柳宗元)의 "혼자 외롭게 서서 제물을 올리며 이리저리 돌아봐도 뒤를 이을 사람이 없다."는 말[292]을 외울 때마다

291 현인이 탄식하는 운수 : 후한(後漢)의 학자 정현(鄭玄)이 꿈속에서 공자를 만났는데, 공자가 말하기를, "빨리 일어나라, 빨리 일어나라. 금년은 진년(辰年)이고 내년은 사년(巳年)이다." 하기에 놀라 깨어났다. 그 당시 참언(讖言)에, "진은 용이고, 사는 뱀이다. 해가 진사에 이르면 현인이 탄식한다.〔辰爲龍, 巳爲蛇, 歲至龍蛇, 賢人嗟.〕"라는 말이 있었으므로, 정현이 자신의 수명이 다하였음을 알았는데, 과연 얼마 지나지 않아 병들어서 죽었다.《後漢書 卷35 鄭玄列傳》

292 유종원(柳宗元)의……말 : 유종원(柳宗元)의 〈기허경조맹용서(寄許京兆孟容書)〉에 "매년 봄가을로 제향을 올릴 때면 저 혼자 외롭게 서서 제수를 올리는데 이리저리 둘러봐도 뒤를 이을 사람 없어 근심과 두려움에 탄식하니, 이 제사가 곧 중지될까 두려워 칼날에 맞은 듯이 마음이 찢어지고 뼛속이 아픕니다.〔每當春秋時饗, 孑立捧奠,

슬피 눈물 흘리지 않은 적이 없습니다. 삼가 생각건대 존령(尊靈)께서도 반드시 지하에서 슬퍼하실 것입니다만, 아마도 선한 이를 돕는 하늘의 이치가 혹 후손에게 증험될 것입니다.

세월이 빨리 흘러 궤연(几筵)을 철거할 기일이 되었습니다. 호서가 먼 지역도 아닌데 누가 불초의 발을 붙잡는 것입니까? 덕음(德音)을 가슴에 품고 골수에 새기며 슬픈 심정을 바쳐 제문을 올립니다. 오직 마음만은 차이가 없으니 부디 이 잔을 거절하지 마소서. 아! 슬픕니다.

顧眄無後繼者, 惸惸然欷歔惴惕, 恐此事便已, 摧心傷骨, 若受鋒刀.〕"라는 구절이 있다.

큰외숙 지재 민공[293]에 대한 제문

祭伯舅趾齋閔公文

유세차 경자년(1720, 숙종46) 7월 병인삭(丙寅朔) 21일 병술(丙戌)에 생질 이재(李縡)는 삼가 맑은 술과 다양한 음식을 올려 큰 외숙 지재 민선생의 영전에 곡하며 영결합니다.

아, 사람들은 현명한 부형을 둔 것을 즐거워하니,[294] 이는 일반적으로 누구나 지니고 있는 마음입니다. 그러나 이 즐거움을 알아서 즐기는 자는 진실로 적은데, 이는 즐기는 것이 어려워서가 아니라 능히 배워서 비슷하게 되기가 어려워서입니다. 소자는 운수가 기구하여 맹자(孟子)가 말한 첫 번째 즐거움[295]에 대해서는 지닌 것이 없고, 믿고서 즐거워하는 바는 오로지 선생을 외숙으로 모신 것입니다. 선생의 충성스러운 절개와 강직하고 방정한 덕은 비록 세대를 건너뛰어 있더라도 오히려 미치지 못할 듯이 앙모하고 기뻐할 것인데, 더구나 다행스럽게도 같은

293 큰외숙 지재 민공 : 민진후(閔鎭厚, 1659~1720)로, 본관은 여흥(驪興), 자는 정순(靜純), 호는 지재(趾齋)이다. 저자의 큰외숙이다.

294 사람들은……즐거워하니 : 《맹자》 〈이루 하(離婁下)〉에 "중도의 인격을 갖춘 자가 중도의 인격을 갖추지 못한 자를 길러주며, 재주 있는 자가 재주 없는 자를 길러준다. 이 때문에 사람들이 현명한 부형을 둔 것을 즐거워하는 것이다." 하였다.

295 맹자(孟子)가……즐거움 : 《맹자》 〈진심 상(盡心上)〉에 "군자에게는 세 가지 즐거움이 있는데, 천하의 왕이 되는 것은 거기에 들어 있지 않다. 부모가 모두 생존해 계시고 형제가 무고한 것이 첫 번째 즐거움이고, 위로 하늘에 부끄럽지 않고 아래로 사람에게 부끄럽지 않은 것이 두 번째 즐거움이며, 천하의 영재를 얻어서 교육하는 것이 세 번째 즐거움이다." 하였다.

세상에 살고 더욱 다행스럽게도 외숙과 생질의 인연으로 만났으니, 그 즐거움이 크지 않겠습니까. 소자가 몽매하고 우둔하여 기질을 변화시키기 어려우니, 어찌 감히 선생과 매우 흡사하다고 칭해지겠습니까마는[296] 취미(臭味)와 추향(趨向)은 혹 조금 비슷한 점이 있습니다. 선생께서 또 재주가 없다고 소자를 버리지 않고 지극한 정성으로 자상하게 가르치고 이끌어주시어 한 마디 말씀이나 한 가지 일도 가르침 아님이 없었으니, 거의 함육(涵育)하고 훈도(薰陶)하시어 소인이 되는 데서 면하게 되었는데, 지금 선생께서 갑자기 세상을 떠나셨습니다. 어찌하여 소자는 하늘의 보호를 받지 못해 끝내 이 즐거움을 마치지 못한 것입니까.

선생의 재능과 노고는 역사에 실려 있고 또 길가는 사람들의 이목에 각인되어 있으니, 소자의 구구한 한두 마디를 기다릴 필요가 없습니다. 그러나 소자가 어려서부터 자모(慈母)의 가르침을 받을 때면 매번 정헌공(正獻公)과 신국부인(申國夫人)의 일[297]을 들어 말씀하시기를, "우

296 매우 흡사하다고 칭해지겠습니까마는 : 동진(東晉)의 하무기(何無忌)는 남송(南宋)의 건국에 공을 세운 장수인데, 맹장이었던 외숙 유뇌지(劉牢之)와 매우 흡사하다고 일컬어졌다. 《晉書 卷85 何無忌列傳》

297 정헌공(正獻公)과 신국부인(申國夫人)의 일 : 정헌공은 여공저(呂公著, 1018~1089)로, 송나라의 재상이 되어 신국공(申國公)에 봉해졌고, 신국부인은 여공저의 아내이다. 정헌공은 집안에서 간중(簡重)하고 과묵하여 외물을 마음에 두지 않았고, 신국부인도 성품이 엄격하고 법도가 있어 자식을 매우 사랑했으나 매사 법도에 맞게 가르쳤다. 《소학》 〈선행(善行)〉에 그 일화가 몇 가지 나오는데, 그 장자인 여희철(呂希哲)은 겨우 10여 세의 나이에 추위와 더위, 비가 내리더라도 종일토록 부모를 모시고 서 있으면서 앉으라고 명하지 않으면 감히 앉지 않았다. 또 날마다 관(冠)을 쓰고 띠를 매고서 어른을 뵈었으며, 날씨가 덥더라도 부모와 어른을 모실 때에는 두건과 버선과 행전을

리 집안의 가법이 이와 같으니, 너의 두 외숙이 원명(原明)에게 부끄럽지 않다."고 하셨습니다. 소자가 이 말씀을 가슴에 새기고 감히 잊지 않았습니다. 지금 삼가 선생의 언행의 대략을 살펴보니 《소학》에서 얻은 것이 많습니다. 사법(四法)으로 집안을 다스리고 사례(四禮)로 집안을 바르게 한 것은 왕숙염(王叔恬)과 같았고,[298] 글이 물 흐르듯 막힘이 없고 문에 정체해 있는 손님이 없었던 것은 도사행(陶士行)과 같았으며,[299] 윗사람을 섬기고 사람들을 대할 때에 한결같이 소신 있게 행동하고 이해에 따라 움직이지 않은 것은 또 범문정(范文正)과 흡사하였고[300] 종신토록 힘을 쓴 것이 온공(溫公)의 하나의 '성(誠)' 자에서 벗어나지 않았으니,[301] 그 출처와 사업이 광대하고 뛰어나서 성대하게

벗지 않았고, 다방과 주막을 출입하지 않고 음탕한 음악을 듣지 않았다고 한다. 여희철의 자는 원명(原明)이다.

298 사법(四法)으로……같았고 : 《소학》 〈선행(善行)〉에 "왕숙염(王叔恬)은 네 가지 가르침으로 집을 다스리니, 근면·검소·공손·관용이요, 네 가지 예절로 집을 바르게 하였으니, 관례·혼례·상례·제례였다.〔御家以四教, 勤儉恭恕; 正家以四禮, 冠婚喪祭.〕" 하였다.

299 글이……같았으며 : 《소학》 〈선행〉에 "도간(陶侃)은 멀고 가까운 곳에서 온 서간과 글을 손수 답하지 않음이 없었는데 글이 물 흐르듯하여 일찍이 막힌 적이 없었으며, 소원한 자들을 인견하여 문에는 정체해 있는 손님이 없었다.〔遠近書疏, 莫不手答, 筆翰如流, 未嘗壅滯, 引接疏遠, 門無停客.〕" 하였다. 사행은 도간의 자(字)이다.

300 윗사람을……흡사하였고 : 《소학》 〈선행〉에 "범 문정공(范文正公)은 윗사람을 섬기고 사람들을 대할 적에는 한결같이 소신있게 행동하고 이해를 따져 나아가거나 버리지 않았다〔其事上遇人, 一以自信, 不擇利害爲趨捨.〕" 하였다.

301 종신토록……않았으니 : 《소학》 〈선행〉에 "사마온공(司馬溫公)이 '나는 남보다 나은 것은 없지만, 평생토록 한 일이 일찍이 남에게 말할 수 없는 것은 없다." 하였는데, 그 주석에 "평생토록 성실하고 속이지 않았기 때문에 남에게 말할 수 없는 일은 하지

사림의 표준이 된 것이 마땅합니다. 이러한 점은 모두 소자가 사모하면서도 능히 배우지 못한 것입니다.

아! 세도(世道)가 폐해진 지 오래되었습니다. 사의(私意)는 하늘에까지 닿고 명절(名節)은 땅을 쓴 듯이 없어져 부귀에 취하여 염우(廉隅)를 잃고 화복에 쫓겨 의리에 어두워졌습니다. 선생의 맑은 의범과 곧은 도로 그나마 반쯤 구제할 수 있었으니 군자들은 믿는 바가 있어 두려워하지 않고 소인들은 꺼리는 바가 있어 함부로 행동하지 못하였습니다. 더구나 지금은 하늘이 무너지고 땅이 갈라지며 큰물이 아득히 끝이 없는[302] 상황이니 만일 선생께서 살아계셨다면 또한 나이 어린 임금을 맡길 수 있고 큰 절개가 드러나는 생사의 기로에서도 그 뜻을 빼앗을 수 없었을 것입니다.[303] 그렇다면 선생의 한 몸은 국가의 경중과 관계되니, 선생의 생존과 사망은 하늘의 뜻이지 사람의 뜻이 아닙니다. 어찌 단지 소자 한 사람의 개인적인 슬픔일 뿐이겠습니까.

선생께서 위독하실 때에 우리 모친이 도성에 들어가 문안하였는데, 선생께서 마주보며 차분하게 평생의 종시(終始)를 차례로 말씀하시고 태연한 모습으로 죽음을 슬퍼하는 생각이 없었습니다. 헤어질 때에는

않은 것이다." 하였다.

302 큰물이……없는 : 나라의 형세가 멸망의 위기에 처할 정도로 급하다는 뜻으로, 《서경》 〈미자(微子)〉에 "지금 은나라가 망하는 형세는 마치 큰물을 건너는데 나루터나 물가가 없는 것과 같다.〔今殷其淪喪, 若涉大水, 其無津涯.〕"라고 한 데서 온 말이다.

303 나이……것입니다 : 《논어》 〈태백(泰伯)〉에 나오는 증자(曾子)의 말로, "나이 어린 임금을 부탁할 만하고, 100리 되는 나라를 맡길 만하며, 큰 절개가 드러나는 생사의 기로에서도 그 뜻을 빼앗을 수 없다면 군자다운 사람인가? 군자다운 사람이다.〔可以託六尺之孤, 可以寄百里之命, 臨大節而不可奪也, 君子人與? 君子人也.〕" 하였다.

뭔가 말씀하려다 차마 할 수 없는 듯이 슬퍼하셨습니다. 소자들이 곁에서 억지로 웃으면서 말했지만 마음속으로는 천륜 간의 생사의 이별임을 알았으니 마음이 무너져 내려 비통한 심정으로 눈물을 흘렸습니다. 그러나 선생의 정력이 아직은 강했기에 또한 잠깐 사이에 갑자기 돌아가실 줄은 생각지도 못했습니다. 선생께서 세상을 떠나신 뒤에 우리 모친이 몇 개월 동안 병석에 계셨으니, 평소 수염을 태운 정[304]으로 보건대 아마도 지하에 계신 선생께 걱정을 끼쳤을 것입니다. 모친께서 지금 병든 몸을 무릅쓰고 와서 곡하니 곡을 해도 소리가 나오지 않습니다. 지난날 영결하던 때가 얼마 전의 일이건만 이제는 여쭈어도 응답이 없고 보아도 보이지 않으니, 아! 차마 말할 수 있겠습니까. 차마 말할 수 있겠습니까. 영령은 아십니까? 모르십니까?

또한 소자에게는 개인적으로 더욱 끝없는 한이 있습니다. 우리 선친께서 한창 나이에 요절하시어 뜻과 사업이 묻히고 드러나지 않았는데, 선친과 함께 종유하며 자세히 아는 사람으로는 선생만한 분이 없습니다. 전부터 선친의 묘문(墓文)을 지어주기로 허락하셨지만 소자가 머뭇거리며 다시 청하지 않았던 것은 감히 늦추려던 것이 아니라 기다렸던 것인데, 선생께서는 끝내 돌아보지 않고 멀리 떠나셨습니다. 선조의 시장(諡狀)도 지어주시기로 허락하셨는데 이 또한 아직 완성되지 못하였습니다. 가령 선생이 조금 더 생존하셨다면 두 세대의 덕을 기록하는 글에 거의 남은 한이 없을 것인데 지금 어찌할 수 없게 되었습니다.

304 수염을 태운 정 : 누이의 병을 걱정하는 것을 말하는데, 당(唐)나라 명재상 이적(李勣, 594~669)이 병든 누나를 위해 손수 죽을 끓이다가 수염을 태운 고사에서 온 말이다. 《舊唐書 卷67 李勣列傳》

온 세상을 살펴보건대 따를 만한 사람이 없으니, 오직 선대의 유사(遺事)를 안고서 하늘을 우러러 통곡할 뿐입니다.

선생의 장례 날짜가 정해졌는데, 장사 지낼 때에는 묘지(墓誌)를 두는 것이 예법입니다. 소자가 외람되이 둘째 외숙의 명으로 그 대략을 서술하여 뒷날의 군자를 기다립니다만,[305] 문장력이 없고 견식이 부족하여 선생의 뜻과 사업을 만분의 일도 드러낼 수 없으니 훗날 무슨 면목으로 지하에서 선생을 뵙겠습니까.

아! 소자가 선생에 대하여 비록 배워서 닮을 수는 없지만 마음으로 기뻐하고 성심으로 복종하는 것이라면 깊지 않다고 할 수 없습니다. 다만 중년 이래로 교외에 묻혀 사느라 때때로 가르침을 받지 못하였고, 간혹 책상 아래로 나아갈 때면 번번이 공무에 번잡할 때를 만나 바빠서 몇 시간의 여가도 없었으니 품은 생각을 한번 다 아뢰고 싶어도 할 수 없었습니다. 지난번 왕래하며 간호한 날이 또한 많았지만 매번 선생께 응대를 줄이도록 청하였던 터라, 감히 먼저 말을 꺼내지 못하여 가슴속에 가득 찬 생각을 삼키고 다시 입에 올리지 못했습니다. 마음속의 그리움이야 유명(幽明)의 차이가 없지만 지금 이후로는 어디로 가야할지 몰라 더듬거리면서 더 이상 배움을 청할 곳이 없습니다. 모든 일에 하나의 옳은 곳을 찾는 것이 바로 필시 선생에게 인정받는 길인데 견식이 어둡고 막혀 의심과 후회가 날로 쌓이고 있으니, 혹 가엾게 여겨 일깨우시어 소자로 하여금 선조의 덕을 욕되지 않게 해주신다면 실로 선생이 주신 은택입니다. 말은 끝이 있으나 정은 다할 수가 없고

305 장사……기다립니다만 : 본서 제42권에 〈첫째 외숙 참찬 지제 민공 묘지〔伯舅參贊趾齋閔公墓誌〕〉이 실려 있다.

눈물은 끝이 있으나 슬픔은 끝날 수가 없습니다. 부디 존령께서는 굽어 살피시어 흠향하소서.

중부 귀락당 부군[306]에 대한 제문

祭仲父歸樂堂府君文

우리 중부 귀락당 선생이 10월 6일에 수성(隋城 수원(水原))의 무덤으로 영원히 돌아가게 되었습니다. 조카 재(縡)가 간략하게 음식과 술을 갖추어 제문으로 흠향하시기를 권하고자 하나 지극한 슬픔이 가슴에 가득하여 차마 말을 만들 수 없습니다. 그렇다고 또한 차마 말이 없을 수 없기에 여러 날 동안 슬픔에 잠겼다가 비로소 영연(靈筵)에 한번 아룁니다.

아! 슬픕니다. 사람의 생사와 화복이 한결같이 하늘에 매여 있지만 그 기미는 사람에게 달려 있습니다. 이 때문에 사람이 하늘을 이기기도 하고 하늘이 사람을 이기기도 하여 끝내 일정함이 없습니다. 이번의 화는 하늘이 만든 것입니까? 사람이 만든 것입니까? 누가 이렇게 만든 것입니까?

하늘이 이미 선생에게 강대한 기운과 돈후한 자질을 주셨으니, 이는 백세의 수명을 누리게 하려는 것인데, 저들이 남쪽 바닷가로 유배한 것도 부족하여 옥에 가두고 풀어주지 않아 무더위와 찬 기운으로 그 근육과 피부를 상하게 하고, 약이(藥餌)와 음식으로 그 오장과 육부를 보호할 수 없게 하여 마침내 타고난 수명대로 살지 못했으니, 이는 사람이 한 것이지 하늘이 한 것이 아닙니다.

306 중부 귀락당 부군 : 이만성(李晩成, 1659~1722)으로, 자(字)는 사추(士秋), 호(號)는 귀락당(歸樂堂), 행호거사(杏湖居士)이다.

우리를 미워하는 저자들은 선생을 죽이려는 데에 지나지 않았습니다. 그러나 한껏 죄명을 엮어도 뜻대로 되지 않자 속으로 해치려 하면서도 겉으로는 풀어주었으며 속셈이 참혹하면서도 말이 너그러웠습니다. 저들이 백방으로 해치려 해도 할 수 없었던 것을 하늘이 마침내 도와서 그 욕구를 맞추어주었습니다. 가령 하늘이 참으로 선한 이를 돕는 이치가 있다면 감옥 안에서 또 어찌 사람을 죽일 수 있겠습니까. 이는 하늘이 한 것이지 사람이 한 것이 아닙니다.

사람은 차마하지 못하는 것을 하늘이 어찌 차마 하겠습니까. 어찌 국운(國運)이 병들어 하늘이 그 사이에서 힘을 쓰지 못한 것이 아니겠습니까. 아니면 화기(禍機)가 더욱 다급하여 하늘이 일부러 빼내어 멀리 보낸 것이 아닙니까.

아! 선생이 당호(堂號)를 지은 뜻을 소자는 알고 있습니다. 평소 묘당(廟堂)에 있으면서도 강호(江湖)에 뜻을 두어 늘 돌아가는 것을 즐거움으로 여겼지만 시세가 위급하여 차마 과감히 돌아가지 못했으니, 비록 돌아갔다 하더라도 반드시 즐겁지는 않았을 것입니다. 국가를 염려하는 밝은 마음은 아홉 번 죽는다 해도 바뀌지 않을 것이니, 지금 비록 화의 그물 밖을 벗어났다 하더라도 또한 반드시 즐겁지는 않았을 것입니다. 오직 살아서는 그 도를 다하고 죽어서는 그 정도에 순종하여 하늘에 부끄럽지 않고 사람에게 부끄럽지 않는 것, 이것이 선생의 즐거움입니다.

천지를 질곡(桎梏)으로 삼는 것은 본디 과장이요, 영화와 명예를 질곡으로 삼는 것은 통달한 것입니다. 천지 사이에 한 기운이 호연하니, 일어났다 사라지는 뜬구름과 다름없는 저 영욕과 득실이 어찌 선생의 진정한 즐거움을 해칠 수 있겠습니까. 더구나 천리(天理)는 본래 곧고, 곧은 것은 항상 이기는 법이라, 사람이 하늘을 이기는 것은 일시적이고 하늘이 사람을 이기는 것은 백세에 징험되었으니 장차 묵묵히 기다려야 할 것입니다.

아, 우리 집안이 대대로 인후함을 전수하였지만 조정에서 벼슬할 때에는 충직(忠直)을 업으로 삼아 음양(陰陽)과 선악(善惡)의 구분에 더욱 엄격하였습니다. 이 때문에 세도가 변할 때에는 매번 그 화란을 함께 겪었습니다. 갑자년(1504, 연산군10)의 일[307]은 시대가 멀어 상세히 알 수 없지만, 지난 기사년(1689, 숙종15)과 경오년(1690년)의 화에는 우리의 숙조(叔祖)와 계조(季祖)가 관련되었습니다.[308] 타우공(打愚公)이 돌아가셨을 때에 선생께서 실로 상례(喪禮)를 주관하여 거리에서 가슴을 치며 통곡하여 행인들도 눈물을 흘렸으며, 농재공(農齋公)이 유배되었을 적에 선생께서 한번 찾아가 문안하고 대숲 아래에서 배회하며 참담한 심정으로 차마 이별하지 못했으니, 이는 선생께서 일찍이 오열하시며 소자에게 하신 말씀입니다. 소자가 봄 무렵에 찾아뵈었던 것이 바로 대숲 아래에서 배회하시던 그 마음이며, 오늘의 화변(禍變)이 바로 지난날 거리에서 통곡하시던 그 정황입니다. 선생은 어찌하여 몸소 이런 화를 당하신 것입니까? 하늘은 어찌하여 우리 집안에만 재앙을 내리는 것입니까?

또한 소자에게는 더욱 더 천지에 사무치는 통한이 있습니다. 선생께

307 갑자년의 일 : 갑자사화를 말한다.

308 기사년과……관련되었습니다 : 저자의 숙조(叔祖) 이상(李翔, 1620~1690)은 자가 운거(雲擧), 호는 타우(打愚)인데, 1689년 기사환국으로 투옥되어 옥사하였다. 계조(季祖) 이익(李翊, 1629~1690)은 자가 계우(季羽), 호는 농재(農齋)인데, 기사환국으로 유배되어 장흥부(長興府) 배소에서 죽었다.

서 체포되었을 때에 비록 압송되는 노정이 엄격하고 급했지만, 두 갈림길에서 머뭇거리지 않았다면 어찌 빨리 달려가 양호(兩湖)의 교차로에서 문후하지 못했겠습니까. 길이 나뉘어 끝내 하룻밤의 만남을 잃었고 벽을 사이에 두고 잠깐 오랏줄에 묶인 모습을 뵈었던 것은 소자가 지나치게 신중해서가 아니라 선생의 화를 보탤까 매우 두려웠기 때문입니다. 창황하게 만나 뵈었을 적에 태연히 웃고 말하면서 차마 눈물 흘리지 못하고 슬퍼할 수 없었던 것은 소자가 잘 참아서가 아니라 또한 선생의 마음을 아프게 할까 두려웠기 때문입니다. 저물녘에 떠나는 배가 천리처럼 아득하여 강가 모래톱에 말을 멈추고 바라보아도 미칠 수 없었으니 천고의 영결이 이날에 그치고 말았습니다.

사람이 병을 앓다가 죽으려 할 때에 그 자제들이 정성을 다해 치료하고 눈물을 흘리며 급히 달려가 분명한 치명(治命)[309]을 받고 예법대로 정종(正終)[310]하더라도 오히려 마음에 미흡한 점이 있는 듯하여 항상 평생의 한으로 여기는데, 하물며 소자의 오늘의 정황이야 말해 무엇하겠습니까. 그저 목전의 화색(禍色)이 두렵다는 것만 알고 평소 선생의 정력이 아직 왕성하다고 잘못 믿어 언제 병을 앓았는지 언제 숨을 거두었는지도 알지 못합니다. 피차 이승과 저승으로 나뉘어 암울하게 지내며 수만 가지 생각을 삼키고 다시 꺼내지 못했으니, 천지에 사무치는 통한을 죽기 전에 언제나 풀 수 있겠습니까.

아! 소자가 어려서 부친을 잃고 선생을 아버지로 여기며 산 것이 사십 년입니다. 소자가 자식을 낳은 뒤로 자애의 정이 마음에서 솟구쳤

309 치명(治命) : 세상을 떠날 때 맑은 정신으로 한 유언을 말한다.

310 정종(正終) : 장수를 누리고 자신의 집에서 죽는 것을 말한다.

지만 선생께서 소자를 보살피시고 가르치신 것에 비하면 삼분의 일도 미치지 못했으니, 선생의 덕이 갚으려 해도 하늘처럼 끝이 없음을 더욱 알겠습니다. 그런데 이런 상고(喪故)를 만나 위로 대궐 문에 머리를 조아려 깊은 원한을 드러내지도 못하고, 아래로 구천으로 따라가 이 쌓인 울분을 토로하지도 못하니 소자가 선생을 저버린 것이 많습니다. 그러나 선생께서 소자에게 바라는 것이 어찌 이것뿐이겠습니까. 가문을 부지할 책임이 이 한 몸에 달렸으니 살아남은 자의 근심이 아득히 끝이 없습니다. 대운(大運)은 불안정하고 화심(禍心)은 그치지 않으니 사방을 둘러보아도 움츠러들어 갈 곳이 없습니다. 머리가 하늘에 닿을까 두려워 몸을 구부리고 땅이 꺼질까 두려워 발끝으로 살살 디디는 처지로 누구를 의지하고 본받겠습니까. 생각이 이에 미치니 마음이 찢어집니다. 선생께서 아신다면 아마도 불쌍히 여기고 이끌어주실 것입니다. 말은 정성을 다 표현하지 못하고 곡은 슬픔을 다 표출하지 못하니, 오직 쏟아지는 눈물과 하늘에 닿는 통곡만 있을 뿐입니다. 삼가 존령께서는 조금 헤아려 흠향하소서.

막내 숙모 윤부인에 대한 제문

祭季母尹夫人文

유세차(維歲次) 을사년(1725, 영조1) 7월 병신삭(丙申朔) 13일 무신(戊申)에 조카 재(縡)는 삼가 맑은 술과 다양한 제수로 감히 막내 숙모 정부인(貞夫人) 칠원 윤씨(漆原尹氏)의 영전에 밝게 고합니다.

아! 소자 나이 겨우 세 살 때에 숙모께서 우리 집안에 시집오셨는데, 철이 들었을 때부터 이미 숙모를 어머니처럼 여겼으니 그렇다면 숙모께서 아들처럼 대해준 것을 알 수 있습니다. 그 후로 나이와 견식이 조금 자라면서 가정에서 들어보니, 시부모는 효성스럽다고 하고 동서들은 어질다고 하였습니다. 안살림을 맡아 일을 처리하게 되어서는 정결하게 제수를 장만하여 제사를 올리고 최선을 다하여 주위 사람들을 구휼하여 육친(六親)과 이웃들이 모두 그 덕을 칭송하였습니다. 우리 계부(季父)의 깨끗한 지조와 지극한 행실이 은연중에 드러나는데 내조한 힘이 컸으며, 자녀들에게 잘못이 있으면 털끝만큼도 덮어주지 않고 반드시 정도로 가르쳤습니다. 소자가 본시 식견이 적어 옛 동사(彤史)[311]에 실린 어진 부인들이 어떠했는지는 모르겠습니다. 비단 소자가 숙모에게 깊이 감복했을 뿐만 아니라, 숙모도 소자를 불초하게 여기지 않고 의지하고 믿어주어 남들이 이간할 수 없었으니, 보살펴주

311 동사(彤史) : 후비의 훌륭한 덕과 행실이 기록되어 있는 역사책을 말한다. 옛날에 여사(女史)가 궁중의 정령과 후비의 일을 기록할 때 붉은 색깔의 동관(彤管)을 사용하였으므로 이 필기도구로 쓴 역사책을 동사라고 한다.

고 길러주신 사사로운 정이 사십 여년이 되었습니다.

아! 사람이 세상에 살아감에 만남이 있으면 이별이 있습니다. 이별할 때에 어느 누군들 슬프지 않겠습니까마는 어찌 지난날 우리처럼 슬픈 정황이 있겠습니까. 헌신짝 버리듯 고향을 떠나 낙토(樂土)에 나아가듯 궁벽한 곳으로 달려가 보니 맹수들이 우글거리고 사람 사는 세상과는 단절된 곳이었습니다. 오직 산이 높지 않을까 물이 깊지 않을까 두려워하면서도 고향에 마음이 연연했던 것은 숙모가 계시기 때문이었습니다. 늘 생각해 보면, 성곽 서쪽 교외에서 용마루와 서까래를 비늘처럼 이어서 살 때에 한 번의 담소도 즐겁지 않은 적이 없었고 채소나 고기 하나도 나누어 먹지 않은 적이 없었으니, 당시엔 이를 평범한 일로 여기고 이처럼 얻기 어려운 일인 줄 생각지도 못했습니다. 만일 하늘이 재앙을 거두고 세도(世道)가 회복된다면 이 삶이 혹 이전처럼 단란해질 수 있을까? 애타는 마음으로 기도하면서 천리를 사이에 두고 서로 통하였습니다.

다행히 죽지 않고서 오늘날을 보게 되니, 교외에서 서신이 올 적마다 날마다 돌아오기를 재촉하셨습니다. 또 생각건대, 고향이 폐허가 되고 세상에 재앙이 깃들어 초목 하나하나도 모두 눈물 흘리기에 족하니, 화란에 살아남은 목숨이 돌아간들 또한 무엇이 즐겁겠습니까. 그런데도 모친과 아이들을 이끌고 고생스럽게 서쪽으로 돌아온 것은 또한 오직 숙모가 계시기 때문이었습니다. 문에 들어서서 서로 붙잡고서 말없이 눈물 흘리자니 놀라움과 기쁨이 한량없이 교차하여 꿈속에서 만난 듯하였습니다. 아침에 즐거이 이야기하고 저녁에 기쁘게 말함이 또 완연히 예전 그대로였는데, 어찌 며칠 되지도 않아 질병이 침범하고 재앙이 뒤따를 줄 생각이나 했겠습니까. 아, 하늘이시여! 이는 무엇 때문입니까?

옛집으로 막 돌아와 인사가 분잡했던 터라, 4년간의 이별에 산처럼 쌓인 그리움이지만 하루 저녁에 다 풀 수 없고 앞으로 많은 세월이 남았다고 생각하였습니다. 그런데 생사가 경각에 달렸을 때엔 가슴속에 쌓인 말을 삼키고 꺼낼 수 없었으니, 이렇게 될 줄 일찍 알았다면 어찌 빈객을 사양하고 밤낮으로 가슴속에 맺힌 그리움을 조금이라도 풀지 않았겠습니까. 그렇다면 소자가 잠깐 인사한 것은 인사하지 않은 것과 마찬가지요, 우리 모친께선 한번 만나지도 못하였습니다.[312] 평소의 지극한 정과 여러 해 이별의 그리움으로 어찌 잠시 머물러 기다리지 않으신 것입니까. 사생(死生)의 남은 한이 세상천지에 어찌 끝이 있겠습니까.

아! 우리 계부께서는 지위가 덕에 차지 못하고 수명이 인에 걸맞지 않았지만 중간에는 문호가 번성하고 조정 반열이 높았습니다. 외부인의 입장에서 본다면 영화롭지 않은 것은 아니지만, 성대한 숙모의 덕으로 논한다면 누린 것이 진실로 너무 적습니다. 더구나 수년 이래로는 빈곤이 날로 심해져 지탱하지 못할 정도였습니다. 수(綏)의 효성과 우애가 가업을 잇기에 충분하고, 유(維)는 정신과 기운이 아직 안정되지 못했으나 장래 크게 가망이 있으니, 만년에 누리지 못한 보답을 혹 이들을 통해 누릴 것이라 늘 생각하였는데, 아! 여기에서 그치고

312 우리……못하였습니다 : 본서 제46권 〈계모 정부인 칠원 윤씨 묘지〔季母貞夫人漆原尹氏墓誌〕에 "을사년 4월에 산골에서 돌아왔을 때부터 부인은 이미 병을 앓고 계셨는데 이달 19일에 화전(花田) 교외 집에서 돌아가셨다. 모친께서 미처 돌아오지 않으셨을 때라, 다시는 만날 수 없는 것을 종신의 한으로 여기셨다."라는 내용이 있다.

말았단 말입니까. 훗날 비록 전성(專城)의 봉양[313]과 열정(列鼎)의 봉공[314]이 있더라도 어찌 미칠 수 있겠습니까. 더구나 여러 누이들은 의지할 곳 없이 외로운데, 원경후(元景厚)에게 출가한 누이는 더욱 의지할 곳이 없고 막내는 또 출가시키지도 못했으니 이는 모두 숙모께서 평소 걱정하시던 일인데 어찌하여 무심하게 돌아보지 않으십니까. 개부(介婦)가 이미 임신 5개월이니 이는 또 평소 기대하시던 일인데 어찌하여 망연하게 보살피지 않으십니까. 대체로 선행에 대한 보답이 없지는 않지만 더디냐와 빠르냐는 때가 있으니, 저는 우리 숙모의 후사가 필시 번창하리라는 것을 의심하지 않습니다. 참으로 그럴 것입니다.

구천(龜川)에 있는 계부의 무덤은 실로 계부가 꿈에서 얻어 몸소 점지한 곳입니다.[315] 불행하게도 두 아우가 근거 없는 의논에 흔들리고 또 연운(年運)에 구애되어 부득이 한천동(寒泉洞) 남은 기슭에 임시로

313 전성(專城)의 봉양 : 고을 수령이 되어 그 녹봉으로 부모를 봉양하는 것이다.

314 열정(列鼎)의 봉공 : 많은 봉록으로 진수성찬을 차려 봉양하는 것이다. 《공자가어(孔子家語)》 권2 〈치사(致思)〉의 "옛날에 제가 양친을 섬기고 있을 때에는 항상 명아주와 콩만 먹으면서 부모를 위해 100리 밖에서 쌀을 져 오곤 하였습니다. 부모님이 돌아가시고 난 뒤에 남쪽으로 초나라에 가서 벼슬하여 뒤따르는 수레만도 100승이고 쌓아 놓은 곡식도 1만 종이나 되며, 자리를 여러 겹 포개어 앉고 솥을 여러 개 늘어놓고 먹습니다만〔列鼎而食〕 나물국을 먹으며 부모를 위해 쌀을 져 오고 싶어도 다시 할 수가 없습니다."라고 한 데서 온 말이다.

315 구천(龜川)에……곳입니다 : 본서 제46권 〈계부 관찰사부군 묘지〔季父觀察使府君墓誌〕〉에 따르면, 저자의 9대조 이길배(李吉培)의 무덤이 광주(廣州) 구천(龜川)에 있었는데, 백 년간 무덤을 찾지 못하였다가 이만견이 광주 부윤(廣州府尹)으로 있을 적에 수소문하여 체직되어 돌아온 뒤에 마침내 찾았다고 하는데, 이만견이 기이한 꿈을 꾸고서 항상 '내가 죽으면 반드시 이곳에 묻으라.'라고 하여 마침내 그 말대로 구천에 장사지냈다고 한다.

장사 지내니, 앞으로 그 길흉을 증험하여 혹 이 곳에 그대로 모시거나 혹 이장하여 끝내 반드시 계부와 합장할 계획입니다. 그러나 이곳은 바로 우리 선조께서 묻힌 곳이니 신도(神道)와 인정(人情)이 아마도 어긋나지 않을 것입니다. 더구나 우리 선친의 무덤이 수십 걸음 가까이 있고, 그 아래는 바로 소자의 장지인데 먼저 세상을 뜬 아내에게 지키게 하였습니다. 오늘 새로 쓴 무덤이 혹 영원한 진택(眞宅)이 된다면 이별의 날은 얼마 되지 않고 이별하지 않은 날이 무궁할 것입니다.

아! 소자가 몸을 감히 사사로이 할 수 없어 지난날 약물을 올리고 염빈(斂殯)하는 일에 모두 마음을 다할 수 없었는데, 발인하는 날이 또 기일과 상치되어 망전(望奠)과 포전(晡奠)에 참여할 수 없을 듯하니, 마음속의 통한과 쌓인 슬픔을 어느 곳에 풀겠습니까. 죽기 전에 혹 평소에 들어 알고 있던 숙모의 덕행을 찬술하여 그 아름다운 덕을 만에 하나라도 드러내야 하지만 글재주가 없는 것이 두려울 뿐입니다. 한 잔 술로 영결을 고하니 피눈물이 흘러내립니다. 삼가 존령(尊靈)께서는 조금 미천한 정성을 굽어살피소서. 아! 슬픕니다.

종제 여강[316]에 대한 제문

祭從弟汝剛文

병오년(1726, 영조2) 8월 경신삭(庚申朔) 병자일(丙子日)에 종형(從兄) 희경(熙卿)은 제철 음식을 대략 갖추어 죽은 동생 여강(汝剛)의 영전에 곡하고 영결하노라.

아! 사람이 슬프고 비통하여 마음속이 답답하면 번번이 하늘을 부르며 하소연하기를, "어찌 알지 못하는가."라고 하니, 이는 본시 몹시 궁하여 허물을 돌릴 곳이 없어서 하는 말인데, 하늘은 과연 아는가? 모르는가? 선과 불선에 대한 온갖 상서와 재앙이 경전에 보이지만, 왕왕 간악한 자가 복을 받고 선한 자가 화를 당하여 사람들이 하늘을 의심한 지 이미 오래되었네. 우리 여강이 죽은 뒤로 어진 사람이나 불초한 사람이나 모두 "하늘은 실로 알지 못한다."라고 하니, 아! 그대의 선함을 알 수 있다. 사람에게는 능한데 하늘에 능하지 못함은[317] 유독 어째서인가?

군의 지극한 행실을 온 세상 사람들이 알지만 나처럼 상세하게 알지는 못하고, 내가 미처 다 알지 못하는 것을 하늘이 응당 알 것인데,

316 여강(汝剛) : 저자의 사촌 동생 이구(李絿, 1688~1726)로, 중부(仲父) 이만성(李晩成)의 아들이다.

317 사람에게는……못함은 : 소식(蘇軾)의 〈조주한문공묘비(潮州韓文公廟碑)〉에 "공이 능한 것은 하늘이요, 능하지 못한 것은 사람이다.〔公之所能者天也, 不能者人也.〕"라는 말을 뒤집은 것이다. 이는 사람들에게는 신망을 얻는데 하늘에게는 그렇지 못하다는 뜻이다.

비록 정원(貞元) 연간처럼 상서를 내고 길조를 내리지[318] 못할지언정 또 어찌 차마 강좌(江左)에서 백도(伯道)를 애도한 것처럼 사람들로 하여금 군을 애도하게 한단 말인가.[319]

우리 중부(仲父)는 충성스럽고 정직하여 오랫동안 소인배의 미움을 받다가 끝내 혹독한 화를 당하셨네. 그러나 그 화심(禍心)이 그치지 않아 군을 또 호시탐탐 노리면서도 감히 뜻대로 하지 못한 것은 하늘이 두려워서일 뿐이네. 하늘이 만약 앎이 있다면 응당 덮어주고 길러주기에 겨를이 없어야 하거늘 지금 마침내 이처럼 끊어버리고 말았네. 이는 저 흉도들이 죽이지 못한 것을 하늘이 그들을 위해 죽인 것이니, 어찌 차마 할 수 있겠는가. 어찌 차마 할 수 있겠는가.

그러나 군이 더러운 곳을 벗어나 깊은 산골에서 죽은 것이 봉록을 탐하여 원수를 잊는 자들을 부끄럽게 하기에 충분하니, 위로는 인륜을

318 정원(貞元)……내리지 : 《소학》 〈선행(善行)〉에 "수주(壽州)의 속현(屬縣)에 안풍(安豐)이 있는데, 당나라 정원 연간에 그 현(縣) 사람 동생(董生) 소남(召南)이 그곳에서 은거하며 의를 행하였도다.……아, 동생이여! 효도하고 사랑함을 남들은 알지 못하고 오직 하늘만이 아시니, 상서를 내고 길조를 내림이 시기가 없도다. 집에 새끼를 낳은 어미개가 먹이를 구하러 나가자 닭이 와서 그 새끼를 먹이네. 마당에서 부리로 쪼아 벌레와 개미를 주워 먹여도 먹지 않고 소리 내어 슬피 우니, 닭은 방황하며 머뭇거려 떠나지 못하고, 날개로 덮어 주며 어미개가 돌아오기를 기다리도다." 하였다.

319 어찌……말인가 : 이구(李絿)가 백도(伯道)처럼 후사가 없기 때문에 한 말이다. 백도는 진(晉)나라 양양(襄陽) 사람 등유(鄧攸, ?~326)이다. 건흥(建興) 연간에 하동태수(河東太守)가 되었는데, 석륵(石勒)의 난리가 있어 처자식과 조카를 데리고 피난 가는 길에서 적을 만나 형세가 모두를 구원할 수 없었다. 아우는 일찍 죽고 슬하에 독자 밖에 없으므로 자기 아들을 나무에 묶어 놓고 조카와 도망갔다. 그 뒤에 아내가 다시 태기(胎氣)가 없어 결국 아들을 얻지 못하자, 그 당시 사람들이 슬피 여기며 "하늘이 아는 것이 없어 백도로 하여금 아들이 없게 하였다." 하였다. 《晉書 卷90 鄧攸列傳》

부지하고 아래로는 가문을 빛내었네. 군이 남긴 풍교와 공열이 길이 전해진다면 군은 죽었어도 죽지 않은 것이며 우리 중부는 아들이 없어도 아들이 있는 것이네. 남의 집안과 나라에 화를 끼친 저 흉악한 자들은 지금이야 편안히 지내지만 천백 년 뒤에는 필시 손가락질하며 이를 갈면서 서로 죽일 것이니, 또한 하늘이 사람들에게 화를 내리고 복을 주는 것이 여기에 있지 저기에 있지 않네.

나는 처음에 군이 선량하고 화순한 사람이라 여겼고, 군 자신도 기운이 약한 것을 부족하게 여겼는데, 화란을 겪은 뒤로는 번연히 철석과 같은 마음으로 의(義)를 성취하였네. 더구나 그 정종(正終)[320]의 엄격함은 더욱 우뚝하여 미칠 수 없으니, 참으로 학문의 힘은 속일 수가 없네. 하늘이 이미 군에게 아름다운 자질을 부여한 데다 또 마음을 격동시키고 성질을 강인하게 하여 부족한 점을 더욱 보충하였으니, 설령 당시에 쓰이지 못하더라도 세교(世教)에 도움이 되는 것이 어떠하겠는가. 그런데도 끝내 수명을 인색하게 주었으니 군을 이 세상에 낸 것은 무슨 뜻이며, 죽인 것은 무슨 뜻이란 말인가. 군으로 하여금 생시에는 끝없는 불운과 우환을 실컷 겪게 하고, 사후에는 또 충성스럽고 효성스러운 자식 하나 우리나라에 남겨주려 하지 않으니, 하늘이 군을 미워함이 또한 심하네. 이는 무슨 까닭이란 말인가?

오늘날의 세도(世道)는 이미 어찌해 볼 수 없으니, 영욕과 화복을 한결같이 몸 밖의 일로 버려두고, 오직 이치를 궁구하고 몸을 수양하는

320 정종(正終) : 임종 때까지 바른 도리를 지키다 죽는 것을 말한다. 증자(曾子)가 죽을 때 "내가 바름을 얻어서 죽는다면 그것으로 그만이다.〔吾得正而斃焉, 斯已矣.〕"라고 한 데서 온 말이다. 《禮記 檀弓上》

것이 구경법(究竟法)이네.[321] 이것이 내가 자신을 권면하고 군에게도 권면했던 것인데, 나는 노쇠하고 군은 나날이 진보하여 그침이 없었네. 아무 식견도 없는 내가 여강과 같은 아우를 두고서도 죽을 때까지 서로 지켜주면서 그 업을 마치지 못했으니, 내가 하늘의 미움을 받음이 또 어찌 이런 지경에 이르렀단 말인가. 이에 나는 군을 슬퍼할 겨를이 없이 또한 나 자신을 슬퍼하네. 장차 이 모든 것을 아득하여 알 수 없는 하늘에 돌려야 할 뿐이란 말인가.

아! 나는 일찍 부친을 여의고 형제도 없는 처지라, 중부를 아버지처럼 여기고 군을 동기(同氣)처럼 여겼으니, 중부께서 우리를 버리고 돌아가셨을 때에 다시 누구를 의지하였으랴. 서로 가엾게 여기고 아껴주는 절실한 마음은 형체는 달라도 한 몸과 같았네. 군이 세상에 나오는 것을 보았을 때부터 백분(白紛)[322]에 이르기까지 한 해도 떨어져 지낸 적이 없으니, 지난날 창황하게 흩어져 살 때에도 두 땅이 서로 연접해 있었네.[323] 맹수들이 이웃하고 사슴들과 노니는 곳을 마치 차와 밥을 보듯이 태연하게 지냈으며, 깊은 골목에 눈이 쌓여 말이 넘어지고 노복이 미끄러져도 초가집 푸른 등불 아래에선 눈물과 웃음이 넘쳤네.

321 오직……구경법(究竟法)이네 : 《주자어류(朱子語類)》 권8에 "세간의 온갖 일은 잠깐 사이에 변화하여 없어지는 것인 만큼 모두 가슴속에 담아 둘 가치가 없다. 오직 이치를 궁구하고 몸을 수양하는 것이 구경법이 될 뿐이다.〔世間萬事, 須臾變滅, 皆不足置胸中, 惟有窮理修身, 爲究竟法耳.〕" 하였는데, 구경은 최고의 경지, 극치, 결과 등의 뜻으로, 구경법은 최고의 목표를 향해 나아가는 방법을 말한다.

322 백분(白紛) : 120쪽 주275 참조.

323 지난날……있었네 : 저자는 중부가 화를 당하자 가솔을 이끌고 강원도 인제(麟蹄)로 옮겨갔으며, 이구(李絿)는 춘천(春川)으로 옮겨갔다.

이때가 비록 역경에 처해 떠도는 시절이었지만 서로 마음 통하는 즐거움을 어찌 다시 얻을 수 있겠는가. 내가 서쪽 화전(花田)으로 돌아가자 군은 더욱 외로웠을 것이네. 그러나 화전의 성곽과 사람들은 예전 모습이 아니었고 초목 하나하나도 모두 눈물 흘리기에 족하였네. 더구나 내가 말해도 그 누가 듣겠으며 내가 노래해도 그 누가 화답하겠는가. 군은 내 마음이 즐겁지 않았음을 알 것이네.

동음(洞陰)[324]은 내가 좋아하는 곳이네. 군이 이리로 이사한 것은 고향과 조금 가까워서일 뿐만 아니라 또한 내가 좋아하는 것을 따른 것이네. 내가 좋은 계책이 아님이 몹시 걱정되면서도 힘껏 만류하지 못한 것은 내가 장차 이곳에 띠집을 엮어 이웃에 살면서 동은(峒隱)과 사암(思菴) 두 원로의 맑은 자취를 뒤따르고자 해서인데[325] 공은 나를 기다려주지 않았네. 아! 내가 어찌 차마 다시 옥병(玉屛)과 금수(金水) 사이를 지날 수 있겠는가. 군을 이 땅에서 죽게 한 것은 실로 나의 죄이고 실로 나의 죄이다. 하늘의 뜻을 어찌하겠는가. 하늘의 뜻을 어찌하겠는가.

임종시에 쓴 편지는 온통 눈물로 가득하였으니 이승과 저승 사이에 뜻이 서로 환하게 통하네. 아! 나이로 따져보면 내가 노쇠하고 체질로 따져보면 군이 조금 건강하기에 가문의 모든 책임을 군에게 맡기려 생각했는데, 군은 마침내 모든 것을 내게 남겨놓고 무심하게 돌아보지 않는단 말인가.

324 동음(洞陰) : 경기도 포천 영평현(永平縣)이다.

325 동은(峒隱)과……해서인데 : 사암(思菴) 박순(朴淳, 1523~1589)과 동은(峒隱) 이의건(李義健, 1533~1621)은 포천 영평현에서 노년에 은거하였다.

후사에 대해서는 생각하면 기가 막히네. 군을 이렇게 만든 것이 본디 하늘이지만 오늘날 믿을 것도 오직 하늘뿐이니, 차마 인자(仁者)로 하여금 끝내 후사를 없게 하겠는가.

장지(葬地)에 대해서는, 해국(海國)은 황량하고 외진 곳이라 끝내 오래가지 못할 것이고,[326] 구성(駒城)은 소나무 아래 한 구덩이가 조금 알맞지만 술가(術家)에서 꺼리는 바가 있으니, 내 마음에 편치 못하면 군의 마음도 편치 못할 것이네. 이외에 옆 기슭에다 내가 어찌 차마 구차하게 군을 장사하겠는가. 지금 임시로 향동(香洞) 선영에 장사지냈다가 천천히 좋은 땅을 구하여 우리 중부와 계부를 옮겨 모시고 그 아래에 군을 묻어 양가 자손이 대대로 지키는 것이 만전의 계책이 될 것이네. 중부의 묘문(墓文)도 감히 힘을 다하지 않겠는가.

내가 죽기 전에 군의 후사가 세워지고 군의 어린 누이와 여러 딸들이 차례로 성장하는 것을 보게 된다면 군이 다시 살아나더라도 나는 혹 부끄럽지 않을 것이네. 하늘이 아마도 군의 불행을 가엾게 여겨 내 소망을 따라주실 것이네. 내가 지금 하늘을 우러러 원망하듯이 호소하면서도 또 그 음덕을 바라니 이 또한 슬프다네. 여강은 듣고 있는가? 듣지 못하는가? 아, 슬프다! 나의 술을 흠향하시라.

326 해국(海國)은……것이고 : 해국은 이구의 부친 이만성(李晩成)이 묻힌 수원(水原)을 말한다. 본권 〈중부의 묘를 이장할 때 고하는 글〔仲父遷窆告文〕〉에 "황량한 바닷가 구석에 무덤이 외로이 떨어져 있어 꼴 베는 자들을 금지하지 못하고 성묘를 자주 빠트리기까지 합니다." 하였다.

계부의 이장에 올리는 제문

祭季父遷窆文

유세차(維歲次) 무신년(1728, 영조4) 2월 임오삭(壬午朔) 7일 무자(戊子)에 조카 재(縡)는 감히 술과 포를 올려 돌아가신 계부 관찰사부군의 영전에 밝게 고합니다.

아! 부군께서 소자를 버리고 떠나신 지 지금 몇 년이 되었는데 세성(歲星)이 제자리로 돌아오고 해가 지지(地支)를 한 바퀴 돌아 부군의 관이 다시 세상에 나왔습니다. 그동안에 이루 말할 수 없는 인사의 변고가 있었습니다. 문호(門戶)에 대해 말하면, 우리 중부(仲父)께서 혹독한 화를 만났고 구(絿)가 또 효성을 다하다 죽어 후사가 끊어졌습니다.[327] 종당(宗黨)이 영락하여 살아있는 자는 노쇠하지 않으면 병들었으니 향리가 삭막하여 종전의 분위기가 없습니다. 시세로 말하면, 사림(士林)의 참벌(斬伐)이 가장 큰 재앙인데, 하늘이 아직도 후회하지 않아 부군께서 일찍이 조정의 근심거리로 지적했던 자들이 지금 정권을 잡아 세도(世道)에 재앙을 끼쳤습니다. 가령 부군께서 살아계셨다면 나이 육십이 못 되었을 텐데, 그래도 이런 꼴은 보지 않으시니 아마도 일찍 돌아가신 불행을 슬퍼하지 않으실 것입니다.

소자는 온갖 변고를 다 겪으며 백발이 되었습니다. 의지할 곳 없는 세상에서 몸이 움츠러들어 갈 곳이 없는데, 후세의 책임은 아득히 끝이

327 구(絿)가……끊어졌습니다 : 이만성(李晩成)의 아들 이구(李絿, 1688~1726)는 39세의 나이로 1726년(영조2) 후사 없이 죽었다.

없습니다. 명정(銘旌)과 삽선(翣扇)이 나온 지금 하소연하고 의지할 수 있을 듯하지만 불러도 대답이 없고 구해도 보이지 않으니 어떻게 가슴속의 통한을 조금이나마 풀겠습니까.

아, 우리 관찰사 선조의 무덤이 묻혔다가 백여 년 만에 다시 드러난 것이 실로 부군의 효성에 대한 감응이요, 부군의 기이한 꿈은 또 우연이 아닌 듯합니다.[328] 청오(青烏)[329]가 장지를 점쳐준 것은 하늘이 한 일이지 사람이 한 일이 아닌데, 하루아침에 옮겨 다른 곳으로 가게 되었으니 이는 누가 시킨 것입니까? 소자도 이에 대해 헤아릴 수 없이 당황스러운데 지하에 계신 우리 선조와 부군께서 혹여 슬프지 않겠습니까.

그러나 사람이 세상에 살면서 생전에 선조를 모실 수 있는 경우가 드물고, 혹 생전에 모시더라도 수십 년 동안 슬하에 있는 경우는 더욱 드뭅니다. 헤어졌다가 만나고 만났다가 헤어지는 법이니, 이치상 일정할 수 없습니다. 더구나 혼령은 땅속에 있는 물처럼 가지 못하는 곳이 없고,[330] 또 더구나 죽주(竹州)[331]와 구성(駒城)은 땅이 서로 이어져 있는데다 우리 중부 두 부자도 머지않아 선영으로 이장할 것이니,[332]

328 우리……듯합니다 : 145쪽 주315 참조.

329 청오(青烏) : 전설상의 술사(術士)인 황제(黃帝) 때의 풍수가이다.

330 혼령은……없고 : 시공(時空)의 제약을 받지 않는다는 뜻이다. 소식(蘇軾)의 〈조주한문공묘비(潮州韓文公廟碑)〉에 "공의 정신이 천하에 있는 것은 마치 물이 땅속에 있는 것과 같아 어디로 간들 있지 않음이 없다.〔公之神在天下者, 如水之在地中, 無所往而不在也.〕" 하였다.

331 죽주(竹州) : 광주(廣州) 구천(龜川)에 있던 이만견의 무덤을 죽산(竹山) 가리산(加里山)으로 이장하였다.

가까운 곳에서 서로 바라보며 또한 위로할 수 있을 것입니다.

아, 풍수설을 믿지 못한 지 오래되었습니다만, 우리 집안 후손이 실오라기처럼 이어지는 터라, 지나치게 염려하는 마음에 이렇게 하지 않을 수 없으니 마음이 또한 슬픕니다.

삼가 바라건대, 존령(尊靈)께서는 동요하거나 놀라지 마시고 의심하거나 걱정하지도 마시고 이 새로운 무덤에서 길이 편안히 지내시며 후사가 태어나는 경사를 빚어내어 자손들을 번성하게 하여 효자의 마음에 답해주소서. 한 잔의 술로 영결을 고하자니 눈물이 황천에까지 미칩니다. 말은 끝이 있지만 뜻은 다할 수 없습니다. 아, 슬픕니다.

332 우리……것이니 : 이만성(李晩成)은 처음에 수원(水原)에 장사지냈다가 1728년(영조4) 용인(龍仁) 한천동(寒泉洞) 선영으로 이장하였고, 이구(李絿)는 처음에 고양(高陽) 향동(香洞)에 장사지냈다가 부친을 따라 이장하였다.

한 정선[333] 배후 에 대한 제문

祭韓旌善 配厚 文

신해년(1731, 영조7) 11월 5일 갑자(甲子)에 삼주(三州) 이재(李縡)는 삼가 닭과 솜[334]을 올려 돌아가신 정선 군수(旌善郡守) 한형(韓兄)의 영전에 곡합니다.

지금 새와 짐승들이 사는 깊은 산골짜기로 집 한 칸, 밭 한 때기도 없이 갑자기 노인을 모시고 처자를 데리고서 마치 제집처럼 돌아가는 사람이 있다면 필시 그는 곤궁하고 애통함이 지극할 테지만 골육의 사랑과 급히 구제해주는 의리를 지닌 사람이 그를 위해 주인노릇하지 않으면 필시 이렇게 할 수 없었을 것입니다.[335]

공은 일찍이 제 머리를 쓰다듬어 주고 배 위에 올려놓고 놀아주셨으나 종국에는 서로 형체를 잊고 나이를 잊는 벗이 되었습니다. 또 친족 간의 화목함이 효성과 공경에 근본하고 충신(忠信)이 언사와 용모에 드러났으니, 평소에 아우의 마음을 복종시킴이 있었습니다. 저로 하여금 불행히도 천지에 사무치는 원통하고 혹독한 일을 당해 참으로 높이 날고 멀리 달아나 인간 세상에 있고 싶지 않게 하고, 또 다행스럽게도

333 한 정선(韓旌善) : 정선 군수(旌善郡守)를 지낸 한배후(韓配厚)로, 본관은 청주(淸州)이다.

334 닭과 솜 : 96쪽 주219 참조.

335 지금……것입니다 : 저자가 가솔을 이끌고 강원도 인제(麟蹄)로 들어갔을 때 한배후가 인제 현감으로 있었다.

공과 같은 이은(吏隱)[336]을 한계(寒溪)와 설악(雪嶽) 사이에서 만나 4년 동안 좋은 만남을 이루게 한 것은 하늘의 뜻이지 사람이 할 수 있는 일이 아닙니다.

제가 참으로 효성스럽지 못하여 종신토록 모친에게 양육을 받을 뿐 모친을 잘 봉양하지 못하였습니다. 곤궁하게 지내면서부터는 더욱 생계에 서투르고 아무 계획도 없어 오로지 시서(詩書)로 마음을 즐기고 자연 경치로 눈을 즐기기만 했을 뿐, 조석으로 모친에게 올릴 부드럽고 맛난 음식과 사시의 산해진미는 오직 공의 힘에 의지할 뿐이었습니다.

쓸쓸한 판자집으로 순여(筍輿)를 타고 찾아주시어 푸른 산기운이 옷에 스며들고 샘물소리가 방으로 들어오는 곳에서 서로 함께 고금의 일을 탄식할 때에는 담소가 넘쳐흐르고 정의가 통하여 누가 손님이고 누가 주인인지 누가 수령이고 누가 백성인지 알 수 없었습니다.

아, 이제는 끝나고 말았으니 이 생에 이 즐거움을 어찌 다시 얻을 수 있겠습니까. 공이 머물지 않고 떠나셨으니 저 또한 살아있어도 죽은 것만 못합니다. 상중(喪中)에 겨우 부지하고 있는 목숨이 날마다 시들어가니 어찌 세상에 오래 살 수 있겠습니까. 오직 양가의 자손이 이러한 뜻을 충분히 알아 대대로 형제의 우호를 잃지 않아야 할 뿐입니다.

이전 공의 장례에는 제가 아직 상복을 벗지 않은 때라 잠석하지 못하였고, 무덤 풀이 우거진 한식(寒食)에 말을 타고 와서 곡하였습니다. 지금 공의 관이 다시 세상에 나온다는 소식을 듣고서 병든 몸으로 기어서 이르렀습니다. 마치 공이 신발을 거꾸로 신고서 맞이하여 말과 얼굴

336 이은(吏隱) : 이익과 녹봉에 마음을 두지 않아 벼슬살이를 하면서도 초야의 은자(隱者)처럼 지내는 사람을 말한다.

빛에 기쁨이 넘치는 모습을 뵐 듯한데도 끝내 뵐 수 없으니, 무덤 앞에서 내내 탄식한들 또한 어찌 다시 미칠 수 있겠습니까. 이승과 저승이 비록 다르지만 마음은 간격이 없습니다. 아, 우리 형이시여! 이 술잔을 거절하지 마소서.

서재종질 제의 에 대한 제문
哭庶再從姪 濟義 文

임자년(1732, 영조8) 윤5월 병오(丙午)에 한천(寒泉)의 병든 늙은이는 술과 과일로 서재종질(庶再從姪) 제의(濟義)의 영전에 곡하노라.

아! 우리 숙조(叔祖)이신 농재 부군(農齋府君)[337]께서는 청수(淸脩)하고 강직한 분으로 나이가 많고 지위가 높아도 독서를 게을리하지 않았으니, 내가 당시에 나이가 어렸어도 그 풍모를 살필 수가 있었다. 네가 태어나 그분을 닮아감에 너를 볼 때마다 숙조를 뵙는 듯하여 일찍이 사람들에게, "이 아이가 필시 가업을 계승할 것이다."라고 말했는데, 지금 너는 열아홉 살에 죽고 말았구나. 아! 어찌 이리도 단명했단 말이냐. 우리 숙조의 법도가 지금 사라지고 말았다.

내가 간간이 너에게, "이른바 가업을 계승한다는 것은 반드시 명성과 지위를 계승하는 것만이 아니다. 우리 숙조께서는 늘 《소학》 읽기를 좋아하셨다. 이 책은 사람을 만드는 틀이니, 너는 힘쓰라."고 하자, 너도 개연히 여기에 뜻을 두었는데, 아! 어찌 이토록 갑자기 떠났단 말이냐.

지난날 내가 슬픔을 머금고 여막을 지킬 적에 너의 아버지가 마침 이곳에서 죽었다. 너의 조모께서 아들이 병들었다는 소식을 듣고서 왔다가 아들이 죽은 뒤에도 돌아가려 하지 않으며,

337 농재 부군(農齋府君) : 이익(李翊, 1629~1690)으로, 자가 계우(季羽)이고 호가 농재이다. 기사환국으로 유배되어 장흥부(長興府) 배소에서 죽었다.

"내 시아버지가 여기에 계시고 내 남편이 여기에 있고 내 아들이 또 여기에 있다."

라고 하셨다. 내가 돌아가기를 강요하자, 돌아갈 적에 눈물을 흘리면서 말하기를,

"공은 이 산기슭으로 내 유골을 돌아오게 할 수 있겠지요?"

라고 하여 내 마음이 슬펐다. 지금 과연 그 말대로 되었는데, 네가 또 어찌하여 널에 누워 따라 돌아왔단 말이냐.

나와 너의 아버지는 나이 한 살 차이로 어려서는 어울려 놀았고 장성해서는 즐거워하며 서로 늙어갔는데, 네 아버지가 나보다 먼저 죽어 나로 하여금 인간 세상에 외로이 살게 하였다. 3년도 못되는 사이에 조(祖)·자(子)·손(孫) 3대를 장사 지냈으니, 사람들이 오래도록 죽지 않고 살면서 이 세상을 보고자 하는 것은 무엇 때문이란 말인가?

아! 나는 아직도 숙조께서 평소에 늘 서글퍼하며 하시던 말씀을 기억하니, "공명과 부귀는 모두 한만한 물사(物事)일 뿐이다."라고 하셨으니,[338] 어찌 사후에도 이처럼 쓸쓸하단 말인가. 나는 너희 부자를 위해 슬퍼할 겨를이 없이 거듭 나의 숙조를 위해 슬퍼한다. 너는 아는가? 모르는가? 한 잔 술로 길이 통곡하니 부디 흠향하라.

338 숙조께서……하셨으니 : 본서 제40권 〈종조 판서 부군 묘표(從祖判書府君墓表)〉에 따르면, 이익(李翊)은 늘 후사가 없는 것을 서글퍼하며 "인생에 부귀가 무슨 소용이랴"라고 하였다고 한다. 이익은 측실 소생만 하나 두었는데, 이제의(李濟義)의 할아버지인 이만달(李晩達)이다.

조백승[339] 홍중 에 대한 제문

哭趙伯勝 弘重 文

계축년(1733, 영조9) 10월 임술(壬戌)에 한천(寒泉)의 병든 늙은이는 병든 몸으로 힘써 달려와 조백승(趙伯勝) 군의 영전에 곡한다.

아, 백승이여! 뜻이 우주보다 컸으나 한 몸을 지키지 못하였고, 견식이 고금에 통달했으나 한 가지 일도 시행하지 못하였다. 하늘이시여! 하늘이시여! 백승을 세상에 낸 것은 무슨 뜻이며 빼앗아 간 것은 무슨 뜻입니까?

내가 실로 어리석은 사람인데 그대는 나를 비루하게 여기지 않았으니, 서로 함께 허실(虛實)과 수박(粹駁) 사이에서 절차탁마하여 커다란 빈자리를 채우고 좋은 밭을 걸어 종국엔 텅 비었던 것이 채워지고 박잡했던 것이 순수해지기를 기약하였네. 그대가 일찍이 기뻐하고 널리 통달한 것에 대해서는 한두 가지도 물어볼 겨를이 없었으니, 스스로 그대를 안다고 생각하지만 오히려 다 알지 못하고 있는데, 더구나 그대를 모르는 사람들은 어떠하겠으며, 또 그대가 있음을 알지 못하는 후세 사람들은 어떠하겠는가. 그러나 이런 것은 모두 말할 것도 못 되니, 용감하게 도를 향해 정진하던 그대의 용기와 간절하게 선을 추구하던 그대의 정성을 지금은 다시 볼 수가 없게 되었도다.

이전에 그대가 가솔을 이끌고 내가 사는 마을로 오기를 원했는데,

339 조백승(趙伯勝) : 조홍중(趙弘重, 1706~1733)으로, 본관은 평양(平壤)이고 자가 백승이다. 저자의 문인으로, 28세에 전염병에 걸려 죽었다.

아침저녁으로 강송(講誦)하는 즐거움이 있어서였네. 나는 그대의 경거망동을 걱정하여 권하지 않고 막으며 훗날 깊은 산속으로 들어갈 때 나를 따를 사람이 오직 그대뿐이라고 말하였네. "예예" 하고 대답하던 그대의 말소리가 귀에 남아있건만, 산골의 집이 지금 완성되었는데 그대는 어찌 기다리지 않은 것인가. 이렇게 될 줄 일찍 알았다면 그대가 죽기 전에, 그래봤자 몇 개월뿐이지만, 어찌 함께 머물며 그대의 지난날의 뜻에 조금이라도 보답하지 않았겠나. 그대는 귀천(貴賤)과 요수(夭壽)의 구분에 초연하였으니 이것으로는 모두 그대를 애도하기에 부족하네. 오직 유명(幽明) 사이에 통탄스러운 것은 이 한 가지뿐이네. 아, 백승이여! 부디 나의 술잔을 흠향하라.

민향숙 정수 에 대한 제문
祭閔向叔 正洙 文

을묘년(1735, 영조11) 10월 계유(癸酉)에 삼주(三州) 이재(李縡)는 척형(戚兄) 민향숙(閔向叔) 공의 영전에 고합니다.

평사[340]의 가문에	平沙之門
이처럼 어진 손자 있었네	有此賢孫
봉황의 깃털 하나처럼	如鳳一羽
그 문채를 알 수 있네[341]	猶識其文
선을 좋아하고 의를 사모하는	好善慕義
효성스럽고 우애있는 분	孝友其人
아, 우리 외가에서	嗟我外黨
누가 형님과 비견되리오	疇與之倫
빈천과 근심 걱정은	貧賤憂戚
형님을 옥성시키려는 듯하였네[342]	若將玉女
재주 있으나 영달하지 못하고	有材不達

340 평사(平沙) : 민태중(閔泰重, ?~1692)으로, 본관은 여흥(驪興), 자는 사앙(士昂), 호가 평사이다. 민정수(閔正洙)의 조부이다.

341 봉황의……있네 : 《주자어류》 권48에 "봉황의 깃털 하나만 보면 그 오색이 갖추어져 있음을 알 수 있다.〔觀鳳一羽, 則知五色之備.〕" 하였다.

342 빈천과……듯하였네 : 장재(張載)의 〈서명(西銘)〉에 "빈궁과 걱정 속에 처하게 함은 그대를 옥으로 이루어 주려 함이로다.〔貧賤憂戚, 庸玉汝於成也.〕"라는 구절이 있다.

뜻이 있으나 펴지 못하였네	有志莫抒
그런데 길에서 죽었으니	而死道路
아, 하늘의 뜻이라네	嗚呼其天
생각건대 나와 형님은	顧余與子
같은 해에 태어났네	生幷一年
나의 노쇠함을 형님은 근심하였고	吾衰子憂
형님의의 곤궁함을 나는 가련하게 여겼네	子窮吾憐
한마음으로 서로 좋아했지만	相好一心
산천으로 가로막혀 있었네	間以山川
내 집에 빈소를 차렸으니	於我舘殯
참으로 작은 인연 아니네	諒非小緣
어찌 내가 미혹됨이 심하랴	豈余惑甚
오직 형님이 살기를 바랐네[343]	徒欲其生
제공한 약물과 음식이	藥物食飮
내 마음에 걸맞지 못했네	不稱厥情
달려드는 토끼를 구해주고 길가의 시신도 묻어주는데[344]	投先行殣
주시[345]에 너무도 부끄럽네	多愧周詩

343 어찌……바랐네 : 《논어》 〈안연(顔淵)〉에 "사랑할 때에는 살기를 바라고 미워할 때에는 죽기를 바란다. 이미 살기를 바라고서 또 죽기를 바라는 것이 이것이 미혹이다.〔愛之欲其生, 惡之欲其死. 旣欲其生, 又欲其死, 是惑也.〕" 하였다.

344 달려드는……묻어주는데 : 《시경》 〈소반〉에 "저 달려드는 토끼를 보고도 먼저 빠져나가게 해주며, 길가에 죽은 사람이 있거든 묻어주네.〔相彼投兎, 尙或先之. 行有死人, 尙或墐之.〕"라는 구절이 있다.

345 주시(周詩) : 《시경》을 말한다.

고향 산천이 아득하나　故山云邈
혼기는 갈 수 있으리라　魂氣則之
천지는 여관일 뿐이니[346]　蘧廬天地
형님은 슬퍼하지 마오　君勿自悲
영거가 이미 마련되었으니　靈車旣陳
형님 행차 더디지 않으리라　君行不遲
황천에서 손님과 주인으로 만날 날　爲賓爲主
또한 다시 얼마나 남았으랴　亦復幾時
시월의 차가운 날씨에　十月天寒
눈서리가 들을 덮었네　霜霰被野
술잔 들어 영결을 고하니　持觴告餞
눈물이 샘처럼 솟아나네　有淚泉瀉

346 천지는 여관일 뿐이니 : 이백(李白)의 〈춘야연도리원서(春夜宴桃李園序)〉에 "천지는 만물의 여관이다.〔夫天地者, 萬物之逆旅也.〕" 하였다.

종제 대심[347]에 대한 제문

祭從弟大心文

대심(大心)이 죽은 지 이미 31일이 지났고 또 9일 뒤에 장사 지내게 되었다. 그 종형(從兄) 천식옹(泉食翁)은 슬픔으로 제문을 짓지 못하다가 마침내 삭전(朔奠) 때에 길게 울부짖으며 고한다.

아, 삼십 년간 쌓아온 형제의 은혜와 사우(師友)의 의리가 여기에서 끝났도다! 여기에서 끝났도다! 뜻이 뭇사람보다 컸지만 그 분량을 충족시키지 못했고, 재주가 옛사람보다 높았지만 사업에 시행하지 못하였네. 기구하고 쇠락하여 중도에 그치고 말았으니, 하늘이 이 세상에 너를 낸 것은 과연 무엇 때문인가? 과연 무엇 때문인가? 슬픔이 끝이 없으며 말로는 다할 수 없도다. 오직 이 마음만은 이승과 저승의 차이가 없으니, 아, 대심이여! 와서 이 잔을 흠향하시라.

347 종제(從弟) 대심(大心) : 저자의 사촌 동생 이유(李維, 1704~1738)로, 이만견(李晩堅)의 아들이다.

사위 유백익[348]에 대한 제문
祭兪婿伯翼文

참봉 유백익(兪伯翼)을 계해년(1743, 영조19) 12월 15일에 철원(鐵原) 선산에서 장사지내고자 12일에 발인하니, 6일 앞선 을묘(乙卯)에 장인 삼주(三州) 이재(三州)가 보잘것없는 제물을 갖추어 한번 가서 영결하고 싶지만 병들어 할 수 없는 처지라, 군의 종제(從弟) 유언집(兪彦鏶) 사정(士精)이 또한 내게 수학한 자이기에 그로 하여금 대신 잔을 올리고 군의 영전에 뇌문(誄文)을 읽게 한다. 뇌문은 다음과 같다.

군은 나를 장인이라 불렀고	君謂我舅
나는 그대를 사위라 불렀네	我謂君甥
처음 장가든 때를 따져보면	原厥初載
군의 나이 열여섯 살이었네	十有六嬴
군의 집안 가풍이	緊君家風
효성스럽고 우애있고 화목한데	孝友睦婣
군이 실로 잘 닮아	君實克類
비난하는 이가 없었네	人無間然

348 유백익(兪伯翼) : 유언흠(兪彦欽, 1713~1743)으로, 본관은 기계(杞溪)이다. 1741년(영조17) 생원시에 합격하여 1742년 선릉 참봉(宣陵參奉)에 제수되었는데, 그 이듬해 병으로 세상을 떠났다.

비유하면 처녀처럼　　譬猶處子
마음가짐 조심스러웠으니　　秉心冲冲
어찌 시류배처럼　　豈若時流
가식적인 웃음으로 공손을 삼았으랴[349]　　笑貌爲恭
사람들이 혹 군을 만나면　　人或遇之
한미한 차림 이상하게 여겼으니　　怪其寒癯
부귀한 집안의 호사스런 버릇이　　綺紈習氣
단 한 점도 없었네　　一點則無
산중에서 할 일 없어　　山居無事
시서를 강송하였는데　　講誦詩書
군이 그 사이에 있었으니　　君在其間
내 얼굴빛 기쁨에 넘쳤네　　我色敷腴
군은 사무에 있어서도　　君於事務
환히 꿰뚫지 않음이 없었으니　　尠不通透
만일 그 재능을 펼쳤더라면　　苟有設施
물샐 틈 없이 완벽했으리라　　盛水不漏
비록 그 뜻을 살필 때[350]에도　　雖在觀志

349 어찌……삼았으랴 : 《맹자》 〈이루 상(離婁上)〉에 "공손한 사람은 남을 업신여기지 않고, 검소한 사람은 남의 것을 빼앗지 않는다. 남을 업신여기고 남의 것을 빼앗는 임금은 오로지 백성들이 자기 뜻에 순종하지 않을까 두려워 하니, 어찌 진정으로 공손하고 검소할 수 있겠는가. 공손하고 검소한 자세를 어찌 가식적인 목소리나 웃음으로 꾸민다고 될 수 있겠는가.〔恭者不侮人, 儉者不奪人. 侮奪人之君, 惟恐不順焉, 惡得爲恭儉? 恭儉, 豈可以聲音笑貌爲哉?〕" 하였다.

350 그……때 : 《논어》 〈학이(學而)〉에 "아버지가 살았을 때에는 자식의 뜻을 살피고

그 재주를 알 수 있었으니	其才可知
내가 군에게 벼슬을 시킨 것은	我使之仕
사사로운 정리 때문만이 아니었네	匪直爲私
내가 말하였네, 예전 사옹의	謂昔沙翁
법문이 가장 훌륭하도다	法門最好
겉으로는 일반인과 다름없지만	外不異衆
안으로는 실로 보배롭게 닦아	中實自寶
성대하게 유학의 종주가 되셨으니	菀爲宗儒
오직 이를 본받아야 한다고[351]	惟此可師
군의 풍골을 보건대	看君毛骨
어찌 용렬한 속리의 모습이랴	豈俗吏爲
생각건대, 나는 인을 구했으나	顧余求仁
어리석어 자신을 헤아리지 못했네	愚不自量
군이 두려워 할[352] 인물임을 알아	知君可畏
군이 사양하지 않기를 바랐었네	欲君不讓
군이 비록 주저했으나	君雖逡巡

아버지가 죽었을 때에는 자식의 행동을 살핀다.〔父在觀其志, 父沒觀其行.〕" 하였다.

351 내가……한다고 : 본서 제44권 〈사위 유백익 묘지〔兪婿伯翼墓誌〕〉에 따르면, "하루는 내게 들렀기에 말하기를, '예전에 사계선생이 창릉 참봉(昌陵參奉)으로 거사비(去思碑)가 있었으니, 비단 이 일을 배워야 할 뿐만 아니라 사계옹의 법문이 가장 훌륭하다. 겉으로는 풍속과 섞인 듯하지만 안으로는 실로 자신을 닦아 마침내 유학의 종장이 되셨다.'" 하였다. 당시 유언흠이 선릉 참봉(宣陵參奉)으로 있을 때였다.

352 두려워 할 : 《논어》 〈자한(子罕)〉에 "후생이 두려울 만하니, 그들의 장래가 어찌 오늘의 나만 못하다고 장담하겠는가.〔後生可畏, 焉知來者之不如今也?〕" 하였다.

그 뜻은 나와 같았네 其志則同
군의 인물됨을 논한면 若論其人
선인(善人)과 신인(信人)[353]의 중간이니 善信之中
가령 오래 살았다면 使永厥年
어찌 이 정도에 그쳤으랴 夫豈止斯
한번 병들어 삼년을 앓았으니 一疾三歲
훌륭한 의원 없음을 어찌하랴 奈無良醫
아, 삶과 죽음은 嗚呼死生
낮과 밤 같도다 若晝而夜
그러나 달관한 자가 아니라면 然非達觀
누군들 죽음이 두렵지 않으랴 孰無怛化
들으니 군은 담소하면서 聞君談笑
집으로 돌아가듯 했다지 視之如歸
이 큰 일을 마침에 있어 了玆大事
군이 거의 도에 가까웠네 君則庶幾
군에겐 한 가지 즐거움 있었으니 維君一樂
훌륭한 부친을 둔 즐거움이었네 樂有賢父
만년에 이룬 정승의 공업[354] 晩年相業

353 선인(善人)과 신인(信人) : 《맹자》 〈진심 하(盡心下)〉에 "누구나 좋아할 만한 사람을 선인이라 하고, 자기 몸에 선을 소유한 것을 신인이라 한다.〔可欲之謂善, 有諸己之謂信.〕" 하였다.

354 만년에……공업 : 유언흠(兪彦欽)의 부친은 유척기(兪拓基, 1691~1767)로, 본관은 기계(杞溪), 자는 전보(展甫), 호는 지수재(知守齋)이다. 신임사화 때 소론의 탄핵을 받고 동래(東萊)에 안치(安置)되었다가 1725년(영조1) 노론의 집권으로 풀려

선비들의 기대가 쏠렸네	士望攸附
안으로는 자잘한 문서와	內而箱篋
밖으로는 중요한 정무까지	外而樞筦
군이 조석으로 도운 공이	晨昏之助
아마도 태반은 되었으리라	其或强半
위공 막부의	魏公幕府
기밀 문자[355]	機密文字
훗날 이 일을 맡을 자로	他日之責
군이 족히 믿음직하였네	意君足恃
군의 죽음은	君之云亡
또한 시운과 관련되니	亦關時運
모든 우리 선류들이	凡我善類
누구들 애통하지 않으랴	疇不痛隱
군은 내 병을 근심했건만	君憂我病
나는 군의 죽음에 곡하네	我哭君死
내가 뒤에 죽고 군이 먼저 죽으니	我後君先

나 1739년에 우의정에 제수되었다.

355 위공(魏公)……문자 : 위공(魏公)은 송(宋)나라 때 위국공(魏國公)에 봉해진 장준(張浚)이다. 장준이 강회(江淮)에 부서(府署)를 설치할 때 참모와 보좌들을 모두 극도로 선발하였는데, 자신의 연소한 아들 장식(張栻)을 선무사도독부서사기의문자(宣撫司都督府書寫機宜文字)로 삼았다. 장식이 안으로는 비밀리에 전략을 돕고 밖으로는 여러 가지 업무에 참여하였는데, 그가 전체적으로 기획하는 바에 대해 막부(幕府)의 여러 사람들이 입을 모아 말하기를, "그는 따라갈 수 없다." 하였다. 《治平要覽 卷130 宋高宗》

이것이 어찌 떳떳한 이치리오　　此豈常理
내 나이와 지위 모두 지극하여　　年位俱極
저승사자가 조석으로 이르리니　　符到朝夕
외아들과 어린 손자를　　獨子癡孫
군이 이끌어 주리라 여겼네　　謂君扶挈
이미 대심[356]을 잃고　　旣失大心
군마저 떠나버렸으니　　君又棄去
사후의 모든 일을　　身後百事
누구에게 맡길 수 있으랴　　誰可分付
내가 보건대 세상은　　我觀世界
결함 있고 원만하지 않으니　　缺而無圓
복을 지키는 방도는　　持福之道
겸양이 가장 우선이네　　謙字爲先
더구나 어질고 후덕한 군에겐　　矧伊仁厚
후사가 있어야 마땅할 것인데　　宜若有後
하늘에 상고해 보아도　　稽之于天
어찌도 이리 어긋난단 말인가　　一何剌謬
아, 사랑스러운 나의 딸　　嗟嗟所嬌
내가 여사[357]로 인정했으니　　我許女士

356 대심(大心) : 저자의 사촌 동생 이유(李維)로, 1738년 세상을 떠났다.

357 여사(女士) : 선비의 지조와 행실을 지닌 여성을 말한다. 《시경》〈기취(旣醉)〉에 "그대를 따름은 무엇인가? 그대에게 훌륭한 부인을 주는 것이로다. 그대에게 훌륭한 부인을 주고 훌륭한 자손을 따라 주시리라.〔其僕維何? 釐爾女士. 釐爾女士, 從以孫子.〕"라고 한 데서 온 말이다.

비단 사랑해서일 뿐 아니라	非惟愛少
참으로 나를 닮았기 때문이네	諒以類己
많은 복을 누리리라 여겼건만	謂宜多祉
어찌 도리어 슬픔을 끼치는가	胡反貽戚
나의 불선으로 인하여	緣吾不善
이 화액이 옮겨갔도다	移此禍厄
군의 유언에 의지하여	賴君遺囑
실낱같은 목숨 겨우 이어가니	粗延縷喘
내가 죽기 전까지	顧我未死
어찌 차마 보리오	其何忍見
이 사람 사정은	惟此士精
군이 아끼던 사람으로	君所愛者
이 제문을 읽게 하였으니	使讀此文
내 몸을 대신하는 것이네	替余躬也
마음과 뜻이 통함에	情志流通
구천이 멀지 않으니	九地非遙
부디 혹여 듣거든	尙或聽之
이 술잔을 받으시게	且擧斯酹

조중보[358] 익신 에 대한 제문

祭趙仲輔 翊臣 文

갑자년(1744, 영조20) 5월 모일에 도계(道溪) 조공(趙公) 중보씨(仲輔氏)의 부고가 왔기에 삼주(三州) 이재(李縡)는 곡위(哭位)를 만들어 곡하고, 얼마 뒤에 병든 몸으로 힘써 제문을 지어 문인 최석(崔祏)을 보내어 곡하고 고한다.

아	嗚呼
화전과 화산은	花田花山
같은 덕양[359] 땅이니	同一德陽
두 집안 선대의 우호를	兩家先好
어찌 잊을 수 있으리오	俾也可忘
우두와 인제[360]는	牛頭麟蹄
한 물줄기로 이어지니	一水迤長
배를 타거나 지팡이 짚고 찾아가	杖屨舟楫
울고 웃으며 함께 어울렸지요	涕笑相將

358 조중보(趙仲輔) : 조익신(趙翊臣, ?~1744)으로, 본관은 순창(淳昌)이고, 자가 중보이다.

359 덕양(德陽) : 고양(高陽)의 별호이다.

360 우두(牛頭)와 인제(麟蹄) : 우두는 춘천(春川) 소양강 위에 두 갈래 물이 합류한 삼각주(三角洲) 안에 있는 마을이고, 인제는 저자가 중부(仲父) 이만성(李晩成)이 무옥(誣獄)에 연루되어 유배되었을 때 모친을 모시고 들어가 살던 고을이다.

군이 좋아하던 사람이	君所好者
우리 집안의 여강(汝剛)[361]이니	吾家之剛
함께 강학하고 절차탁마하여	講磨磋切
우리 도의 촉망을 받았지요	吾道有望
이별과 만남, 삶과 죽음은	離合死生
슬프고 처량한 인생사라오	人事悲凉
인자(仁者)와 지자(智者)가	仁智之樂
산과 물을 좋아함이 어찌 일정하리오[362]	山水何常
만 길의 높은 절벽	壁立萬丈
사람을 격앙시키네	令人激昂
이를 두고 어디고 갈 것인가	捨此奚往
마침내 그 옆에 집을 지었네	乃卜其傍
깊은 산 계곡에 은거하여	栖遲邱壑
물가 집에 편안히 누우셨네	偃蹇溪堂
이 서원은	維此書院
높은 덕에 제향하는 곳	盛德馨香
글 읽는 소리 끊이지 않았는데	絃誦潺湲
이런 뜻이 모두 없어져 버렸네	此意都亡
강규를 닦아 밝히는 일을	修明講規
군을 믿고서 주관하였으니[363]	恃君主張

361 여강(汝剛) : 저자의 사촌 동생 이구(李絿, 1688~1726)를 말한다.

362 인자(仁者)와……일정하리오 : 《논어》 〈옹야(雍也)〉에 "지혜로운 사람은 물을 좋아하고 어진 사람은 산을 좋아한다.〔知者樂水, 仁者樂山.〕" 하였다.

후생들 모인 속에서 後生叢中
구기[364]를 드날렸지요 口氣斯揚
행하는 바를 의심하지 않았고[365] 所行不疑
인을 좋아함이 밝게 드러났네 好仁則彰
장차 후학을 가르쳐 方將秉拂
사문을 빛낼 것인데 以光門墻
하늘이 이렇게 갑자기 앗아가니 天奪斯遽
눈물이 옷을 가득 적시네 我淚盈裳
생각건대 옛날 그대 백씨가 念昔伯氏
부친의 묘지명을 부탁했는데[366] 辱屬銘章
늙고 병들어 미적대다 보니 衰疾因循
세월이 많이 흘러버렸다오 屢易星霜

363 이……주관하였으니 : 서원은 도봉서원(道峯書院)을 말한다. 본서 제14권 〈조중보에게 답하다〔答趙仲輔〕〉에 조익신에게 도봉서원의 강회에 참석하여 후생들을 가르치기를 권면하는 내용이 있다.

364 구기(口氣) : 입에서 뿜아내는 숨이나 기운을 말한다.

365 행하는……않았고 : 《주역》 〈곤괘(坤卦)〉에 "직(直)은 바르다는 뜻이고, 방(方)은 의롭다는 뜻이다. 군자가 경으로써 안을 곧게 하고 의로써 밖을 방정하게 하여, 경과 의가 확립되면 덕이 외롭지 않다. '바르고 의롭고 크기 때문에 익히지 않더라고 이롭지 않음이 없다'는 것은 그 행하는 바를 의심하지 않는 것이다.〔直, 其正也; 方, 其義也. 君子敬以直內, 義以方外, 敬義立而德不孤. 直方大不習无不利, 則不疑其所行也.〕" 하였다.

366 생각건대……부탁했는데 : 조익신의 형은 조언신(趙彦臣, 1682~1731)으로, 자는 여보(汝輔)이다. 본서 제14권 〈조중보에게 답하다〔答趙仲輔〕〉에 따르면, 조언신이 1727년(영조3) 부친 조태흥(趙泰興, 1655~1720)의 묘문을 부탁하였다고 한다.

공이 살아있을 때에	迨公在時
속히 갚으리라 생각했는데	謂當亟償
이 계획도 어긋나 버렸으니	此計又左
슬프고 한스러운 마음 한량할 수 있으랴	悲恨可量
창졸간에 묘문을 지어	倉卒草成
영상에 고하니[367]	爰告靈床
어둡지 않은 영령이여	不昧者靈
부디 내 마음을 헤아리소서	庶鑑中腸

367 창졸간에……고하니 : 본서 제33권에 〈목사 조공의 묘갈(牧使趙公墓碣)〉이 실려 있다.

죽은 딸 유씨 부인[368]에 대한 제문

祭亡女兪氏婦文

고(故) 참봉 백익(伯翼) 유언흠(兪彦欽) 군의 아내 우봉 이씨(牛峰李氏)가 불행히도 일찍 남편을 잃고 지나치게 애통해하다 병이 들어 남편의 소상(小祥)이 지나고 한 달 뒤인 갑자년(1744, 영조20) 11월 21일에 끝내 세상을 떠나, 한 달 뒤 을축(乙丑)에 장차 동주(東州)의 선산에 합장하게 되었다. 그 아비 한천(寒泉)의 노인은 애통한 심정으로 술과 과일을 대략 갖추어 17일 경신(庚申)에 아들 제원(濟遠)으로 하여금 제문을 가져가 고하게 한다.

아! 천지 사이에 운수가 뒤바뀌고 당연한 이치가 대부분 무너져 선한 자가 반드시 복을 받지도, 간사한 자가 반드시 화를 당하지도 않으니, 사람들이 천도(天道)를 의심한 지 참으로 오래되었다. 가득차면 덜어내고 차면 기우는 것은 해와 달도 그러한데 하물며 사람이야 말해 무엇하겠는가. 이러한 이치는 고금에 절대로 어긋남이 없다. 네가 33년간 세상에 살면서 말 한마디나 행동 하나도 부모의 뜻을 어기거나 부모에게 근심을 끼치는 것이 없었으니 어려서부터 그러하였다. 네가 죽었을 때에 정승이신 네 시아버지가 통곡하며 "맑고 밝으며 고상하고 순결하며, 청렴하고 곧으며 자애롭고 진실하니, 이런 사람을 어디에서 얻을 수 있으랴."라고 하였으니, 시집에서 죄를 짓지 않았음을 더욱 알 수 있다. 이런 덕을 지니고서 이처럼 명이 궁한 것은 어째서인가?

368 유씨(兪氏) 부인 : 유언흠(兪彦欽)에게 출가한 딸이다.

그러나 너의 경우는 전적으로 궁하다고만은 할 수 없다. 네가 판서의 딸로 정승 집안의 맏며느리가 되었으니, 두 집안이 비록 소박하지만 태어나서 굶주리거나 추위에 떨어본 적이 없다. 저 가난한 집안의 여자들이 어찌 너를 선망하지 않겠느냐. 백익이 본시 훌륭한 선비라, 태학에 올라가자마자 곧바로 종9품에 제수되었으니,[369] 혹여 대과에 급제하지 못하더라도 또 종신토록 녹봉을 받았을 것이다. 게다가 《중용》에서 말하는 "처자식과 화목함이 금슬을 타는 것과 같고, 형제간에 뜻이 맞아 화락하고 즐겁도다. 그러면 부모도 마음 편안하실 것이다."라는 점이 백익에게 있으니, 가령 그가 너와 해로하여 아들딸을 낳고서 생전에는 엿 먹으며 손자 보는 기쁨[370]을 누리고 사후에는 후사가 번성한 경사를 누린다면 이는 충분히 좋은 일이나, 이 세상에 어찌 이런 일이 있겠느냐.

너의 시집은 온전히 복받은 집안이라고 세상에서 오랫동안 일컬어졌고, 네 시아버지는 젊은 나이에 재상이 되어 명성과 지위가 성대하였으며, 만년에 이룬 정승의 공업은 세속에서 매우 두드러져 선비들의 지대한 추앙을 받았다. 나는 영화를 사양하고 이익을 피한다고 말하면서도 공공연히 앉아서 경의 반열에 이르렀고 겸하여 산림에서 청아하고 한가롭게 사는 복까지 누리고 있으니, 모든 일에 대체로 명성이 실정보다 지나치다. 사람들은 비록 영화와 이익을 부러워하지만 귀신

369 태학에……제수되었으니 : 유언흠은 1741년(영조17) 생원시에 합격하여 1742년 선릉 참봉(宣陵參奉)에 제수되었다.

370 엿……기쁨 : 엿을 먹으며 손자의 재롱을 보는 것으로, 노년의 편안하고 즐거운 생활을 뜻한다. 후한(後漢)의 마황후(馬皇后)가 "나는 단지 엿을 머금고 손자나 희롱하며, 다시 정사에 관여하지 않겠다."라고 한 데서 온 말이다. 《後漢書 卷10 馬皇后紀》

이 시기하는 것은 명성보다 심한 것이 없으니, 내가 두려워 떨면서 불안하게 여기는 것은 이 때문이다. 네가 무슨 죄가 있겠는가마는, 기질이 맑아 복이 적은 운명[371]으로 마침 두 집안이 지극히 성대한 때를 만나 허다한 재앙이 모두 너희 부부의 몸에 모였으니, 네가 또한 하늘에 대해 어찌하겠느냐.

무릇 사람의 생사와 화복과 수단(壽短)과 궁통(窮通)은 명을 부여받는 초기에 정해지니, 비록 또 잘 심겨진 것을 북돋워주고 기운 것을 엎어버리는 이치[372]가 있으나 끝내 사랑하고 미워하거나 주고 빼앗는 사사로움은 용납되지 않는다. 천지가 사람에게 있어서와 부모가 자식에게 있어서 그 마음이 같으니, 내가 또 너에 대해서 어찌하겠느냐.

너는 태어나면서부터 허약하여 하루만 소식(素食)하여도 대번 설사를 했으니, 삼년 동안 소식하면 필시 죽게 되리란 걸 나도 알고 있는데 네가 또한 어찌 이를 모르겠느냐. 그러나 나는 차마 너의 뜻을 꺾을 수 없었고 너는 나의 말을 따르려 하지 않아 끝내 이렇게 되고 말았다. 내가 비록 너를 타이르고 싶어도 실로 "너는 어찌 차마 자신을 아끼지 않아 늙은 부모에게 걱정을 끼치느냐."라는 말 밖에는 할 말이 없었다. 네가 이 세상에서 연연하는 것은 오직 부모와 시부모뿐이니, 슬픔을 억누르고 억지로 음식을 먹어 1년 동안 살았던 것도 이 때문이었다.

371 기질이……운명 : 정호(程顥)가 5살에 죽은 둘째아들을 위해 지은 〈정소공묘지(程邵公墓誌)〉에서 한 말로, "기질이 맑은 자는 수명이 한정되었다.〔氣淸者數局〕" 하였다.

372 잘……이치 : 《중용장구(中庸章句)》 17장에 "하늘이 물건을 낼 적에는 반드시 그 재질을 따라 돈독히 한다. 그러므로 잘 심겨진 것은 북돋아 주고 기운 것은 엎어버리는 것이다.〔天之生物, 必因其材而篤焉, 故栽者培之, 傾者覆之.〕" 하였다.

내가 생강과 계피로 맛을 갖추도록[373] 권하는 편지를 보낼 적에 옆에 있던 며느리가 소용없는 일이라고 홀로 말하였다. 어떻게 아느냐고 물으니, "지난번 편지에 '창을 열고 강물을 바라볼 때마다 몸을 던지고 싶은 생각이 일어나지만, 이 몸이 비명에 죽어 우리 부모님의 인후한 덕에 크게 누를 끼칠 것을 생각하면 끝내 감히 할 수 없다.'고 하였습니다. 그 뜻이 이러하니 어찌 마음을 돌릴 수 있겠습니까."라고 하였는데, 얼마 뒤에 너는 결국 내 말을 따르지 않았다.

아! 《소학》에서 상례(喪禮)를 논하여 "옛사람은 거상(居喪) 중에 감히 공공연하게 고기를 먹은 자가 없었다."라고 하고, 마지막에는 또 "만약 병이 있거든 잠시 고기를 먹고 술을 마시되 병이 그치면 또한 마땅히 처음대로 돌아가야 한다. 만약 여위고 파리하여 병들까 염려되는 자는 고기즙으로 그 입맛을 돋을 수 있다."라고 하였으니, 이는 예(禮)의 통례(通例)로 그 올바름을 잃지 않는 것이다. 내가 처음 너에게 권했던 것은 단지 병이 생길까 염려하는 뜻이었는데, 너는 이것을 공공연히 고기를 먹는 것으로 여겼다. 내가 본디 네가 필시 죽게 되리란 것을 분명히 알았기에 차마 권하지 않을 수 없었지만, 네가 지키는 것이 올바른 도리라 또한 차마 억지로 강요할 수 없었다. 병이 위독해졌을 때 시부모의 강요에 따라 먹었지만 또한 무슨 소용이 있었으랴. 굳세고 과감한 뜻을 지닌 네가 부모를 욕되게 할까 두려운 마음에 목숨을 바쳐 뜻을 이루면서도 오히려 부모와 시부모의 뜻을 완곡하게 받들어 따라 또 그 정렬(貞烈)의 자취를 민멸시켰으니, 그 죽음을 따져보면 바른 도리를 얻고 죽었다[374]고 할만하다.

373 생강과……갖추도록 : 122쪽 주281 참조.

너는 죽지 못한 것을 스스로 슬퍼하고 죽는 것을 흡족하게 여겼으니, 너의 죽음에 내가 슬퍼하지 않을 수 없으나 또한 어찌 지나치게 슬퍼할 것이 있겠느냐. 그러나 가령 네가 다행스럽게 자식 하나 있었다면 필시 죽음에 이르지 않았을 것이고, 비록 죽더라도 좋은 후손을 남길 수 있었을 것인데 그렇게 되지 못하였으니, 이것이 내가 너의 궁함을 더욱 슬퍼하는 이유이다.

아플 때 부모에게 호소하는 것이 인지상정이요, 죽음의 두려움에 처했을 때 몹시 걱정하는 것은 형제도 오히려 그러한데,[375] 자식의 질병을 가서 구제하지도 못하고 자식의 죽음에 가서 통곡하지도 못하니 사람의 도리가 무너졌구나. 비록 살아있으나 살아있다고 말할 수 있겠느냐.

네가 편지를 보낼 때마다 내가 정력을 지나치게 쓰는 것을 근심하여 매번 간절로 몸을 조섭하기를 권하였고, 죽음을 앞두고도 또한 반드시 내가 지나치게 슬퍼하다 병이 덧날까 걱정하였다. 지금부터 너의 죽음을 이치로 관대하게 보아 넘겨 감정에 치우쳐 중도를 잃지 않을 것이며, 인사(人事)는 비록 접응하지 않을 수 없지만 또한 조금 조절해서 너의 효심을 저버리지 않을 것이다.

내가 예전 젊은 시절에 문곡(文谷) 김 상국(金相國 김수항(金壽恒))이 지은 딸의 제문을 보고서 두세 번 거듭 읽으며 덮을 수 없었는데, 슬픔이 비록 절절하였으나 문장이 절제되었다. 내가 이미 가서 곡할 수

374 바른……죽었다 : 149쪽 주320 참조.

375 죽음의……그러한데 : 《시경》 〈상체(常棣)〉에 "죽음의 두려움에 처했을 때 형제가 몹시 걱정해준다.〔死喪之威, 兄弟孔懷.〕" 하였다.

없는 처지인 만큼 또 제문이 없을 수 없지만, 수많은 말로도 내 마음을 다 표현하지 못할까 두렵다. 이에 이처럼 그 대략만 서술하니, 아비와 자식이 영결할 때에 어찌 할 말이 이 정도 뿐이겠느냐. 아, 내 딸아! 부디 듣기 바란다.

민사회[376]에 대한 제문

祭閔士會文

영치암(詥癡菴) 민사회(閔士會) 공이 태어난 해인 을축년(1745, 영조 21)[377] 3월 25일에 세상을 떠나 장차 5월 2일 계유(癸酉)에 장사를 치르는데, 그 외종형(外從兄) 삼주(三州) 이재(李縡)는 병으로 무덤에 가서 곡할 수 없기에 손자 목(木)[378]을 대신 보내어 대략 닭과 솜[379]의 제물을 올리고 제문으로 고한다.

아, 옛날 병인년(1686, 숙종12)과 정묘년(1687)에 나는 문정공(文貞公 민유중(閔維重)) 곁에 있었는데, 당시 사촌들이 태어나기 전이라 내외손(內外孫)은 오직 나와 군뿐이었으니, 머리를 쓰다듬고 무릎에 앉히고서 함께 사랑해주셨네. 장난치며 놀던 일이 마치 어제 일처럼 선명한데 눈 깜짝할 사이에 어느새 육십이 넘어버렸네. 중간의 성쇠와 애환을 이루 다 말할 수 없지만, 늦게 태어난 군의 두 아우와 사위(士衛)가 모두 이미 수년 전에 죽었으니[380] 우리들이 어찌 늙고 병들지 않을 수 있겠는가. 때때로 만나 백발의 창백한 얼굴로 서로 돌아보고

376 민사회(閔士會) : 민창수(閔昌洙, 1685~1745)로, 본관은 여흥(驪興), 호는 영치암(詥癡菴)이고 자가 사회이다. 저자와는 외사촌간이다.

377 태어났던 해인 을축년 : 민사회가 태어난 1685년(숙종11)이 을축년이다.

378 손자 목(木) : 저자의 맏손자 이목(李木)이다.

379 닭과 솜 : 96쪽 주219 참조.

380 늦게……죽었으니 : 두 아우는 민형수(閔亨洙, 1690~1741)와 민통수(閔通洙, 1696~1742)이고, 사위(士衛)는 민익수(閔翼洙, 1690~1742)이다.

웃으면서 간혹 농담을 주고받을 때면 어린 시절의 기상이 여전하였으니, 지금까지 마주보며 어린 시절 이야기를 나눌 사람도 나와 군뿐이었네. 군은 내 병을 걱정하고 나는 군의 노쇠함을 안타깝게 여기며 서로 아끼는 정이 동기(同氣)와 같았는데, 군이 나를 버리고 먼저 떠날 줄 어찌 생각이나 했겠는가.

올해는 바로 군의 회갑(回甲)이네. 군이 해도(海島)에 있을 때[381]부터 "하늘이 군을 살려서 돌려보낸다면 내가 아무리 병들어도 반드시 군의 생일에 가서 아이들이 축수하는 것을 보아 '은귀정(恩歸亭) 위에 술동이 가득하다.〔恩歸亭上滿樽酒〕'는 시구[382]를 저버리지 않겠다."고 생각했네. 다만 내가 병이 심해서 나가지 못하고 군이 마침 내게 들렀는데, 그때가 바로 군의 생일 3일 전이었네. 군을 위해 소찬(小饌)을 차렸으나 손님과 주인이 모두 병들어 술을 대하고도 주고받지 못해 서로 마주보며 탄식하고, 단지 손자 뇌(賚)[383]로 하여금 〈남산유대(南山有臺)〉[384] 시를 읊어서 술을 권하게 하고 한 잔만 마시고 파하였네.

381 군이……있을 때 : 민창수는 신임옥사가 무고임을 주장하는 상소를 올렸다가 국문을 받고 1742년에 제주(濟州) 대정현(大靜縣)에 유배되었다.

382 은귀정(恩歸亭)……시구 : 이는 저자가 민창수에게 화답한 시로, "은귀정 위에 술동이 가득하니, 훗날 밤 슬퍼하고 기뻐하며 이번 걸음 말하리라.〔恩歸亭上滿罇酒, 悲喜他宵說此行.〕"라는 내용이다. 이 시는 본서 제3권에 〈아우 민사회가 탐라가는 길에 보여준 시에 화운하다.〔和閔弟士會耽羅路中見視韻〕〉라는 제목으로 실려 있다. 은귀정은 민창수의 부친 민진원(閔鎭遠)이 지은 누각으로, 여주(驪州) 남한강가 절벽 위에 있다.

383 손자 뇌(賚) : 저자의 셋째 손자 이뇌(李耒)인데, 어렸을 때 이름이 정뢰(鼎賚)이다. 이뇌가 태어날 때 저자가 중부(仲父) 이만성(李晚成)에게 정(鼎)을 받는 꿈을 꾸고는 이름을 정뢰라고 지었는데, 나중에 이만성의 후사가 되었다.

노년의 이러한 모임이 또한 쉽지 않은 일이라고 그저 자위하였는데, 지금 생각하니 하루의 우연한 즐거움이 마침내 영원한 이별이 되고 말았네. 아, 슬프도다!

내가 세상을 겪은 것이 제법 익숙하고 겪어본 사람도 많지만 심사가 분명하고 곧으며 성의가 간절하기로 군에게 비길 자가 없네. 기미(氣味)가 서로 비슷하기 때문에 나를 믿음이 몹시 지나쳐 평생의 논의가 하나도 어긋남이 없었네. 지난날 내가 원자보양관으로 나가지 않은 것[385]을 온 세상 사람들이 비난했지만 군은 홀로 옳다고 여기고 심지어 형제들 사이에서 비난 받으면서도 개의치 않았네.

나도 군을 믿어 무슨 일이 있을 때마다 반드시 "사회는 어떻게 생각하는가?"라고 물어보았고 서로 소상히 의논함에 미쳐서는 생각이 서로 부합하지 않음이 없었네. 지금은 다 끝나버렸으니, 이 세상을 둘러보건대 함께 마음속의 생각을 말할 수 있는 자가 누가 있겠는가. 집안과 나라에 의심스런 일이 있을 때 누구에게 자문하여 결정하겠는가. 죽기 전까지 그저 귀를 닫고 입을 다문 채로 말할 사람도 없이 우두커니 앉아있어야 할 뿐이네. 군이 비록 아득히 지각이 없겠지만 그래도 혹 나의 외로움을 불쌍히 여기리라.

또 작년에 우리 중부 귀락부군(歸樂府君)의 비문을 지을 적에 여러 차례 군과 편지를 주고받았는데, "나는 비록 정성을 다했다고 생각하지

384 남산유대(南山有臺) : 《시경》 〈소아(小雅)〉 편명으로, 덕을 칭송하며 장수를 축원하는 내용이다.

385 내가……것 : 저자는 1735년(영조11) 원자보양관에 제수되었으나 3차 상소까지 올리며 사양하고 나아가지 않았다.

만 여강(汝剛)[386]이 본다면 어떻게 생각할지 모르겠다."라고 하자, 군은 "이 문장이 매우 좋습니다. 내가 지금 선조의 묘문(墓文)을 형님에게 부탁하려는데 이처럼 지어진다면 다행일 것입니다."라고 하였네. 올 여름에 내 병이 조금 차도가 있으면 군이 와서 몇 달간 머물며 묘문을 함께 상의할 작정이더니, 군이 이제 살아있지 않으니 조만간 묘문을 완성한들 누구와 상의하겠는가. 또 작년에 여강이 그리워도 만날 수 없었던 것처럼 군을 그리워하게 되었으니, 인사의 어긋남이 한결같이 이에 이르렀단 말인가. 군도 이에 대해서 필시 지하에서 한을 품고 있을 것이네. 그러나 만에 하나 내 마음에 흡족하다면 군의 마음도 알 수 있으니 이밖에 다시 무엇을 바라겠는가.

장사 지낼 때에 묘지(墓誌)를 두는 것이 예법이네. 군의 효자가 지금 군을 위해 내게 묘지명을 부탁하였으니, 군의 죽음에 어찌 내 글이 없을 수 있겠는가. 전후로 부탁한 것이 본디 경중이 있지만 또한 완급의 차이가 없을 수 없으니, 응당 상주의 소원을 먼저 따르고 군의 뜻은 추후로 천천히 갚을 생각이네. 영령은 아시는가? 모르는가? 말은 끝이 있지만 정은 다할 수가 없네. 이승과 저승 사이는 간격 없이 통하니 다시 무슨 말을 하겠는가. 아, 슬프도다!

386 여강(汝剛) : 이구(李絿, 1688~1726)로, 중부(仲父) 이만성의 아들이다.

애사 哀辭

신원고[387] 학 에 대한 애사

申元固 壆 哀辭

신학(申壆) 군은 일찍 아버지를 여의었으나 학문에 힘쓰고 문장을 전공하여 사우 사이에 명성이 있었는데, 불행하게도 나이 스물여섯에 죽었다. 그 이종사촌 형 이재(李縡)는 애달프게 곡하기를, “어찌하여 명은 이토록 짧으며, 어찌하여 뜻은 이토록 장대한가. 아, 원고(元固)여!” 하였다. 장사 지낼 때에 애사를 지어 전송하니, 애사는 다음과 같다.

초목은 떨어지고 강물은 차갑도다　　草木霣落兮江水寒
외로운 배가 한번 떠나니 언제나 돌아올까　　孤舟一往兮何時還

387 신원고(申元固) : 신학(申壆, 1700～1725)으로, 본관은 평산(平山), 자는 원고이다. 저자와는 이종사촌간이다.

동자 성서조에 대한 애사

成童子瑞朝哀辭

승지 성자장(成子長)[388]은 나와 동향 사람이다. 어렸을 때에 사우들 사이에서 그 이름을 들었고 또 그 문장을 얻어 읽어보고서 그 사람을 좋아하였다. 자장이 대성(臺省)에 오르고 나서 정사를 논하다가 대가(大家)를 거슬러 그에 대한 비방이 세상에 가득하였는데, 자장이 나와 친하고 또 관례도 치르지 않은 자장의 어린 아들이 내 문하에 출입한다고 어떤 이가 말하였다. 나는 당시에 실로 자장과 면식이 없었고 또 자장에게는 아들이 있지도 않았다. 나중에 자장이 성곽 서쪽으로 내 집을 방문하여 그때의 일을 말하면서 웃으며,

"내 아내가 지금 임신 중인데 다행히 아들을 낳으면 그대가 가르쳐주시겠소?"

라고 하였다. 나도 웃으며,

"그대는 스스로 조심하지 않고 마침내 남의 말을 사실로 만들려 하는가?"

라고 하였다. 임자년(1732, 영조8)에 내가 도성에서 대명(待命)했을 적에 돌아올 무렵 총각머리를 한 미소년이 달려 들어와 절하였다. 자장이 그때 좌중에 있었는데 소년을 가리키며 말하기를,

"이 아이가 내 아들입니다. 지난번 뱃속에 있던 아이가 지금 관례를

388 성자장(成子長) : 성진령(成震齡, 1682~1739)으로, 본관은 창녕(昌寧), 호는 시은(市隱)·나옹(懶翁), 자는 자장이다.

올릴 때가 다 되어가니, 그대는 이전의 말을 잊지 마십시오"
라고 하였다. 몇 권의 책을 읽었는지 물어보니,

"경서(經書)의 대의(大義)를 대략 통할 뿐입니다."

라고 하였다. 다음해 여름에 자장이 갑자기 편지를 보내와 말하기를,

"내 아들 서조가 나이 열여섯에 불행하게도 관례도 치르지 못하고 죽었습니다. 그대가 가르칠 수 없게 되었으니 글을 지어 슬퍼해 주시겠습니까?"

라고 하였다.

내가 보건대 동자는 용모가 뛰어나 대체로 속세 사람 같지 않았다. 자장이 또 그의 한두 가지 일을 말해주었는데, 악을 싫어하고 선을 좋아함은 타고난 천성이었다. 또 들으니, 일찍이 《맹자》를 읽어 천리(天理)와 인욕(人慾)의 경계에 대해 왕왕 투철하게 본 것이 있다고 하니, 가령 그에게 나이를 빌려주어 옛사람의 서적을 더 읽게 하였더라면 그 성취를 어찌 헤아릴 수 있겠는가. 더구나 지금의 성인들은 그저 머리에 관만 썼을 뿐, 자식의 도리와 젊은이의 도리를 꼭 다 알지 못하건만, 동자는 이런 행실을 지녔으나 성인이 되도록 살지 못하여 돌아가 선조를 따를 적에 성인의 예로 뵐 수 없는 것이 더욱 슬프다.

자장은 성품이 남에게 아첨하지 못하니 오늘날의 세상에 부합하지 못하는 것이 마땅하다. 이미 사람들과 부합하지 못했다면 응당 하늘과 부합해야 할 듯한데 하늘이 또 화를 내려 그 아들 하나를 보존시켜 주지 않았으니 이는 무슨 이유인가? 나는 이미 동자를 위해 슬퍼하고 또 자장의 궁함을 슬퍼하여 마침내 글을 짓는다. 애사는 다음과 같다.

너의 나이 열다섯이요	爾年志學

너의 자질 단정하였네	爾質端兮
너의 머리 두 갈래로 묶었고	爾首丱角
너의 용모 단정했네	爾貌顔兮
해가 좋고 달이 좋을 때[389]	歲正月令
장차 치포관을 썼으리라	將布冠兮
너의 심의는	爾有深衣
그다지 길지 않았으리라	長若干兮
누구를 위해 이를 간직하랴	誰爲斂之
저 산으로 돌아가고 말았네	歸彼山兮
대자연의 순환은	大化斡轉
맷돌에 가는 것과 같네	撒磨盤兮
큰 것이나 작은 것이나	或小或巨
온전한 것이 드물다네	鮮一完兮
기질이 맑으면 명이 짧으니[390]	氣淸數局
인재 얻기가 어렵지 않으랴[391]	才不難兮
저 상자(殤子)와 팽조(彭祖)를	彼殤與彭
어떤 이는 동등하게 여겼네[392]	或齊觀兮

389 해가……때 : 《소학》 〈경신(敬身)〉에 "해가 좋고 달이 좋을 때에 너에게 관을 모두 가한다.〔以歲之正, 以月之令, 咸加爾服.〕" 하였다.

390 기질이……짧으니 : 180쪽 주371 참조.

391 인재……않으랴 : 《논어》 〈태백(泰伯)〉에 "인재 얻기 어렵다는 말이 옳지 않은가.〔才難, 不其然乎?〕" 하였다.

392 저……여겼네 : 팽조(彭祖)는 800세의 장수를 누렸다는 상고시대 선인(仙人)이고, 상자(傷子)은 성인이 되기 전에 죽은 아이를 가리킨다. 장자(莊子)는 〈제물론(齊物

네 아버지에게 말하노니	我語爾翁
장차 스스로 마음 달래시게	且自寬兮
아버지가 마음을 달래면	翁兮自寬
네가 돌아가 편안하리라	爾歸安兮

論)〉에서 "상자보다 오래 산 사람이 없고, 팽조보다 일찍 죽은 사람이 없다.〔莫壽乎殤子, 而彭祖爲夭.〕" 하였다.

김군 상덕 에 대한 애사
金君 相德 哀辭

김상덕 군은 태어나자마자 어머니를 잃었기에 그 할아버지 참의공과 할머니가 장성할 때까지 양육하였다. 한산(韓山) 이일원(李一源 이병연(李秉淵))이 그의 훌륭함을 듣고서 딸을 시집보내었는데 1년도 못되어 죽었다. 참의공이 너무도 슬퍼하여 일찍이 친하게 지내던 내게 뇌문(誄文)을 청했는데, 그 말에 의하면 군은 총명하고 명민하며 글 읽는 소리가 낭랑하였고, 성품도 자애롭고 성실하여 사람을 사랑하고 어른을 공경하였다. 참의공은 구차하게 칭찬하는 사람이 아니니 군의 자질을 알 수 있다.

군의 집안은 위로는 문원(文元 김장생) 노선생의 도덕의 서업(緖業)이 있고 아래로는 창주(滄洲 김익희(金益熙)) 태학사(太學士)의 문학의 근원이 있으니, 가령 군에게 나이를 빌려주어 그 기량을 채우게 했다면 한자(韓子)가 말한 "위로 선조를 닮아 비교할 사람이 없다."[393]는 데에 가까웠을 것인데, 하루아침에 이렇게 요절하고 말았으니, 하늘이 그렇게 한 것인가? 사람이 그렇게 한 것인가?

아! 상고 태평시대에는 아버지가 자식을 곡하지 않고 형이 아우를 곡하지 않았는데,[394] 지금은 할아버지 참의공이 손자인 군을 곡하게

393 한자(韓子)가……없다 : 한유(韓愈)의 〈당정의대부상서좌승공공묘지명(唐正議大夫尙書左丞孔公墓誌銘)〉에 나오는 말로, 공자의 후손인 공규(孔戣)를 칭찬하는 말이다.

되었으니 그 이치가 이미 크게 어긋났다. 더구나 깊은 산과 큰 못에서 실로 용과 뱀이 태어나는 법인데,[395] 근세에는 고가(故家)가 대부분 쇠락한데다 참혹한 사화(士禍)마저 겪은 뒤라 남은 인물이 없건만 군처럼 싹만 틔운 채 꽃피우지 못하고 죽는 자가 또 서로 뒤따르고 있다. 나라는 오직 세신대가(世臣大家)에게 의지하여 안정되건만 하늘의 뜻이 과연 무엇인지 알 수 없도다.

군의 지행(知行)의 아름다움은 참의공이 반드시 당대의 문장가를 얻어 불후하게 전할 것이고, 일원은 또 시로 이름난 사람이니 장차 시가를 지어 그 슬픔을 말할 것인데, 어찌 나의 말이 필요하겠는가. 참의공이 "비록 그러하나 그대가 꼭 지어주시게."라고 하기에 마침내 측은해하고 슬퍼하는 마음을 이처럼 서술하고 또 애사를 붙여 그 슬픔을 대신한다. 애사는 다음과 같다.

기질이 맑으면 명이 짧은 것이 이치요	氣淸而數之局理也
육신이 흙으로 돌아가는 것은 명이니	骨肉歸復于土命也
어찌 소공의 묘지[396]와	盍考于邵公之誌

394 상고……않았는데 : 상고시대에는 자식이 아버지보다 먼저 죽지 않았고, 아우가 형보다 먼저 죽지 않았다는 말로, 인수(仁壽)를 지극히 누리고 요절하지 않았다는 말이다.

395 깊은……법인데 : 훌륭한 집안에서 훌륭한 인물이 배출된다는 말이다. 춘추 시대 숙향(叔向)의 어머니가 숙호(叔虎)의 어머니의 미모를 질투하여 숙향의 아버지를 만나지 못하게 하자 아들들이 모두 간하였다. 이에 숙향의 어머니가 말하기를 "깊은 산과 큰 못은 실로 용과 뱀을 낳는다. 그는 아름다우니 나는 그가 용과 뱀 같은 자식을 낳아 너희에게 화를 끼칠까 걱정한다.〔深山大澤, 實生龍蛇, 彼美, 余懼其生龍蛇以禍女.〕" 하였다. 《春秋左氏傳 襄公21年》

영박의 장례[397]에서 고찰하지 않으랴　　　　嬴博之葬者

396 소공(邵公)의 묘지(墓誌) : 정호가 5살에 죽은 둘째아들 정단각(程端慤)을 위해 지은 〈정소공묘지(程邵公墓誌)〉를 말한다. 180쪽 주371 참조.

397 영박(嬴博)의 장례 : 춘추시대 오(吳)나라 계찰(季札)이 제(齊)나라에 갔다가 돌아올 적에 그 맏아들이 죽어서 영박(嬴博 영현과 박현)의 사이에 장사 지냈는데, 봉분이 끝나자 "육신이 흙으로 돌아가는 것은 명이거니와 혼기(魂氣)는 가지 못하는 곳이 없다. 가지 못하는 곳이 없다.〔骨肉歸復于土, 命也. 若魂氣則無不之也, 無不之也.〕"라고 외치고 떠났다고 한다. 《禮記 檀弓下》

도암집

제27권

신도비 神道碑

처사 증 참판 어계 조공 신도비[1]
處士贈參判漁溪趙公神道碑

세상에서 김열경(金說卿 김시습(金時習))을 우리나라의 백이(伯夷)라고 한다. 열경은 본래 홀로 우뚝 서서 자신의 소신을 지킨 선비이기는 하지만, 주위의 사람들과 관계를 끊고 미친 사람처럼 방자하게 행동하여 스스로 그 몸을 더럽혔으니, 이는 방내(方內)의 선비와 더불어 말할 수 없는 사람이다.

영남의 함안(咸安)에 이른바 백이산(伯夷山)이라는 곳이 있는데, 고(故) 어계 선생(漁溪先生) 조려(趙旅) 공이 살던 곳이다. 공은 경태(景泰) 계유년(1453, 단종1)에 진사시에 합격하였으며, 선비들 사이에 명망이 매우 무거웠는데, 어느 날 유생들에게 인사를 하고 돌아와서는 죽을 때까지 다시 세상에 나오지 않고 물고기를 낚으며 스스로 즐거워하였다. 그의 마음은 열경의 마음과 같았지만 행적이 드러나지 않아서 사람들이 일컬을 수가 없었으니, 만일 성인이 나타난다면 아마도 은미한 것을 드러내고 숨겨진 것을 밝힐 것이다.

공의 자(字)는 주옹(主翁)으로, 집안에서 행실이 순수하게 갖추어

1 처사……신도비 : 이 글은 조여(趙旅, 1420~1489)의 신도비이다. 조여의 자는 주옹(主翁)이며, 단종을 위하여 수절한 생육신 중의 한 사람이다. 1453년(단종1) 성균관 진사가 되어 당시의 사림에서 명망이 높았으나, 1455년 단종이 세조에게 선위(禪位)하자, 성균관에 있다가 함안으로 돌아와서 서산(西山) 아래에 살았는데, 이 서산을 후세 사람들이 백이산(伯夷山)이라고 불렀다. 그는 벼슬을 하지 않고 시냇가에서 낚시로 여생을 보내면서 스스로 '어계(漁溪)'라 불렀다.

졌다. 집안이 매우 가난하였으나 부모에게는 맛있는 음식을 극진히 장만해 드렸으며, 제사와 상사(喪事)는 한결같이 《주자가례(朱子家禮)》를 표준으로 삼았다. 자제들을 의(義)로 가르쳤고 친족을 인(仁)으로 대하였으며, 날마다 동이 트면 일어나서 옷깃을 바로하고 독서를 하였는데, 마음에 부합하는 곳을 만나면 곧 기뻐하며 밥을 먹는 것조차 잊었다. 손님이 찾아오면 정갈히 앉은 채로 마주하였는데, 대화는 오직 누에치고 농사짓는 일에 관한 것뿐이었다. 간혹 지팡이를 짚고 한가히 거닐면서 천고의 세월을 읊었는데, 때때로 〈채미가(採薇歌)〉[2]의 남은 뜻이 시에 드러났다고 한다. 조씨는 본관이 함안(咸安)으로, 시조는 고려 때 원윤(元尹)을 지낸 단석(丹碩)이다. 판도판각을 지낸 천계(天啓)와 공조 전서를 지낸 열(悅)과 사복시정에 증직된 안(安)이 바로 공의 3대이고, 성산(星山) 이역(李睪)이 외조부이다.

공은 영락(永樂) 경자년(1420, 세종2)에 태어나서 70세로 세상을 떠났다. 흥양 이씨(興陽李氏)에게 장가들었으니 현감 운(運)의 따님이다. 아들은 군수 동호(銅虎), 첨지 금호(金虎), 야호(野虎)이다. 후손 가운데 현달한 자는 이조 참판 순(舜), 집의 삼(參), 판결사 적(績), 절도사 수천(壽千), 좌랑 임도(任道), 충의공(忠毅公) 종도(宗道), 동지중추부사 봉원(逢源), 교리 근(根), 정언 권(權), 관찰사 영복(榮福), 승지 영세(榮世)이다.

공은 스스로 정암강(鼎巖江) 곁에 장지(葬地)를 정하였는데, 백이산에서 얼마 떨어지지 않은 곳이다. 일찍이 말하기를,

2 채미가(採薇歌) : 채미가는 은(殷)나라 말기 백이와 숙제가 수양산에 은둔하여 고사리를 캐어 먹으면서 부른 노래이다.

"이 강물이 모두 마르면 자손들도 망할 것이다."

하였다. 영남에 사는 조씨들은 대부분 공을 선조로 삼는데, 그 수가 거의 몇 천 명이다.

숙종 기묘년(1699, 숙종2)에 장릉(莊陵 단종)이 복위될 때 영남의 유생들이 공의 절행을 조정에 알리자, 특별히 이조 참판에 추증하고, 관리를 보내 제사를 지내게 하였다. 또 백이산 아래에 사당을 건립하여 공과 김시습(金時習) 공, 원호(元昊) 공, 이맹전(李孟專) 공, 성담수(成聃壽) 공, 남효온(南孝溫) 공을 향사(享祀)하였다. 공의 숨은 덕과 드러나지 않은 행실이 이에 이르러 비로소 널리 드러났다.

영복(榮福)이 경상도 관찰사가 되어 여러 종인(宗人)들과 큰 비석을 세우기로 의논하고는 나에게 비문을 부탁하였다. 가만히 생각하건대, 우리나라의 절의는 장릉(莊陵)과 광릉(光陵 세조) 시기보다 성대했던 적이 없었다. 사육신(死六臣)은 더 말할 것도 없고, 그 나머지 우뚝하게 절의를 수립한 사람 중에 또 선비가 어찌 이리도 많은가. 우리 영릉(英陵 세종)께서 역복작인(棫樸作人)[3]하신 공이 참으로 위대하도다.

석담 선생(石潭先生 이이(李珥))이 일찍이 열경을 평론하기를,

"후세 사람들로 하여금 김시습이라는 사람을 다시 알지 못하게 한다 하더라도 어찌 근심할 것이 있겠는가."

라고 하였으니, 역시 공의 마음을 알았다고 이를 만하다. 그러나 공이 지킨 대의는 곧 이른바 천지를 떠받치고 만고의 세월이 지나도록 바꿀

3 역복작인(棫樸作人) : 인재를 발탁하는 것을 말한다. 역복(棫樸)은 《시경》〈대아(大雅)〉의 편명으로, 문왕(文王)이 숨은 인재를 발탁하고 양성하여 적재적소에 임용한 일을 칭송한 내용이 담겨 있다.

수 없는 것이니, 공이 비록 스스로 민멸시키고자 해도 민멸시킬 수 없는 것이 하늘의 뜻이다. 공이 하늘에 대해서 어찌하겠는가. 명(銘)은 다음과 같다.

요순의 세상이 멀어졌으니	唐虞世遠
우리는 누구를 따라야 하는가	吾誰適從
세상을 피하고도 후회하지 않았으니	遯世不悔
이는 《중용》에서 취한 것이네[4]	蓋取中庸
높은 산과 흐르는 강물이	山高水長
선생의 풍도라네	先生之風
내 비명이 부끄럽지 않으니	我銘不怍
무궁한 후세에 밝게 보이노라	昭視無窮

4 세상을……것이네 : 《중용장구》 제11장의 "군자는 중용을 따라 세상에 은둔하여 남들이 알아주지 않아도 후회하지 않으니, 오직 성인만이 가능하다.〔君子依乎中庸, 遯世不見知而不悔, 唯聖者能之.〕"라는 내용을 인용한 것이다.

참판 매계 조공 신도비[5]

參判梅溪曺公神道碑

우리나라의 문치(文治)는 성종 임금 때보다 융성한 적이 없었으니, 도의(道義)와 문장을 갖춘 훌륭한 선비들이 많았다. 이때에 매계(梅溪) 조 선생(曺先生)이 임금의 특별한 은혜와 지우를 입었는데, 혼조(昏朝 연산군)에 이르러서는 가장 혹독한 화를 당했으니, 군자들이 애통하게 여긴다.

공의 휘(諱)는 위(偉), 자(字)는 태허(太虛)이며, 창녕(昌寧) 사람으로 신라 태사 계룡(繼龍)의 후손이다. 족보는 중간에 일실되었는데, 고려 초에 이르러 휘(諱) 겸(謙)이 태조(太祖)의 둘째 따님에게 장가들었으며, 관직이 대악서승(大樂署丞)에 이르렀는데, 대대로 여덟 대에 걸쳐 평장사를 지냈다. 고조 휘 우희(遇禧)는 시중을 지냈고, 증조 휘 경수(敬修)는 밀직부사 상호군을 지냈다. 조부 휘 심(深)은 일찍 세상을 떠났는데 병조 참의에 추증되었고, 부친 휘 계문(繼門)은 현령을 지내고 이조 참판에 추증되었으니, 두 세대가 추증의 영예를 누린 것은 공이 높은 관직에 올랐기 때문이다. 모친은 문화 유씨(文化柳氏)로, 황명(皇明) 경태(景泰) 갑술년(1454, 단종2) 7월 경신일에 김산

5 참판……신도비 : 이 글은 조위(曺偉, 1454~1503)의 신도비이다. 조위의 본관은 창녕(昌寧), 자는 태허(太虛), 호는 매계(梅溪)이다. 7세에 시를 지었고 1474년(성종5) 문과에 급제하여 승문원 정자 등을 거쳐 사헌부와 홍문관의 벼슬을 역임하고 함양 군수가 되었다. 1498년(연산군4) 성절사(聖節使)로 명나라에 다녀오던 중 무오사화가 일어나 의주에 유배되었다가 순천으로 옮겨진 뒤, 그곳에서 죽었다.

(金山 경북 김천) 봉계촌(鳳溪村)에서 공을 낳았다.

공은 겨우 5세에 문자를 알았고 재주와 생각이 탁월했으며, 7세에 이미 시로 이름이 났다. 문충공(文忠公) 점필재(佔畢齋) 김종직(金宗直)이 공의 자형이었는데, 10세부터 그에게 가서 배웠다. 한번은 참판공을 따라 서울에 갔는데, 종숙(從叔) 충간공(忠簡公) 조석문(曺錫文)이 공을 보고서 기특하게 여겨 직접 《소학》을 가르쳐 주었다. 장성하자 다시 함양(咸陽)에서 점필재에게 수학하였는데, 폭넓게 강론을 하였다. 점필재가 늘 말하기를 "내가 태허와 강론하면 마치 강수(江水)와 하수(河水)가 쏟아지는 듯하니, 태허는 참으로 나의 스승이로다."라고 하였다.

신묘년(1471, 성종2)에 삼장(三場)[6]에서 장원을 차지하였고, 임진년(1472, 성종3)에 생원시와 진사시에 합격하였으며, 갑오년(1474, 성종5)에 문과에 급제하여 승문원을 거쳐 사국(史局)에 들어갔다. 얼마 후에 한림연(翰林宴)에 연좌되어 김산(金山)으로 귀양갔다.[7]

병신년(1476, 성종7)에 특별히 명을 내려 채수(蔡壽), 유호인(兪好仁)등 여섯 명과 함께 장의사(藏義寺)에서 사가독서(賜暇讀書)를 하도록 하였고, 다음해에 또 홍문관의 정자에 선발되었다. 공은 또 채수 등과 함께 송경(松京)으로 유람을 갔는데, 그때 수창한 시가 세상에 전하니, 국가의 성대함을 떨쳤다고 할만하다.

6 삼장(三場) : 시험의 초시(初試), 복시(覆試), 전시(殿試)를 말한다.

7 한림연(翰林宴)에……귀양갔다 : 조위가 금주령을 어기고 한림연에서 술을 마시고 소를 잡고 유밀과(油蜜果)를 베풀어 풍악을 울린 죄로 처벌 받은 일을 말한다. 《成宗實錄 6年 8月 4日 · 10月 3日》

계묘년(1483, 성종14)에 시강원을 신설하여 공을 문학으로 삼았다가 응교로 자리를 옮겼다. 부모가 연로한 까닭에 봉양을 위해 함양군수(咸陽郡守)로 나갔는데, 고을을 다스리면서 학교를 부흥하고 인재를 기르는 것을 급선무로 하였다.

이에 앞서 임금이 공에게 지은 시를 뽑아 올리라고 명을 내렸는데, 이때에 이르러 또 상주한 말이 임금의 뜻에 맞으니, 공의 부모에게 쌀과 콩을 하사하도록 명하고, 교서를 내려 표창하기를,

"그대가 문장으로 입신하여 경연에 참석해 가까이에서 보필하였기에 내가 인재로 여긴 지 오래이다. 그런데 부모가 연로하다는 이유로 사직하고 곁에서 봉양하기를 원하여 가까운 고을의 수령에 제수하였으니, 이는 부득이한 형편에서 나온 것이다. 그래서 나는 그대가 시종신이었던 까닭에 감사에게 하유하여 그대의 부모에게 곡식을 보내게 해서 고을 사람들이 그대가 옛것을 공부한 역량으로 인해 그 영광이 부모에까지 미치게 된 사실을 알게 하니, 그대는 잘 알도록 하라."

하니, 공이 전문(箋文)을 올려 감사의 뜻을 아뢰었다.

문헌공(文獻公) 일두(一蠹) 정여창(鄭汝昌)이 당시에 본군(本郡)에 살고 있었는데, 공과는 동문수학했던 사이이다. 늘 공무의 여가에는 함께 경전을 강론하였으며, 그가 부모의 상을 당했을 때 그를 위하여 상을 치러주었고, 또 장례 물품을 마련해 주었다. 함양 군수의 임기가 끝날 무렵 부친상을 당하자, 임금이 특별히 명을 내려 쌀과 콩을 하사하였으니, 지방관에게 부의(賻儀)를 주는 것은 공에게서 시작되었다.

공은 《가례(家禮)》대로 상을 치르고, 상복을 벗고 나서는 의정부 검상에 임명되었다가 사헌부 장령으로 자리를 옮겼으며, 자급을 뛰어

넘어 동부승지로 발탁되었다. 겨울에 대부인을 모시고 비로소 서울의 동쪽 낙봉(駱峰 낙산(駱山)) 아래로 돌아와서는 돌을 모아 계단을 만들고 화초를 심어 그윽한 흥취를 보탰는데, 당시 사람들이 그가 사는 곳을 가리켜 매계(梅溪)라고 하였다.

임자년(1492, 성종23)에 도승지로 자리를 옮겼으며, 가을에 점필재의 상을 당해 곡을 하였다. 계축년(1493, 성종24)에 호조 참판으로 승진하고, 가을에 연로한 모친을 이유로 상소를 올려 돌아가기를 청하고 축수연을 베푸니, 당시 사람들이 영예로운 일이라 여겼다. 갑인년(1494, 성종25)에 충청도 관찰사로 나갔을 적에는 목소리와 얼굴빛을 엄하게 하지 않아도 교화가 온 도에 두루 미쳤다. 이해 겨울에 성종이 승하하자, 공이 애통한 마음에 살려는 마음이 없었다. 시를 지어 애통하고 사모하는 마음을 담자, 사림이 전하여 암송하였다. 을묘년(1495, 연산군1)에 한성부 우윤을 거쳐 대사성에 임명되었다. 가을에 다시 전라도관찰사로 나갔다가 얼마 후에 모친상을 당하여 3년 동안 시묘살이를 하였다.

무오년(1498, 연산군4)에 동지중추부사 겸 부총관에 임명되어 성절사(聖節使)로 연경에 조회를 갔는데, 당시는 혼조(昏朝 연산군)의 시기라 큰 사화(史禍)가 일어났다.[8] 과거에 점필재가 〈조의제문(弔義帝文)〉을 지었는데, 공이 점필재의 문집을 편찬하면서 이 글을 문집에

8 당시는……일어났다 : 무오사화를 말한다. 1498년(연산군4) 김일손(金馹孫) 등 신진사류들이 유자광(柳子光)을 중심으로 한 훈구파(勳舊派)에 의하여 화를 입은 사건을 말한다. 이 사화는 김종직의 제자인 김일손이 《성종실록(成宗實錄)》을 편찬하면서 자신이 기초한 사초(史草) 속에 김종직의 〈조의제문(弔義帝文)〉을 삽입한 것이 발단이 되어 일어난 사화이므로 다른 사화와는 달리 이처럼 '사화(史禍)'라고 일컫기도 한다.

넣었다. 탁영(濯纓) 김일손(金馹孫) 공이 실록을 편수하면서 또 이 글을 기록하였는데, 적신(賊臣) 유자광(柳子光) 등이 대역(大逆)이라고 무함하여 점필재는 부관참시를 당하고 탁영은 극형을 당하였으며, 한 시대의 명류(名流)들이 재앙에 걸려 거의 남아나지 않았다. 공 역시 그 사건에 연루되었는데, 연산군이 명을 내려 돌아오기를 기다렸다가 압록강가에 이르면 죽이라고 하였다. 공이 요동(遼東)에 이르러서야 이 소식을 들었는데, 일행은 모두 놀라 어찌할 줄을 몰랐으나 공은 유독 아무 말도 듣지 못한 사람처럼 안색에 변화가 없었다.

압록강에 이르자, 곧장 서울의 감옥으로 붙잡아 오라는 명이 내렸는데, 마침내 의주(義州)에서 유배 생활을 하게 되었다. 공은 유배지에 있을 때 규정(葵亭)을 짓고 기문(記文)을 지어 임금을 그리워하는 마음을 담았다. 1년 동안 그 곳에 있다가 순천(順天)으로 유배지를 옮겼는데, 문경공(文敬公) 한훤당(寒暄堂) 김굉필(金宏弼) 공 역시 희천(熙川)에서 이배(移配)되어 왔다. 공과는 동문수학한 사이라 서로 강학을 하였고, 고을 관아 서쪽 경치 좋은 곳에 돌을 쌓아 대를 만들어 임청대(臨淸臺)라 이름하고 그곳에서 소요하며 예측하기 어려운 재앙이 닥치는 줄도 몰랐다. 마침내 계해년(1503, 연산군9) 11월 26일에 유배지에서 세상을 떠나니, 향년 50세였다.

한훤당이 그의 상을 치러주었고, 서제(庶弟) 조신(曺伸)이 운구를 하여 돌아왔다. 이듬해 3월에 황간(黃澗) 마암산(馬巖山) 아래 선영에다 장례를 치렀는데, 이해 가을에 다시 사화가 일어나[9] 또 구천에서

9 이해……일어나 : 갑자사화를 말한다. 1504년(연산군10) 연산군의 생모 윤씨의 폐위 사건과 사사 사건을 임사홍(任士洪)의 밀고로 연산군이 알게 되면서 촉발되었으나,

화를 당해 시체를 삼일 동안 꺼내놓았다. 예전에 요동 사람이 공의 길흉을 점치면서,

천 길 물결 속에서 몸이 빠져 나올 테지만　　千層浪裡翻身出
응당 바위 아래에서 사흘 밤을 유숙하리라　　也須巖下宿三宵

라는 시구를 지은 적이 있었다. 사람들은 그 의미를 이해하지 못했는데, 이때에 이르러 비로소 징험되었다. 중종반정이 일어나자 제일 먼저 신원하여 공을 특별히 이조 참판으로 추증하고, 그 자손들을 녹용하는 명을 내렸다. 숙종 때에는 이조 판서로 추가로 추증하고 시호를 문장(文莊)이라 하였다.

공은 평산 신씨(平山申氏)와 혼인하였는데 장절공(壯節公) 숭겸(崇謙)의 후손이자 현감 윤범(允範)의 따님이다. 자식을 낳았으나 죽어서 종제(從弟) 군수 조척(曺倜)의 차남 사우(士虞)를 후사로 들였으니, 유명(遺命)을 따른 것이다. 사우는 집안의 환란을 애통해 하여 두 차례 별제(別提)에 임명되었으나 나아가지 않았다. 세 아들을 낳았는데, 윤희(胤禧)는 시정(寺正)이고, 윤신(胤申)은 군수이며, 윤지(胤祉)는 현령이다. 후손은 많아서 다 기록하지 않는다.

공은 사람됨이 영특하고 기국(器局)이 넓어, 평소에 장자(長者)의 풍모가 있다고 일컬어졌다. 일찍 큰 인물을 만나 귀의하였으며, 함께 종유하던 사람들은 모두 한 시대의 큰 유학자와 뛰어난 선비들이었다.

조정 신하들 간의 암투로 격화되어 많은 인물들이 희생되었다. 이후 연산군의 폭정이 극에 달하였다.

타고난 자질이 뛰어난 데다 학문의 힘으로 배양하여 비록 다급하고 경황이 없는 순간에도 편안히 대처하여 말을 빨리하거나 안색이 갑자기 바뀌는 일이 없었다. 허백(虛白) 홍귀달(洪貴達) 공이 일찍이 말하기를,

"공은 삼대(三代)와 양한(兩漢)의 문장이 아니면 공부하지 않았고, 재상의 도리는 고요(皐陶), 기(夔), 익직(益稷), 설(契)을 기준으로 삼았으며, 나머지 사람들은 염두에 두지 않았다. 그가 학문을 할 때에는 도달하지 못하면 그만두지 않았고, 단지 죽고 난 뒤에 그만둘 뿐이었다."

하였으니, 공의 대략을 알았다고 할 만하다.

아, 공이 천 명 가운데 한 번 태어날 만한 성군을 만나서 임금의 계획을 빛내고 성대한 시대를 노래한 일은 진실로 고금에 견줄 만한 이가 드물다. 그러나 평탄하고 험난한 운수는 일정하지 않아 사림이 양구(陽九)[10]를 만나서 결국 한훤당, 일두와 같은 여러 현인들과 함께 전해지게 되었으니, 비록 혹여 생전에 화를 면했다고 할지라도 결국 죽은 뒤에는 화를 면하지 못했다. 공이 지은 규정(葵亭)이나 임청대(臨淸臺)에 관한 기문을 보면 나라에 충성하고 임금을 사랑하는 마음이 간절하여 〈이소(離騷)〉의 남은 뜻을 깊이 얻었으니,[11] 천년 뒤에도 오히려 사람들로 하여금 탄식하고 무릎을 치기를 그만두지 못하게 할 것이다. 시문은 재앙을 겪은 뒤에 흩어졌는데, 문집 약간 권이 지금에

10 양구(陽九) : 44쪽 주102 참조.

11 이소(離騷)의……얻었으니 : 조위가 유배를 당해서도 임금을 그리워하는 마음을 잊지 않았다는 뜻이다. 〈이소〉는 전국 시대 초(楚)나라의 굴원(屈原)이 지은 작품으로, 조정에서 쫓겨난 후의 시름과 연군(戀君)의 정을 노래하였다.

야 비로소 세상에 간행되었다. 그의 후손 세호(世虎)가 신도비를 세우고자하여 조카 부(溥)를 시켜 신도비명을 부탁하니, 사양하지 못하였다. 명(銘)은 다음과 같다.

점필재의 도에서	佔畢之道
공이 그 문장을 얻었네	公得其文
그 문장은 어떤 것인가	其文維何
경술에 근원을 두었네	經術根源
〈귤송(橘頌)〉으로 인정을 받아[12]	橘頌見許
문단에서 명망이 높았네	望隆詞垣
선릉(성종(成宗))의 시대에는	在宣陵世
문치가 성대하였으니	文治郁郁
옥당과 금마[13]에는	玉堂金馬
재주있는 선비 넘쳤네	材彥雲蔚
공은 그 사이에서	公處其間
은혜와 예우 최고였지	恩顧最渥
잠시 수령으로 나가기를 허락하고	暫許懷章
빈번히 하사품 내렸네	錫賚便蕃

12 귤송(橘頌)으로 인정을 받아 : 굴원의 〈귤송〉에 "나이 비록 어리지만 스승으로 삼을 만하다[年歲雖少可師長兮]"라는 구절이 있는데, 여기에서는 김종직이 조위가 나이는 어리지만 재주가 매우 뛰어나다고 칭찬했던 일을 가리킨다. 《楚辭 卷4》

13 옥당(玉堂)과 금마(金馬) : 옥당서(玉堂署)와 금마문(金馬門)으로 한(漢)나라 때에 학사들을 초대하였던 곳이었는데, 뒤에는 한림원(翰林苑)이나 한림학사(翰林學士)를 지칭하였다.

옛날을 상고하는 힘으로	稽古之力
임금의 칭찬받았네	上有褒言
천운은 반복되어	天運往復
평탄한 길 있으면 가파른 길도 있는 법	有平則陂
사행길에서 돌아오자마자	星軺纔稅
편여를 타고	篯輿載馳
남북의 산천으로	南北山川
쫓겨나 떠돌았네	放逐流離
무양(巫陽)이 내려오지 않고[14]	巫陽不降
유배지에서 혼을 불렀네	鵩舍魂招
남은 재앙 다하지 않아	餘禍未殄
바위 아래에서 사흘 보냈네	巖下三宵
예로부터 문장은	從古文章
영달하면 미워하는 법	命達是憎
당적(黨籍)의 영화가	黨籍光華
붕우에게도 미쳤으니[15]	爰及友朋
한훤당 일두와는	寒暄一蠹
죽어서 함께 전해졌네	死而同傳

14 무양(巫陽)이 내려오지 않고 : 무양은 죽은 이의 넋을 불러온다는 전설상의 여자 무당으로 상제(上帝)가 인간 세상에 내려 보냈다고 하는데, 《초사(楚辭)》〈초혼(招魂)〉에 나온다. 곧 넋을 불러올 수 있는 신통한 무당도 하늘로 올라가 내려오지 않는다는 뜻이다.

15 당적(黨籍)의……미쳤으니 : 조위를 비롯하여 크게 사화(士禍)를 입은 그의 벗들이 《무오당적(戊午黨籍)》에 실린 일을 말한다.

영락한 처지에서 지은 글에도	零落文藻
충성과 애국을 잊지 않았으니	忠愛惓惓
수조(水調)[16]의 남은 뜻	水調餘意
천년 후에 볼 수 있도다	千載可見
마암(馬巖)의 무덤에	馬巖之阡
화벽(化碧)[17]이 묻혀 있으니	化碧攸藏
내가 명시(銘詩)를 지어	我作銘詩
무궁한 후대에 보이노라	用示無疆

16 수조(水調) : 송(宋)나라 신종(神宗) 때 소식(蘇軾)이 귀양지에서 지은 〈수조사(水調詞)〉에 "내가 바람을 타고 돌아가고 싶지만 또한 임금 계신 궁궐 높은 곳이 추위를 이기지 못할까 염려되네.〔我欲乘風歸去, 又恐瓊樓玉宇, 高處不勝寒〕."라고 하였는데, 이 노래가 전파되자 신종이 듣고는 "소식이 끝까지 임금을 사랑하는구나." 하면서 죄를 감하여 귀양지를 옮겨주었다. 《古今事文類聚 前集 卷11 坡詞愛君》

17 화벽(化碧) : 주(周)나라 경왕(敬王) 때의 대부(大夫)인 장홍(萇弘)이 왕에게 간하다가 죽음을 당했는데, 그의 피가 벽색(碧色)으로 변했다는 고사에서 비롯되어 신하가 충성을 다하다가 살신(殺身)하는 경우를 말한다.

판중추부사 신공 신도비[18]

判中樞申公神道碑

신하의 노고는 국가가 위급한 상황에 처했을 때 가장 큰 법이다. 길에서 고삐를 잡는 것은 당연한 본분인데, 천자의 사신을 맞이하는 경우에는 식견이 두루 통하고 성의가 간절한 자가 아니면 그 일을 해낼 수가 없으니, 이것이 판서 신공이 임진왜란에 호성공신에 봉해진 까닭이다.

공은 본관이 평산(平山)으로, 휘는 점(點)이고 자는 성여(聖與)이니, 장절공(壯節公) 숭겸(崇謙)의 후손이다. 조부 휘 원(援)은 사직서 영으로, 아들 일곱 명을 두었다. 장남 준미(遵美)는 현량과(賢良科)에 합격하여 한림(翰林)을 지냈고, 차남 정미(廷美)는 사마(司馬) 양시(兩試)에 합격하여 명성이 기묘년(1519, 중종14)에 드러났는데, 일찍 세상을 떠났고, 이조 판서에 추증되었다. 여섯째 순미(順美)는 성균관 진사로 의정부 영의정에 추증되었다. 공은 판서공(判書公 신정미)의 둘째 아들인데, 의정공(議政公 신순미)의 양자로 들어갔다.

공은 가정(嘉靖) 경신년(1530, 중종25)에 태어났다. 어려서부터 뛰어나 보통 아이와 달랐으며, 장성해서는 학문에 힘써 갑자년(1564,

18 판중추부사 신공 신도비 : 이 글은 신점(申點, 1530～1601)의 신도비이다. 신점의 본관은 평산(平山), 자는 성여(聖汝)이다. 1564년(명종19) 문과에 급제한 뒤 정언을 비롯해 부교리, 부응교 등을 지냈다. 임진왜란 당시 사은사(謝恩使)로 명나라에 파견되었다가 일본의 침입 사실을 듣고 명의 요동병(遼東兵) 3천 명을 동원하는 데 역할을 하였다.

명종19) 생원시에 합격하고, 이어 명경과(明經科)에 갑과(甲科)로 합격하여 전례대로 7품의 관직을 제수 받았다. 차례대로 승진하여 예조좌랑을 지내고, 대성(臺省)을 거쳐 옥당(玉堂)에 선발되어 들어갔다.

우리나라의 상례(喪禮)는 한결같이 경문(經文)을 따르지만, 대상(大祥)을 치른 뒤에 갓의 제도만은 어떤 이는 참색(黲色)을 쓰고 어떤 이는 흑색을 써서 정해진 법식이 없었다. 공이 길흉의 변화를 절충하고 인정(人情)과 예문(禮文)의 마땅함을 참작하여 백포립(白布笠)으로 통용하는 법규를 만들자고 청하니, 임금이 허락하여 마침내 국법으로 정해졌다.

무신(武臣) 하정(河艇)이 기묘년(1519, 중종14)에 김해 부사(金海府使)로 있을 적에 김식(金湜) 공을 숨겨준 일에 연좌되어 죽었는데, 이때에 이르러 기묘년에 억울하게 죽은 사람들에 대한 신원이 이루어졌으나 하정(河艇)은 그 속에 들어가지 못했다. 공이 임금의 앞에서 그의 원통함을 진술하여 복관(復官)되자, 사론(士論)이 훌륭하게 여겼다. 또 강관(講官)을 맡아 경연에서 〈육신전(六臣傳)〉[19]의 간행을 주청하자, 임금이 엄한 교지를 내려 남효온(南孝溫)에게 뒤늦게나마 벌을 내리라 하였는데, 정승 노수신(盧守愼)이 구명해 주어서 결국 중지되었다. 그 후에 외직으로 나가 남양(南陽)에 보임되었고, 또 진주 목사(晉州牧使)와 동래 부사(東萊府使)를 맡아 모두 명성과 치적이 있었

19 육신전(六臣傳) : 남효온(南孝溫, 1454~1492)이 지은 〈육신전〉을 말한다. 박팽년(朴彭年), 성삼문(成三問), 이개(李塏), 하위지(河緯地), 유성원(柳誠源), 유응부(兪應孚) 순으로 한 사람씩 전을 기록한 뒤에 마지막에 찬(贊)을 붙였다. 각 인물의 성격이 잘 표현되어 있으며, 특징적인 면모를 보여줄 수 있는 일화를 곁들이고 있다.

다. 얼마 후에 통정대부에 올라 길주 목사(吉州牧使)에 발탁되었으며, 또 강릉 부사(江陵府使)를 역임하였다. 당론이 한창 횡행하여 조정이 안정되지 못하였는데, 공은 진퇴에 편안하여 조정에 있는 것을 즐거워하지 않았기에 십수 년 동안 늘 고을 수령으로 있는 경우가 많았다.

신묘년(1591, 선조24)에 승진하여 강원도 관찰사로 나갔다가 얼마 후에 조정으로 돌아왔다. 이듬해에 왜국의 우두머리 풍신수길(豐臣秀吉)이 외교문서를 보내 반드시 명나라를 침범할 것이라는 말을 하자, 임금이 너무나 놀라 즉시 사신을 파견하여 이 사실을 명나라에 아뢰게 하였는데, 명나라에서 가상히 여겨 칭찬하는 칙서를 내렸다. 임금이 또 공을 임시로 참판에 임명하여 연경에 가서 사례하게 하니, 왜적의 정황을 자세히 아뢰었다.

연경의 관사에서 지내는 몇 개월 동안 공은 멀리에서 나랏일을 염려하여 《초씨역림(焦氏易林)》[20]으로 점을 쳤다가 송괘(訟卦)의 점사(占辭)를 얻었는데, "송장이 삼대처럼 늘어질 것이고, 피가 흘러 넘쳐 방패가 떠 다닐 것이다."라고 하였다. 얼마 후 본국에서 왜국의 침입을 받았다는 보고가 도착하자, 일행이 신묘하다고 칭찬하였다. 공은 밤낮을 가리지 않고 병부와 예부의 아문에다 구원병을 보내달라고 호소하였는데, 목 놓아 눈물을 흘리다 목이 메이고 관복이 다 젖자, 명나라 사람들이 의롭게 여겨 신포서(申包胥)가 진(秦)의 조정에서 통곡했던 일[21]에

20 초씨역림(焦氏易林) : 한(漢)나라 초연수(焦延壽)가 《주역》을 바탕으로 쓴 역서(易書)이다. 64괘를 겹쳐 4096개의 변괘(變卦)를 만들어 풀이한다. 《초공역림(焦貢易林)》이라고도 하고 《초공역림(焦贛易林)》이라고도 한다.

21 신포서(申包胥)가……일 : 춘추 시대 때 오(吳)나라가 초(楚)나라를 침공하자 초나라 신하 신포서(申包胥)가 명을 받들고 진(秦)나라에 가서 구원병을 청하였는데,

비유하였다고 한다.

당시에 요좌(遼左 요동(遼東))의 와언(訛言)은 헤아릴 수가 없었는데, 심지어 우리나라가 왜적을 끌어들여 중국을 침입하려고 한다는 말까지 있었다. 이 때문에 명나라 조정의 논의가 일치되지 않았는데, 오직 병부 상서 석성(石星)만이 구원병을 보내야 한다고 힘껏 주장하였으니, 이는 공의 성의에 감동했기 때문인데 공에 대한 예우 역시 지극하였다. 공은 밤에도 말을 달려 돌아와 7월에 의주(義州)의 행재소에 도착했다. 임금이 맞이하여 위로하고 즉시 동부승지로 임명하였다가 우부승지로 바꾸었다. 유격 심유경(沈惟敬)이 빈접사(賓接使)를 보고는 공이 어디에 있는지를 묻고, 또 말하기를

"내가 올 적에 석 상서(石尙書)가 '조선의 신 참판이 충성과 의리로 남을 감동시켰으니, 그대는 가서 늘 반드시 그와 상의하라.' 하였소."

하였다. 유격이 돌아갈 적에 대신 이하가 글을 올려 구원병을 요청하였는데, 심 유격이 공에게 별도로 석 상서에게 보낼 글을 요구하니, 임금이 체문(帖文)을 갖추어서 뒤따라 보냈다. 심 유격이 돌아가 보고하자, 조선으로 구원병을 보내는 일이 더욱 굳게 결정되었다. 임금이 하교하여 신 아무개가 연경에 갔을 때 지성으로 구원병을 요청하였고, 무기 역시 많이 사왔으니, 특별히 가자하라고 하였다. 가선대부의 품계에 올라 좌부승지로 옮겼다가 곧 병으로 체직되어 호군이 되었으며, 비국의 당상으로 차임되었다가 병조 참의에 임명되었다.

주사 애유신(艾維新)이 감운어사(監運御史)가 되어 황제가 내린 군

진백(秦伯)이 곧바로 허락하지 않자 궁전의 뜰에 서서 7일 밤낮을 통곡한 끝에 마침내 구원병을 얻어낸 고사를 말한다. 《春秋左氏傳 定公4年》

마와 꿀 및 양식을 가지고 왔는데, 평안도가 한창 피폐하여 접대하는 모든 일이 대부분 기일에 맞추지 못하였다. 애 주사가 노여워하여 검사(檢使) 김응남(金應南) 이하를 곤장 쳤고, 성화와 같이 운반을 독촉하였는데, 공이 힘을 다해 주선하여 결국 아무 일이 없었다. 애 주사가 행재소에 도착하여 임금에게 말하기를,

"신 아무개가 늙고 병든 처지에도 삼가고 조심하니, 왕은 마땅히 예우를 해야 할 것입니다."

하니, 명을 내려 가의대부로 가자하고 형조 참의에 임명하였다. 선릉(宣陵)과 정릉(靖陵) 두 능을 개수하는 도감의 제조로 차임하였는데, 공역을 마치고 공조 참판에 임명되었다. 임금이 구원병을 청한 공로를 논의하여 정곤수(鄭崐壽)를 제1등으로 삼아 정일품직을 제수하였고, 또 공을 자헌대부로 가자(加資)하였는데, 공이 힘껏 사양하였으나 윤허를 받지 못했다. 얼마 후에 형조 판서에 올렸다.

심 유격이 왜적과 화친을 약속하자 명나라 조정에서 군사의 철수를 논의하였는데, 공이 청하여 사은하는 상주문을 고쳐 짓고, 아울러 적의 실정을 아뢰어 황신(黃愼)으로 하여금 가져가게 했다. 또 송 경력(宋經略 송응창(宋應昌))의 진영으로 나아가 자문(咨文)을 올려 간절히 요청하여 그의 마음을 감동시켰다.

갑오년(1594, 선조27)에 낙 총병(駱摠兵) 연접도감 제조로 차임되었고, 정유년(1597, 선조30)에는 경리(經理) 양호(楊鎬)의 접반사가 되었다. 경리가 직책이 바뀌어 돌아갈 때에 중국에서 또 급사중(給事中) 서관란(徐觀瀾)을 보내왔는데, 공이 공조 참판으로 명을 받아 의주로 가서 그를 맞이하였다.

정응태(丁應泰)가 우리나라가 참람한 예를 썼고, 또 왜적의 요동

침략을 기회로 옛 영토를 회복하려고 도리어 왜군을 받아들인다고 무고하자, 임금이 놀라고 분하여 합문(閤門)을 닫고 정무를 보지 않았다. 공이 즉시 급사중의 관소에 나아가 국가의 원통함을 통렬히 아뢰자, 급사중이 자문을 보내어 임금으로 하여금 정무를 보게 하였다. 얼마 후에 급사중을 따라 영남으로 내려갔는데, 당시에 도내에 네 차례나 천자의 사신이 행차하여 온 지역이 피폐해져 거의 모양새를 갖추지 못했다. 공이 여러 고을을 검칙하여 필요한 물품을 빠짐없이 제공하게 하였다.

급사중이 이미 오래도록 우리나라에 머물렀던 터라 우리나라의 전말을 잘 알아서 여러 차례 글을 올려 우리나라가 다른 마음이 없음을 보장할 수 있다고 아뢰어 특별히 조사를 면하였으니, 대체로 모두 공이 힘써 호소하고 변론한 공로였다. 급사중이 임금을 만나 공의 공로를 극구 칭찬하여 상을 주어야 한다고 하자, 숭정대부로 가자하라고 명하였다. 급사중을 전송하여 의주에 이르자, 또 양 급사(楊給事)를 위문하러 갔다. 공은 이미 칠순이 넘은 몸으로 남북을 다니며 사신을 접대하는 일로 일 년이 넘도록 고생을 하면서도 수고를 꺼리지 않았으니, 사람들이 어려운 일이라고 여겼다. 임금이 그간의 공로를 생각하여 여러 차례 가자하여 보국숭록대부에 이르렀고, 예조 판서와 판중추부사를 역임하고 판의금부사를 겸하였다.

신축년(1601, 선조34) 12월 7일에 세상을 떠나니, 향년 72세였다. 안산(安山) 당정리(當正里) 술향(戌向)의 언덕에 장사지냈는데, 그 후 갑진년(1604, 선조37)에 임금이 중흥한 공신을 대대적으로 봉하여 공에게 효충장의 협력선무공신(效忠仗義協力宣武功臣)의 칭호를 소급하여 내리고, 영의정 평성부원군(平城府院君)으로 추증하고 전래대로 겸대하게 하였다. 숙종조에 이르러 또 충경(忠景)이라는 시호를 내렸다.

아내 정경부인 고령 박씨(高靈朴氏)는 장사랑 자봉(自芃)의 따님으로, 슬하에 2남 2녀를 두었다. 아들 순일(純一)은 통정대부로 부사를 지냈고, 수일(粹一)은 감찰을 지냈으며, 딸은 판관 정흠(鄭欽)과 정랑 이채(李蔡)에게 출가하였다. 내외의 손자와 증손 이하는 다 기록하지 못한다. 부사의 아들 율(㮚)은 문과에 급제하였고, 정흠의 아들 효준(孝俊)은 지돈녕부사를 역임하였고, 아들 다섯을 두었는데 모두 문과에 급제하였다.

공은 타고난 자질이 훌륭하고 정직하였으며, 기운과 모습이 강하고 엄격하여 관직에 있을 때와 집안을 다스릴 때 사람들이 모두 공경하고 두려워하였다. 그러나 부모를 섬기는 일에 있어서는 평온함을 위주로 하는데 힘써서 부모의 마음을 순종하여 따랐다. 상례를 치르고 제사를 받들 때에는 정성과 예의를 극진히 하였으며, 늘 묘소에 가서는 애통해하여 슬픔이 옆에 있는 사람을 감동시켰다. 친족을 대할 적에는 친소의 구분이 없었고, 궁핍한 이를 구휼하여 곡진한 은혜와 의리가 있었으니, 독실한 집안 행실이 이와 같았다. 사론이 분열된 때를 만나서는 홀로 초연히 자립하여 색목의 속으로 들어가지 않았으니, 세상 사람들이 한 시대의 완인(完人)[22]이라 일컬었다. 조정에서는 제 몸을 잊고 나라를 위해 목숨을 바치기로 스스로 기약하였으니, 임진년에 사신의 일을 맡았던 것은 애초에 군사를 요청하기 위한 일이 아니었으나 창졸간에 변란이 일어났다는 소식을 듣고 피눈물을 흘리며 울부짖어 제일 먼저

22 완인(完人) : 사화나 당쟁 같은 혼란 속에서도 지조와 목숨을 모두 온전하게 지킨 사람을 말한다.

석 상서의 칭찬을 얻고 마침내 대규모 구원병을 불러들였다. 이는 진실로 선조 임금이 지성으로 대국을 섬겨서 황제의 마음을 감동시켰기 때문이지만, 만약 국가를 회복한 공적을 논한다면 분주히 다니며 정성을 다하여 상하를 감동시킨 일은 공과 견줄 만한 이가 없으니, 아! 위대하도다.

공의 후손 감(鑑)이 나의 외삼촌 지재(趾齋) 민공(閔公)이 지은 행장을 가지고 와서 나에게 보여주고 신도비명을 청하기에 감히 사양하지 못한다. 명(銘)은 다음과 같다.

과거에 의주에서	往者龍灣
국가가 환란을 겪을 적에	天步艱難
같은 덕을 지닌 신하가[23]	有若同德
충성스런 마음 다하였네	咸竭忠丹
장절공의 후손으로	壯節之後
재주가 있고 기국이 넓었네	才練器寬
홀로 사신으로 나가 시를 읊느라	專對誦詩
국경을 나가 돌아오지 못했네	出疆未還
《초역(焦易)》이 흉한 소식을 알리니	焦易報凶
의사는 마음이 철렁하였네	義士摧肝
칠일 동안 곡을 하느라	七日之哭
젖은 관복 마를 길 없었네	朝衣不乾
여러 아문에 호소하여	歷籲衙門

23 같은……신하가 : 55쪽 주140 참조.

중국 땅에 묻히고자 하였네	欲埋燕山
석씨 어른이 감격하여	石老感激
천자를 알현하게 해주자	天子賜顔
천자의 군대가 구원하러 와서	王師出援
파괴된 나라가 회복되었네	破域復完
아, 황제의 은혜	於戱皇恩
하늘처럼 높고 바다처럼 넓구나	天高海漫
그 공로를 논하자면	若論其功
누가 공에게 견줄 수 있을까	孰與公班
대려(帶礪)의 맹세[24] 예전과 같건만	帶礪如昔
영락한 후손이 한탄스럽네	零替堪嘆
바닷가의 외로운 무덤	海上孤墳
구름과 물이 공허하고 쓸쓸하네	雲水空寒
내가 그 공적을 기록하노니	我銘厥績
후대 사람들이 이를 보리라	億代是觀

24 대려(帶礪)의 맹세 : 22쪽 주38 참조.

여양군 민공 신도비[25]

驪陽君閔公神道碑

국가가 환란을 겪었던 선조(宣祖) 임금 때에 분주히 명령을 선포하며 사방에서 힘을 썼지만, 쓰임에 재주를 다 펼치지 못하고 지위가 덕에 미치지 못한 사람은 오직 여양군(驪陽君) 민공(閔公) 한 분일 것이다. 공의 휘는 인백(仁伯), 자(字)는 백춘(伯春), 본관은 여흥(驪興)으로, 태천(苔泉)은 그의 호이다. 비조(鼻祖)는 고려 때 상의 봉어(尙衣奉御)를 지낸 칭도(稱道)이며, 그 후손들 중에는 높은 벼슬에 오른 이름난 벼슬아치들이 끊임없이 나왔다. 증조 휘 세규(世珪)는 첨정을 지냈고, 조부 휘 종윤(宗胤)은 장원(掌苑)을 역임하였으며, 부친 휘 사권(思權)은 부정을 지냈다. 모친 서하 노씨(西河盧氏)는 노인(盧禋)의 따님이다. 공은 어려서 모부인에게 배웠는데, 총명이 남다르고 문장을 일찍 성취하였으며, 또 우계 선생(牛溪先生 성혼(成渾))에게 《소학》을 배웠다.

계유년(1573, 선조6)에 사마시에 합격하였으며, 이때부터 과장(科場)에 나아가면 그때마다 좋은 성적을 거두었다. 선조 임금이 공의 시권(試券)을 본 적이 있는데, 매우 칭찬하고 낭독하자 듣는 자들이

25 여양군 민공 신도비 : 이 글은 민인백(閔仁伯, 1552~1626)의 신도비이다. 민인백의 본관은 여흥(驪興), 자는 백춘(伯春), 호는 태천(苔泉)이며, 성혼(成渾)의 문인이다. 1584년 별시 문과에 장원하여 성균관 전적, 한성부 좌윤 등을 역임하고, 1598년 여양군(驪陽君)에 봉해졌다.

영예로운 일로 여겼다. 갑신년(1584, 선조17)에 문과에 장원으로 급제하여 성균관 전적에 제수되었으며, 사헌부 감찰로 자리를 옮겼다. 송강(松江) 정철(鄭澈) 공이 공을 위하여 이조의 관리에게 말하기를,

"이 사람은 명가의 자손인데다 문장에 능하니, 마땅히 지제교를 맡겨야 한다."

하였다. 당시에 송강이 한창 권력자에게 미움을 받고 있었는데, 공은 실제 송강을 알지 못했다. 그러나 권력자는 공을 송강의 당여(黨與)로 의심하여 안협 현감(安峽縣監)으로 내보냈다. 어떤 이가 공에게 부임하지 말라고 권하자, 공이 말하기를

"나는 이미 벼슬길에 나와 임금을 섬기는 처지로 마땅히 맡은 바에 따라 직분을 다해야 하니, 어찌 내직이라고 나아가고 외직이라고 피할 수 있겠는가."

하였다. 마침 흉년이 들어 공이 정성을 다하여 구휼하니 백성이 공의 덕택으로 굶어죽지 않았다. 병으로 인해 돌아왔는데, 권력자가 미워하여 임기가 차고 나서도 서용하지 않았고, 서용한 뒤에도 진안 현감(鎭安縣監)에 제수하였다.

당시에 정여립(鄭汝立)이 모반 계획이 탄로나서 실패하자[26] 도주하여 이 고을의 경내로 들어왔는데, 공이 군사를 보내어 정여립의 아들 정옥남(鄭玉男)을 체포하여 바쳐서 통정대부로 품계가 오르고 곧바로

26 정여립(鄭汝立)이……실패하자 : 정여립이 일으킨 모반 사건을 말한다. 동인 출신이었던 정여립은 관직에서 물러나 고향에서 사교 모임인 대동계를 조직했다. 그러나 대동계는 역모의 오해를 뒤집어쓰고, 이를 기회로 많은 동인들이 서인에 의해 축출되었다. 이후로도 동인이 북인과 남인으로 나뉘는 등, 조정 내부의 붕당은 점점 심화되었다.

예조 참의에 제수되었으며, 평난공신(平難功臣)으로 책훈되었다. 상이 특별히 '그대가 아니면 사람들이 모두 잘못되었을 것이다.'[27]라는 글귀로 칭찬하고 별도로 토지와 노비를 하사하였다. 이때 원훈(元勳) 중에 공을 미워하는 자가 대간을 부추겨 공을 훈적(勳籍)에서 삭제하기를 청하자, 상이 조정의 신하들에게 물었는데, 혹자가

"궁지에 몰린 역적을 사로잡은 것이니, 무슨 공로가 있겠습니까?"

하니, 상이 말하기를,

"궁지로 몰아넣은 자가 누구인가?"

라고 하니, 마침내 대간의 논계(論啓)가 중지되었다.

얼마 후에 판결사에 제수되었는데, 뇌물을 써서 청탁하는 일이 없었으며, 판결은 공정하게 처리하였다. 나주 목사(羅州牧使)로 나가서는 드세고 교활한 자를 제거하고 곤궁한 백성을 자식처럼 돌보아 은혜와 위엄이 널리 행해졌다. 체직되어 첨지, 오위장이 되었으며, 또 충주 목사(忠州牧使)에 제수되었는데, 다스림이 나주에 있을 때와 마찬가지였으나 얼마 후에 대간의 탄핵을 받고 돌아왔다.

임진년(1592, 선조25)에 왜적이 대거 쳐들어와 충주(忠州)를 함락하자, 고을 사람들이 공을 그리워하여 말하기를,

"민 사또가 있었다면 어찌 이 왜적들로 하여금 조령(鳥嶺)을 넘게 했겠는가."

27 그대가……것이다 : 두보(杜甫)의 〈북정(北征)〉에 "그대가 아니었다면 사람이 다 잘못되었을 것인데, 지금에 이르러 나라가 오히려 살아나게 되었네.〔微爾人盡非, 于今國猶活.〕" 하였는데, 당(唐)나라의 중흥이 오로지 양귀비(楊貴妃)를 죽인 데에 있다고 보고, 양귀비를 죽인 공을 진현례(陳玄禮)에게 돌린 것이다.

하였다. 또 황주 목사(黃州牧使)로 나갔는데, 명을 받은 그날 단기(單騎)로 임지에 가다가 동파역(東坡驛)에 이르자, 어떤 군졸들이 길에서 통곡하기를,

"저의 본업은 향교의 유생인데, 노소(老少)를 구분하지 않고 관청에서 강제로 종군시켰습니다."

라고 하니, 공이 말하기를,

"나는 새로 부임하게 된 목사이니, 그대들은 모두 본토로 돌아가라."

라고 하니, 돌아가게 된 자들이 모두 기뻐하였다. 부임한 지 5일째 되는 날 임금이 서쪽으로 거둥하는 길에 황주에 들어갔는데, 임금에게 바치는 물품이 떨어진 지 오랜 시일이 지난 터라 공이 힘을 다해 물품과 음식을 제공하자, 상이 극구 칭찬하였고 내전(內殿)에서 또 하교하기를,

"오늘 신료들이 모두 배부르게 먹었다 하니, 기쁜 일이다."

하니, 공이 목을 놓아 통곡하였다. 얼마 되지 않아 임진(臨津)을 지키지 못하였으므로 공이 홀로 빈 성을 지키다가 어쩔 수가 없어 짚신을 신고 뒤따라 행재소로 갔다.

처음에 임금이 서쪽으로 갈 때에 부정공(副正公 민사권(閔思權))이 어가 앞에 엎드려 말하기를,

"종묘사직이 여기에 있으니 목숨 바쳐 지키고 떠나서는 안 됩니다."

라고 하였는데, 상이 그 말을 듣지 않자 이윽고 말고삐를 잡고 호종하다가 이때에 이르러 용강(龍崗)의 여관에서 세상을 떠났다. 공이 비록 난리 중에 있었으나 예제(禮制)에는 빠뜨린 것이 없었으며, 상기(喪期)를 마치고 나서는 연경(燕京)에 가서 성절(聖節)을 하례하고, 돌아와서 청주 목사(淸州牧使)에 제수되었다. 여러 차례 명나라 장수의

접반사(接伴使)가 되고 또 문안관(問安官)이 되어 관서에서 영남까지 십여 차례나 오갔으니, 이는 공이 외교문서에 능하였기 때문이다.

무술년(1598, 선조31)에 가선대부에 오르고 여양군(驪陽君)에 봉해졌다. 갑진년(1604, 선조37)에 주청 부사(奏請副使)로 또 연경에 조회하러 갔고, 돌아와서는 잇달아 안변(安邊), 삼척(三陟), 홍주(洪州) 세 고을의 수령을 역임하였다. 계축년(1613, 광해군5)에 가의대부로 품계가 올라 한성부 좌윤과 우윤을 역임하였다. 신유년(1621, 광해군13)에 자헌대부에 올라 지중추부사에 제수되고 기로소에 들어갔다. 천계(天啓) 병인년(1626, 인조4) 3월 10일에 세상을 떠났으니, 향년 75세였다. 좌찬성에 추증되었고, 통진(通津)의 위곡(位谷) 해좌(亥坐) 언덕에 장사지냈다.

부인 온양 정씨(溫陽鄭氏)는 감찰 희린(姬隣)의 따님으로, 갑자년(1624, 인조 2)에 73세의 나이로 세상을 떠났는데, 공의 묘소에 부장(祔葬)하였다. 아들 성(垶)과 청(埥)은 모두 사직(司直)을 지냈고, 딸은 각각 사인(士人) 곽천주(郭天柱), 승지에 증직된 조인현(趙仁賢), 첨지 정종해(鄭宗海), 급제 유충립(柳忠立)에게 출가하였다. 측실 소생으로는 아들 평(坪)과 영(坽)과 소동(蘇仝)에게 출가한 딸이 있다. 장남의 아들은 지박(之釙), 지옥(之鈺), 지흑(之釛), 지익(之釴)이며, 딸은 최여준(崔汝峻)에게 출가하였다. 차남은 딸 하나를 두었으니 생원 황도일(黃道一)에게 출가하였다. 사위 조인현의 네 아들은 확(確), 석(碩), 욱(礇), 숙(礵)이다. 사위 정종해의 네 딸은 참봉 노상환(盧尙奐), 참봉 오달시(吳達始), 이기후(李基厚), 이후재(李厚栽)에게 출가하였다. 성(垶)은 병자호란 때에 아들 지박, 지흑, 지익과 세 명의 며느리 이씨(李氏), 김씨(金氏), 유씨(柳氏) 및 네 딸과 자신의 첩 우씨(禹

氏) 및 소동의 아내와 함께 모두 13인이 동시에 순절하였으니, 여기에서 공의 올바른 가법(家法)을 알 수 있다.

공은 젊은 나이에 장원급제하여 영예로운 승진이 일찍부터 예정되어 있었으나 마치 겁쟁이처럼 명예와 이익을 피하였다. 우계 선생이 일찍이 말하기를,

"민 아무개가 비록 내게 오래 배우지는 않았으나 필시 시종일관 저버리지는 않을 것이다."

하였고, 공도 일찍이 말하기를,

"내가 학문으로 인정받지는 못했지만, 평생 동안 감히 진취하려는 마음을 먹지 않은 것은 선생의 가르침을 저버릴까 염려하였기 때문이다."

하였다. 무신년(1608, 광해군즉위년)에 권력자가 대사헌 자리로 공을 유인하려 하였으나, 공이 웃으며 말하기를,

"나는 실로 60년 동안 처자(處子)처럼 지냈는데, 어찌 이익을 보고 의리를 잊을 수 있겠는가?"

하였다. 백사(白沙) 이 상국(李相國 이항복(李恒福))이 북쪽으로 귀양을 갈 때에 공이 시를 지어 전송하니, 이공이 감탄하여 말하기를,

"이번에 가는 길이 외롭지 않구나."

하였다.

공은 임자년(1612, 광해군4) 선조의 탄신일에 시를 짓고 또 서문을 지어 은혜를 생각하고 덕에 감동하는 뜻을 서술하였으나, 당시 세도가 이미 무너진 뒤라 읽는 자들이 감동하여 눈물을 흘렸다. 공은 여러 번 큰 고을을 맡았고, 훈맹(勳盟)에 참여하였으나 집에는 저축된 약간의 곡식도 없었으니, 공은 배운 바를 저버리지 않았다고 하겠다. 후손

이 와서 명(銘)을 구하니, 명은 다음과 같다.

공이 처음 수업을 받은 것은	公始受業
우계선생의 문하였네	牛溪之門
수업 받은 내용은 무엇인가	所受維何
《소학》의 말이라네	小學之言
젊은 나이에 급제하였으나	少年榮進
의식주에 뜻을 두지 않았네	不志飽溫
혼란한 시절을 만나	時丁板蕩
충성과 노력 더욱 드러났네	彌著忠勤
이미 문서에 능숙한데다	旣善辭令
번다한 업무까지 잘 처리했네	又能剸繁
몸이 수고로워도 의리에 편안했고	身勞義安
마음은 물러나려 했으나 벼슬은 높아졌네	心退班尊
선왕의 무덤에 한 줌 자란 나무	金堆木拱
세상사는 구름 뒤집히듯 빠르네	世事雲飜
한번 부르면 세 번 감탄하니[28]	一唱三歎
늙도록 임금의 은혜를 생각했네	白首懷恩
효성과 절개 우뚝한	卓爾孝烈
훌륭한 아들과 손자 있었네	有子有孫

28 한번……감탄하니 : 《예기》 〈악기(樂記)〉에 나오는 말로, 한 사람이 노래를 선창하면 세 사람이 화답한다는 뜻이다. 사람들이 감탄을 금치 못할 만큼 시문(詩文)이 매우 뛰어날 때 주로 쓰는 표현이다.

이 지극한 행실에서	維玆至行
연원을 징험할 수 있다네	可驗淵源
힘쓸지어다, 후손들이여	勉哉後人
그 향기 더욱 전파하기를	益播其芬

대사헌 아호 신공 신도비[29]

大司憲丫湖辛公神道碑

임진년(1592, 선조25) 중흥(中興)의 업적에 대해 논평하는 자들이 대부분 체부(體府)의 공로로 돌리고 있는데, 당시에 정승 유성룡(柳成龍)이 체찰사가 되어 훌륭한 종사관을 얻었으니, 바로 신경진(辛慶晉)공이다. 그가 협력하여 도운 공로가 많았는데, 큰 것만 말하자면 다음과 같다. 제독 이여송(李如松)이 여현(礪峴)에서 패배하고는 왜적이 곧바로 양맹(陽孟)의 길을 통해 평양(平壤)을 습격하려고 하니, 여러 군대를 재촉하여 돌아가 구원해야 한다고 핑계를 대었다. 공이 달려가 이 제독을 만나보고 다섯 가지 불가한 점을 극력 개진하였다.

첫째는 선왕의 묘소가 적의 소굴에 들어가 있으므로 귀신과 사람이 간절히 바라고 있다는 점이다.

둘째는 경기 이남의 백성들이 날마다 명나라 군대가 오기를 바라고 있는데, 명나라 군대가 한 번 물러가면 다시 확고한 뜻을 가지지 못하여 반드시 서로 이끌고 적에게 투항할 것이라는 점이다.

셋째는 우리나라 강토를 한 치도 버릴 수 없다는 점이다.

넷째는 우리나라의 병력이 비록 미약하지만 명나라 군대에 의지하

29 대사헌……신도비 : 이 글은 신경진(辛慶晉, 1575～1643)의 신도비이다. 본관은 영월(寧越), 자는 군수(君受)이다. 1584년(선조17) 별시 문과에 병과로 급제하여 병조 좌랑, 예조 참판, 대사헌 등을 역임하였다. 문무재(文武才)를 겸비하여 명성이 높았고, 청백리에 선정되었다.

면 같이 진취를 도모할 수 있는데, 명나라 군대가 돌아가 버리고 나면 다시 어찌 해볼 수 없다는 점이다.

다섯째는 명나라 군대가 퇴각한 뒤에 그 틈을 타서 왜적이 공격한다면 임진강 이북은 우리의 소유가 아니라는 점이다.

공이 눈물을 흘리며 극력 간언하니, 이 제독이 부끄러운 낯빛으로 대답하지 못했으나 결국 평양으로 퇴각하고 말았다. 이윽고 이 제독이 다시 진군하였는데, 이는 우리 군대가 행주(幸州)에서 승리하였다는 소식을 들었고, 또한 공의 지성과 대의가 그의 마음을 감동시켰기 때문이다.

임진강에 이르자 얼음이 녹아버리고 배도 없어 건널 수가 없었는데, 공이 지혜를 발휘하여 칡넝쿨로 다리를 만들자, 전 병력이 그에 의지해 잘 건넜다. 훗날 호성공신과 선무공신을 책훈할 때 공의 이름이 호성원종(扈聖原從)에 들어가 있었는데, 공론이 모두 원통하게 여겼으나 공은 스스로 말한 적이 없었다. 《주역》의 〈계사전(繫辭傳)〉에 '공로가 있으면서도 자랑하지 않으며, 공이 있어도 덕으로 여기지 않는다.' 하였으니 공을 두고 이른 말인 듯하다.

공의 자는 용석(用錫), 호는 아호(丫湖)로, 영월(寧越) 사람이다. 증조 휘 윤형(尹衡)은 찰방을 지냈고, 조부 보상(輔商)은 부사이다. 부친 응시(應時)는 부제학으로 호가 백록(白麓)이며, 명종과 선조 시기의 명신(名臣)이다. 모친 영광 정씨(靈光丁氏)는 별좌 정기(丁琦)의 따님이다. 공은 태어나면서부터 남달리 총명하였다. 겨우 11세에 백록공을 따라 호당(湖堂)에 갔을 적에 여러 공들이 벽에 걸린 〈여선취적도(呂仙吹笛圖)〉를 가리키며 시를 읊어보라고 하였다. 공이 그 말이 떨어지자마자 시를 지었는데, 말뜻이 출중하여 자리에 있던 모든 사람들이

경탄하였다.

장성해서는 이 율곡(李栗谷) 선생의 문하에서 배웠다. 만력(萬曆) 계유년(1573, 선조6)에 진사시에 합격하고 갑신년(1584, 선조17)에 문과에 급제하여 승문원을 거쳐 사국(史局)으로 들어갔다. 기축년(1589, 선조22)에 정여립(鄭汝立)의 옥사 때 송강(松江) 정철(鄭澈) 공이 우의정에 임명되어 조정에 나갔는데, 공이 연평(延平) 이귀(李貴) 공과 같이 찾아가서는 공평하게 진정시켜 사림의 기대를 잃지 말라고 권면하니, 송강이 깊이 받아들였다.

신묘년(1591, 선조24)에 조정에서 한응인(韓應寅) 공을 명나라에 파견하여 왜적의 정세를 아뢸 적에 공이 병조 좌랑으로 서장관에 충원되었다. 명나라 황제가 사신을 불러 전각의 계단에 세워놓고 자상하게 권면하고 아주 후한 상을 내렸다. 이듬해에 의주(義州)로 돌아오니, 왜란이 이미 일어난 뒤였으므로 신속히 송도(松都)의 행재소로 달려가 복명하였다. 사헌부 지평에 임명되어 여러 대간들과 함께 나라를 그르쳐 난리를 불러일으킨 이산해(李山海)의 죄를 성토하였으며, 이어 어가를 호위하여 평양에 이르러 이조 좌랑에 임명되었다.

체부의 종사관으로 추천되어 10년 가까이 분주히 다니며 힘을 썼다. 하루는 체찰사가 관료들을 모아놓고 일을 의논하였는데, 체찰사의 어머니가 갑자기 나오자 관료들이 모두 뿔뿔이 흩어졌다. 체찰사의 어머니가 말을 전하기를,

"신 종사관은 가지 말라."

하였다. 공이 청사로 올라가 절을 하니, 체찰사의 어머니가 말하기를,

"우리 애는 큰일을 감당할 수 없으니, 공이 잘 지도해 주었으면 한다."

하였다. 의정부 사인, 사간원 사간, 종부시 정, 시강원 필선을 역임하

고, 또 다시 사간이 되었다. 김우옹(金宇顒) 등이 송강의 죄를 소급해 적발하여 관작을 삭탈할 것을 청하니, 공이 송강을 위해 억울한 점을 하소연하다가 연좌되어 체직되었다.

얼마 후에 강릉 부사로 임명되어 나가니, 온 경내가 부모처럼 사랑하고 받들었고, 정사의 고과에 최고 점수를 받아 통정대부로 승진하였다. 임기가 만료되자, 고을 사람들이 1년간 더 유임시켜 줄 것을 요청하였으나 이루어지지 않았다.

경자년(1600, 선조33)에 경리 만세덕(萬世德)이 군대를 철수하여 돌아가려고 하니, 공이 또 명을 받들고 연경에 가서 남방의 군사 3천 명을 머물러 있게 하고, 아울러 은전(銀錢)으로 월급을 지급하여 남방을 수비해 줄 것을 요청하니, 명나라 황제가 윤허하였다. 이조 참의를 거쳐 성주 목사(星州牧使)와 충주 목사(忠州牧使)로 나갔다. 광해군 기유년(1609, 광해군1)에 경상도 관찰사에 임명되어 가선대부로 승진하였고, 체차되어 한성부 우윤, 동지중추부사, 행 대사간, 예조 참판이 되었다가 다시 대사헌이 되었다.

임자년(1612, 광해군4)에 독석(獨石) 황혁(黃赫) 공이 참화를 입어 죽었는데,[30] 공의 아들 신희업(辛喜業)이 그의 사위로서 연좌되어 곤장을 맞고 유배되었다. 공이 처음에 동지의금부사로서 국문에 참여하게 되었는데, 광해군이 특별히 체차하고 곧바로 명하여 삭직하였으며,

30 독석(獨石)……죽었는데 : 황혁(黃赫, 1551~1612)의 본관은 장수(長水), 자는 회지(晦之)이며, 독석은 그의 호이다. 지천(芝川) 황정욱(黃廷彧)의 아들이다. 황혁은 이이첨(李爾瞻)을 시로 풍자한 일 때문에 미움을 받아, 순화군(順和君)의 아들 진릉군 태경(晉陵君泰慶)을 왕으로 추대하려 한다는 무고를 받고 옥사하였다. 《燃藜室記述 卷19 廢主光海君 古事本末》

오랜 시간이 지난 뒤에 서용되었다. 공은 그 후로 두문불출하고 시사에 관여하지 않다가 기미년(1619, 광해군11) 6월 11일에 향년 66세로 세상을 떠났다. 인조께서 반정을 할 적에 여러 현인은 줄줄이 등용되었으나 공은 미처 알지 못하였다.

공은 진중하고 위엄이 있었으며, 지식과 사려가 두루 통달하였다. 젊어서부터 문무의 재주로 세상 사람들의 존중을 받았고, 비록 만년에 세상의 버림을 받아 칩거하였으나, 여전히 다급할 때 쓰일 인물로 의망되었다. 서평(西平) 한준겸(韓浚謙)이 원수(元帥)에 임명되었을 적에 공이 승평(昇平) 김류(金瑬)와 아울러 추천되기도 하였다. 공이 세상을 떠난 뒤 계해년(1623, 인조1)의 여러 공이 너나없이 추모하며 말하기를,

"아무개가 살아있다면 비록 참판이지만 정승의 선발에 들어갔을 것이다."

하였다.

공은 집안에서의 행실이 아주 독실하였다. 특히 계모를 잘 섬겼고, 상을 당하자 예절을 다하여 상을 치렀으며, 길제(吉祭)를 지낸 뒤에 비로소 술을 마시고 고기를 먹었는데, 우복(愚伏) 정경세(鄭經世) 공이 올바른 예절대로 하였다며 감탄하였다. 안팎의 벼슬을 역임하면서 청렴결백의 지조를 가다듬었는데, 김 청음(金淸陰 김상헌(金尙憲)) 선생과 같이 청백리에 선발되었다. 또 감식안이 있었는데, 이 연평(李延平 이귀(李貴))이 젊은 시절 기개가 호방하여 사람들은 기특하게 여기지 않았으나, 공은 말하기를,

"훗날 국가의 대사를 감당할 자는 필시 이 사람일 것이다."

하였다.

공은 배천(白川) 비봉산(飛鳳山)에 있는 선영 손향(巽向)의 언덕에 묻혔는데, 두 부인도 모두 합장하였다. 양주 조씨(楊州趙氏)는 진사 조지(趙摯)의 따님이고, 원주 원씨(原州元氏)는 군수 원축(元軸)의 따님이다. 아들 군수 희손(喜孫), 그리고 급제 신율(申慄), 찰방 심평(沈枰), 생원 남궁걸(南宮杰)에게 출가한 딸은 조씨의 소생이다. 아들 군수 희업(喜業), 희순(喜楯), 그리고 지평 이시우(李時雨)에게 출가한 딸은 원씨의 소생이다. 아들 희한(喜漢), 희백(喜白), 중시(重試)에 장원하고 통정대부에 올라 군수를 지낸 희계(喜季)는 첩의 소생이다. 손자는 황(晄), 단(暺), 항(晅), 현감 상(晌), 후(暊), 수직(壽職)으로 절충장군(折衷將軍)을 지낸 숙(肅)이다. 증손은 성로(聖老), 군수 성중(聖重), 성준(聖峻), 성득(聖得), 성면(聖勉)이다. 현손은 정랑 상동(相東), 현령 태동(泰東), 정랑 도동(道東)이다. 현령의 아들 치복(致復)이 지금 순창 군수(淳昌郡守)로 있으면서 공의 묘소에 신도비를 세우려고 그의 종제(從弟) 홍복(弘復)과 경복(敬復)으로 하여금 나에게 글을 써달라고 요청하였다.

아! 공이 세상을 떠난 지 이미 백여 년이 되었으니, 그 지략과 기개를 자세히 알 수 없다. 오직 상촌(象村) 신흠(申欽) 공이 공을 애도하는 글에,

"공으로 하여금 띠를 늘어뜨리고 홀(笏)을 반듯하게 들고서 의정부에 서게 한다면 하늘이 내린 직분을 밝게 하고 백관의 모범이 되기에 넉넉할 것이고, 공으로 하여금 대장기를 세우고 외방의 요새를 지키게 한다면 사악한 기운을 몰아내고 나라를 안정시키는 것은 부차적인 일일 것이다. 그런데 사람들은 공에 대해 만분의 일도 알지 못하고 세상은 공을 조금도 시험해 보지 않았다. 효도와 우애로 인륜을

다했다는 점도 공을 칭찬하기에는 부족하고, 청렴결백이 세상에 으뜸이었다는 점도 공을 예찬하기에 부족하다."[31]

하였으니, 여기에서 공의 대략을 알 수 있다. 또 공의 외손자 징사(徵士) 박필주(朴弼周)가 공의 묘지를 아주 자세하게 기록해 놓았으므로, 이에 근거하여 서술한다. 명(銘)은 다음과 같다.

백록을 아버지로 삼고 以白麓爲父
율곡을 스승으로 삼아 以栗谷爲師
재주와 덕행을 다 갖추어 其才全德備
일세의 큰 인물이 되었네 爲一世之偉人也
하늘이 이미 공에게 문무의 재주를 주었고 宜天旣錫公以文武
또 중흥의 운수를 만났으니 又際乎中興之運
옛날의 길보만 아름다움을 독차지하지 못하게 했어야 하는데[32] 罔俾吉甫專美於古
어찌하여 홀로 침체되어 막부에 머무른 것인가 而胡獨屈之於幕府
몇 년이라도 수명을 늘려 주었더라면 其或假之以數年

31 상촌(象村)……부족하다 : 신흠의 《상촌고(象村稿)》 권29 〈제신참판경진문(祭辛參判慶晉文)〉에 나오는 내용이다.

32 옛날의……하는데 : 길보는 윤길보(尹吉甫)를 가리킨다. 중국 주(周)나라의 대신이다. 성은 혜(兮)이고 이름은 갑(甲)이며, 자는 백길보(伯吉父), 백길보(伯吉甫)이다. 윤(尹)은 관직명이다. 선왕(宣王) 때 험윤(玁狁)이 침략하여 괴롭히자 왕명을 받고 반격하여 태원(太原)까지 쫓았으며, 후에 군사를 다시 일으켜 남회이(南淮夷)의 공물을 징수하였다. 중국의 명재상 가운데 하나로 꼽힌다. 신경진 역시 재상이 되었다면 윤길보에 못지 않게 공업을 이룩했을 것이라는 뜻이다.

장수와 정승이 되어 爾將爾相

거의 국난을 구제할 수 있었을 터인데 庶幾弘濟乎艱否

또 그렇게 할 수 없었던 것은 무엇 때문인가 而此又不能者曷故焉

공의 지업을 드러낸 發揮志業

외손자가 있으니 有彌甥在

내가 그 말을 근거삼아 我徵斯言

비석에 시를 새겨 刻詩穹石

무궁한 후대에 밝게 보이노라 用昭示乎億載

구천군 신도비[33]

龜川君神道碑

예전 광해조에 정치가 혼란하여 인륜이 끊어졌으니, 간신이 실제 권력을 잡고 있었다. 당시에 구천군(龜川君) 휘 수(晬)가 떨쳐 일어나 말하기를,

"우리는 종친이니, 의리상 국가와 운명을 같이 해야 한다. 할 말을 하지 않고 죽기보다는 차라리 말을 하다가 죽을 것이다."

하였다. 드디어 앞장서서 금산군(錦山君) 이하 19인과 상주하기를,

"신(臣) 수(晬), 신(臣) 성윤(誠胤) 등이 삼가 살펴보니, 예조 판서 이이첨(李爾瞻)이 간계를 부리고 사악한 짓을 하여 나라의 권력을 훔쳐 제멋대로 행동하고 있습니다. 널리 자기 당여를 심어 충직하고 어진 신하들을 내쫓아 기세가 하늘을 찔러 길 가는 사람들이 눈짓만 할 뿐입니다. 한(漢)나라 때 왕망(王莽)을 칭송한 자가 58만 명이나 되었으니,[34] 어찌 지금의 성균관, 삼사(三司)와 그리도 비슷합니까?

33 구천군 신도비 : 이 글은 구천군(龜川君) 이수(李晬, 1569~1645)의 신도비이다. 이수는 인조대의 종친으로 덕양군 이기(德陽君 李岐)의 손자이자 풍산군(豊山君) 이종린(李宗麟)의 아들이다.

34 한(漢)나라……되었으니 : 왕망은 서한 말엽의 권력자로, 책략을 써서 평제(平帝)를 죽이고 신(新)나라를 세우고 황제로 즉위하였으며, 15년간 황제로 군림하다가 후한(後漢)이 건국된 뒤 피살되었다. 서한 말엽 왕망이 권력을 잡고 스스로를 높이자 사대부들의 기절(氣節)이 무너져서 황제에게 글을 올려 왕망을 칭송한 자가 58만 명에 달하였다고 한다. 《史略 卷2 孝平皇帝》

임금의 형세가 위에서 고립되고, 민심이 아래에서 답답하게 여기니, 지금 속히 제거하지 않으면, 조만간에 망하게 될 것입니다."

하였다.

처음에 공이 상소의 초안을 잡을 적에 외사(外舍)로 나와 집안일을 보고 있었는데, 서모(庶母)가 울며 붓을 빼앗았고 친구들이 번갈아 만류하였으나, 모두 듣지 않았다. 광해군이 몹시 성을 내며 누구의 사주를 받았는지 따져 묻자, 공이 승정원에 와서 대답하며 하늘의 해를 가리키며 맹세하고, 또 말하기를,

"만일 정위(廷尉)가 심문한다면 응당 끝까지 말을 다 할 것입니다."

라고 하자, 흉인들이 일제히 일어나 국문을 청하고, 이어서 연흥부원군(延興府院君)[35]이 죽었을 때 공과 금산군이 조정의 반열에 있으면서 서로 바라보며 눈물을 흘렸다고 하였다. 또 서궁(西宮 인목대비)을 문후하였다며 결국 순천(順天)에 유배하였다. 공은 초당을 짓고 이름을 망북(望北)이라 하였고, 그가 지은 시가에는 슬픔과 한탄이 깃들어 〈이소(離騷)〉의 남은 뜻이 있었다. 장기(瘴氣)로 병이 들어 거의 죽을 지경에 이르렀는데, 오히려 담담하게 "죽고 사는 것은 명(命)이다."라고 하였다. 5년 만에 비로소 풀려나 돌아왔는데, 자취를 감추고 지냈다. 이이첨이 또 자신의 아들 원엽(元燁)을 순천 부사(順天府使)로 삼아 공이 남쪽 지역 선비들의 인심을 얻고 있다는 이유로 뒤늦게 큰

35 연흥부원군(延興府院君) : 김제남(金悌男, 1562~1613)을 말한다. 선조(宣祖)의 계비(繼妃) 인목대비(仁穆大妃)의 부친으로 연흥부원군에 봉해졌는데, 1613년(광해군5) 이이첨(李爾瞻) 등에 의해 인목대비의 소생인 영창대군(永昌大君)을 왕으로 추대하려 한다는 무고를 받고 서소문 밖 자택에서 사사(賜死)되었으며, 1616년 다시 부관참시(剖棺斬屍)되었다.

옥사를 짜 맞추려고 했으나, 뜻대로 되지 않았다. 인조 반정이 일어나자, 제일 먼저 공의 자급을 두 단계 올려 주었다.

공의 자(字)는 명원(明遠)으로, 공희대왕(恭僖大王 중종(中宗))의 일곱째 아들 덕양군(德陽君) 휘(諱) 기(岐)의 손자이며, 풍산군(豐山君) 휘(諱) 종린(宗麟)의 아들인데, 풍산군은 품행이 독실하기로 알려졌다. 모친 박씨(朴氏)는 목사(牧使) 박간(朴諫)의 따님으로, 조부는 금성부원군(錦城府院君) 박용(朴墉)이다. 공은 재주와 지혜가 뛰어나고 지기(志氣)가 있었으며, 15세에 부정(副正)에 제수되었다.

임진년(1592, 선조25) 난리에는 부모를 모시고 골짜기로 들어갔는데, 얼마 후에 맏형 구성도정(龜城都正)에게 말하기를,

"갑자기 닥친 일이라 임금을 호종하지 못했으니, 집안일은 형님께서 맡아 주십시오."

하고는, 샛길을 통해 행재소로 달려갔는데, 선조가 분조(分朝)로 가라고 명을 내리고, 특별히 선전관에 임명하였다.

일찍이 《선원록(璿源錄)》을 편수하는데 참여하여 자급이 한 등급 올랐고, 계축년(1613, 광해군5)에는 정의대부에 오르고 군(君)에 봉해졌다. 인조는 공의 충절을 매우 가상히 여겨 더 은총을 내려 주어 사옹원 제조를 겸임하게 하고 또 종친부를 관장하게 하였다.

갑자년(1624, 인조2)에 변란이 있어났을 때, 어가를 호종하여 공주(公州)로 갔다. 이에 앞서 공이 이괄(李适)에게 반역의 상(相)이 있다고 하였으며, 반란이 일어나자 이괄이 반드시 죽을 것이라 하였는데, 얼마 뒤에 과연 그렇게 되었다. 어가가 도성으로 돌아온 뒤에 종일품에 올랐다. 임금이 여러 종친들에게 연회를 베풀면서 공에게는 집안 사람의 예에 따라 식섭 술잔을 늘고 관직명을 부르지 않고 친속의 항렬로

부르며 말하기를,

"종반(宗班)의 일은 한결같이 오직 공의 의견을 중시할 것이오." 하였다.

정묘년(1627, 인조5)에 어가를 호종하여 강화도로 갔다가, 난리가 끝나자 내구마(內廐馬)를 하사받았고, 오위도총부 도총관을 겸임하였다. 종친부를 중수하여 공이 여러 공자(公子), 부마(駙馬)와 함께 낙성식을 하니, 임금이 명하여 일등악(一等樂)과 선온(宣醞)을 내렸다.

병자년(1636, 인조14)에 뒤늦게 호종하려고 남한산성으로 가다가 길에서 어가가 강화도로 향하였다는 소식을 듣고는 하루 종일 길 옆에서 기다렸는데, 임금이 강화도로 가려다가 가지 못했다. 그런데 갑자기 오랑캐 기병이 성을 들이쳐서 공이 낭패를 당하고 남쪽으로 내려갔다. 공이 적에게 잡혀갔다는 헛소문이 돌자, 임금이 깜짝 놀라고 걱정하여 남한산성에서 내려와 항복하던 날 공의 소식을 적장에게 물었으니, 임금에게 받은 총애가 이와 같았다.

77세의 나이로 을유년(1645, 인조23) 11월 1일에 세상을 떠났다. 임금은 매우 슬퍼하면서 이틀 동안 조회를 열지 않았으며, 의례대로 부의와 조문을 하였으며, 현록대부에 추증하고 시호를 충숙(忠肅)이라 하였다. 광주(廣州) 낙생리(樂生里)에 장사지냈으며, 군부인(郡夫人) 동래 정씨(東萊鄭氏)를 합장하였다. 부인은 첨정 정인수(鄭麟壽)의 따님으로, 공보다 10년 먼저 세상을 떠났다.

아들은 봉래군(蓬萊君) 형윤(炯胤), 봉산군(蓬山君) 형신(炯信), 봉주수(蓬洲守) 형길(炯佶), 봉창수(蓬昌守) 형엄(李炯儼)이고, 측실 소생은 하계군(夏溪君) 형륜(炯倫), 봉성령(蓬城令) 형중(炯仲), 봉풍령(蓬豐令) 형임(炯任), 봉흥령(蓬興令) 형좌(炯佐), 봉천령(蓬川令) 형우(烔佑), 봉계령(蓬溪令) 형건(烔健), 봉강령(蓬江令) 형급(烔伋)으로, 모두 11명이다. 서녀 둘은 각각 유학(幼學) 이성필(李聖弼)과 이양우(李良遇)에게 출가하였다. 장남 소생은 현감 지(至), 사간 후(垕), 지돈녕부사 무(埅), 현감 재(烖)이다. 차남 소생은 사용 숙(塾), 첨지 질(耊), 판서 돈(墪), 참판 야(壄), 도정 당(堂), 도정 서(鉏)이다. 삼남 소생 아들은 량(量)이고, 사남 소생 아들은 장(墻)이며, 증손과 현손 이하는 다 기록하지 않는다.

공은 선을 욕심 부리듯 좋아하였고, 재물과 이익에는 담담하였으며, 친구 중에 궁핍한 자가 있으면 토지와 노비를 떼어 보태주었다. 만년에 연금계(聯金契)를 결성하여 친척간의 친목을 두텁게 하였으며, 한가한 때에는 서쪽 교외로 유람을 가서 거문고와 술로 스스로 즐기며 말하기를,

"종친은 자신이 조정의 고위관료와 사귀지 않고, 입으로는 당시의 정치를 말하지 않는 것이 옳다."

하였다. 부지런하게 직분을 수행하고 아랫사람을 너그럽게 대하니, 하급관원들이 공경하고 사랑하여 공이 돌아가시자 매우 애통하게 곡을 하였다. 공이 자손들에게 경계하기를,

"사치는 몸을 상하게 하는 도끼이고, 경학은 출세하는 바탕이다."

라고 하니, 사람들이 명언으로 여겼다.

공은 귀공자이면서 호화로운 습속을 통렬히 제거하고 스스로 힘써 학문을 하여 결국 우뚝하게 수립하여 길이 종친의 영광이 되었으니, 하늘이 공으로 하여금 장수하고 번창하며 공적을 이루게 한 것이 마땅하도다. 후사를 잇는 현손 부사 시징(蓍徵)이 나에게 신도비의 글을 부탁하니, 내가 일찍부터 공의 명성과 덕을 사모했던 터라 사양할 수가

없다. 명(銘)은 다음과 같다.

어려울 때 정도를 지키라는 명이괘의 말[36]	明夷艱貞
충숙공이 잘 살폈네.	忠肅以之
종친이 강개하고 분노하여[37]	宗正忼憒
충숙공이 그와 비슷하였네	忠肅似之
아! 아름다운 충숙공이여	猗嗟忠肅
우리 〈인지(麟趾)〉[38]를 번창하게 하였네	賁我麟趾
천지가 다시 새로워져서	天地再新
영광전(靈光殿)[39]이 우뚝이 솟았네	靈光巋止
왕이 말씀하기를 숙부는	王曰叔父
성과 같고 담과 같은 존재라 하였네	乃城乃垣
왕께서 직접 술잔을 잡으니	躬執其勺

36 어려울……말 : 군자가 소인에게 해침을 당하는 어려운 때를 만나 정도를 굳게 지키는 것을 말한다. 《주역》 명이괘(明夷卦)에 “명이는 어려울 때에 정도를 지킴이 이롭다.〔明夷, 利艱貞.〕” 하였다.

37 종친이 강개하고 분노하여 : 귀천군이 이이첨(李爾瞻) 등 외척(外戚)의 발호를 막기 위해 애를 썼으나 끝내 성공하지 못한 것을 비유한 말이다.

38 인지(麟趾) : 왕의 은덕으로 왕실의 자손들이 인후(仁厚)하게 되는 교화를 말한다. 《시경》 〈주남(周南) 인지지(麟之趾)〉에 “기린의 발이여, 인후한 공자이니, 아 이들이 바로 기린이구나.〔麟之趾, 振振公子, 于嗟麟兮!〕”라고 한 데서 온 말이다.

39 영광전(靈光殿) : 한(漢)나라 경제(景帝)의 아들 노 공왕(魯恭王)이 세운 궁전으로 산동(山東) 곡부현(曲阜縣)에 있었다. 한나라 중기에 도적떼에 의하여 다른 궁전들이 파괴되었을 때 영광전만 그대로 보존되었다고 한다. 모든 것이 쇠락해졌어도 홀로 우뚝하게 존재하는 것을 비유한다.

좋은 술이 술잔에 담겼네　黃流在尊
공은 절하고 머리 조아려　公拜稽首
우리 임금만을 위해 애를 썼네　惟我后惇
예전에는 공을 위하여 두려워 한 것은　向爲公慄
도거정확(刀鋸鼎鑊)[40]을 받을까 해서라네　刀鋸鼎鑊
원길(元吉)[41]로 돌아오자　其旋元吉
해가 기울도록 질그릇 치며 노래하였네[42]　缶歌日昃
어찌 공이 처음부터 원했으리요　豈公始望
하늘이 정직한 이를 도운 것이라네　天佑正直
그대의 자손이　宜爾子孫
이처럼 번성한 것이 마땅하네　薨薨如斯
내가 신도비에 글을 새겨　我刻牲繫
주나라 시에 견주노라　以媲周詩

40 도거정확(刀鋸鼎鑊) : 형벌의 도구이다. 소식(蘇軾)의 〈유후론(留侯論)〉에 "도거정확으로 천하의 선비를 기다린다.〔以刀鋸鼎鑊, 待天下之士〕"라는 말이 있는데, 도(刀)는 궁형(宮刑)에 쓰는 칼이고, 거(鋸)는 월형(刖刑)에 쓰는 톱이고, 정확(鼎鑊)은 사람을 삶는 가마솥이다. 《東破全集 卷43》

41 원길(元吉) : 《주역》 〈복괘(復卦) 초구(初九)〉에 이르기를, "멀지 않아 회복되니 후회하는 일이 없을 것이고 크게 좋을 것이다.〔不遠復, 无祇悔, 元吉.〕"라고 하여, 모든 것이 원래 상태로 되돌아가는 것을 말한다.

42 해가……노래하였네 : 질그릇 치며 노래한다는 뜻으로, 노년을 여유롭게 즐기는 것을 말한다. 《주역》 〈이괘(離卦) 구삼(九三)〉에 "기운 해가 걸려 있음이니, 질그릇을 두드려 노래하지 않으면 대질을 서글퍼 함이다. 흉하리라.〔日昃之離, 不鼓缶而歌, 則大耋之嗟, 凶.〕"라는 말이 나온다.

대사헌 민공 신도비[43]

大司憲閔公神道碑

민씨(閔氏)는 근세보다 융성한 적이 없다. 우리 외조부 문정공(文貞公) 휘 유중(維重)과 노봉(老峰) 문충공(文忠公) 휘 정중(鼎重)은 일찍 밝은 조정에 출사하여 힘써 사론(士論)을 주장하였으니, 깨끗한 명성과 고아한 명망으로 한 시대를 나란히 짊어졌다. 그들의 맏형 대헌공 휘 시중(蓍重)은 일찍이 사림의 중망을 짊어졌고 두터이 쌓인 것이 뒤늦게 발현되어 경륜을 크게 펼칠 듯 했는데, 중년에 액운을 만나 지위가 덕에 못 미쳤으니, 군자들이 애석하게 여긴다. 공의 자는 공서(公瑞)이고, 호는 인재(訒齋)이니, 강원도 관찰사 휘 광훈(光勳)의 아들이고, 경주 부윤 휘 기지(機之)의 손자이며, 이조 판서 연원부원군(延原府院君) 이광정(李光庭)의 외손자이다.

공은 천계(天啓) 을축년(1625, 인조3)에 태어났다. 어렸을 때에는 부윤공에게 수학하였으며, 장성해서는 더욱 부지런히 노력하여 세상에서 말하는 과거 문장을 두루 익숙하게 학습하였다. 시험장에 나아가서 글재주를 겨룰 적에는 이름이 반드시 수석의 자리에 있었으며, 을(乙)과 병(丙)의 등급을 차지한 경우는 많지 않았다.

경인년(1650, 효종1) 생원시에 장원을 하였는데, 관찰공과 문충공

43 대사헌 민공 신도비 : 이 글은 민시중(閔蓍重, 1625~1677)의 신도비이다. 본관은 여흥(驪興), 자는 공서(公瑞), 호는 인재(認齋)이다. 1664년(현종5) 춘당대 문과(春塘臺文科) 회시에서 장원급제하여 수원 부사와 경상도 관찰사 등을 역임하였다.

이 막 문과에 장원 급제하고 모두 조정에 출사하여 세상에서 장원가(壯元家)라고 불렀다. 얼마 뒤에 문정공이 또 과거에 급제하여 관직에 나갔으니, 당시 문벌의 성대함이 견줄 만한 집안이 드물었다. 계사년(1653, 효종4)에 모친상을 당하였다. 병신년(1656, 효종7)에 처음 벼슬길에 올라 경릉 참봉(敬陵參奉)이 되었는데, 한 번 사은하고는 곧 체직되었다. 무술년(1658, 효종9)에 전설사 별검에 제수되었고, 얼마 뒤에 관찰공의 상(喪)을 당했다. 임인년(1662, 현종3)에 예전 관직으로 복귀하였으며, 차례대로 승진하여 사옹원 직장이 되었다. 갑진년(1664, 현종5) 4월에 현종대왕이 춘당대에 친림하여 선비를 시험하니 공이 제1인으로 뽑혔는데, 국조 이래로 소과와 대과에서 모두 장원을 차지한 사람은 겨우 몇 사람뿐이다. 합격자를 적은 봉함을 뜯자 상이 영의정 정태화(鄭太和)를 돌아보며

"이 사람이 누구인가?"

라고 묻자, 대답하기를,

"이조 참판 정중(鼎重)의 형으로, 평소에 참된 인재로 일컬어졌습니다."

하였다. 당시에 문충공이 성상 가까운 자리에 함께 있었던 터라 상이 기뻐하는 기색이 있었다. 규례대로 성균관 전적에 제수되었으며, 얼마 뒤에 병조 좌랑으로 옮겼다가 사헌부 지평이 되었다.

예전에 조정에서 성 안에 있는 이원(尼院)[44]을 철거하고 북학(北學)

44 이원(尼院) : 여승들이 거처하는 절이다. 1660년(현종1) 성안에 있는 인수원(仁壽院)과 자수원(慈壽院)을 철거하고, 그 재목으로 학궁(學宮)을 지었으니, 이것이 곧 반중(泮中)의 일양재(一兩齋)이다.《宋子大全隨箚 卷10》

을 지으려고 하다가 그 땅이 외지고 불편한 점이 있어 재목을 옮겨와 성균관을 증축하게 되었다. 공이 성균관의 숙직소에 있을 때에 하루는 환관이 임금의 뜻이라 말을 하면서 섬돌을 가리키며 말하기를,

"후궁이 요양하는 장소를 만들 것이오."

하였다. 공이 성균관의 아전을 시켜 따지기를,

"승정원을 거친 일이 아닌데 어떻게 믿겠소?"

하니, 환관이 억지로 우길 수 없음을 알고는 호조에 넌지시 말하자, 호조에서 초기(草記)를 올려 임금의 허락을 받아 마침내 섬돌을 가지고 가니, 공이 마음속으로 몹시 분개하였다. 사헌부로 들어가자 제일 먼저 환관이 임금의 명을 사칭하여 속인 죄와 호조에서 임금의 뜻을 따른 과실을 바로잡기를 청하며 말하기를,

"전하께서 한 나라에 높이 임하시어 호령을 발하여 시행하는 데에 무슨 구애됨이 있기에, 도리어 집안의 종으로 하여금 은미한 뜻을 전해 보이게 하여 넌지시 조정의 신하로 하여금 뜻을 굽혀 봉행하게 하십니까. 훗날 이보다 더 큰 일이 생기면 내관은 '성상의 뜻이 이렇다.'라고 하고, 조정 신하는 '내관이 전한 것이다.'라고 하여 서로 받들며 감히 어기지 못할 것이니, 그렇게 되면 나라가 전복되지 않고 얼마나 오래 버틸 수 있겠습니까. 더구나 질병을 요양하기 위한 집이 얼마나 사소한 일인데, 학궁의 섬돌을 가져다가 써서 사방에서 듣는 사람들을 놀라게 한단 말입니까. 이것이 어찌 당초 이단을 내치고 학교를 숭상하는 전하의 성스러운 뜻이겠습니까. 속히 북학의 섬돌을 옮겨 쓰라는 명을 거두소서."

하였다. 상이 진노하여 따르지 않고, 이어 하교하기를,

"말에 업신여기는 뜻이 있고, 기상이 아름답지 못하여 이토록 지나치

게 임금을 의심하니, 위아래가 막힌 것이 어찌 이렇게까지 되었는가."
하고 질병을 요양하기 위한 집을 다시 설치하는 일을 속히 정지시키도록 하였다. 공이 인피하여 말을 더욱 간절하고 정직하게 하니, 옥당에서 처치(處置)하여 나오도록 요청하였는데 지나치다는 내용이 있었다. 공이 다시 타당하지 못하다는 배척을 받았다는 이유로 인피하고, 드디어 힘껏 사양하여 체직되었다. 상의 진노가 누그러들지 않아 그에게 처벌을 내리려고 하였으나 대신(大臣)이 구명해 준 덕택에 처벌을 면하게 되었다.

겨울에 호남의 점마관(點馬官)으로 차임되어 탐관오리를 배척하고 묵은 폐단을 해결하였는데, 드러나지 않은 부분을 낱낱이 들추어내어 빠트린 부분이 없었다. 정만화(鄭萬和) 공이 당시에 관찰사로 있었는데, 공을 맞이하여 말하기를,

"공은 서생일 뿐인데, 어찌 이리도 관리의 일에 능숙한 것인가?"
하였다. 공이 이미 바닷가 지역을 출입하며 관방(關防)의 험한 요새를 두루 알고 나서는 돌아와서 조목조목 열거하여 아뢰었으니, 대략 다음과 같다.

"각 관청과 진영(鎭營)에 소속된 전선(戰船)을 해안에 붙들어 묶어두고서 움직이지 않고 있는데, 적들이 언제 쳐들어올지는 예측하기 어렵습니다. 담당하는 장수에게 물어보니, 모두 말하기를 '만약 바다에 전선을 띄우면 전후로 뱃사공이 잠시도 떠날 수 없고, 사면으로 닻을 내려두면 칡덩굴로 만든 밧줄도 이어 대기가 어렵습니다.'라고 하였습니다. 그 비용이 아까워 대비 태세를 전혀 잊고 있으니, 어찌 매우 한심한 일이 아니겠습니까. 지금부터는 신칙하여 전선을 모두 바다에 띄우도록 하고, 불시에 점검을 하여 명령을 따르지 않는 자가

있을 경우에 엄한 형벌로 다스린다면 위급할 때 도움이 될 수 있을 것입니다.

각 진영의 수군(水軍)이 모두 육지에 있으면서 번(番)을 나누어 들어가서 지키는데, 그 수가 아주 적습니다. 갑자기 적을 만나면 사수(射手)와 포수(砲手)를 갖추고 노군(櫓軍)을 충원할 수 없으니, 마땅히 근방의 태복시와 충훈부의 둔전(屯田)과 새로 추쇄한 각 시(寺)의 노비들을 떼어주어 이속(移屬)시키고, 그들을 나란히 진영 아래에 거처하게 하여 그 토지를 나누어 개간하게 해서 일이 없을 때는 무예를 익히고 무기를 손질하며, 위급한 상황이 발생할 경우에는 한번 호령하여 전선에 오르게 한다면 해안 지역을 방비하는 일이 아주 마땅할 것이며, 수군의 끝없는 폐단도 줄일 수 있을 것입니다."

또 흑산도(黑山島), 임치도(臨淄島), 자은도(慈恩島), 비금도(飛禽島) 네 섬에 진(鎭)을 설치하고, 진장(鎭將)을 두어 봉화(烽火)로 연락을 취하여 먼 바다에서 침범해오는 적선을 방어하도록 청하였는데, 묘당에서 결국 쓰지 않았으니, 식자들이 한스러워하였다.

을사년(1665, 현종6)에 남양 현감(南陽縣監)으로 부임하였다. 너그럽고 평이하여 다스림이 속리(俗吏)와 같지 않았고, 백성이 입은 은택은 가득히 충후하고 인애하는 마음에서 발현된 것이다. 죄를 저지른 백성이 있으면 반드시 먼저 가르친 뒤에 처벌을 내렸으며, 송사를 판결할 때에는 실상과 거짓을 즉시 분변하여 사사로운 일에 흔들리지 않으니, 패소한 사람도 기꺼이 마음으로 복종하였다. 명륜당을 대대적으로 정비하고, 동재와 서재를 고쳐서 완공하였으며, 이전에 제대로 갖추어지지 않았던 제기(祭器)와 제복(祭服)같은 것을 훤히 모두 새롭게 하였다.

또 고을의 명칭이 우연히 한(漢)나라의 제갈량(諸葛亮)과 송(宋)나라의 호문정(胡文定 호안국(胡安國))이 살던 고을과 동일하고, 두 현인이 지녔던 대의(大義)가 시대는 다르지만 법도는 동일하다고 여겨 드디어 사당을 지어 함께 제사를 지냈다. 그리고 이 고을의 순절한 신하 윤계(尹棨)[45]를 배향하여 시대를 걱정하고 의리를 사모하는 뜻을 부쳤다. 우암 선생(尤菴先生 송시열)이 용백사(龍栢祠)라고 이름을 붙이니, 원근의 사람들이 모두 감동하였다. 얼마 뒤에 또 성상의 구언(求言)에 응하여 상소를 올려 호포법(戶布法)[46]을 시행하여 군민(軍民)의 폐단을 구제하기를 청하였는데, 성상의 뜻이 제법 기울었으나, 묘당의 의론이 맞지 않아 시행되지 못했다.

정미년(1667, 현종8)에 홍문관에 선발되어 이조 좌랑으로 조정에 복귀하였는데, 친혐(親嫌)으로 면직되었다. 얼마 뒤에 수찬, 부교리가 되었고, 세자 사서, 남학교수, 한학교수 지제교를 겸하였다.

기유년(1669, 현종10)에 묘당의 천거를 받아 등급을 뛰어넘어 수원부사(水原府使)에 제수되었는데, 수원부는 남양(南陽)과 접경지역에 있었다. 공이 이전에 겸관한 적이 있기에 백성이 이미 공의 정치와

45 고을의……윤계(尹棨) : 윤계(尹棨, 1603~1636)의 본관은 남원(南原), 자는 신백(信伯), 호는 신곡(薪谷)이다. 병자호란 때 남양 부사(南陽府使)로 있으면서 의사(義士)를 모집하여 장차 적을 토벌하려 하였는데, 적들이 갑자기 쳐들어오자 적에게 항거하여 욕설을 하다가 죽음을 당하였다.

46 호포법(戶布法) : 원래 군포(軍布)는 누구에게나 평등하게 부과되지 않고 양인(良人) 신분의 16~60세 사이에만 부과되는 양역(良役)인데, 군포제에 많은 문제점이 생기자 양반이나 상민을 구별하지 않고 호(戶)를 기준으로 균등하게 포를 징수하는 법을 말한다.

교화에 익숙해 있어 더욱 두려워하고 믿어서 감히 명령을 태만히 여기는 자가 없었다. 어떤 사람이 수(隋)나라와 당(唐)나라의 정치가 너그럽고 엄한 차이가 있음을 들어 청하였더니, 대답하기를,

"당나라 백성들은 부리기가 쉬웠고, 수나라 백성들은 통제하기가 어려워 풍속에 따라 다스린 것이니, 절로 차이가 있소."

하였다. 여름에 승진하여 경상도 관찰사에 제수되자, 상이 면전에서 당부해 보내면서 말하기를,

"감사가 공정한 뒤에야 수령들이 두려워하고 복종할 것이니, 경(卿)은 정무를 반드시 공정하게 처리하라."

하였다. 공은 잊지 않고 명심하여 정령(政令)을 펼치는 사이에 털끝만큼의 사사로운 뜻도 용납하지 않았고, 범죄와 연관된 모든 자들은 전부 법에 따라 처결하여 속전(贖錢)을 내고 용서받는 것을 허락하지 않았으며, 풍교(風敎)와 관계된 일은 더욱 엄하게 다스렸다. 처음에는 장형을 당하고 유배를 가는 자들이 길에 이어졌으나, 결국에는 두려워 복종하여 감히 법을 어기는 자가 없었다. 남양에 있을 때처럼 학정(學政)을 크게 일으켰으며, 관청에 저장해둔 남은 물품을 덜어내어 고마청(雇馬廳)을 설치하여 백성의 노고를 덜어주었다.

당시에 경술년(1670, 현종11)과 신해년(1671)의 큰 흉년[47]을 만나서 백성이 거의 다 죽을 지경이었는데, 공이 마음을 졸이며 정성을

47 경술년과 신해년의 큰 흉년 : 이 두 해에는 이른바 '경신대기근'이라고 불릴 정도로 혹독한 흉년이 들었다. 1669년에 서울과 지방의 호수(戶數)는 1백 34만 2천 74호이고 인구(人口)는 5백 16만 4천 5백 24명이었다가, 두 해 기근을 지나고 1672년에는 호수 1백 17만 6천 9백 17호인데, 인구는 4백 69만 5천 6백 11명으로 약 50만 명이 줄었다. 《국역 현종개수실록 10年 12月 29日, 13年 10月 30日》

다해 위로하고 달래어 편안히 모여 살게 하였으며, 또 유랑하는 26만호를 여러 고을에 모아서 죽을 마련하여 나누어 구휼해주었다. 요역을 덜어주고 폐단을 고칠 수 있는 것들은 상소를 올리거나 장계를 올려 요청을 들어주지 않으면 그만두지 않았다. 임기가 다 되어 그대로 유임하라는 명령을 받자, 상소를 올려 사양하였으나 윤허 받지 못했다.

공이 진휼하는 일에 근심하고 시달렸으며, 또 풍토가 맞지 않아 질병이 더욱 심해졌는데도 아침저녁으로 아전을 불러 문서를 가지고 누워 있는 곳으로 가지고 오게 하여 지체 없이 결재하였다. 그만두라고 간언하는 자가 있으면, 대답하기를,

"숨이 아직 붙어 있으니, 어찌 감히 내 몸을 돌보겠는가."

하였다. 병이 위독해지자, 휘하의 관료들을 모아놓고 말하기를,

"그대들은 관아의 창고 물품을 문서로 작성하여 봉하고서 삼가 표시하라. 부디 관아의 물품을 조금이라도 써서 나를 욕되게 하지 말고, 얇은 나무 판을 사서 염(殮)을 하되 염이 끝나면 즉시 가도록 하라."

하였는데 얼마 뒤에 조금 회복하였다. 가을에 또 유임하라는 명을 받았으나, 공이 힘껏 사양하여 비로소 체직되어 첨지중추부사에 부직되었다.

임자년(1672, 현종13)에 사간원 대사간으로 부름을 받고 조정에 돌아왔다. 체직되어 예조 참의에 제수되었으며, 승정원 우부승지로 자리를 옮겼다.

당시에 정승 허적(許積)이 권력을 농단하고 임금의 총애를 훔치고 있었는데, 간신(諫臣) 윤경교(尹敬教)가 상소하여 배척하다가 죄를 받았다. 동춘 선생(同春先生 송준길)이 상소를 올려 임금의 덕을 논하고

소인이 군주를 현혹하는 폐해를 자세히 말하였으나, 상이 회답하지 않고, 연이어 엄한 하교를 내렸으니, 은혜와 예우를 끝까지 다하지 못했다. 집의 이상(李翔) 공이 동춘 선생을 위해 상소하여 그의 충직함을 변호하였고, 이어 허적을 배척하는 말이 더욱 준엄하였는데, 상이 몹시 진노하여 관직을 체차시키고 나서 또 삭탈관직하라는 명까지 내렸다. 대관(臺官)이 그 일을 쟁론하자 아울러 체직시키고, 또 일의 발단이 윤경교에게 있다고 하여 그를 갑산(甲山)에 안치하였다. 공이 때마다 번번이 교지를 하달하지 않고 돌려 드렸으나, 상이 모두 들어주지 않았다.

얼마 뒤에 의금부에서 일의 시행을 지체하였는데도 승정원에서 재촉하지 않았다는 이유로 담당 승지를 파직하라는 명을 내렸으니, 공이 실제 그 책임을 졌다. 사간원에서 명을 환수하기를 청하였으나 뜻이 관철되지 않자 공은 곧바로 교외로 나가 병을 조섭하였다. 겨울에 서용되어 승지로 복직하였고, 성균관 대사성으로 자리를 옮겼다. 계축년(1673, 현종14)에 대신(大臣)의 천거로 호조 참판으로 승진하였고, 이어 강화부 유수로 자리를 옮겼다. 공이 부임해서는 백성의 폐단을 혁파하고 병장기를 잘 정비하여 요충지가 더욱 견고해지도록 하였다.

갑인년(1674, 현종15)에 현종대왕이 승하자자 공을 부고를 전하고 시호를 청하는 사신의 부사(副使)로 차임하고 사헌부 대사헌으로 조정으로 불러들였는데, 동료들과 함께 차자(箚子)를 올려 학문에 힘쓰고, 대신을 공경하며, 유현(儒賢)을 존중하고, 공도(公道)를 넓히며, 요행을 억제하고, 궁금(宮禁)을 엄하게 단속하며, 사적인 길을 막고, 백성의 힘을 기르며, 형벌을 줄이는 등의 여러 가지 일을 아뢰니, 상이 비답을 내려 칭찬하고 장려하였다. 당시에 소인배들이 어린 임금을 속여 사림에게 재앙을 전가하려고 곽세건(郭世楗)을 사주하여 상소를 올려 시험하게 하였는데,[48] 말이 극도로 흉악하고 참혹하였다. 공이 곽세건을 잡아다 국문해야 한다고 계청(啓請)하였는데, 애초에 먼 변방으로 유배를 보내야 한다고 곧바로 청하지 않았다는 이유로 배척하는 자가 있어, 공이 인피하여 체직되었다.

을묘년(1675, 숙종1) 봄에 연경(燕京)에서 돌아와 복명하고 비변사 제조에 차임되어 동지의금부사를 겸하였다. 그 사이에 대사구(大司寇 형조 판서)에 의망되었다. 경기도 관찰사로 나가게 되자 자책하는 상소를 올리기를,

"신이 일찍이 대사헌으로 있을 때, 곽세건이 유현을 무함한 죄를 다스리기를 청하였는데, 지금에 이르러 조정의 논의가 크게 변하여 유현이 유배를 당하였으니, 곽세건의 말이 이미 시행된 것입니다. 그의 죄를 다스려야 한다는 논의를 제일 먼저 주장한 신과 같은 사람은 이치상 추가로 엄하게 감률하여 말을 함부로 한 과실을 드러내야 하는데, 어찌 다시 조정 신료의 반열에 있으면서 거듭 치욕을 끼칠 수 있겠습니까."

하니, 상이 허락하지 않고, 사행(使行)의 노고로 인해 가의대부로 품계를 올려 주었다.

병진년(1676, 숙종2)에 체직되어 동지중추부사가 되고, 이어 형조

48 곽세건(郭世楗)을……하였는데 : 곽세건은 허목(許穆)의 문인으로, 1674년(숙종 즉위년) 현종이 승하하자 숙종이 송시열(宋時烈)에게 현종의 지문(誌文)을 짓도록 명하였는데, 곽세건이 상소하여 송시열이 두 차례의 예송(禮訟)에서 효종을 서자(庶子)로 간주했던 점을 논척하면서 지문을 짓도록 한 명을 거둘 것을 청하였다. 《肅宗實錄 卽位年 9月 25日》

참판으로 자리를 옮겨 도총부 부총관을 겸하였다. 공이 이미 남쪽 지역에서 몸을 오래 상하였고, 또 연이어 자식의 상(喪)으로 아픔을 겪었던 터라 묵은 병이 점점 심해져 마침내 정사년(1677, 숙종3) 2월 3일에 세상을 떠나니, 향년 53세였다. 제천현(堤川縣) 공전촌(公田村)에 장사지내고, 무자년(1708, 숙종34)에 묏자리가 좋지 않아서 여주(驪州) 수계리(首界里)로 이장하니, 문충공과 문정공의 묘와 각각 10여리 떨어진 곳이었다.

부인 풍산 홍씨(豐山洪氏)는 부사(府使) 탁(霔)의 따님이자 대사헌 이상(履祥)의 손녀로, 모든 친척들이 그 덕을 칭찬하였다. 공과는 같은 해 같은 달에 출생하였고, 죽은 날도 같은 해인데다 몇 달 뒤이며, 장사지낼 때도 합장을 하였다. 슬하에 4남 3녀를 두었다. 아들 진하(鎭夏)는 참봉으로, 재주와 행실이 있었으나 요절하였는데, 공이 예에 따라 참최복을 입었다. 진주(鎭周)는 문과에 급제하고 행 이조판서를 지냈으니, 공이 처음에 이조 판서로 증직된 후에 또 좌찬성으로 더 추증된 것은 그가 귀해졌기 때문이며, 부인 역시 따라서 정경부인으로 추증되었다. 진명(鎭明)은 관례를 올리기 전에 요절하였고, 진노(鎭魯)가 있다. 딸은 관찰사 이인병(李寅炳)과 사인(士人) 이항(李沆), 윤정(尹定)에게 출가하였다.

진하는 후사가 없어 애초에 진주의 장남 종수(宗洙)로 후사를 삼았는데, 종수가 또 요절하여 종수의 다음 아우인 승수(承洙)로 후사를 삼았으니, 음사로 사평을 지냈다. 진주의 다른 아들 응수(應洙)는 진사시에 장원을 하고 문과에 급제하여 행 이조 판서를 지냈다. 진로의 아들 흥수(興洙)는 현감을 지냈고, 사위 김형(金炯) 역시 현감을 지냈다. 이인병은 아들이 둘인데, 주서 서곤(瑞坤)과 운곤(運坤)이며, 사위 둘은 목사 김문택(金文澤)과 송필환(宋必煥)이다. 윤정의 아들은 상일(尙逸)이며, 사위 둘은 부윤 김복연(金復衍)과 유필원(柳弼垣)이다. 승수의 아들 백형(百亨)은 좌랑을 지냈으니, 실제 공의 제사를 받드는 자이다. 응수는 아들이 둘인데, 백행(百行)은 문과에 급제하여 승지를 지냈고, 백창(百昌)은 진사에 장원하고 문과에 급제하여 교리를 지냈다. 홍수의 아들은 백종(百宗), 백헌(百憲), 백인(百寅)이다. 내외의 증손은 다 기록하지 않는다.

공은 사람됨이 충후하고 진실하며 평소에 낯빛과 기운이 온화하였다. 무난하고 남들과 격이 없었지만, 논의가 엄준하고 올곧았으며, 강개하고 큰 절개가 있었다. 남의 옳지 않은 점을 보면 번번이 면전에서 물리치고 보아 넘기는 경우가 없었다. 처음 음사로 벼슬길에 나아갔을 때, 백헌(白軒) 이경석(李景奭) 상공이 조정의 명으로 사람을 천거할 적에 공을 천거하며 말하기를,

"대간의 직임에 적합하고, 조부모와 부모를 잘 섬긴다."

하였다.

관찰공이 노년에 이르자 뜻을 받들고 물건으로 봉양하기를 더욱 극진히 하였다. 종사(宗事)를 주관하게 되자 선조를 받드는 예절에 마음을 다하여 날마다 반드시 새벽에 가묘를 배알하였으며, 사철 제향과 9월에 아버지 사당에 제사지낼 때[49]에는 전부 고례(古禮)를 따르고, 빠뜨린 적이 없었다. 제기를 씻고 고기를 손질할 때에는 반드시 직접 보고, 목욕하고 재개할 때는 반드시 청결을 다하였으며, 비록 심하게

49 9월에……때 : 《가례(家禮)》 〈제례(祭禮)〉에 "9월에 아버지 사당에 제사 지낸다.〔季秋祭禰〕" 하고, 그 주(註)에 "9월 15일을 가리킨다." 하였다.

병이 들었을 때에도 스스로 힘써 게을리 하지 않았다.

두 아우와 우애가 아주 돈독하여 높은 관직에 오르고 나서도 여전히 한 집에 살았다. 시집을 가기 전에 죽은 누이동생이 있었는데, 처음에는 신주(神主)를 만들지 않았다. 공이 인정과 예의에 모두 편치 않다고 여겨 40년 뒤에 뒤늦게 신주를 만들고 조감(祖龕)에 합사(合祀)하였으며, 또 비석을 세워 묘소에 표시를 하였다. 가법에 더욱 엄격하여 자제들이 잘못을 저지르면 아주 엄하게 꾸짖었으니, 집안이 엄숙하였다.

옥당에 있을 때에는 반드시 경연이 열리기 하루 전날 책을 펴고 단정히 앉아서 마음으로 말을 새기고 입으로 풀이하여 마치 임금 앞에 나아가 마주한 듯이 하니, 동료들 가운데 비웃는 자가 있었는데, 공이 말하기를,

"이처럼 하지 않으면 내 마음에 미덥지 않아서 그러네."

하였다. 동춘 선생이 일찍이 강관 중에 제일이라고 칭찬하고, 임금에게 아뢰어 항상 강관의 자리에 두라고 청하였다.

외직에 나가 있을 때에는 생일날 관청에서 예물로 올리는 선물을 모두 물리치고 받지 않았으며, 왜선(倭船)에서 의례적으로 보낸 선물을 이웃 고을에 나누어 주어 구휼의 밑천으로 삼았다. 사행을 갔을 때에 청나라에서 준 물품 역시 모두 의주부(義州府)에 남겨 두어 터럭만큼도 스스로 취하지 않았으니, 순수하고 결백한 지조가 조상의 명성에 누를 끼치지 않았다고 하겠다.

어진 이를 좋아하고 선을 즐기는 마음은 지성에서 나왔으며, 교제하던 이들은 모두 당시에 이름난 사람들이었다. 동춘 선생이 한양에 왔을 때 공의 집에 묵었으며, 우암 선생이 공의 부고를 듣고는 상심하여 말하기를,

"오늘날 이같은 사람을 어디에서 얻겠는가."
하였으니, 그가 사우에게 중망을 받았던 것이 이와 같았다.

젊은 시절 과거 시험장에서 마침 이전에 지어보았던 문제가 나왔고 또 득의작이었기에 함께 종유하던 자들이 베껴서 올리기를 권하였는데, 끝내 달가워하지 않으며 말하기를,

"출사하여 조정에 서려고 하면서 먼저 임금을 속여서야 되겠는가?"
하였다. 한번은 과거 시험을 앞두고 부모상을 당한 친구에게 달려갔는데, 사람들이 모두 만류하였으나 그래도 듣지 않고 말하기를,

"벼슬하여 현달할 수 있다면 어찌 과거시험이 없음을 근심하겠는가. 하물며 벗에게는 형제의 의리가 있고, 장례는 다시 지내는 일이 없으니, 나는 반드시 가야 하네."
하였다. 이 일이 비록 사소한 행동이지만, 역시 사람들이 미치기 어려운 일이다.

내가 늦게 태어나 공을 뵙지 못하였는데, 외람되이 신도비를 쓰게 되었으니, 미덕을 칭송하고 선양하지 못할까 두렵다. 감히 큰 외숙 문충공(文忠公 민진후(閔鎭厚))이 지은 행장에 의거하여 차례대로 서술하고 이어서 명(銘)을 짓는다. 명은 다음과 같다.

옛날 현종 때에	在昔崇陵
임금이 직접 행차하여 선비 뽑았지	臨軒取士
공은 실로 우뚝하여	公實褎然
중망을 받았다네	衆望攸萃
원로 정승이 추천하니	揆老推轂
임금은 기뻐하는 기색 있었네	天顏有喜

충후하고 정직하였으며　忠厚正直
진실한 사랑과 간곡한 마음 있었네　誠愛惻怛
힘써 옛날의 도를 행하여　力行古道
유속을 벗어났네　拔出流俗
문충공과 문정공이　文忠文貞
모두 미칠 수 없다고 말하였지　咸曰不及
대각에 올라서는　揚于臺省
언사가 강직하였네　謇諤其言
경연에 있을 때에는　其在講筵
마음 평온하고 기운이 온화하였지　心平氣溫
곧이어 관찰사로 발탁되어　旋擢大藩
더욱 노력과 근면함 드러내었네　愈著勞勤
청렴하고 결백한 절개는　淸白之節
선조(先祖)를 빛낼 만하네　可以光前
군자의 나아가고 물러남은　君子進退
평탄하고 험난한 때에 맞아야 하네　適際平陂
한 손으로는 거센 물결 막기 어렵고　隻手難遏
날뛰는 돼지는 파리하지 않네[50]　蹢豕非羸
시대를 근심하다 한 번 병에 걸려　憂時一疾

50 날뛰는……않네 : 《주역》 〈구괘(姤卦) 초육(初六)〉에 "아무리 파리한 돼지라도 언제든 날뛰려는 심보를 갖고 있다.〔羸豕孚蹢躅〕"라는 말이 나온다. 약한 돼지가 비록 강하고 사납지는 않으나 마음속으로는 언제나 날뛰려고 생각하는 것처럼, 소인들도 항상 군자를 해치려고 노리고 있는 만큼, 그들의 힘이 미약하더라도 미리 조심하여 방지해야 한다는 경계의 뜻이 들어 있다.

정사년에 현자들이 탄식하였네[51] 歲丁賢嗟
한 번 떠나 돌아오지 않으니 有逝無反
장대한 뜻 어찌할까나 奈壯志何
덕은 컸으나 지위가 낮았으니 德鉅位細
후손이 창성하리라 其後也昌
내가 명을 지어 我作銘詩
길이 아득한 후세에 보이노라 永視茫茫

51 정사년에……탄식하였네 : 정사년(1677, 숙종3)에 민시중이 죽었기 때문에 한 말이다. 128쪽 주291 참조.

판서 호곡 남공 신도비[52]

判書壺谷南公神道碑

숙종 14년 무진년(1688)에 왕자가 태어났다. 이듬해 봄에 원자(元子)로 호칭을 정하려고 서둘러 공경대신을 불러들여 의논할 적에 상이 상기되어 노려보며 말하기를, "감히 이의를 제기하는 자가 있으면 벼슬을 그만두고 물러가야 할 것이다."라고 하니, 이조 판서 대제학 남용익(南龍翼) 공이 홀로 불가하다고 강력히 말하였는데, 대략 다음과 같다.

> "중궁의 춘추가 한창이시고, 왕자가 태어난 지 몇 달밖에 되지 않았는데, 어찌 이리 서두르시는 것입니까. 신은 물러날 뿐입니다."

여러 번 물었으나 말이 더욱 강직하여 듣는 자들이 고개를 움츠렸다. 이때 경신년(1680, 숙종6)의 역당[53]들이 은밀한 경로로 술책을 부려 한창 세자를 미리 세우는 한 가지 일을 기회로 삼으려 하니, 사람들이 모두 생사와 화복이 한 마디 말에 결정난다고 하였다. 그러나 공은 의연히 정도(正道)를 지켜 비록 우레와 같은 성상의 진노가 닥쳐도 굽히지 않았으니, 옛사람이 이른바 '만세토록 우러러볼 일이 이 하나의

52 판서……신도비 : 이 글은 남용익(南龍翼, 1628~1692)의 신도비이다. 남용익의 본관은 의령(宜寧), 자는 운경(雲卿), 호는 호곡(壺谷)이다. 1648년 정시 문과에 병과로 급제하여 병조 좌랑, 홍문관 부수찬, 예문관제학 등을 역임하였다.

53 경신년의 역당(逆黨) : 1680년 당시의 영의정 허적(許積)의 서자 허견(許堅)이 종실 복창군(福昌君)의 3형제와 역모를 꾀하였다는 옥사가 일어났는데, 이에 연루된 자들을 말한다.

거사에 달려 있다.'라고 한 것이 공을 두고 한 말인 듯하다. 세자의 호칭이 정해지고 난 뒤에 인현왕후(仁顯王后)가 자리에서 물러났고, 공 역시 북쪽으로 유배되어 세상을 떠났다.

공의 자(字)는 운경(雲卿)이고, 호는 호곡(壺谷)이며, 의령(宜寧) 사람이다. 태어날 적에 붉은 빛이 방에 가득하였고, 말을 배우면서 곧 바로 글자를 알았으며, 더러 남을 놀래키는 말을 하였다. 종조부(從祖父) 판서 남선(南銑)이 늘 머리를 쓰다듬으며,

"이 아이는 우리 가문의 기이한 보배이다."

하였다.

을유년(1645, 인조23)에 삼장(三場)에 합격하여 이듬해에 진사가 되었고, 또 이듬해의 인일시(人日試)[54]에 장원하였으며, 또 이듬해의 정시(庭試)에 급제하니, 당시 나이가 21세였다. 승문원에 분관되었다가 추천되어 당후(堂后 승정원 주서)로 들어갔고, 또 사국(史局)에 추천되었으나 흉당(凶黨)의 저지를 받았다. 시강원 설서와 사서, 성균관 전적, 사헌부 감찰과 지평, 사간원 정언, 병조와 예조의 낭관, 홍문관의 부수찬과 부교리를 지냈으며, 작은 일로 경상 도사로 좌천되었다가 또 영남의 어사가 되었다.

공은 효종의 융성한 시대를 맞아 삼사(三司)에 오래도록 재직하면서 보좌한 일이 매우 많았다. 조석윤(趙錫胤) 공과 이경억(李慶億) 공이 언사(言事)로 인해 귀양을 갔다가 곧 감등이 되었는데, 대신(臺臣)이 곧이어 석방을 청하였다가 엄한 비답을 받았다. 공이 인피하며 감정이

54 인일시(人日試) : 음력 정월 초 7일 성균관 유생들을 대상으로 하여 보이는 시험으로, 인일제(人日製)라고도 한다.

중도를 넘고 의사소통이 되지 않는 잘못을 극력 아뢰니, 상이 더욱 화를 내어 강한 신하가 임금을 협박한다고 하교하였다. 승정원에서 쟁론하였으나 되지 않아 마침내 면직되었다.

여염집의 여인이 입궁한 일이 있었는데, 이에 대해 말한 많은 사람들이 처벌을 받았다. 공이 왕소(王素)[55]의 말을 인용하여 아뢰고, 또 경연에서의 하교로 인하여 밖의 말이 궁 안으로 들어가는 폐단을 강력히 논하였다. 상이 크게 깨닫고 비답을 내리기를, “이러한 신하가 있는데, 내 무엇을 걱정하겠는가?”라고 하였다. 또 겨울의 우레를 계기로 경계를 아뢰니, 상이,

“격언(格言)과 지론(至論)으로 오늘의 약석(藥石)이 된다.”

하였다.

상이 노강(露江)에서 열병할 적에 세자가 따라가려고 하였는데, 공이 상소하여 간절히 간언하기를,

“민간에서는 모두 전하께서 밖에서 오래도록 노고를 겪으시니 궁중에서 단정히 앉아있는 것을 전혀 견디지 못한다고 합니다. 신은 말을 달려 사냥하는 일이 이로부터 시작될까 염려되니, 세자가 바른길로 교육을 받아야 할 때에 어찌 군사에 관한 일로 이끌어 주어서야 되겠습니까.”

하였다. 공이 당시에 호서(湖西)에서 시험을 관장하고 돌아와 연도(沿途)에서 굶주림과 역병으로 죽은 백성들의 수를 아뢰니, 상이 매우 진노하여 공에게 어가를 따르지 말라는 명을 내렸다. 공을 구명하려던

55 왕소(王素) : 송 인종(宋仁宗) 때 간원(諫院)의 지사(知事)로서 일을 맞이할 때마다 용감히 간언했던 인물이다.

사람들은 대부분 파직되었으나, 공에게는 끝내 죄를 묻지 않았다.

을미년(1655, 효종6)에 일본의 관백(關白)이 새로이 자리에 올라 조정에서 통신사를 보냈는데, 공이 종사관이 되었다. 바다를 건너는데 큰바람이 불어 배가 거의 뒤집어질 지경이 되자, 배 안 사람들이 모두 놀라 허둥댔는데, 공은 선실에 꼿꼿이 앉아 서신문(誓神文)을 외우며 비니, 얼마 후에 바람이 그치고 파도가 가라앉았다. 이듬해에 돌아오다가 대마도에 배를 정박하니, 도주(島主)가 강호(江戶)의 위조된 서장(書狀)을 들고 협박하며 관백의 원당(願堂)에 절을 하게 하였다. 공이 의리를 내세워 거절하니, 도주가 10여 일 동안 대접을 중단하고 위협하였다. 공이 배를 감추고 객관을 닫고서 본국으로 돌아가지 않으려는 것처럼 하니, 도주가 굴복시킬 수 없음을 알고 비로소 돌려보냈다. 돌아오기 전에 호당(湖堂 독서당(讀書堂))에 선발되었다. 일본 사람들은 공이 의례적으로 주는 물품을 받지 않으므로 조정으로 보냈는데, 상이 공에게 주라고 명하였다. 공이 시를 지어 옥당과 호당에 나누어 주었으니, 지금까지 아름다운 일로 전한다.

공은 일찍이 문신 정시에 합격하여 말을 하사받았는데, 이해 가을에 또 중시(重試)에 장원하여 통정대부로 품계가 오르고, 형조와 예조의 참의, 승정원의 승지를 지냈다. 외직을 청하여 양주 목사(楊州牧使)가 되어서는 교활한 짓을 막고 궁핍한 자에게 은혜를 베풀었다. 마침 인산(因山) 때를 만났으나, 백성들은 큰 역사(役事)가 있는 줄을 몰랐다. 또 승정원으로 돌아와 가장 높은 지위에 오르니, 극선(極選)이었다.

이보다 앞서 윤선도(尹善道)가 예론을 핑계로 사림을 재앙으로 엮어 넣었는데, 조경(趙絅)이 윤선도를 위하여 구명하면서 말이 더욱 패악하였기에 공이 임금을 미혹한 조경의 죄를 다스리기를 청하였다. 뒤에 동춘(同春) 송 선생(宋先生 송준길(宋浚吉))이 윤선도를 유배에서 풀어 주기를 청하니, 공이 나아가 말하기를,

"선정신 이이(李珥)가 허봉(許篈)의 석방을 청하였으나 선조께서는 이를 윤허하지 않았으니, 이는 오늘날 마땅히 본받아야 할 일입니다."

하니, 사론(士論)이 옳게 여겼다.

가선대부로 승진하여 대사간, 대사성, 예조·병조·형조·공조의 참판, 한성부의 좌윤·우윤을 거쳐 부사(副使)로 충원되어 연경에 갔으며, 경상도와 경기도의 감사를 지냈다. 영남에 있을 때에 맨 먼저 정무에 힘쓰지 않는 수령을 적발하여 파직시켰는데, 그 사람이 대관(臺官)을 사주하여 다른 일로 공을 탄핵하다가 그 일 발각되어 죄를 받자, 공도 인혐하여 면직되었다.

신해년(1671, 현종12)에 큰 기근이 들었을 때에 공이 사간원에 있었는데, 각 영문으로 하여금 기르는 말을 모두 들에 방목시키기를 건의하여 그 먹이 5천 석을 줄여 백성을 살렸다. 얼마 후에 호조 참판을 거쳐 특별히 형조 판서에 제수되었다. 궁가(宮家)를 빙자하여 백성과 토지를 다투는 간사한 자가 있었으므로, 공이 사실을 거론하여 바로잡으려 하였으나, 이 사건이 궁중에서 오래 지체되어 판결이 내려지지 않았다. 얼마 뒤에 공은 다른 일로 인하여 파직되었다.

공은 관직을 맡으면 청렴하고 근면하였으며 밝게 살펴 법을 지켰고, 형벌을 판결할 적에는 더욱 신중히하여 말하기를,

"사람의 생사가 붓끝에 달려 있으니, 살릴 수 있는 사람을 죽이면 반드시 재앙이 따를 것이다."

하였다.

공이 예전에 일본에서 돌아오자 상이 제일 먼저 늙은 부모의 안부를 묻고서 과일을 내리니, 곧장 돌아가 부모에게 드릴 것을 청하였으며, 근친(覲親)을 청하자 또 역마를 내주었으니, 이는 모두 두 조정의 특별한 은전이었다. 이때 공의 지위는 판서였고 부모가 모두 무탈하셨으며, 명절이나 경하할 일이 있으면 말과 수레가 문 앞에 가득하니, 사람들은 그 효성을 부러워하였다. 지중추부사, 공조 판서, 홍문관 제학, 대사헌을 거쳐 정헌대부로 승진하였고, 외직으로 나가 개성 유수를 역임하였으며, 돌아와 판윤이 되었다.

경신년(1680 숙종6)에 숭정대부, 숭록대부로 승진하여 의정부 참찬, 예문관 제학이 되었다. 갑자년(1684, 숙종10)에 보국숭록대부에 올라 예조 판서를 겸하였다. 정묘년(1687, 숙종13)에 대제학의 자리가 비자, 상이 지난날의 추천에 따라 특별히 공을 양관 대제학에 임명하였다. 하루는 시종하는 여러 신하를 불러 변려문을 짓고, 또 십운시(十韻詩)를 지으라고 명하고는 공으로 하여금 살펴보고 올리라고 하였다. 공이 또 응하여 시문을 지어 올리자, 상이 친히 살펴보고 수석으로 정하였는데, 포상이 매우 융숭하였다. 공은 하사품을 받자 곧 팔아서 음식을 마련하여 친한 벗들과 즐겁게 마시며 임금이 내려준 것을 칭송하였다. 병으로 휴가를 청하니, 내의(內醫)를 보내어 살펴보게 하였으며, 곧이어 이조 판서가 되었다.

공은 약관의 나이에 과거에 장원하여 관각을 출입하였으니 문망(文望)이 일세를 탄복하게 하였으나, 결코 이것을 기뻐하지 않았다. 몸가짐이 처자(處子)와 같아 남과 어울려 다니면서 언론으로 다투지 않았으며, 조정에 있던 40년 동안 한 번도 권세 있는 중요한 자리를 담당한 일이 없었다. 늘 공무 이외의 한가한 시간에는 문을 닫고서 고요히 앉아 있었고, 집안 재산의 유무를 묻지 않았으며, 감흥이 일어나면 혹 술잔을 들고 시를 읊조릴 뿐이었다. 만년에 특별히 연이어 발탁을 받아 임금과 신하의 만남이 융숭하였으나, 마침 세도(世道)가 평탄하지 못한 때를 당하여 공의 마음은 전혀 즐겁지 않았다. 얼마 후에 세태가 한번 변하자 공이 특명으로 청나라 사신을 맞이하러 나가게 되었는데, 도중에 전직(銓職)에서 체직되었다.

처음에 흉인 유위한(柳緯漢)이 투서하여 말하기를,

"세자를 세우는 문제를 논의할 때에 여러 신하들이 딴 마음이 있었다." 하였으므로, 상이 그 간사한 정상을 알고 물리쳤다. 이때에 이르러 여러 흉인들이 경연에서 공의 대답에 분기(忿氣)가 있었다고 하고, 또 공이 대신 지은 교문(敎文)의 '몽란(夢蘭)' 두 글자를 집어내어 죄로 삼으니, 공이 드디어 삭출을 당하였다.

신미년(1691, 숙종17)에 명천(明川)으로 유배를 갔는데, 명천은 영해(嶺海) 2천 리 밖에 있었는데도 떠날 적에 얼굴빛에 아무런 기미도 보이지 않았으며, 현지에 도착해서는 깊숙이 들어앉아 독서만 하고 시사(時事)는 입 밖에 내지 않았다. 이듬해 봄에 아들을 보내 서울로 돌아가게 하였고, 술을 마시다가 이 백사(李白沙 이항복(李恒福))의 〈철령운가(鐵嶺雲歌)〉를 외웠는데, 음절이 처량하여 자리에 있는 사람들이 모두 눈물을 흘렸다.

2월 2일 유배지에서 세상을 떠나니, 향년 65세였다. 그 해 5월에 양주(楊州)의 동해곡(東海谷) 곤향(坤向)의 언덕에 장사지냈다. 2년 뒤 갑술년(1694, 숙종20)에 인현왕후가 복위되자 공의 관작을 되돌려주라 명하고, 또 하교하여 지난날에 대한 후회를 통렬히 보였으니, 공의 충절이 더욱 후세에 할 말이 있게 되었다. 금상(今上 영조) 을사년

(1725, 영조1)에 문헌(文憲)이라는 시호가 내려졌다. 공의 선조 중 영의정 충경공(忠景公) 남재(南在)는 국초의 명재상이며, 현감 증 찬성 휘 복시(復始), 도사 휘 진(鎭), 부사 휘 득명(得明)이 바로 공의 3대인데, 두 대에 걸친 증직은 모두 공의 직질에 견주어 그렇게 된 것이다. 모친은 평산 신씨(平山申氏)로, 장절공(壯節公) 신숭겸(申崇謙)의 후손이며, 사인(士人) 복일(復一)이 그의 부친이다.

공은 지평 평강(平康) 채성귀(蔡聖龜)의 딸과 혼인하였다. 아들 정중(正重)은 관찰사를 지냈고, 관찰사의 아들 한기(漢紀)는 부사를 지냈다. 딸 여섯은 군수 이정엽(李廷爗), 사인 이창조(李昌朝), 현령 홍우집(洪禹集), 지평 이도겸(李道謙), 진사 정석명(鄭錫命), 목사 민익수(閔翼洙)에게 출가하였다. 부사는 아들 셋을 두었는데, 유상(有常)은 문과에 급제하였으나 일찍 죽었고 수찬에 추증되었으며, 유용(有容)은 시직(侍直)을 지냈고, 다음은 유정(有定)이다. 유상의 아들은 공필(公弼)이고, 유용의 아들은 공보(公輔)이다. 명중(命重), 성중(聖重), 경중(景重)은 공의 측실 소생이다.

시문 몇 권이 있고, 편찬한 《기아(箕雅)》[56]가 세상에 전한다. 공은 사람됨이 질박하고 신실하여 후하고 민첩하며 장엄하면서도 온화하며, 겸손함으로 자신을 수양하여 남과 경쟁하는 일은 없었다. 마음속으로는 확고하게 지키는 바가 있었으나 여러 사람과 크게 다른 점을 추구하지 않았다. 사는 곳은 비바람을 가리지 못하였고, 털옷 하나를 20년간 입어서 보는 사람들이 재상인지 몰랐다. 문장을 지을 적에는 신기할

56 기아(箕雅) : 남용익이 편찬한 시집이다. 신라 최치원(崔致遠)으로부터 조선 현종 때의 김석주(金錫胄)에 이르기까지 497인의 시를 모아 엮었다.

정도로 빨라서 광채가 번쩍였고, 풍류가 드러나 온 나라를 경동시켰는데도, 그 얼굴을 보면 무능한 것처럼 겸손하였으며, 그 말을 들으면 제대로 말을 못하는 것처럼 더듬거렸다. 내가 어렸을 적에 공의 얼굴을 한번 뵌 적이 있는데, 아직도 이러한 모습을 기억할 수 있다.

공은 집에 있을 적에 세 누이를 지극히 아꼈고, 고아가 된 생질을 길렀다. 선조를 독실히 받들었으며, 인척에게 후하였다. 집안에서의 아름다운 몸가짐이 또 이러하니, 말단만을 일삼고 근본을 망각하는 지금 사람들과 비교하면 과연 어떠한가. 이 때문에 마침내 저와 같이 뛰어나고 우뚝하게 성취한 것이니, 처음에 공을 문장이나 하는 선비로 알았던 자는 사실 깊이 알지 못한 것이다. 그러나 공의 짤막한 문자를 얻으면 큰 옥처럼 보배롭게 여겼고, 미개한 나라에서도 나라를 빛낼 인재임을 알았으니, 그 문장이 성대하다고 하겠다. 다만 뒤에 공을 귀하게 여기는 것은 그 이유가 문장에 있는 것이 아니라 만년의 절의(節義)에 있으니, 그 경중이 따로 있는 것이다. 세상의 사람들도 선택할 바를 알 것이다. 명(銘)은 다음과 같다.

아, 호옹은	猗嗟壺翁
크고도 또 너그러웠네	旣碩且寬
말은 어눌했지만 민첩하였고	訥而克敏
하늘이 온전한 덕을 주었네	天與德完
문장으로 드러난 것이	發爲文章
별처럼 화려하였네	華若星爛
속마음을 헤아려 보면	而測其內
간장이 철석과 같네	鐵石爲肝

약관에 명성을 떨쳐 弱冠大鳴
관각에서 근무하였네 翔于金鑾
선실에서 소리 높여 읊조리니 柁樓高詠
남해의 파도가 가라앉았네 蠻海息瀾
맑은 재량과 통달한 식견으로 淸裁達識
자연히 높은 관직에 올랐네 自致大官
임금이 그 문장을 마음에 두어 上懷其文
늘그막에 사단의 우두머리 되었네 老長詞壇
지위는 높았으나 마음은 낮추었고 位崇心卑
아름다움 간직하고 한가로움 지켰다네 含章葆閒
무진년(1688, 숙종14)과 기사년(1689)에 龍蛇之歲
큰 절개 볼 만하였네 大節乃觀
화복을 어찌 말할 것이 있겠는가 禍福奚說
신하의 의리는 편안하였네 臣義則安
철령은 하늘을 가로질러 鐵嶺橫天
눈 닿는 곳은 차가운 구름뿐이었네 目窮雲寒
오직 이 한 마음은 惟此一心
아홉 번 죽어도 붉기만 하였다네 九死如丹
사람이 말하기 어려운 바는 人所難言
아비와 자식 사이라네 父子之間
무고가 쉽게 들어가니 讒構易入
숙종께서 탄식하였네 聖考攸嘆
공의 충성은 더욱 드러났으니 公忠益白
천리는 순환하기를 좋아해서라네 天理好還

사람들은 말하기를	人亦有言
만년의 절의를 지키기 어렵다고 하네	晩節保難
가을 국화는 향기로워	秋菊馨香
저녁 식사에 알맞다네[57]	宜爾夕餐
누가 감히 공을 평할 것인가	疇敢評公
연국공, 허국공[58]과 나란하네	燕許與班
크나큰 이 비석	有穹斯石
양주의 산에 있다네	維楊之山
내 명을 지으니	我作銘詩
백세토록 깎이지 않으리	百世不刊

57 가을……알맞다네 : 《초사(楚辭)》 권1 〈이소(離騷)〉에 "아침에는 모란의 이슬방울 받아 마시고, 저녁에는 가을 국화 떨어진 꽃잎 주워서 먹네.〔朝飮木蘭之墜露兮, 夕餐秋菊之落英.〕"라고 한 데서 유래 하였다.

58 연국공 허국공 : 당 현종(唐玄宗) 때 문장에 뛰어났던 장열(張說)과 소정(蘇頲)에게 각각 붙여진 봉호(封號)이다.

영의정 퇴우 김공 신도비[59]

領議政退憂金公神道碑

국가가 계해반정(癸亥反正)[60] 이후로 선한 무리가 나라를 담당한 지가 이미 60여 년인데, 소인배들이 틈을 엿보아 재앙을 일으키려는 마음을 잊지 않았다. 기해년(1659, 효종10)에 효종이 승하하자, 여러 신하들이 장렬대비(莊烈大妃)[61]의 복제를 의논하며 혹 삼년복을 입어야 한다고 하니, 우암(尤菴) 송 문정공(宋文正公 송시열(宋時烈))이 "대비께서 이미 소현세자(昭顯世子)의 상을 당해 상복을 입었으니, 지금 두 번 참최복을 입을 수 없다."라고 하였다. 또 가공언(賈公彦)의 《의례(儀禮)》 소(疏)에 있는 "서자체이부정(庶子體而不正)"의 설[62]을 인용하

59 영의정……신도비 : 이 글은 김수흥(金壽興, 1626~1690)의 신도비이다. 김수흥의 본관은 안동, 자는 기지(起之), 호는 퇴우당(退憂堂)이다. 1655년(효종6) 춘당대문과에 병과로 급제하여 대사간, 도승지, 영의정 등을 역임하였다.

60 계해반정(癸亥反正) : 계해년(1623)에 일어난 인조반정(仁祖反正)을 말한다.

61 장렬대비(莊烈大妃) : 인조의 계비(繼妃) 장렬왕후(莊烈王后, 1624~1688) 조씨(趙氏)를 가리킨다.

62 서자체이부정(庶子體而不正)의 설 : 《의례(儀禮)》 〈상복(喪服)〉에 대한 가공언(賈公彦)의 소(疏)에 "비록 승중을 했어도 삼년복을 입지 않는 네 가지 종류가 있다. 첫째는 정·체이기는 하나 전중하지 못한 것이니 적자가 몹쓸 병이 들어서 종묘를 주관할 수 없는 경우요, 둘째는 전중은 했으나 정·체가 아닌 것이니 서손이 뒤를 이은 경우요, 셋째는 체이기는 하지만 정이 아닌 것이니 서자가 뒤를 이은 경우요, 넷째는 정이기는 하지만 체가 아닌 것이니 적손이 뒤를 이은 경우를 말한다.〔雖承重不得三年有四種, 一則正體不得傳重, 謂適子有廢疾不堪主宗廟也, 二則傳重非正體庶孫爲後是也, 三則體而不正立庶子爲後是也, 四則正而不體立適孫爲後是也.〕"라는 말이 나온다. 기해

니, 여러 유신(儒臣)들이 따랐다. 대신(大臣)이 논쟁의 발단을 일으킬까 두려워 《경국대전(經國大典)》 〈오복조(五服條)〉에 명시된 "장자를 위해서나 서자를 위해서나 모두 기년복을 입는다.〔長庶皆朞〕"라는 제도로 결정하였는데, 간사한 자가 말하기를 "서자는 첩의 자식이니, 이는 효종을 폄하하여 적통(嫡統)을 빼앗으려 하는 것이다."라고 하며 다투어 일어나 무고하고 날조하니, 현종이 그들의 음흉한 의도를 훤히 알고 번번이 그들을 처벌하였다.

갑인년(1674, 현종15)에 인선대비(仁宣大妃)[63]가 세상을 떠나자 또 장렬대비의 복제를 논의하였다. 예관(禮官)이 처음에는 《경국대전》에 명시된 장자부(長子婦)의 복제에 따라 기년복으로 정하였다가 사론(士論)이 비난하자 다시 중자부(衆子婦)의 복제인 대공복(大功服)으로 고쳤다. 영남 사람 도신징(都愼徵)이 간사한 무리들의 사주를 받고 상소를 올려 그 일을 비방하였다.[64] 현종이 여러 신하들을 불러 그 상소를

예송 때 송시열 등의 서인 쪽에서는 이 사종설 가운데 세 번째가 효종에게 해당한다고 하여, 인조의 계비인 자의대비 조씨가 삼년복 대신에 기년복을 입어야 한다고 주장하여 관철하였다.

63 인선대비(仁宣大妃) : 효종(孝宗)의 비 장씨(張氏)를 가리킨다.

64 도신징(都愼徵)이……비방하였다 : 1674년 7월 6일 대구 유생 도신징이 대비의 복제를 대공(大功)으로 고친 것에 대하여 비판하는 상소를 올린 일을 말한다. 이 상소에서 도신징은 자의대비의 복제를 대공으로 한 것을 강력하게 비난하면서, "장부(長婦)인 효종비 인선왕후(仁宣王后) 장씨(張氏)를 위해서 시어머니인 자의대비(慈懿大妃)는 기년복을 입어야 하는데, 대공복을 입는다면 이는 장부의 자리를 결국 소현세자빈(昭顯世子嬪)에게 보내는 것이며, 그럴 경우 만약 자의대비가 돌아가신다면 그 적손(嫡孫)으로 숙종이 자처할 수 있겠는가."라고 극언하였다. 이 상소를 계기로 이른바 갑인예송이 발생하게 된다. 《顯宗實錄 15年 7月 6日》

보여주고는 즉시 조정에서 회의하라고 명하였는데, 힐문하여 몹시 심하게 독촉하였다. 퇴우(退憂) 김공(金公)이 영의정으로서 재신(宰臣)들을 거느리고 임금 앞에서 말하기를,

"기해년에는 《경국대전》을 따랐는데, 《경국대전》에는 아들의 상에는 장자와 서자에 관계없이 모두 기년복으로 하지만, 며느리의 상에는 장자부의 경우는 기년복으로 하고, 서자부의 경우는 대공복으로 한다고 하였습니다. 또 종통(宗統)을 계승한다면 장자가 된다는 내용은 없으니, 이번 복제는 마땅히 대공복으로 해야 합니다."

라고 하여 시종일관 한 가지 설을 고수하였다. 임금이 하교하기를,

"《경국대전》은 미비하니, 어찌하여 고례(古禮)를 참고하여 자세히 살펴보지 않는가?"

하니, 공이 대답하기를,

"고례로 말하면 '체이부정(體而不正)'이라는 설이 있어 선왕께서는 진실로 장자가 되실 수 없으니, 비록 대통을 이으셨다고 하더라도 형제의 순서는 이미 정해져 있는 것입니다."

하였다. 현종이 진노하여 엄한 하교로 심하게 질책하고 중도부처(中途付處)하라고 하니, 양사(兩司)에서 쟁론하였다. 8월에 현종이 승하하자, 대계(臺啓)가 비로소 정지되어 드디어 춘천(春川)으로 유배되었는데, 이로부터 흉인들이 권력을 훔쳐 종묘사직이 위태로운 지경에 이르렀다.

그 후 숙종 무진년(1688, 숙종14)에 경종이 태어났을 때, 공이 또 영의정으로 내의원 제조로 있었는데 들어가 임금 앞에서 하례하며 보호하는 방법에 대해 아뢰었다. 하루는 임금이 대신, 육경, 삼사의 장관을 불러서 인견하고는 하교하기를,

"나라의 근본이 정해지지 않아서 나라의 형세가 미약하니, 지금의 큰 계책은 다른 곳에 있지 않다. 주저하고 관망하며 감히 뜻을 달리 하는 자가 있다면 벼슬을 그만두고 물러가도록 하라."

하니, 여러 신료들이 경악하였으나 그 연유를 몰랐다. 임금이 재차 하교한 뒤에야 공이 대답하기를,

"왕자가 탄생한 지 겨우 두어 달이 되었는데 갑자기 명호(名號)를 정하는 것은 너무 서두르는 것입니다. 또 옛사람은 태자(太子)에 대하여 오직 가르쳐 성취시키는 것을 급선무로 여겼으니, 명호를 급하게 여겼다는 말은 듣지 못하였습니다. 왕자가 많은 때라면 혹 맏아들을 세우거나 어진 아들을 간택하겠지만, 지금은 왕자가 한 명뿐이니, 덕기(德器)가 성취된 후에는 세자의 자리가 결국 어디로 돌아가겠습니까? 옛사람이 말하기를 '태어나면서부터 귀한 사람은 없다.'[65]라고 하였습니다. 천자의 원자 이하는 학교에 들어가 모두 선비의 옷을 입는데, 지금 포대기에 싸여있는 왕자에게 명호를 정하는 것은 덕을 기르고 복을 아끼는 방도가 아닌 듯합니다."

하였다. 임금이 말하기를,

"지금 외롭고 위태로운 나라의 형세는 실로 조종(祖宗) 이래로 없던 일이니, 일찍 후사를 정하는 것은 종묘를 중시하기 때문이다. 어찌하여 서두른다고 하는가."

하니, 공이 또 너무 이르다고 말하였다. 그러자 임금이 말하기를,

65 태어나면서부터……없다 : 《의례(儀禮)》 〈사관례(士冠禮)〉에 "천자의 원자도 사와 같으니, 천하에 태어나면서 귀한 자는 없다.〔天子之元子猶士也, 天下無生而貴者也.〕" 하였다.

"종묘사직 중대한 계책은 많은 말이 필요 없으니, 원자의 명호를 속히 결정하라."

하였다. 공이 물러나오자 유위한(柳緯漢)이라는 자가 상소를 올려 공이 전일 축하드린 것은 책임을 면하려는 듯하고, 또 원자를 세우기를 먼저 청하지 않았으며, 이미 결정이 된 뒤에도 여전히 불복하는 마음을 지니고 있다고 하였다. 공이 상소를 올려 대죄하자, 성상이 처음에는 유위한을 처벌하고 공을 위로하여 달랬다. 그러다가 우암이 원자를 세우는 일에 대해 논의하다가 삭출되자, 공 역시 체직되어 파직되었으며, 한 시대의 사류(士類)가 뒤따라 쫓겨나고 흉인들이 다시 조정에 가득 차게 되니, 공이 드디어 장기(長鬐)로 유배되었다. 이때부터 중전의 자리가 불안해지고, 큰 재앙이 세상에 넘쳐나서 공의 아우인 문곡공(文谷公 김수항(金壽恒))과 우암이 모두 사사당하고, 공은 병으로 유배지에서 세상을 떠났다. 아, 치세와 난세가 반복하는 것은 원래 일상적인 이치이지만, 공 한 몸의 생사와 영욕이 걸핏하면 나라의 운세와 연관된 것이 이와 같다.

공은 안동(安東) 사람으로, 휘는 수흥(壽興), 자는 기지(起之), 호는 퇴우(退憂), 다른 호는 지당(止堂)이다. 청음(淸陰) 문정 선생(文正先生 김상헌(金尙憲))이 후사가 없어 그의 맏형 장단 부사(長湍府使) 김상관(金尙寬)의 아들 광찬(光燦)을 데려와 양자로 삼았다. 동지중추부사(김광찬)는 연흥부원군(延興府院君) 김제남(金悌男)의 손녀인 목사(牧使) 김내(金琜)의 따님에게 장가들어 아들 셋을 두었는데 공이 둘째이다. 공은 또 백부 승지공 광혁(光爀)의 후사로 출계하였으니, 실제로는 장단공(長湍公 김상관)의 사손(嗣孫)이다.

공이 8세에 어머니를 여의니, 청음 선생이 거두어 슬하에 두고 길렀다. 조금 장성해서는 수족처럼 부렸으니, 모시고 받드는 데에 민첩했기 때문이다. 힘이 남으면 문장을 공부하였는데, 재주와 품격이 남들보다 뛰어나 무자년(1648, 인조 26)에 사마시에 1등으로 합격하였다. 반임(泮任)[66]을 지낼 때에는 많은 선비들의 앞장을 서서 상소를 올려 문묘의 축문에 청나라 연호를 쓰지 말기를 청하였다.

을미년(1655, 효종6)에 문과에 급제하여 승문원에 분관되었다. 시강원 설서로 옮겼으며, 문곡공과 함께 중시(重試)에 합격하여 추천을 받아 한림이 되었다. 홍문관에서는 남상(南床)[67]에 올라 수찬을 거쳐 응교에 이르렀으며, 사간원 헌납과 지제교를 역임하였다. 한번은 직임에서 물러나 독서하기를 청하였으나, 임금이 윤허하지 않았다. 우암이 이조 판서로 조정에 나아갔는데 공이 좌랑이 되니, 인사가 그로 인해 일신되었다. 부교리가 되어 상소를 올려 '성학을 강론할 것〔講聖學〕, 성상의 뜻을 세울 것〔立聖志〕, 하늘의 위엄을 두려워할 것〔畏天威〕, 백성의 고통을 불쌍히 여길 것〔恤民隱〕, 궁금을 엄격히 할 것〔嚴宮禁〕, 조정을 바르게 할 것〔正朝廷〕, 대신을 가려뽑을 것〔任大臣〕, 언로를 열 것〔開言路〕, 아랫사람의 정을 통할 것〔通下情〕, 어진 인재를 등용할 것〔用賢才〕, 염치를 기를 것〔養廉恥〕, 절약과 검소를 숭상할 것〔崇節儉〕, 기강을 세울 것〔立紀綱〕, 형벌을 신중히 할 것〔愼刑罰〕, 교화를 밝힐 것〔明敎化〕, 처음과 끝을 신중히 할 것〔愼終始〕'의 16조목을 아뢰

66 반임(泮任) : 반궁(泮宮)의 재임(齋任)을 말한다. 반궁은 성균관의 별칭이며, 재임은 거재 유생(居齋儒生 재사에서 기숙하며 수업하는 유생) 중의 임원을 말한다. 재임으로는 동재(東齋), 서재(西齋)에 각각 장의(掌議) 1인과 색장(色掌) 2인이 있다.

67 남상(南床) : 홍문관의 하위직인 박사, 저작, 정자를 가리키는 말로, 홍문관에서 이들의 자리가 남쪽에 위치하였기 때문에 붙여진 이름이다.

었는데, 치도(治道)에 절실하지 않은 것이 없었다. 재차 호서와 호남에 어사로 나갔다.

신축년(1661, 현종2)에 통정대부에 올랐으며, 광주 부윤(廣州府尹)으로 나가 양전(量田)을 행하니, 백성이 실질적인 은택을 입었다. 조정에 들어와 대사간이 되어서는 또 상소를 올려 당시의 폐단을 상세하게 아뢰었다. 첫째는 정사를 듣고 처리하는 것이 점점 게을러지고 있다는 점, 둘째는 간언을 받아들이는 데 점점 태만해지고 있다는 점, 셋째는 민생이 점점 곤궁해지고 있다는 점, 넷째는 인재가 점점 부족해지고 있다는 점, 다섯째는 조정이 점점 무너지고 있다는 점, 여섯째는 법망이 점점 조밀해지고 있다는 점, 일곱째는 기강이 점차 무너지고 있다는 점, 여덟째는 풍속이 점점 투박해지고 있다는 점이었으니, 끝에서는 본원(本原)에 대해 간곡히 아뢰었다. 승지, 병조참의, 대사성으로 옮겼다.

을사년(1665, 현종6)에 경기 관찰사로 발탁되었는데, 임기가 차고 나서도 그대로 유임하였으며, 한성부 우윤, 도승지로 옮겼다.

병오년(1666, 현종7)에 호조 판서에 제수되었고 얼마 뒤에 정헌대부에 가자되었다. 공은 복잡한 일을 능수능란하게 처리하는 재주가 뛰어났고, 재화와 세금을 잘 관리하여 아전이 감히 속이지 못했다.

정미년(1667, 현종8)에 숭정대부에 올랐고, 좌참찬으로 재직 중 부친상을 당했는데, 병을 얻어 거의 죽을 지경에 이르자, 임금이 어의에게 명하여 살펴주게 하였다.

경술년(1670, 현종11)에 숭록대부에 올라 지중추부사, 한성부 판윤, 참찬, 총융사, 강화부 유수를 역임하였다.

신해년(1671년, 현종12)에 다시 호조 판서에 제수되었다. 연신(筵

臣)이 진정(賑政)을 논하면서 굶주린 백성을 가려내기가 어렵다고 하니, 공이 말하기를,

"마땅히 사람을 살리는 것을 급선무로 여겨야 하니, 곡식을 잃는 것은 작은 일입니다."

하니, 사람들이 일의 체모를 얻었다고 하였다. 판의금부사를 겸직하였다.

계축년(1673, 현종14)에 승진하여 의정부 우의정에 제수되었으니, 벼슬길에 나와 이때에 이르기까지 19년이 걸렸다. 간사한 무리들이 기해년(1659) 이후로 온갖 방법으로 방해하였으나 번번이 실패하였다. 그리하여 종신(宗臣) 이익수(李翼秀)를 시켜 영릉(寧陵)에 관한 일을 상소하니,[68] 문곡(文谷 김수항)이 대신(大臣)으로 있다가 삭탈관직을 당하자,[69] 상이 특별히 공에게 그 자리를 대신하게 하였다.

공이 관직에 나와 영릉을 옮기는 일을 맡아서는 일에 따라 지혜를

68 이익수(李翼秀)를……상소하니 : 1673년(현종14) 3월에 영림 부령(靈林副令) 이익수가 상소하여, 효종(孝宗)의 능인 영릉(寧陵)을 조성할 당시에 흙을 단단히 다지지 않아서 장맛비에 의해 지대석(地臺石)이 주저앉아 봉분의 사면에 있는 가석(駕石), 병석(屛石), 상석(裳石) 등이 기울어지고 틈이 생기게 된 것을 아뢰고 천릉(遷陵)할 것을 청하였는데, 현종이 이를 윤허하여 천릉을 거행하게 하였다.《顯宗實錄 14年 3月 24日》 천릉이 거행되자 처음에 영릉을 조성할 때에 주축이 되어 일을 담당하였던 송시열 등의 서인들은 이에 대한 책임을 면치 못하게 되었다.

69 문곡(文谷)이……당하자 : 영릉이 조성되고 난 후 봉축이 무너지고 빗물이 스며드는 문제가 발생하자 정미년(1667, 현종8) 봄과 가을, 신해년(1671, 현종12)에 봉심(奉審)하여 수리하였으나, 결국 천릉하는 상황에 이르게 되었다. 이에 현종이 정미년과 신해년에 봉심했던 신하들을 처벌하였는데, 문곡 김수항은 신해년 당시 선공감 제조로 있었기 때문에 파직당한 것이다.《顯宗實錄 14年 4月 22日》

발휘하고, 일을 줄이고 간략히 하는데 힘쓰니, 백성이 그에 힘입어 소생하였으며, 대내(大內)를 수리하고 공주의 저택에 드는 비용을 없애야 한다고 아뢰었다. 먼저 우암을 초치하여 국정을 자문하고 이어서 영릉의 지문(誌文)을 짓게 할 것을 청하였다. 장응일(張應一)이 이익수를 이어 또 상소하여 영릉을 옮길 적에 수원(水原)으로 정하지 않은 것을 우암의 죄라고 하였는데,[70] 공이 거듭 상세히 해명하자, 상이 하교하기를 "참소하는 사람이 끝이 없는 것은 나의 죄이다."라고 하였다. 장응일은 유배에 처해지고, 얼마 지나지 않아 우암이 다시 정승의 자리에 오르자, 사림이 공을 무겁게 의지하였다.

우암이 얼마 뒤에 조정에 나와 국구(國舅) 김우명(金佑明)에게 논척을 당하였는데, 심지어는 그의 말에 "사람들이 감히 그의 잘못을 바로잡지 못한다."라고까지 하였다. 공이 입대하여 아뢰기를,

"국구는 전하와 사사로운 관계에 있는 사람이고[71] 대신은 유현입니다. 만약 사사로운 관계에 있는 사람의 말로 인해 유현이 편치 못하여 물러가게 된다면 어찌 성상의 덕에 누가 되지 않겠습니까."

하였다. 우암이 물러나면서 또 산릉의 일을 논하고 아울러 국구의 일을 언급하였는데, 상이 그의 상소를 꺼내 보이며 온당치 못한 하교를 내리자 공이 상소를 올려 말하기를,

"송준길은 심사를 아뢰지 못하고 한을 품은 채 죽었고, 송시열은

70 장응일(張應一)이……하였는데 : 영릉의 터를 정할 당시에 조정에서 수원산(水原山)이 좋다고 한 논의가 있었는데 송시열이 이를 무시하고 현재의 자리에 능을 쓰도록 주장하였던 것에 대해 비난한 일을 말한다.《顯宗實錄 14年 6月 14日》

71 국구는……사람이고 : 김우명의 딸이 현종의 비이자, 숙종의 모후인 명성왕후이기 때문에 한 말이다.

지금 조정에 나온 지 며칠이 되지 않았는데, 많은 사람들의 비방으로 곤경을 겪어 돌아가게 되었습니다. 성상의 정성과 예우가 이전과는 전혀 다르니, 초나라에서 머리를 깎고 칼을 씌워 경계한 일[72]이 어찌 밝으신 성상의 세상에서 나와서야 되겠습니까."

하였다.

처음에 효종께서 대로(大老 송시열)를 빈사(賓師)로 대우하고, 비밀리에 청나라에 복수할 계획을 세웠으나 도중에 세상을 떠났기에 만사가 와해되었다. 공이 재상이 되자 오삼계(吳三桂)가 중국 남부에서 군사를 일으키고[73] 정금(鄭錦)이 해도(海島)를 차지하여[74] 천하의 일이 매우 근심스럽다는 말을 듣고서는 마침내 인재를 모아 정사의 폐단을

72 초나라에서……일 : 한(漢)나라 때 초 원왕(楚元王)이 목생(穆生), 백생(白生), 신공(申公) 세 사람을 예우(禮遇)하였는데 목생이 술을 좋아하지 않았으므로 그를 위하여 항상 단술을 마련해 두었다. 원왕(元王)이 죽고 그의 손자 무(戊)가 즉위했을 때에도 단술을 마련했었는데 그 후 잊어버리고 마련하지 않자, 목생이 말하기를, "떠나가야겠다. 단술을 마련하지 않고 있으니 왕의 뜻이 태만해진 것이다. 그런데도 떠나가지 않는다면 초나라 사람이 장차 나를 저자거리에서 목에 형구(刑具)를 씌워 억압할 것이다." 하고, 병을 핑계대고 떠나갔다. 《漢書 卷36 楚元王傳》

73 오삼계(吳三桂)가……일으키고 : 삼번(三藩)의 난을 말한다. 오삼계의 자는 장백(長白)·월소(月所)이며, 요동(遼東) 출신이다. 광동(廣東)의 상가희(尙可喜), 복수(福州)의 경중명(耿仲明)과 함께 삼번이라 불리며 독립 정권과 같은 위치에 있었다. 그런데 1673년 청나라 강희제(康熙帝)가 철수명령을 내리자 반란을 일으켰고 상가희의 아들 상지신(尙之信)과 경중명의 손자 경정충(耿精忠)의 번도 이에 가담하여 '삼번의 난'이 일어났다.

74 정금(鄭錦)이 해도(海島)를 차지하여 : 정금은 중국 정지룡(鄭之龍)의 후손으로 명나라 사람으로서 청나라에 대항하여 싸웠으며, 싸움에 크게 패하자 중국 본토를 떠나 대만(臺灣)으로 들어가서 웅거하였다.

개혁하고 안으로는 정사를 잘 다스리고 밖으로는 외적을 물리쳐 선조를 계승하는 계책으로 삼았다. 상이 한창 공을 전적으로 신임하고, 공 또한 그 뜻을 펼 수 있을 것 같았는데, 불행히도 예를 논의하는 일이 일어났다.[75]

공은 1년 동안 춘천(春川)에 유배되었다가 풀려났는데, 가솔을 이끌고 가평(加平)의 강가 골짜기로 들어가 날마다 사서(四書)와 주자서(朱子書)를 일과로 삼아 공부하고, 의심나는 곳이 있으면 편지를 써서 우암에게 질문하였다. 그 후에 조정으로 돌아와서도 강독을 그만두지 않았으니, 이 때문에 언론으로 드러난 것이 명철하고 해박하여 모두 근거가 있었으니, 《주자어류(朱子語類)》에서 힘을 얻은 것이 많았다.

경신년(1680, 숙종6), 이남(李柟)과 허견(許堅) 등이 반역을 모의하다가 복주되니,[76] 공이 특별히 서용되어 영중추부사에 제수되고 조정에 들어오라는 곡진한 권면을 받았다. 당시 문곡이 영의정이었는데 상이 우암에게 머물러 있기를 권면하고, 여러 유현을 조정으로 불렀다. 공 역시 원임(原任)으로 누차 경연에 참여하여 늘 상에게 제왕의 학문을 권면하며 말하기를,

75 예를……일어났다 : 1674년(현종15) 효종의 비 인선왕후(仁宣王后)의 상에 효종의 모후 자의대비(慈懿大妃)가 어떤 복을 입을 것인지를 두고 벌어졌던 남인과 서인간의 두 번째 예송(禮訟)이 일어났는데, 이 예송에서 서인이 패하여 정계에서 물러나 정국이 크게 변하였다.

76 이남(李柟)과……복주되니 : 1680년(숙종6) 김만기(金萬基)와 김석주(金錫胄) 등이 허적(許積)의 서자 허견(許堅)과 종실인 이남과 이정 등이 역모를 꾸민다고 고변하여 사전에 다스린 일을 말한다. 이에 따라 이들 형제들과 허견과 허적, 윤휴(尹鑴) 등이 사사되고 허목(許穆)은 파직되어 문외출송되는 등 남인이 몰락하고 서인 정권이 들어섰다.

"군주의 덕이 성취되는 것은 경연에 달려 있으니, 자주 유신(儒臣)을 불러 보필하는 바탕으로 삼으시고, 앎을 지극히 하고 이치를 밝혀서 사정(邪正)과 시비를 분별하여 조정을 바로잡아 사방에 미치게 하소서. 교화를 다시 펴시는 초기에는 또 우선 사유(四維)[77]를 널리 펴서 온 세상을 가다듬지 않아서는 안 됩니다."

하였다.

상이 과오를 저지르면 그때마다 일에 따라 경계를 아뢰어 충언을 다하였다. 한번은 한가하게 지낼 때에 진 서산(眞西山 진덕수)의 주의(奏議) 가운데 군덕(君德)과 시정(時政)에 절실한 것을 10여 편을 뽑아 자신의 견해를 그 아래에 각각 붙여서 차자(箚子)를 갖추어 올리니, 상이 가납하였다.

무진년(1688, 숙종14)에 영의정이 되었다. 공이 전후로 정승의 지위에 올라 좌우에서 성상을 보좌하는 모든 일을 지극히 하였으며, 특히 임금의 덕을 바로잡고 사림을 보호하는 것을 자신의 임무로 삼았다. 한창 세상의 변화가 더욱 나빠지고, 나라의 형세가 기울어 갈 때를 당해서도 오히려 차마 버리고 떠나지 못했으며, 반드시 이쪽의 쇠약한 기세를 강화시키고 저들의 진출을 어렵게 하여 나라의 화를 없애려 하였으나, 어찌할 도리가 없었다. 1년 만에 사화(士禍)가 크게 일어나자, 사람들은 모두 혼이 달아나고 두려움에 꼼짝을 하지 못했으나, 공은 태연히 말을 하고 웃었다. 금오(金吾)의 낭관이 오자 그날로 출발하여 미처 문곡과 작별인사를 나누지 못하고 편지로 권면하기를,

77 사유(四維) : 나라를 다스리는 네 가지 강령인 예(禮), 의(義), 염(廉), 치(恥)를 말한다.

"평생 배운 도의 진실한 의리는 생사에 따라 생기거나 사라지는 것이 아니네.〔平生學道眞實義, 不與生死俱存亡.〕"라고 하였으니, 이는 바로 동파(東坡 소식(蘇軾))가 아우 자유(子由 소철(蘇轍))에게 준 시였다. 문곡이 화를 당하면서 영결하는 편지를 보냈는데, 공의 병이 한창 위독했기 때문에 집안 사람들이 차마 전하지 않아 형제가 삶과 죽음이 나뉘는 사이에 알지 못했으니, 더욱 슬픈 일이다. 공이 서울에서 온 손님을 보면 매번 바다 밖에 있는 우암의 소식을 물었는데, 오랜 시간이 지난 뒤에는 다시 묻지 않고, 다만 때때로 벽을 향하여 혼자 말하기를, "현인이 죽으니, 나라가 병드는구나."[78]라고 하고는 이어서 한숨 쉬며 크게 탄식하였으니, 마치 어렴풋이 아는 것이 있는 듯하였다.

경오년(1690, 숙종16) 가을에 병환이 더욱 위독해졌다. 하루는 집안 사람들에게 이르기를, "어젯밤 꿈에 막내 아우(김수항)와 더불어 공복(公服)을 갖추어 입고 함께 효종을 뵈었으니, 나의 목숨이 위태로운가 보다."라고 하였으며, 얼마 뒤에 세상을 떠났으니, 실로 10월 12일의 일로, 향년이 65세였다. 운구하여 돌아와 다음해 정월에 양주(楊州)의 선영에 장사지냈으며, 5년 뒤 갑술년(1694, 숙종20)에 상이 비로소 뉘우쳐 공의 관작을 회복시키고 치제(致祭)하도록 명을 내렸다.

부인 남원 윤씨(南原尹氏)는 목사 형각(衡覺)의 따님으로, 인자하고 총명하며 식견이 뛰어났는데, 공보다 19년 뒤에 세상을 떠났으니, 병술년(1704, 숙종32) 모월 모일에 합장하였다. 모두 2남 9녀를 낳았는데, 장남 창렬(昌烈)과 딸 넷은 일찍 죽었다. 차남 창열(昌說)은 군수

78 현인들이……병드는구나 : 《시경》〈대아(大雅) 첨앙(瞻卬)〉에 나오는 시로, 현자의 죽음을 슬퍼한 시이다.

를 지냈고, 다섯 딸은 현령 홍택보(洪澤普), 군수 송광속(宋光涑), 대사헌 이희조(李喜朝), 판서 이만성(李晩成), 목사 이성좌(李聖佐)에게 출가하였다. 손자는 원겸(元謙), 형겸(亨謙), 이겸(利謙), 정겸(貞謙)이며, 외손은 다 기록하지 못한다.

공은 작은 체구에 코가 오뚝하고 눈이 우묵하였으며, 정채가 사람을 쏘는 듯하였다. 총명하고 민첩하였으며, 관대하고 공평하며 간략하고 편안하였으며, 평소 조용하게 지내 눈썹을 찌푸리는 모습을 한 번도 보이지 않았다. 일을 처리할 때는 목소리와 얼굴빛에 변화가 없었으나 조리가 상세하고 주밀하였으며, 핵심과 요점을 파악하여 시원스레 막힘이 없었다. 이 때문에 내직과 외직을 거치면서 시행하지 못한 일이 없었다. 군주의 덕에 미비한 점과 당시 정치의 득실과 관계된 모든 일에 대해서 알면 말하지 않은 적이 없었다. 임금에게 충성하고 나라를 사랑하는 정성은 신명에게 맹세할 수 있지만 공에게는 더욱 위대한 점이 있다.

청음(淸陰) 문정 선생(文正先生)은 몸소 세도(世道)를 짊어져 의연히 백대가 우러러 보는 분인데, 공은 이미 가정에서 가르침을 받고 또 천륜으로 강론하며, 위로 주자(朱子)의 법문(法門)까지 거슬러 올라갔다. 늘 우옹과 진퇴영욕을 함께 하니 세도의 성쇠가 그를 따랐으며, 전후의 상소에서 우옹을 언급한 것이 열에 늘 일곱 여덟 번이었으니, 좌우에서 붙잡으며 그 마음과 힘을 다하였다. 여러 차례 그가 주해한 주자서를 간행하도록 청하였다. 또 아뢰기를,

"효종께서 송시열과 함께 긴밀히 세웠던 계책을 민멸되게 해서는 안 되니, 마땅히 기록한 것을 가져와서 명산에 보관하여 국사(國史)에 빠진 부분을 보완하도록 해야 합니다."

하였으니, 공이 시종일관 존숭한 것이 이와 같았다. 드디어 그와 함께 도를 위해 목숨을 바치고서도 원망하거나 후회하지 않았으니, 옛날에 세상을 농락하면서 구차하게 행동하고 은밀히 자신만 온전하게 살아남을 계책을 꾸미는 자와 비교하면 어떠한가.

비록 문곡과는 재앙을 입은 정도에 차이가 있지만, 정도를 지키고 흔들리지 않은 절조로 보자면 동일하다. 선유(先儒)가 소인의 재앙이 오랑캐에 버금간다고 하였는데, 공의 형제가 결국 화를 면하지 못했으니, 문정선생의 닮은 손자라고 할 만하다. 금상(今上) 모년에 '문익(文翼)'이라는 시호를 하사하니, 창열(昌說)이 신도비를 세우려고 나에게 글을 부탁하였다. 내가 교유가 있는 집안의 자제로 의리상 사양할 수가 없다. 명(銘)은 다음과 같다.

아, 한나라와 역적은	嗚呼漢賊
양립할 수가 없네[79]	立不容兩
의리와 욕심은 승부가 있고	義慾勝負
사(邪)와 정(正)은 성쇠가 있네	邪正衰旺
그 기미 조심해야 하니	當愼厥幾
이치는 하나라네	惟理則一
《춘추》의 큰 뜻은	春秋大旨
별과 해처럼 빛나네	皎若星日
누가 담당하였나	誰歟擔荷

79 한나라와……없네 : 한적(漢賊)은 중국과 중국을 거역하는 역적을 묶은 말로, 제갈량(諸葛亮)의 〈후출사표(後出師表)〉에 "한나라와 역적은 양립할 수 없다.〔漢賊不兩立〕"는 대목에서 나온다. 여기서는 명나라와 청나라를 말한다.

오직 청음옹이었네　維淸陰翁
또한 우암이 있어　亦有尤菴
마음을 함께 하였네　心德與同
뜻있는 선비들 침통해하며　志士沈痛
우리 영릉을 통곡하였네　哭我寧陵
후사를 보좌하게 하여　俾輔後嗣
지업을 계승하였네　志業是承
외적을 다 물리치지 못했는데　外攘未究
내홍이 자주 일어났네　內訌頻作
심양에 구금되었으며　瀋館之縶
바닷가로 유배를 갔네　瘴海之謫
선한 사람이 어찌 액운을 만났는가　善人何厄
우리 도가 날마다 쇠퇴하였네　吾道日替
청음옹에게 손자 있으니　淸翁有孫
대로(송시열)를 지켰네　大老是衛
한가한 와중에 주해를 단 것은　閒中箋註
주자의 글이었네　考亭之書
공이 간행해야 한다고 하였으니　公曰刊行
어찌 감히 헛되이 천천히 하랴　曷敢虛徐
스승의 연원이　父師淵源
여기에 있지 않은가　不在玆乎
또한 선대왕과 함께　亦越先朝
긴밀한 계책을 세웠으니　密勿謀猷
명산의 석실에　名山石室

보관할 만하도다	可以藏之
천하 후세에	天下後世
영원히 할말이 있도다	其永有辭
오직 이 의리는	惟此義理
아홉 번 죽어도 후회 없네	九死靡悔
나라에 어려움 있으니	邦國有難
함께 패배를 당했네	同受其敗
당시 사람들이 모두 바라보니	一時具瞻
어진 아우가 있었네	乃有賢季
빛나는 충성심은	炯炯赤心
생사에 차이가 없네	罔間生死
죽은 이를 곡하는 눈물	映睫死淚
바다를 넘어 서로 비추었네	跨海相照
화복을 어찌 말할까	禍福奚說
진실로 선조를 닮았네	允矣克肖
하늘이 취하여 깨지 않으니	天醉無醒
겉으로는 남았지만 없어진 것 같네	陽存若亡
나는 쇠퇴한 세상을 위하여	我爲衰世
명을 짓노라	用作銘章

도암집

제28권

신도비
神道碑

좌의정 노봉 민공 신도비[1]

左議政老峰閔公神道碑

숭정(崇禎) 말엽에 효종대왕께서 먼저 대의(大義)를 밝혀 왕실을 장려하시니, 이때에 두 분 송 문정공(宋文正公 송준길과 송시열)이 빈사(賓師)의 지위로 국정을 계획하고 의논하였고, 문충공(文忠公) 민정중(閔鼎重)이 유악(帷幄)의 시종신으로서 실로 앞뒤에서 도왔다. 얼마 뒤에 효종대왕께서 승하하시고 국가에 일이 많아 공이 두 조정(현종조와 숙종조)에서 주선하였으나 지위가 높아질수록 도(道)는 더욱 외로워져 끝내 뜻을 지닌 채 유배지 변방 고을에서 작고하셨다. 임금과 신하 사이에는 시종일관 감동할 만한 만남이 있었지만 천하의 일은 사람이 뜻대로 할 수 있는 바가 아니다.

공의 자는 대수(大受)이고 여흥(驪興) 사람이다. 경주 부윤(慶州府尹)을 지내고 영의정에 추증된 휘 기(機)의 손자요, 강원도 관찰사를 지내고 영의정에 추증된 휘 광훈(光勳)의 아들이요, 여양부원군(驪陽府院君) 문정공(文貞公) 유중(維重)의 형이다.

공은 사람됨이 준엄하고 밝았으며 학문은 경(敬)을 위주로 삼았다. 과감하게 직언하기를 좋아하고 명성과 품행을 닦아 사대부를 이끌었다. 처음에 공은 진사로서 장원급제하여 22세에 성균관 전적에 보임되

1 좌의정……신도비 : 이 글은 민정중(閔鼎重, 1628~1692)의 신도비이다. 민정중의 본관은 여흥(驪興), 자는 대수(大受), 호는 노봉(老峰)이다. 저자에게는 외종조부가 된다.

었는데, 당시 효종께서 막 즉위하신 때였다. 병조 좌랑과 세자시강원 사서로 옮겼다. 직언한 것이 있어 상께서 가상하게 여기고 경외하였다. 사간원 정언을 거쳐 홍문관 수찬에 제수되고 교리로 옮겼다가 호남 어사에 차임되었다. 당시 오랜 가뭄으로 인해 공이 글을 올려 소현세자빈(昭顯世子嬪) 강씨(姜氏)의 원통함을 풀어주기를 청하고, 또 바다에 표류된 중국인들을 청나라로 압송해서는 안 된다고[2] 아뢰었는데, 상께서 인견하여 강씨의 옥사를 서둘러 신원할 수 없는 정상을 상세히 말씀해주셨다. 얼마 뒤에 호서 어사로 나갔다가 돌아와 다시 교리에 제수되었다. 이전에 강씨가 선왕조에서 일에 연루되어 폐위되어 죽었고 그 어린 자녀들은 모두 섬 백성으로 편입되었다. 사람들이 애통하게 여기면서도 감히 말하지 못했는데 공이 홀로 이 일을 먼저 논한 것이다. 상이 공의 충성을 알고서 벌을 내리지 않자 신하들이 모두 놀랐다. 공이 상에게 인정받은 것은 여기에서 비롯하였다고 한다.

공은 높은 재주와 뛰어난 명망으로 여러 군자를 따라 어려운 시절에 임무를 맡아 마음을 다하고 힘을 함께하여 큰일을 도모하였다. 이때에 뜻을 세우고, 학문에 힘쓰고, 훌륭한 인재를 기용하고, 곤궁한 백성을 구휼하고, 변경의 방비를 중시하는 것을 국력을 회복시키는 요체로 삼았다. 일찍이 상에게 아뢰기를,

"전하께서는 지기(志氣)는 매우 날카롭지만 전일하고 확고한 실상이 없으며, 규모는 비록 크시지만 뒤집어 자주 변경하는 실수가 있으

2 바다에……된다고 : 1652년(효종3) 3월 30일에 중국 상인이 제주 정의현(旌義縣)에 표류되어 일본으로 보내주기를 청하자, 영의정 정태화(鄭太和)가 북경으로 보내지 않으면 청나라에게 힐문당할까 염려된다고 반대하였다. 《孝宗實錄 3年 3月 30日》

며, 깊은 궁궐에 오랫동안 계시어 안락하게 지내는 습관에서 벗어나지 못하시니, 근본을 세우고 정무를 다스리는 법도가 아닙니다."

하니, 임금이 대번에 불러서 보고 사례하였다. 얼마 뒤에 청나라에서 사신을 보내어 조정의 사정을 조사하고 책임을 추궁하였는데,[3] 공이 또 상소하기를,

"오랑캐 사신이 연이어 이르러 나라를 모욕함이 심하니, 신은 분하고 비통하여 죽고 싶습니다. 진실로 마땅히 성총(聖聰)을 활짝 열어 선악을 살펴 분별하시고, 먼저 큰일을 하려는 뜻을 분발하여 자리만 채우는 신하를 기르지 마시고, 절의를 권면하고 충성을 권면하여 임금이 한갓 오랑캐에게 곤욕당하는 일이 없게 하소서."

하니, 상이 답하기를,

"상소를 읽으니 기운을 산처럼 솟구치게 하는구나."

하였다.

홍문관 응교와 사간원 사간으로 옮겼다가 다시 어사가 되어 영남으로 나갔다. 돌아와서 사헌부 집의에 제수되었다가 묘당의 천거로 동래부사(東萊府使)로 나갔다. 동래부는 왜인을 접대하는 일을 관장하는데 왜인들이 본디 교활하고 사나워 법령을 범하곤 하였다. 이에 공이 한결같이 법대로 처리하자 왜인들이 몹시 원망하였다. 한번은 연회 자리에서 칼을 뽑아 공의 자리로 던졌는데 공이 꿈쩍하지 않으니, 서로 이끌고 무단으로 관문(館門)을 나가는 것을 공이 군사를 동원하여 막았다. 왜인들이 이후로는 공의 위엄에 굴복하여 감히 명을 범하지 못했다.

3 청나라에서……추궁하였는데 : 1657년(효종8) 2월 염초(焰硝)의 금법(禁法)을 범한 일로 청나라 사신이 조사하러 온 일을 말한다.《孝宗實錄 8年 2月 30日》

부름을 받아 예조 참의에 제수되었다. 얼마 안 되어 효종대왕이 승하하셨는데, 공이 고례(古禮)에 따라 백관이 상복을 갖추기를 청했으나 의론이 시행되지 않았다. 병조 참의로 옮겼다. 부친상을 당하였다. 상기(喪期)를 마치고 사간원 대사간에 제수되었다. 전라도 관찰사가 "땀을 흘리는 불상이 있다."고 아뢰었는데, 공이 그 불상을 부수어 간악한 귀신을 없애버리기를 청하였다.

승정원 동부승지를 거쳐 성균관 대사성으로 옮겼다. 두 이원(尼院)의 재목과 기와로 태학의 재사(齋舍)를 증수(增修)하기를 청하였는데, 바로 지금의 비천당(丕闡堂)과 일량재(一兩齋), 벽입재(闢入齋) 등이다. 공이 날마다 이곳에서 성심으로 강의하여 사풍(士風)이 크게 진작되었으니, 이후에도 항상 대사성의 지위를 겸하여 정경(正卿)에까지 이르렀다.

명을 받고 경기 지방의 토지를 개량(改量)하자 백성이 이를 편리하게 여겼다. 또 성상께 자주 경연에 나오고 궁장(宮庄)을 모두 폐지하라고 청하였으나 따르지 않았다. 이조 참의로 옮기고 비변사와 승문원의 직임을 겸하였다. 이조 참판으로 승진하였다. 얼마 뒤에 병으로 사직하고 충주(忠州)로 돌아갔다. 함경도 관찰사에 제수되었다. 변새를 순행하여 병기를 수선하고 부세와 요역을 공평하게 시행하였다. 북쪽 사람들이 관혼상제의 예를 알게 된 것은 공에게서 비롯된 일이다.

내직으로 들어와 홍문관 부제학과 사헌부 대사헌에 제수되고 호조판서로 발탁되었다. 청나라에 사신으로 나갔다가 돌아와 지중추부사, 공조·형조·예조·병조의 판서, 한성부 판윤, 의정부 참찬에 제수되었다. 맡은 일에 직분을 다하여 나태하지 않고 더욱 삼갔으나 조정의 의논이 분분하고 시사가 더욱 어긋나 공이 조정에 오래 안주할 수 없었다.

갑인년(1674)에 숙종께서 보위에 올랐다. 이듬해에 숭정대부로 가자(加資)되고, 얼마 뒤에 이조 판서에 제수되었다가 곧바로 체직되었다. 이때 윤휴(尹鑴)와 허적(許積)이 정권을 잡아 두 분 송 문정공이 한 분은 위리안치되고 한 분은 추적(追謫)되자,[4] 공이 같은 죄를 받기를 청하여 마침내 연좌되어 삭직되었다.

기미년(1679, 숙종5)에 장흥부(長興府)로 유배되었다.

이듬해 윤휴의 무리 허견(許堅)과 이정(李楨) 등이 반역을 꾀하다 처형되고, 공은 유배지에서 기용되어 도중에 대광보국숭록대부 의정부우의정에 제수되었다. 당시 문충공(文忠公) 김수항(金壽恒)이 영의정에 올라 한마음으로 정사를 보좌하였다. 좌의정으로 승진하여 4년간 직분을 수행하다가 면직되었다. 공은 재상이 되어 사사로운 편법을 막고, 엄체된 인사들을 발탁하고, 천재지변에 근신하고, 백성의 고통을 살피는 데에 힘써 젊은 임금을 보좌하여 정치의 체모를 세웠다.

일찍이 "김익훈(金益勳)이 비밀스러운 일을 기찰하여 고변(告變)하여 죄인을 붙잡았으니, 다른 일을 끌어대어 지나치게 죄를 줄 수 없다." 하고, 또 윤증(尹拯)이 스승을 배반한 죄를 통렬하게 지적하니 군소배들이 마침내 좋아하지 않았다. 이때 후궁 장씨(張氏)가 새로 총애를 받아 윤휴와 허적의 무리가 다시 일어나 정권을 잡았다.

4 이때……추적(追謫)되자 : 1674년(숙종즉위년) 갑인예송 때 서인은 대공설(大功說)을, 남인은 기년설(朞年說)을 각각 주장했는데, 이때 남인의 기년설이 채택되어 서인 정권이 몰락하여 이미 사망한 송준길은 관작을 추탈당하고 송시열은 덕원(德源)으로 유배되었다가 장기(長鬐)에 위리안치(圍籬安置)되었다. 추적은 사후에 처벌되는 것을 말한다.

기사년(1689, 숙종15) 봄에 송 문정공(송시열)과 김 문충공(김수항)이 모두 섬으로 유배되었다가 얼마 뒤에 사사(賜死)되었다. 인현왕후(仁顯王后)가 폐위되어 사제(私第)로 나가자 충정공(忠貞公) 오두인(吳斗寅)이 조정에 간언을 올리다가 죽었고, 공 또한 벽동군(碧潼郡)으로 옮겨 위리안치되었다. 공이 평소에 풍비(風痺)를 앓아 일어나지도 못했는데 명을 듣고는 곧바로 출발하였으며 언사와 행동이 평소와 다름없이 아무런 기색도 없었다. 흉도들이 공을 사형에 처하라고 계속 주청하였으나, 상께서 허락하지 않았다.

임신년(1692, 숙종18) 6월 25일에 적소(謫所)에서 돌아가셨는데 향년 65세였다. 3년 뒤 갑술년(1694, 숙종20)에 상께서 크게 뉘우쳐 인현왕후가 복위되고, 마침내 명을 내려 공의 관질(官秩)을 회복시키고 예관(禮官)에게 치제(致祭)하게 하고 유사(有司)에게 장사를 돕게 하였다. 처음에는 양주(楊州)에 장사지냈다가 뒤에 여주(驪州) 대거(大居) 술좌(戌坐)의 언덕으로 옮겼다.

공은 두 번 장가들었다. 신씨(申氏)는 세마(洗馬) 변(昪)의 따님이고, 홍씨(洪氏)는 관찰사 처윤(處尹)의 따님으로, 모두 정경부인이 되었다. 아들 진장(鎭長)은 우의정이고, 딸은 이인식(李寅烒)에게 출가하였다. 손자 재수(在洙)는 정랑이고, 계수(啓洙)는 판관이고, 안수(安洙), 학수(學洙), 덕수(德洙)는 모두 일찍 죽었으며, 세 손녀는 정랑 홍중석(洪重錫), 판서 박사익(朴師益), 목사 이굉(李浤)의 아내이다.

나 이재(李縡)는 문정공(文貞公 민유중(閔維重))의 외손이다. 일찍이 공의 묘지(墓誌)를 지었다는 이유로 지금 그 사증손(嗣曾孫) 백남(百男)이 또 비석에 새길 글을 부탁하기에 마침내 서(序)를 쓰고 시를 짓는다. 시는 다음과 같다.

문충공이 처음 벼슬한 것은	文忠之始
우리 영고[5] 때부터였네	自我寧考
공손하고 삼가시는 영고께선	翼翼寧考
슬프게도 집안의 불행 있었네[6]	閔有不造
조정에 신하들이 있지만	侯在于庭
누가 임금의 어려움[7]을 구휼할까	孰恤予蓼
지극히 어려운 일이건만	事有至難
한 마디 말로 인정받았네	一言受知
수고로이 애쓰는 그 충정	勤勞忠正
왕실의 보좌였네	王國之毗
상하가 한마음으로	一心上下
중국을 존모하였네[8]	江漢于宗
주밀하게 계획하여	經緯有密

5 영고(寧考) : 천명(天命)을 받아 천하를 평안하게 한 선왕(先王)이라는 뜻으로, 《서경》〈대고(大誥)〉에 "당신의 영고께서 도모하신 공을 이루지 않을 수 없다.〔不可不成乃寧考圖功〕"라고 한 데서 온 말이다. 여기서는 효종을 가리킨다.

6 슬프게도……있었네 : 《시경》〈민여소자(閔予小子)〉에 "불쌍한 나 소자가 집안의 불행을 만나 외로이 애통하게 지내네.〔閔予小子, 遭家不造, 嬛嬛在疚.〕"라고 한데서 온 말이다.

7 임금의 어려움 : 《시경》〈소비(小毖)〉에 "왕가에 많은 어려움을 견디지 못하는데 나는 또 독한 여뀌 위에 앉았노라.〔未堪家多難, 予又集于蓼.〕라고 한 데서 온 말이다.

8 중국을 존모하였네 : 100쪽 주230 참조.

유악에서 주선하였네 帷幄從容
성공하기 어려운 게 일이라 難平者事
영고께서 중도에 승하하셨네 中途而殂
돌아가신 분을 보내고 살아계신 분을 섬겨 送往事居
몸과 도가 함께 하였네[9] 身與道俱
백발에 이르도록 세 조정 섬겼으니 白髮三朝
넘어졌다가도 다시 일어나셨네 既蹎而起
부지하고 바로잡아 양쪽을 화합하여[10] 維匡調娛
우리의 기강을 엄정하게 하였네 爰整我紀
탐욕스러운 흉도들 有饕維凶
계교가 그치지 않았네 莫熸其機
산이 막힌 머나먼 변방으로 山塞幽荒
공이 가서 돌아오지 못했네 公去無歸
왕께서 애통하신 마음으로 王盡于衷
부의를 내리시니 빛나도다 閔錫有章
여강(驪江)은 유유히 흐르고 驪水悠悠
그 언덕은 엄숙하네 有儼其崗
높은 분묘[11]와 매우 가까우니 密邇喬邱

9 몸과……하였네 : 《맹자》 〈진심 상(盡心上)〉에 "천하에 도가 있을 때에는 도로써 몸을 따르고, 천하에 도가 없을 때에는 몸으로써 도를 따른다.〔天下有道, 以道殉身; 天下無道, 以身殉道.〕" 하였다.

10 부지하고……화합하여 : 재상으로서 조정을 화합하게 한 덕을 표현한 말이다. 한유(韓愈)의 〈당고상권공묘비(唐故相權公墓碑)〉에 "부지하고 바로잡아 양쪽을 화합하게 조정하되 정도를 잃지 않았다.〔維匡調娛, 不失其正.〕" 하였다. 《昌黎文集 卷30》

혼백이 성대하게 서리었네	魂魄洋洋
비록 공은 불행했지만	雖公不幸
보존된 것은 영원하리	其存則永
나약한 자는 뜻을 세우고 무지한 자는 분별되리니[12]	立儒廉頑
후세에서 그 고상한 덕행을 논하리라	尙論景行
묘도(墓道)에 명을 새겨	刻銘墓隧
무궁한 후세에 전하네	以視千億
공을 그리워함이 아니라	匪公攸思
영고의 은덕 그리워하네	寧考之德

11 높은 분묘 : 경기도 여주에 있는 효종(孝宗)의 능을 말한다.

12 나약한……분별되리니 : 《맹자》〈만장 하(萬章下)〉의 "백이(伯夷)의 풍도를 들은 자는 무지한 자는 분별하고 나약한 사람은 뜻을 세우게 된다.〔聞伯夷之風者, 頑夫廉, 懦夫有立志.〕"라고 한 데서 온 말로, 민정중의 절조에 사람들이 감화될 것이라는 말이다.

판서 농계 이공 신도비[13]

判書聾溪李公神道碑

예전에 선조(宣祖)께서 연신(筵臣)에게 "이황(李滉)의 제자 중에 조정에서 벼슬하는 자가 있는가?"라고 묻었는데, 유희춘(柳希春)이 정유일(鄭惟一), 정탁(鄭琢), 김취려(金就礪)라고 대답하였다. 율곡 선생이 이 일을 논하여, "저 몇 사람은 수립에 근본이 없는데도 제자라고 명명하였으니, 어찌 퇴옹(退翁)의 욕이 되지 않겠는가."라고 하였다. 이 의논을 미루어보면, 농계(聾溪) 이수언(李秀彦) 공은 참으로 문정공(文正公) 우암(尤菴) 송 선생(宋先生)의 제자라 할 수 있을뿐더러 선생에게도 영광스러운 일이다.

공은 마음가짐과 일처리가 엄준하고 고결하였으며 원수를 보듯이 악을 미워하고 목마른 듯이 의(義)에 나아갔다. 시비를 따지고 사정(邪正)을 분별할 때에는 항상 반드시 큰 부분을 앞세워 "만약 자잘한 절개를 취하여 이리저리 비교한다면 끝내 이해가 이기고 의리가 혼란해지고 말 것이다."라고 하였다. 모든 일에 구차하게 미봉하는 것을 가장 싫어하였으니, 한 가지 일도 열 번 고쳤으며 한 물건도 열 번 부수어 끝내 반드시 명백하고 정당하게 한 뒤에 그쳤다. 임금을 섬김에 있어서는 아는 것은 말하지 않음이 없었고 말하면 남김없이 다 말하였으며 임금을 이끌어 도에 맞게 하는 것을 중시하고 안색을 살펴 구차하게

13 판서……신도비 : 이 글은 이수언(李秀彦, 1636~1697)의 신도비이다. 이수언의 본관은 한산(韓山), 자는 미숙(美叔), 호는 농계(聾溪) 또는 취몽헌(醉夢軒)이다.

용납되는 것을 부끄러워하였다. 일을 맡으면 물이 벼랑으로 떨어지듯이 곧장 나아가고 진취와 이해 따위로 마음이 동요되지 않았다. 천성이 그러했을 뿐만 아니라, 사문(師門)에서 얻은 것이 이와 같았으니, 가령 공이 진출하여 등용되었다면 우암 송 선생의 도를 세상에 조금 행할 수 있었을 것인데, 애석하도다!

유배되어 떠돌던 뒤끝에 다시 부름을 받았지만 하루도 조정에서 편안하지 못하였다. 그 당시 소인이 국정을 잡고 군자가 재야에 있어 평탄하고 험난함이 일정하지 않은 탓에 끝내 공을 원우 완인(元祐完人)[14]으로 성취시키는 데 그쳤으니, 이 어찌 사문(斯文)과 세도(世道)의 불행이 아니겠는가.

공의 자는 미숙(美叔)이다. 한산 이씨(韓山李氏)는 가정(稼亭) 이곡(李穀)과 목은(牧隱) 이색(李穡)에게서 비롯되어 인재(麟齋 이종학(李種學))에서 드러났다. 이후 관찰사 축(蓄)은 광해군 때 고양(高陽)의 무덤 아래에서 32년 동안 두문불출하다가 생을 마쳤다. 우암 선생이 그 지조가 사육신 못지 않다고 칭찬하였으니 공이 바로 그 몇세손이다. 증조 휘 덕유(德游)는 성균관 생원으로 일찍 죽었다. 조부 휘 성연(聖

14 원우 완인(元祐完人) : 당론(黨論)에 휩쓸리지 않고 자신의 절조를 지키면서도 끝내 화를 입지 않은 사람을 이르는 말이다. 원우는 송(宋)나라 철종(哲宗)의 연호로, 당쟁이 격심했던 시기이다. 사마광(司馬光)을 중심으로 한 구법당(舊法黨)이 왕안석(王安石)을 중심으로 한 신법당(新法黨)에게 박해를 당할 때 구법당의 유안세(劉安世)는 온갖 회유에도 불구하고 은둔해 지내면서 화를 당하지 않았다. 유안세에게 관직에 나오기를 종용하자, 유안세가 웃으며 "나는 원우완인(元祐完人)이 되어 사마광을 지하에서 뵙고자 한다. 이런 소신을 깰 수 없다." 하였다. 《宋史 卷345 劉安世列傳》《宋名臣言行錄 後集 卷12》

淵)은 원주 목사(原州牧使)를 지냈다. 부친 휘 동직(東稷)은 전라도 관찰사를 지냈다.

공은 태어나면서부터 기운이 호방하고 얽매이지 않았으니 식자들이 모두 큰 그릇이 될 것을 알았다. 종증조(從曾祖) 이유공(怡愉公 이덕수(李德洙))이 늘 무릎 위에 놓고 찬탄하기를, "우리 가문을 크게 빛낼 자는 필시 이 아이이다."라고 하였다.

경자년(1660, 현종1)에 진사시에 합격하였다.

무신년(1668, 현종9)에 대과에 급제하였는데 과제(科題)에 문제가 있어 파방(罷榜)되었고[15] 곧바로 다음해 정시(庭試)에 급제하였다. 공이 파방되거나 급제하거나 그 기쁨과 슬픔을 조금도 얼굴빛과 말에 드러내지 않으니, 영안위(永安尉) 홍주원(洪柱元) 공이 바다와 같은 도량이라고 칭찬하였다. 예문관에 선발되어 차례로 대교와 봉교로 승진하였다. 기이한 병에 걸려 거의 죽다 살아났는데, 우암 선생이 학문의 힘으로 이겨낸 것이라고 하였다.

갑인년(1674, 현종15)에 비로소 6품으로 승진하여 사간원 정언에 제수되었으나 병으로 사직하였다. 곽세건(郭世楗)이라는 자가 더할 수 없이 우암을 욕보이자, 공은 사화(士禍)가 일어날 것을 알고는 밤낮으로 근심하고 분개하여 침식을 거의 폐하였다. 마침 사헌부 지평에 제수되자, 상소하여 군소배가 무함한 단서를 극력 아뢰니 그 의리

15 무신년에……파방(罷榜)되었고 : 1668년 12월 22일에 정시(庭試)를 설행하여 급제자를 뽑았으나, 성균관의 과시(課試)로 나왔던 문제가 다시 과제(科題)로 출제되었다는 물의(物議)가 비등하여 이해 12월 30일에 파방되었다.《顯宗實錄 9年 12月 22日, 30日》

가 명백하였다. 상소가 들어가자 상의 진노가 그치지 않아 화를 예측할 수 없을 지경이었으나, 옥당에서 차자를 올려 구원한 덕분에 처벌이 체직되는 정도에 그쳤다. 당시 부친 관찰사 공이 전라도 감영에서 이 소식을 듣고는 기뻐하며, "너의 논사(論事)가 참으로 내 마음과 같구나."라고 하였는데, 이듬해에 체직되어 돌아왔다. 공이 먼저 고향으로 내려가 옛 집을 수리해서 어버이를 모시고 돌아가 늙을 계획을 세웠는데, 이 해 겨울에 관찰사 공이 세상을 떠나자 청주(淸州)로 돌아갔다.

경신년(1680, 숙종6)에 권력을 농간하던 간신들이 모두 쫓겨나고 조정이 맑아졌다. 공은 사간원 정언에 제수되어 부름을 받고 조정에 들어가 가장 먼저 정승 허목(許穆)의 죄를 논하였다. 지평으로 옮겼다가 옥당으로 들어가 누차 부교리, 교리, 수찬을 역임하였다. 이조 좌랑으로 옮겨서는 관리의 임명과 승진에 한결같이 공의(公義)를 따랐으며, 삼학사(三學士)와 송 천곡(宋泉谷)[16]의 후손을 등용하여 충절을 권장하기를 아뢰었다. 성상의 잘못이나 정사의 과실이 있으면 앞장서서 말하고 기휘(忌諱)를 피하지 않았다. 도감(都監)의 공로로 통정대부로 승진하였으나, 준직(準職)을 거치지 않았다는 이유로 자급이 환수되었다. 장악원 정으로 옮겼다가 그날로 응교로 옮겼다. 얼마 뒤에 묘당의 천거로 자급을 뛰어넘어 경상도 관찰사에 제수되었다.

16 삼학사(三學士)와 송 천곡(宋泉谷) : 삼학사는 병자호란 때에 척화론(斥和論)을 주장하다가 심양(瀋陽)에 끌려가 참형을 당한 윤집(尹集), 홍익한(洪翼漢), 오달제(吳達濟)이고, 송 천곡은 송상현(宋象賢, 1551~1592)으로, 임진왜란 때에 동래 부사(東萊府使)로서 왜적에 맞서 싸우다 순절한 인물이다.

공은 복잡한 사무를 처리하는 재주가 뛰어났다. 문서더미가 탁자에 쌓여 있어도 귀로 듣고 입으로 대답하여 순식간에 거의 다 처결하니, 온 도의 사람들이 모두 신명하다고 칭찬하였다. 영남의 풍속은 무단(武斷)을 좋아하는데, 인동(仁同) 고을이 더욱 심하였다. 공은 처음에는 알아듣게 타이르고 중간에는 벌을 내리고 그래도 고치지 않은 뒤에 준엄한 형벌로 징계하는데, 그 중에 한두 사람 죽은 자가 있었다. 이원정(李元禎)의 무리가 《성산지(星山誌)》를 만들어 터무니없는 말로 우암을 무함하고 욕보이고, 이원정의 아우 이원록(李元祿)이 또 앞장서서 사계(沙溪)를 비방하는 상소를 짓고서 무리를 모으고 돈을 거두어 여러 고을에 해악을 끼쳤다. 이에 공이 장계를 올려 《성산지》를 훼판(毁板)하도록 아뢰고 또 악습을 통렬히 금하도록 청하니, 이로 말미암아 원망과 비방이 벌떼처럼 일어났으나 공은 개의치 않았다.

임기가 만료되어 예조 참의에 제수되었다가 승정원 승지로 옮겨 제수되었다. 여러 번 대사간이 되었고 중간에 병조 참지에 제수되었다. 어버이의 봉양을 청했기에 외직으로 나가 안동 부사(安東府使)에 보임되었다. 이조 판서가 "성균관의 교육은 이 사람이 아니면 할 수 없다." 고 아뢰어 마침내 돌아와 성균관 대사성에 제수되었다. 당시 논의가 이리저리 분분하였으나, 공이 재직 중에 한결같이 선비의 습속을 바로잡고 의리를 밝히는 일을 우선으로 삼았기에 선비들의 추향(趨向)이 차츰 정해졌다.

다시 대사간으로 옮겼다. 당시 상께서 가뭄을 근심하여 죄수들의 죄를 관대하게 처결하였는데, 정유악(鄭維岳)도 그 속에 포함되었다. 공이 "정유악의 죄악은 몹시 중하니 경솔하게 석방해서는 안 된다."고 극력 논하여 마침내 명이 환수되었다. 병조 참의를 역임하였다.

갑자년(1684, 숙종10) 겨울에 함경도 관찰사에 발탁되었다. 공은 문교(文敎)를 우선으로 삼고 군사를 다스리는 일을 그 다음으로 여겼다. 육진(六鎭)의 뛰어난 인재와 건장한 젊은이를 선발하여 감영에 두고서 학문을 강하고 무예를 연마시키자 1년 사이에 성취한 사람이 많았다. 또 부역을 공평하게 시행하고 폐단을 개혁하여 온 도민의 마음을 크게 얻었으니, "노봉(老峰) 이후로 이런 사람은 처음이다."[17]라고 하였다.

우리와 뜻이 다른 자가 공이 술 마시기를 좋아하여 정무를 폐했다고 하면서 탄핵했으나 상께서 허락하지 않았고, 당시 이조 판서로 있던 서하(西河) 이민서(李敏敍) 공이 그를 변방 고을로 내쫓아 보임하여 공의(公議)를 보였다. 그러나 공은 여전히 편안하게 지내지 못하다가 마침 국경을 범한 사건으로 인해 해임되어 조정으로 돌아왔다.[18]

병인년(1686) 이후로 육조(六曹)의 참판을 두루 역임하였고 대사헌으로 있은 때가 가장 많았다. 교리 민진주(閔鎭周) 공이 우의정 조사석(趙師錫)을 가복(加卜)한 일을 논하다가 성상의 엄한 견책을 받았는데,[19] 공이 상소하여 힘껏 구제하고 이어 언로(言路)가 꽉 막힌 잘못에

17 노봉(老峰)……처음이다 : 노봉은 민정중(閔鼎重, 1628~1692)이다. 《금곡집(錦谷集)》 권17 〈예조판서 이공 시장(禮曹判書李公諡狀)〉에 "노봉이 일찍이 이 도를 다스릴 때에 처음으로 유교의 교화를 밝혔지만 이후 다스린 자들이 다시 이전의 습속으로 돌아갔는데, 공은 노봉이 시행했던 법식을 찾아 학교를 일으키고 무예를 강습시켰다." 하였다.

18 국경을……돌아왔다 : 당시 평안도의 백성이 청나라 국경을 넘어 삼(蔘)을 채취하다 적발되어 청나라에서 조사관이 나오자, 함경도 관찰사인 이수언도 평안도 관찰사와 함께 조사받고 체직되었다. 《錦谷集 卷17 禮曹判書李公諡狀》

대해 아뢰니, 비망기를 내려 엄히 견책하였다. 이선(李選) 공이 유성운(柳成運) 등에게 참혹하게 탄핵당하고, 우리 숙조(叔祖) 타우공(打愚公 이상(李翔))이 남의 비방과 무함으로 대간(臺諫)의 상소에까지 오르자, 공이 그때마다 모두 인피하고 이들을 위해 사리를 밝혀 변론하였다. 나양좌(羅良佐) 등이 스승 윤선거(尹宣擧)를 위해 신변(伸辨)한다는 핑계로 우암을 모욕하자, 공이 상소하여 통렬하게 변론하였다.

무진년(1688)에 대신(臺臣) 이익수(李益壽)가 금리(禁吏)로 하여금 궁문에 들어온 후궁 어미의 옥교(屋轎)를 부수게 하자,[20] 상께서 진노하여 이익수를 파직하고 금리를 내수사 감옥에 내려 장살(杖殺)하였다. 공이 근심과 개탄을 금치 못하여 상소하여 구제하였는데, 말이 몹시 간절하고 곧았다. 비답이 내려옴에 상께서 후회하는 뜻을 분명히 보이시고, 고문당하다 죽은 금리에게 두루 휼전(恤典)을 거행하라고 도로 명하셨다. 사람들이 처음에는 공이 위태롭다고 여겼으나 도리어 영화롭게 여겼다.

기사년(1689)에 영유현(永柔縣)으로 가서 대부인을 문안하고 오는 길에 이산(理山)으로 유배가라는 명을 듣고서 다시 대부인에게 들러

19 교리……받았는데 : 1687년(숙종13) 우의정을 복상(卜相)할 때에 숙종이 대신들의 잇단 천거를 물리치고 계속 가복(加卜)하게 하다가 결국 조사석(趙師錫)을 천거하도록 하여 낙점하였는데, 부교리 민진주가 이 일을 두고 상소하여 거조의 부당함을 아뢰자, 숙종이 엄중한 비답을 내려 민진주를 꾸짖었다.《肅宗實錄 13年 5月 1日, 21日》

20 대신(臺臣)……하자 : 1688년(숙종14) 10월 27일에 희빈(禧嬪) 장씨(張氏)가 왕자를 낳자 장씨의 어머니가 옥교(屋轎)를 타고 궁궐을 드나들며 산모를 돌보았는데, 지평 이익수(李益壽)가 참람하다는 이유로 금리(禁吏)를 풀어 그 종을 치죄하고 가마를 빼앗았다.《肅宗實錄 14年 11月 12日》

이별하였다. 배소에 이르러 서책을 읽으며 자적하다가 우암의 부고가 이르자 선생을 위해 기년복을 입고 또 제문을 지어 곡하였는데 그 말이 몹시 슬펐다.

이원정의 아들 이담명(李聃命)이 공에게 쌓인 원한으로 인동에서 이전에 형벌을 받아 죽은 장씨(張氏) 집안을 사주하여 격쟁(擊錚)하여 상명(償命)[21]을 청하게 하였고, 이현일(李玄逸)이 또 상께 아뢰어 공을 잡아오게 청했는데, 옥사를 만들 심사였지만 끝내 그 계책을 이룰 수 없었다. 당시 이현기(李玄紀)가 경상도 관찰사로 있었는데 공과는 인척 관계의 정의(情誼)가 있었다. 어떤 이가 가운데서 주선하여 화를 완화시키려 하자, 공이 듣고서 꾸짖기를,

"이 자는 나의 스승을 죽인 자이다. 나는 충직하게 죽을지언정 구차하게 살지 않겠다."

하였다. 윤이도(尹以道)가 성천(成川)의 수령으로서 공에게 선물을 보내자,

"이 자는 타우(打愚)의 옥사를 무함한 자로, 평소에 내가 그 간사함을 미워하였다."

하고 마침내 물리쳤다. 생사가 위급한 순간에도 사양하고 받는 데에 엄격하고 교제에 신중함이 이와 같았다.

당시 고을 아전들이 백방으로 곤욕을 주고 위협한 것이 원성(元城)이 신주(新州)에서 곤액을 당했던 것[22]과 다름없었으나 공은 태연하게

21 상명(償命) : 목숨으로 목숨을 갚는다는 뜻으로, 사람을 죽인 자를 사형에 처하는 형률을 이른다. 《續大典 刑典 濫刑》

22 원성(元城)이……것 : 원성은 유안세(劉安世, 1048~1125)의 호로, 자는 기지(器

지냈다. 강변(江邊) 지역은 풍속이 몹시 어리석고 무지한데, 공이 비루하게 여기지 않고 알맞은 방도로 가르치자, 몇 년 지나지 않아 관혼상제의 예를 알게 되었다. 공이 돌아올 때에는 심지어 눈물을 흘리면서 차마 이별하지 못하였다.

갑술년(1694, 숙종20)에 공이 가장 먼저 석방되어 돌아와 공조와 형조의 참판을 역임하고, 가을에 형조 판서에 발탁되었다. 공이 한결같은 마음으로 공무를 수행하여 송사가 씻은 듯이 사라지니, 현석(玄石 박세채(朴世采))이 공의 공로를 아뢰고 다른 곳으로 옮기지 말고 오랫동안 형조를 맡기자고 청하였다. 당시 남구만(南九萬)이 영의정으로 있으면서 국적(國賊)을 비호하여 정형(政刑)이 문란해졌고,[23] 오로지 세금을 견감하여 은혜를 베푸는 것만 일삼았다. 공이 한번은 조정에서 힐난하기를,

"나라를 다스리는 도는 의리를 밝히고 조정을 바루는 것입니다. 그렇게 되면 은혜와 혜택이 두루 퍼져 백성의 기쁨을 구하지 않아도 백성이 절로 기뻐하여 복종할 것인데, 어찌 굳이 이렇게 명분 없는 은혜를 베풀어 그 기쁨을 구할 필요가 있겠습니까. 혹 흉년이라도 만난다

之)이다. 사마광(司馬光)의 문인으로, 철종 즉위 후에 사마광이 집권하자 그의 천거로 관직에 나갔으나 간신인 장돈(章惇)에 의해 광동(廣東)과 광서(廣西) 등 멀고 험악한 곳으로 일곱 번이나 유배 가면서도 굽힐 줄 몰랐으므로, 소식(蘇軾)이 그를 '철한(鐵漢)'이라 일컬었다.

23 남구만(南九萬)이……문란해졌고 : 국적(國賊)은 장희빈(張禧嬪)의 오빠 장희재(張希載)를 말한다. 당시 인현왕후가 복위되고 장씨가 희빈으로 강등되자, 장희재가 인현왕후를 해치려 모의하다가 발각되어 극형을 받게 되었는데, 남구만(南九萬)이 장희재가 세자의 지친(至親)이라는 이유로 형을 감면해줄 것을 청하여 결국 사형을 면하여 제주도에 유배되었다.《肅宗實錄 20年 5月 20日, 閏5月 2日》

면 국가의 비축이 고갈된 상태에서 무슨 방도로 구제하겠습니까." 라고 하니, 남구만이 대답하지 못했다. 이후 몇 해 동안 크게 기근이 들었는데 백성을 구제할 대책이 없었다. 이에 사람들이 공의 선견지명에 탄복하였다.

또 경연에서 고상(故相) 이단하(李端夏) 공의 원통함을 아뢰어 밝히자, 상께서 하교로 그 억울함을 밝게 풀어주셨으니,[24] 사론(士論)이 훌륭하게 여겼다. 당시 구신(舊臣)들이 거의 작고하여 조야의 촉망이 오직 공 한 사람에게 있었지만, 시대 상황이 날로 어긋나자 우울하고 답답한 심정으로 즐거워하지 않았다.

마침 대신(臺臣) 김덕기(金德基)가 오도일(吳道一)을 탄핵하자, 장령 김연(金演)이 힘껏 오도일을 비호하였는데, 공이 마침내 오도일의 비루하고 패악한 행실과 간흉들에게 아첨하여 잇달아 이름난 고을에 제수되었던 실정을 아뢰었다. 당시 오도일이 수많은 잘못을 저지르고도 부당하게 요직을 차지하고 있었지만, 사람들이 모두 아첨하고 섬겨 감히 말하는 자가 없었다. 공이 격앙하고 분개하여 힘껏 말하니, 사람들이 모두 통쾌하다고 하였다. 유상운(柳尙運)이 이조 판서로 있으면

24 경연에서……풀어주셨으니 : 기사환국으로 정권을 잡은 남인들이 이단하(李端夏)에 대하여, 송시열(宋時烈)의 사사로운 천거에 따라 우의정에 복상(卜相)되었다고 논척하였는데, 이로 인해 이단하는 임종시에 집안사람들에게 정승의 직명을 쓰지 말고 시호를 청하지 말라고 당부하였다. 갑술환국으로 정권이 바뀌자 이수언이 경연에서 이 일을 언급하며 이단하를 비롯한 김수항과 송시열의 억울함을 호소하고, 이들에게 죄가 없음을 명백히 유시해줄 것을 청하자, 숙종이 그 말에 따라 이단하에게 정승의 직명을 쓰게 하고 시호를 내렸다. 《肅宗實錄 15年 2月 10日, 20年 10月 30日》《錦谷集 卷17 禮曹判書李公諡狀》

서 상에게 아뢰기를,

"이 아무개는 노성한 사람으로서 젊은 대간의 논의를 힘껏 도왔으니 참으로 옳지 못합니다."

라고 하였다. 얼마 뒤에 공은 전라도 관찰사로 좌천되었고, 또 둘 다 함께 외직에 보임한다는 논의로 오도일은 강원도 관찰사로 나갔다. 공은 노여워하는 기색 없이 즉시 부임해서는 대부인을 모시고 수연을 베풀고, 우암을 위해 선생이 사약을 받았던 장소에 고암서원(考巖書院)을 지었다.

이해 가을에 다시 대사헌에 제수되었다. 공은 중도에 편비(偏裨)에게 부절을 반납하도록 시키고는 곧장 고향집으로 돌아갔다. 공이 처음에는 취몽헌(醉夢軒)이라는 자호(自號)를 썼는데, 이때에 이르러 농계(聾溪)로 자호를 바꾸고 절대 시사를 말하지 않았다. 찾아와 묻는 자가 있으면 곧장 당의 편액을 가리켜 자신의 뜻을 보였다. 누차 관직에 제수해도 부임하지 않았고, 오직 세자의 가례(嘉禮) 때에 한번 조정에 나아갔다가 곧바로 돌아갔다. 권력을 잡은 자가 공을 찾아와 보합(保合)[25]의 도리를 성대하게 말하자, 공은 웃으며 사양하기를,

"보합은 시골 사람이 알 수 있는 바가 아니오."

라고 하였다. 한강을 건널 때쯤 농암(農巖) 김창협(金昌協) 공이 찾아와 전별하며 말하기를,

"온 세상이 모두 부귀에 취하여 명절(名節)이 있는 줄을 모르는데, 공은 홀로 급류에서 용감하게 물러나 쇠락한 풍속을 진작시켰으니, 실로 세도(世道)를 위해 축하할 일이다."

25 보합(保合) : 대화합의 뜻으로, 조제보합론(調劑保合論)을 말한다.

라고 하였다.

정축년(1677, 숙종23) 5월에 병으로 농계정사(聾溪精舍)에서 세상을 떠나니, 향년 62세였다. 공이 죽기 한 달 전에 청주(淸州)의 수령 이익저(李益著)가 찾아와 자신이 살고 있는 용연(龍淵)의 그림을 보여주었는데, 공이 다음과 같은 시를 지어 화답하였다.

뛰어난 산수와 만종의 봉록이	絶世江山萬鍾富
늙은이의 안빈낙도만 못하네	爭如老漢一瓢貧
오두막에서 날마다 서로 어울리니	窩廬日日相逢處
모두 시공단문복[26] 입는 친척이라오	摠是緦功袒免親

공을 장사지낼 때 가마(加麻)[27]한 종족과 문인이 50여 인이었다.

공은 우리 집안과 실로 여러 세대에 걸친 우호가 있다. 나는 어린 시절에 보았던 공의 모습을 아직도 기억한다. 공이 사람들과 담소할 때면 번번이 소매를 걷고 팔뚝을 드러내어 언론에 위엄이 있었으며 때때로 술을 마시고 한껏 취해 풍류가 넘쳐흘러 온 좌중이 공에게 심취하였으니, 지식이 없는 어린아이였지만 공의 풍도가 호방하여 속류(俗流)의 인물이 아님을 알 수 있었다. 아! 오늘날 어디에서 이런 분을 얻는단 말인가.

26 시공단문복(緦功袒免服) : 시공은 석 달 복(服)인 시마복(緦麻服)과 다섯 달 복인 소공복(小功服)이고, 단문은 오복(五服) 이외의 먼 친척에 대한 복제이다.

27 가마(加麻) : 문인이 스승의 상(喪)에 심상(心喪)을 입는 표시로 겉옷에 삼베 조각을 붙이는 것이다.

공은 집안에서의 행실이 순수하게 갖추어졌는데 계모를 잘 섬긴 것이 가장 훌륭하다. 계모 소생의 두 아우가 모두 차례로 주군(州郡)의 수령이 되었으나 하루도 공의 곁을 떠나지 않으려 하였는데, 공이 반드시 잘 타이른 뒤에야 억지로 부임하였으니, 효성에 차이가 없음이 이와 같았다. 생각건대 공이 조정에서 이룬 사업이 매우 크지만 이것이 어찌 그 근본이 없이 그렇게 되었겠는가. 공은 처음에 청안(淸安)에 장사 지냈다가 뒤에 청주(淸州) 구산(龜山)으로 이장하였다.

부인 해평 윤씨(海平尹氏)는 기옹(棄翁) 징지(澄之)의 따님으로, 어질고 규문(閨門)의 법도가 있었다. 공보다 5년 앞서 죽었는데 공이 죽은 뒤에 합부(合祔)하였다. 공은 아우 수준(秀雋)의 아들 사효(思孝)를 후사로 삼았으나 불행하게도 일찍 죽었다. 그 아들 규서(奎瑞) 또한 요절하여 다시 사제(思悌)의 손자 석재(碩載)를 후사로 삼았는데, 사제는 사효의 아우이다.

사제가 오래 전에 내게 신도비문을 청했으나 병으로 짓지 못하였다. 지금 공의 무덤 묘목이 이미 무성하고 세월이 점차 흘러 공의 지업(志業)을 아는 후생들이 드물다. 나 또한 이제 늙어 죽을 날이 멀지 않았기에 마침내 병을 무릅쓰고서 비문을 짓고 이어 명(銘)을 쓴다. 명은 다음과 같다.

천지의 중간에	天地中間
음양이 나란하네	陰與陽併
하나가 줄어들면 하나가 자라나니	一消一長
치란과 사정이 반복되네	治亂邪正
진흙뻘 속을 걸어가면	拖泥帶水

깨끗한 사람 드물다네	鮮或潔淨
공은 이 두 가지에	公於二者
분별이 분명하였네	剖判得定
인을 좋아하고 악을 미워함은	好仁疾惡
타고난 천성에서 말미암았네	蓋由彝秉
곧을 직 자의 가르침은	直字之訓
우리 스승이 명하신 바이네	吾師所命
끊임없이 행하고 또 행하니	行之不窮
이 때문에 최상에 이르렀네	用是究竟
몸을 돌보지 않고[28] 직언하니	謇謇匪躬
조정의 골경지신이었네	廷有骨鯁
군소배에게 미움이 쌓여	積慍群小
여러 번 함정에 빠졌네	屢蹈危阱
바깥의 병이 들어오지 못하니	外患不入
그 마음 편하고 고요해서라네[29]	心境寧靜
평피왕복[30]에	平陂往復

28 몸을 돌보지 않고 : 《주역》〈건괘(蹇卦) 육이(六二)〉 효사에 "왕의 신하가 국가의 어려움에 힘을 다해 애쓰는 것이 자기의 몸 때문이 아니다.〔王臣蹇蹇, 匪躬之故.〕"라고 한 데서 온 말로, 신하가 국사를 돌봄에 있어서 자신의 안위는 생각하지 않고 오직 국사에만 힘을 다하는 것을 말한다.

29 바깥의……고요해서라네 : 한유(韓愈)의 〈여최군서(與崔群書)〉에 "마음이 한가로워 일이 없어야만 바깥의 병환이 침입하지 못한다.〔心閒無事然後, 外患不入.〕" 하였다. 이수언이 기이한 병에 걸렸다가 살아났던 일을 말하는데, 이를 두고 송시열이 학문의 힘으로 극복한 것이라 하였다.

한결같은 절개 더욱 굳건하였네　一節彌勁
온갖 고생 겪고 돌아오니　萬死歸來
국정을 맡은 이 누구인가[31]　誰秉國政
평소 몹시 미워한 것은　平生赤憎
본성이 간사하고 편벽된 자들이네　回遹其性
강직하고 정대하여 부끄러움 없으니　剛大無愧
용납 받지 못한들 무슨 상관이리오[32]　不容何病
고향 동산에 한번 누우니　一臥邱園
명성이 구정[33]보다 무겁네　名重九鼎
그 풍도가 크고도 넓으니　風流弘長
생전에도 사후에도 공경할 만하네　存沒可敬
돌아가서 선사에게 절하면　歸拜先師
아마도 부끄러움 없으리라　庶無顔頳
조정[34]의 시대를 만나니　時丁調停

30 평피왕복(平陂往復) : 77쪽 주193 참조.

31 국정을……누구인가 : 《시경》 〈절남산(節南山)〉에 "근심하는 마음 술병이 들 듯하니 누가 나라의 국정을 잡고 있기에 스스로 정사를 다스리지 아니하여 마침내 백성들을 괴롭히고 있는고?〔憂心如酲, 誰秉國成, 不自爲政, 卒勞百姓?〕" 하였다.

32 용납……상관이리오 : 99쪽 주226 참조.

33 구정(九鼎) : 하우씨(夏禹氏)가 구주(九州)의 금속을 거두어 들여 9주를 상징해 주조한 아홉 개의 솥으로 하(夏), 상(商), 주(周)가 국가의 정권을 상징하는 전국(傳國)의 보기(寶器)로 받들었다. 솥 하나를 움직이는데 몇만 명이 끌어야 할 정도로 크고 무거웠다고 한다. 《史記 卷28 封禪書》

34 조정(調停) : 중간에서 조화하고 화해시켜 쟁단(爭端)을 그치게 하는 것으로, 다른 당파 사람을 고루 등용하여 붕당의 분쟁을 불식시키려는 정책을 말한다.

공을 더욱 길이 사모하네	思公益永
명을 지어서 이를 밝혀	銘以昭之
묘도(墓道)에 세우노라	用樹墓徑

좌의정 북계 이공 신도비[35]

左議政北溪李公神道碑

숙종 27년 신사년(1701)에 성상께서 후궁 장씨(張氏)에게 사약을 내렸는데 당시 경종이 동궁에 있었다. 일종의 사악한 무리들이 "어미가 죽으면 아들이 편안할 수 없다."라는 말을 나라에 퍼뜨리고 이것으로 상하의 군신(君臣)을 협박하여 마침내 은혜를 온전히 해야 한다는 논의[36]를 주장하니, 온 조정이 바람에 휩쓸리듯 동조하여 반대하는 자가 없었다. 오직 좌의정 이세백(李世白) 공만이 홀로 서서 동요하지 않고서 성상께 아뢰기를,

> "이 일은 위로 대행왕비(大行王妃 인현왕후)와 관련되니 신하들이 어찌 감히 논의하겠습니까."

하였다. 사약이 내린 뒤에 비로소 차자를 올려 동궁을 보호할 방도를 올렸다. 아! 구익(鉤弋)이 죄도 없이 사사(賜死)되었지만,[37] 한 무제

35 좌의정……신도비 : 이 글은 이세백(李世白, 1635~1703)의 신도비이다. 이세백의 본관은 용인(龍仁), 자는 중경(仲庚), 호는 우사(雩沙) 또는 북계(北溪)이다.

36 은혜를……논의 : 지친(至親)의 죄를 법대로 다스리지 말고 용서하여 은혜와 정을 온전히 해야 한다는 논의를 이른다. 곧 세자의 친모인 희빈(禧嬪) 장씨(張氏)를 죽이지 말고 살려주어야 한다는 논의이다.

37 구익(鉤弋)이……사사(賜死)되었지만 : 구익은 궁전의 명칭으로, 조첩여(趙婕妤)가 구익궁에 있었으므로 구익부인이라 하였다. 구익부인은 한 무제의 애희(愛姬)인 동시에 소제(昭帝)의 어머니였는데, 태자는 나이가 어리고 어미는 나이가 강장하니 장차 정사를 간섭할까 염려하여, 아무 죄도 없는데 무제가 고의로 사사하였다.

(漢武帝)의 이 일에 대하여 선유(先儒)는 오히려 그 결단을 훌륭하게 여겼는데, 더구나 우리 성고(聖考 숙종)께서는 국가의 큰 변고를 당하여 사은(私恩)으로 공법(公法)을 폐하지 않고 벼락이 치고 바람이 몰아치듯 크게 강단을 발휘하여 궁궐을 깨끗하게 하고 귀신과 사람을 통쾌하게 하면서도 끝내 자식을 사랑하는 덕도 손상하지 않으셨다. 대성인(大聖人)께서 하신 일이 진실로 어떤 왕보다 탁월하지만, 이공이 재상이 되어 받들고 따르지 않았다면 어찌 하늘의 토벌을 행하고 백세에 인륜을 세울 수 있었겠는가. 공과 같은 이는 참으로 대신(大臣)이라 할 수 있는데, 옛날에 재상의 직임을 어렵게 여겼던 것이 이 때문일 것이다.

공의 자는 중경(仲庚), 호는 북계(北溪)이고, 용인(龍仁) 사람이다. 사람됨이 방정하고 엄숙하고 중후하였으며 평소에도 깊이 생각에 잠긴 듯이 엄숙하였다. 청음(淸陰) 김 문정공(金文正公)은 공에게 외증조부가 되는데, 공을 몹시 귀중한 인재로 여겼다. 공은 당시 어린 나이에도 능히 문정공의 언행을 묵묵히 헤아려 사법(師法)으로 삼았다.

정유년(1657, 효종8)에 진사시에 합격하였다.

병오년(1666, 현종7)에 의금부 도사에 제수되었다. 추천으로 의영고 주부(義盈庫主簿)로 승진하였다. 호조 좌랑을 거쳐 아산 현감(牙山縣監)으로 나갔다가 임기가 만료되어 또 홍천 현감(洪川縣監)으로 나갔다.

을묘년(1675, 숙종1)에 문과에 급제하였다. 공이 평소에 재상감으로 기대 받았기에 사람들이 늦었다고 말하였다. 얼마 뒤에 관직을 버리고 돌아가니 군흉들이 조정에 가득하였다. 1년 뒤에 한번 문겸 선전관(文兼宣傳官)에 제수되었다. 연이어 모친상과 부친상을 당하였다.

신유년(1681, 숙종7)에 상기(喪期)를 마치고 병조 좌랑과 정랑, 사헌부 지평, 사간원 정언, 홍문관 수찬과 교리를 역임하였다. 당시 조정이 일신된 지 오래되지 않아 조정의 의론이 분열되어 서로 자신을 높이 내세웠지만 공은 홀로 물러나 겸손하게 처신하고 또 알직(訐直)[38]을 좋아하지 않았으니, 신진 시절부터 이미 노성하다는 명성이 있었다. 중간에 성균관 직강에 제수되었고 또 호서 어사로 나갔다.

계해년(1683, 숙종9)에 《현종실록(顯宗實錄)》의 개수(改修)에 참여한 공로로 통정대부로 승진하였으나 아직 준직(準職)을 거치지 않았다는 이유로 자급이 환수되었다. 이조 좌랑에 제수되었다가 장악원 정으로 승진하고 집의와 응교로 옮겼다. 얼마 뒤에 승정원 동부승지에 발탁되어 차례로 승진하여 우승지에 이르렀다.

이듬해에 황해도 관찰사로 나갔다. 임기가 만료되었을 때 백성의 소망에 따라 유임되었다. 군제(軍制)와 민정(民政)의 적폐 십여 가지를 조목별로 아뢰었는데, 관향(管餉)[39]을 혁파한 것이 황해도 백성에게 가장 큰 혜택이었다. 이해 겨울에 특별히 공조 참판으로 승진하였으나 후임을 기다리느라 돌아오지 못했는데, 마침 변경에 경보가 발생하여

38 알직(訐直) : 남의 허물을 들추어내는 것을 가지고 곧은 체하는 것을 말하는데, 《논어》 〈양화(陽貨)〉에 "남의 비밀을 폭로하면서 정직하다고 여기는 자를 미워한다.〔惡訐以爲直者〕"라고 한 데서 온 말이다.

39 관향(管餉) : 국가 비상시에 군량으로 쓰기 위해 특별히 관리하던 양곡으로, 인조(仁祖) 때에 설치되었다. 《도곡집(陶谷集)》 권23 〈선고의정부좌의정부군행장(先考議政府左議政府君行狀)〉에 따르면, 서울과 지방에서 필요한 물자가 관향을 통해 마련되는 일이 많아 탐욕스런 무리들이 이를 빌미로 부정하게 착취하여 황해도 백성의 고충이 깊었다고 한다.

평안도 관찰사로 옮겨 제수되었다. 1년을 지내고 사직하여 체직되었다. 동지충주부사, 대사간, 병조와 형조의 참판, 도승지, 대사헌을 역임하고 광주 유수(廣州留守)로 나갔다. 곧이어 연경(燕京)으로 가는 사신에 충원되었으나, 국가의 방비가 중하다는 조정의 논의로 유임되었다.

공은 본래 정사에 뛰어난 재능이 있어 통명하고 민첩하여 막힘이 없었는데 미관말직 시절부터 이미 그러하였다. 실시한 모든 일이 물샐틈없이 완벽하였으니, 요약하여 말하면 오랫동안 시행되어도 폐단이 없었다. 내외의 직임에 두루 시험하여 성대한 공적을 드러내자 대중의 기대가 더욱 공에게 쏠렸다.

기사년(1689, 숙종15)에 역적 민암(閔黯)과 종실 이항(李杭)이 후궁 장씨(張氏)의 오라비인 장희재(張希載)와 몰래 결탁하여 중전을 몰아낼 계략을 꾸몄다. 사화(士禍)가 크게 일어나 문곡(文谷 김수항(金壽恒))은 사약을 받았고 퇴우(退憂 김수흥(金壽興))는 유배지에서 죽었는데 모두 공의 외삼촌들이다. 공도 파직되어 저강(楮江) 가에서 은둔하면서 왕실을 개탄하고 염려하여 비분감개하다가 병이 들었다.

갑술년(1694, 숙종20)에 정국이 바뀌자 도승지가 되어 돌아왔다. 얼마 뒤에 한성부 판윤으로 발탁되고, 지중추부사, 공조 판서, 의정부 참찬을 역임하였다. 당시 인현왕후가 복위되고 장희재의 음모가 모두 드러났는데, 권력을 잡은 정승 남구만(南九萬)이 《주례(周禮)》의 팔의(八議)[40]를 끌어와 형신(刑訊)을 청하지 않고, 또 입대(入對)하여

40 주례(周禮)의 팔의(八議) : 《주례》에서 명시한 형벌을 감면받을 수 있는 여덟 가지 조목이다. 왕실의 일정한 친척〔議親〕, 왕실과 고구(故舊) 관계로 오랫동안 특별한

법을 굽혀 은혜를 베풀기를 청하였다. 공이 지의금부사로서 판의금부사 신여철(申汝哲) 공과 함께 국법을 어지럽힐 수 없다고 힘껏 말하였으나 상께서 따르지 않았다. 남구만의 당여들이 겉으로는 토죄(討罪)를 청했지만 속으로는 실로 비호하였기에 장희재가 살 수 있었으니, 신사년(1701년 숙종27)의 변고[41]가 대개 여기에서 근원하였다.

사화(士禍)를 겪은 이후로 선류(善類)들이 거의 죽임을 당하여 조정에 있는 구신(舊臣)이라곤 오직 공과 이수언(李秀彦) 공뿐이었다. 얼마 뒤에 이공은 전라도 관찰사로 좌천되고, 공 또한 접빈사(接賓使)에 차임되었다가 이어 그대로 남아서 평안도의 별시(別試)를 주관하게 하니, 사실 꺼려서 그렇게 한 것이다. 공이 일찍이 관서를 다스려 남긴 은혜가 있었고 이때에 이르러 또 명을 받들었는데, 백성의 고통을 물어서 아뢰어 혁파한 것이 많았다. 한참 뒤에 조정에 돌아왔다.

권대운(權大運)과 정유악(鄭維岳) 등이 소결(疏決)[42]로 인해 관대한 처분을 받았는데, 대간이 이를 쟁론하였으나 상께서 따르지 않았다. 공이 "중한 죄인을 가벼이 풀어주는 것은 민심을 따르고 하늘을 감동시키는 방도가 아니다."라고 말하여 정유악이 그대로 유배되었다. 얼마

은혜를 입은 사람〔議故〕, 국가에 큰 공훈을 세운 사람〔議功〕, 덕행이 있는 현자〔議賢〕, 재능이 뛰어나서 왕업을 보좌하고 인륜의 모범이 되는 사람〔議能〕, 문관이나 무관으로 정성껏 봉직했거나 사신으로 나가서 현저한 공로가 있는 사람〔議勤〕, 관작이 1품이거나 문무관으로 3품 이상인 사람〔議貴〕, 전대 군왕의 자손으로서 선대의 제사를 맡아 빈(賓)이 된 사람〔議賓〕이다. 《周禮 秋官 司寇》

41 신사년의 변고 : 장희빈이 인현왕후를 무고(巫蠱)한 일을 말한다.

42 소결(疏決) : 국가에서 특별한 경우에 전국의 죄수를 다시 심리(審理)하여 너그럽게 처결하는 것을 이른다.

뒤에 가뭄이 더욱 심해지자, 상신 신익상(申翼相)이 소결이 미진하다는 이유로 여러 재신(宰臣)들을 불러 모아 의논하기를 청하였는데, 공은 병을 핑계로 나가지 않았다.

장희재의 아비가 국구(國舅)로 불리던 시절에 국가에서 그의 비석을 세웠었다. 갑술년 이후에 대신(臺臣)이 이 문제를 거론했으나 여전히 그대로 두었는데, 공이 예조 판서에 오르자 비로소 복주(覆奏)하여 비석을 철거하였다.[43] 절사(節使)로 연경에 다녀와서 의정부 참찬과 대사헌에 제수되었다.

병자년(1696, 숙종22)에 판의금부사에 발탁되고 얼마 뒤에 호조 판서에 제수되었다. 서쪽 지방에 기근이 들자 묘당에서 논의하여 청나라에 구휼미를 요청하려 하였다. 공이 이에 대해 쟁론하였으나 받아들여지지 않았는데, 이후에 과연 오만무도한 서신[44]을 받는 치욕을 불러들였다.

이듬해에 이조 판서로 옮겼다. 당시 군소배가 정권을 잡아 벼슬길이 혼란하였는데, 공이 개연이 악을 물리치고 선을 장려하는 것을 소임으로 삼아 선류(善類)를 등용하고 심히 불순한 자를 배척하니, 권력을 쥔 자들이 매우 유감을 품었다. 교리 유봉서(柳鳳瑞)가 어떤 일로 공을

43 갑술년……철거하였다 : 《도곡집(陶谷集)》 권23 〈선고의정부좌의정부군행장(先考議政府左議政府君行狀)〉에 따르면, 대관(臺官) 최계옹(崔啓翁)이 처음으로 이 문제를 상소하여 이 일이 예조에 내려졌으나 여러 당상들이 그대로 두고 복주(覆奏)하지 않았는데, 이세백이 예조 판서가 되어 비로소 복주하여 비석을 철거하였다.

44 오만무도한 서신 : 1698년(숙종24) 구휼미를 수송하여 조선에 온 청나라 사신 도대(陶岱)가 숙종에 대하여 자신을 '권제(眷弟)'라고 지칭하는 등 매우 오만무도한 내용으로 봉서(封書)를 보내었다. 《肅宗實錄 24年 5月 1日》

무함하자, 상께서 특별히 그를 변방 고을에 보임하였다. 공은 편안히 있을 수 없어 누차 사직을 청했으나 받아들여지지 않았다. 다음해 여름에 또 사직을 청하니, 상께서 "경의 노고가 마침내 끝날 때가 되었다." 라는 비답을 내렸다. 그때 정승 한 자리가 비어 상께서 친필로 써서 특별히 공을 우의정에 제수하였다. 오도일(吳道一)이 상소하여 새로 정승을 뽑은 일을 논하여 사봉(斜封)[45]에 비유하였는데, 오도일은 이전에 공에게 배척당한 사람이었다. 상께서 그 정상을 꿰뚫어보시고 오도일을 쫓아내고 지극히 공을 돈면하니, 공이 감격하여 명에 응하였다.

공은 정승이 되어 신중하기를 힘쓰고 변경하는 것을 좋아하지 않았으며, 또 실제적인 혜택을 베풀기를 힘쓰고 사사로운 친분으로 남을 돕지 않았다. 대궐에 들어가 아뢰고 나와서 차자를 올릴 적에 한결같이 임금을 바로잡고 백성에게 은혜를 베푸는 것을 위주로 하였으며 학문을 강구하고 마음을 바루고 재용(財用)을 절약하고 법령을 지킴에 대해서도 더욱 간절하게 아뢰었다. 교활한 왜인(倭人)이 새로운 육성은(六成銀)[46]의 통용을 청하자, 동료 재상들이 가벼이 허락하였다. 공은 불가하다고 힘껏 아뢰었으나 끝내 받아들여지지 않아 지금도 그 폐단이 심하다. 궐내에 화재가 일어나자, 입대하여 몸을 닦고 반성하는

45 사봉(斜封) : 당 중종(唐中宗) 때 위후(韋后) 및 태평공주(太平公主)와 안락공주(安樂公主)가 권력을 쥐고 뇌물을 받고서 마음대로 관리를 임명하여 황제의 친필 사령서(辭令書)를 비스듬히 봉한〔斜封〕 뒤에 중서성(中書省)에 내려 관리를 임명한 일을 말한다.

46 육성은(六成銀) : 은의 순도(純度)가 60%인 은자를 이른다. 본래 일본과의 교역에는 순도 80%인 팔성은(八成銀)을 사용하였는데, 1698년(숙종24) 3월에 왜인이 처음으로 육성은을 사용하여 교역할 것을 청해왔다. 《肅宗實錄 24年 3月 8日》

방도를 아뢰고, 이어 사치의 폐해가 하늘의 재앙보다 심하다고 말하니, 상께서 가상히 여겨 받아들였다.

좌의정으로 승진하였다. 인현왕후께서 승하하시자 총호사가 되었다. 이항(李杭)이 재궁(梓宮)에 '상(上)' 자를 쓰게 되었는데, 공이 배척하여 물리치니, 이항이 물러나 말하기를, "내가 죽겠구나."라고 하였다. 얼마 뒤에 중궁을 저주한 사건이 발각되자, 상께서 진노하여 친국하여 궁중의 노비들이 모두 자복하였다. 영의정 최석정(崔錫鼎)이 세 차례나 차자를 올려 이 일을 끝까지 조사하지 말 것을 청하자, 상께서 매우 엄하게 견책하였다. 당시 인심이 불안정하고 중외가 흉흉하였는데, 공이 목소리나 안색 하나 변하지 않고 처음부터 끝까지 옥사를 다스리니, 상께서도 공을 의지하고 중하게 여겼다. 장희재는 처형되고 이항은 사약을 받았으며 민암(閔黯)의 아들도 뒤늦게 역률(逆律)로 처벌되었다. 공은 옥사를 다스림에 있어 우물쭈물 돌아보는 뜻이 전혀 없었지만 또한 그 사이에서 공평하게 조정하여 끝내 형벌을 남용하지도 않았다.

한창 여러 신하들이 성상께 은혜를 온전히 하기를 청할 때에 어떤 사람이 공에게 한번 아뢰라고 권하며 화(禍)로 위협하고 복(福)으로 유인하였는데, 공이 의연히 말하기를,

> "신하가 임금을 섬김에 있어서는 오직 의(義)를 따를 뿐, 죽고 사는 것을 어찌 따지겠는가."

하였다. 아! 죽고 사는 것은 사람에게 있어 중대한 일이니, 사람이 목숨을 버리고 죽을 수 있다면 천하에 어려운 일이 없을 것이다. 지금 사람들은 작은 이해에 직면하면 대번에 모두 진퇴를 머뭇거리고 구차하게 이익을 좇거나 해를 피한다. 이 때문에 국가를 저버리고 절개를

잃는 자들이 세상에 가득하니, 이는 단지 죽음에 대한 두려움 때문이다. 공의 한 마디 말은 이러한 무리를 부끄럽게 하기에 충분할 뿐더러 후세 신하된 자들의 모범이 되기에도 충분하다.

임오년(1702, 숙종28)에 상께서 계비(繼妃)를 책봉할 때 공이 가례도감 도제조를 맡았다. 피로가 쌓여 병이 들어 누차 휴가를 받았는데, 와병 중에도 국사를 염려하여 금위영이 혁파되었다는 소식을 듣고는 차자를 올려 쟁론하였다. 임종할 즈음에 우의정 신완(申琓) 공이 직임을 내려놓으려는 공의 간절한 심정을 성상께 진달하니, 상께서 눈물을 흘리며 특별히 허락하였다. 사관(史官)이 성상의 교지를 가지고 이르렀을 때엔 이미 세상을 떠난 뒤였으니, 계미년 4월 9일, 공의 향년 69세였다.

상께서 몹시 슬퍼하시며 조회를 정지하였다. 상께서 태묘(太廟)에 제사를 올리려 할 적에 유신(儒臣) 김진규(金鎭圭) 등이 아뢰기를,

> "중수(仲遂)가 죽었을 때 성인께서는 오히려 역(繹)을 지냈다고 비난하셨으니,[47] 응당 음복(飮福)하고 수조(受胙)[48]하는 절차를 줄여야 합니다."

47 중수(仲遂)가……비난하셨으니 : 중수는 노(魯)나라의 대부이고, 역(繹)은 제사를 지낸 이튿날에 전날의 제사를 심역(尋繹)하여 다시 지내는 제사이다. 《춘추》 선공(宣公) 8년 기사에 "신사일에 태묘에서 제사를 지냈는데, 중수가 수(垂) 땅에서 졸하였다.〔辛巳有事于太廟, 仲遂卒于垂.〕" 하였고, 이어서 "임오일에 오히려 역제사를 지냈다.〔壬午猶繹〕" 하였는데, '오히려 역제사를 지냈다.'라는 것은 대신을 예우하는 예에 알맞지 않음을 공자가 비판하여 말한 것이다.

48 수조(受胙) : 제사를 지낸 뒤에 제관(祭官)이 제육(祭肉)을 나누어 받는 의식을 말한다.

라고 하였다. 이를 대신에게 의논하게 하였는데, 중지되고 시행되지 않았다. 세자가 궁관(宮官)을 거느리고 거애(擧哀)하였다.

공은 체구가 크고 건장하였으며 목청은 큰 종이 울리는 것 같았다. 매번 조회에서 안색을 엄중히 하고 아랫사람을 통솔할 때면 바라봄에 위엄이 있었다. 큰 일이 있을 때면 중론(衆論)이 어지러웠으나 공이 천천히 한마디 하여 결정하였다. 마음가음이 공정하여 대체(大體)를 보존하기를 힘썼으며, 일처리가 마땅하여 사람들의 마음을 복종시켰다. 공이 생존했을 때에는 묘당이 존엄해지고 기강이 떨쳐져서 은연중에 높은 산이 만물을 진무하는 공효가 있었다. 그런데 이후로 정권을 잡은 자들은 작은 지혜를 쓰기를 좋아하고 약속을 어지러이 바꾸어 세도(世道)의 변화에 별별 일이 다 있었으니, 식자들이 탄식하기를,

"이 정승이 살아있었다면 국사가 어찌 이 지경에 이르렀겠는가."

라고 하였다. 평소에 공을 좋아하지 않았던 자들조차 모두 똑같이 말했으니, 여기에서 인심의 공정함을 알 수 있다. 금상 병오년(1726, 영조2)에 충정(忠正)이라는 시호를 내렸다.

시조 길권(吉卷)은 고려에서 태사를 지냈다. 증조 휘 사경(士慶)은 대사간을 지냈고, 조부는 휘 후연(後淵)이고, 부친 휘 정악(挺岳)은 목사를 지냈는데, 공의 관직이 높아짐에 따라 규례대로 추증되었다. 외조는 동지중추부사 김광찬(金光燦)이다.

공의 부인 영일 정씨(延日鄭氏)는 군수 창징(昌徵)의 따님으로, 우의정 유성(維城)이 그 조부이다. 정숙하고 정중하였으며 공이 청렴한 덕을 이루는데 내조하였다. 83세의 나이로 공보다 15년 늦게 세상을 떠나 양주(楊州) 도산(陶山) 묘좌(卯坐)의 언덕에 장사지냈다. 공은 처음에 금촌(金村)에 장사지냈다가 이때에 옮겨와 합장하였다.

아들 의현(宜顯)은 문과에 급제하고 영의정을 지냈다. 네 사위는 권상명(權尙明), 홍덕보(洪德普), 윤부(尹溥), 참의 김희로(金希魯)이다. 의정의 아들은 보문(普文)이고, 세 딸은 황륜(黃棆), 김성주(金聖柱), 신광복(申光復)에게 출가하였다. 사위 권상명의 아들은 섭(燮)과 교리 영(瑩)이고, 김희로의 아들은 시직 치만(致萬)이고, 홍덕보의 양자는 현령 득복(得福)이고, 윤부의 양자는 좌랑 득중(得重)이다.

공은 집안에서의 행실이 매우 돈독하였다. 상중에 거할 때 이미 나이가 많았지만 상제(喪制)를 지킴이 더욱 확고하였다. 백형에게 심병(心病)이 있는 것을 슬퍼하여 어린아이처럼 돌보고 보살폈다. 조정에서 벼슬한 40년간 농지와 노비를 하나도 늘리지 않았으며 검소한 복장을 하고 집에는 잡스러운 빈객이 없었다. 사양하고 받는데 더욱 신중하여 채찍이나 신발 같은 물건도 집안에 들이지 않았고, 또한 남들에게 알려지기를 바라지도 않았다.

공의 아름다운 덕은 이루 다 쓸 수 없을 정도지만, 세교(世敎)와 민이(民彝)에 관계되는 중요한 것을 특히 상세하게 기록하였으니, 훗날 공을 알고자 하는 자는 여기에서 살펴보는 것이 가하니, 또한 천하 만세에 밝게 드리워진 성고(聖考)의 대처분(大處分)이 공을 얻어서 이루어진 것임을 알 수 있을 것이다. 명은 다음과 같다.

숙종 중엽에	肅廟中世
공이 오직 보좌하는 어진 신하였네	公維碩輔
공은 큰 그릇이라	是惟大器
일찍 알려지고 늦게 성취되었네	知夙成暮
두소[49]와 종정은	斗筲鐘鼎

모두 정해진 양이 있지만	均有限量
공의 마음은 광대하여	我心休休
쌓을수록 더욱 넓어졌네	愈積愈廣
아랫자리에 있을 때에는	其在下位
남들과 그다지 다르지 않았네	未甚異衆
익괘 초구의 형세를 만나니	遇益初九
크게 일을 일으킴이 이로웠네[50]	大作利用
세상 운세가 어려워지자	世運艱難
마침내 자신의 몸을 버렸네	乃遺厥身
승냥이와 전갈 같은 악인을 보호하니	保養豺蝎
아, 저 자는 누구인가	噫彼何人
아, 성스러운 왕후께서	於皇聖妃
하늘에서 밝게 살피시네	在天孔昭
그 와굴이 한번 무너지니	窩窟一傾
요망한 자들 도망칠 곳 없네	妖孼莫逃
서참[51]이 일정하지 않아	舒慘低昂

49 두소(斗筲) : 두(斗)는 한 말, 소(筲)는 한 말 두 되를 담는 죽기(竹器)로, 소량을 담는 용기이다.

50 익괘(益卦)……이로웠네 : 《주역》 〈익괘(益卦) 초구(初九)〉에 "크게 일을 일으키는 것이 이롭다.〔利用爲大作〕" 하였다.

51 서참(舒慘) : 장형(張衡)의 〈서경부(西京賦)〉에 "사람이 봄과 여름에는 쾌활하고 즐거우며, 가을과 겨울에는 근심에 젖고 슬퍼한다.〔夫人在陽時則舒, 在陰時則慘.〕"라고 한 데서 온 말로, 음양(陰陽), 선악(善惡), 고락(苦樂) 등 대립 개념을 나타내는 말이다.

일이 지극히 어려웠네　事有至難
민심이 불안해하니　衆情劻勷
화복의 관건이었네　禍福之關
왕께서 말씀하셨네, 아 재상이여　王曰嗟相
오직 그대가 내 뜻과 같으니　惟汝同予
오형으로 처벌하여[52]　五刑五服
하늘의 주벌을 완수하라　以訖天誅
공이 절하고 명을 받들어　公拜稽首
의를 중시하고 목숨 가볍게 여겼네　義重生輕
임금과 신하는　元首股肱
형세상 서로 도와서 이룬다네　勢則相成
띠를 드리우고 홀을 바로잡고서 동요하지 않으니[53]　紳笏不動
엄숙한 재상의 모습이었네　有儼具瞻
만 마리 말이 달리는 속에서 발을 멈추었으니[54]　萬馬駐足
오늘날 보기 어려운 분이네　尠見于今

52 오형으로 처벌하여 : 원문의 "오형오복(五刑五服)"은 《서경》 〈순전(舜典)〉에 "오형을 받게 하되 오형의 처벌은 세 곳에 나아가서 하라.〔五刑有服, 五服三就.〕"라고 한 데서 온 말로, 이는 순(舜) 임금이 고요(皐陶)에게 법을 엄하게 하라고 가르친 말이다. 오형은 묵(墨), 의(劓), 비(剕), 궁(宮), 대벽(大辟)의 형벌을 말하고, 세 곳에 나아간다는 것은 죄인을 신분에 따라 세 곳으로 장소를 나누어 처형하는 것을 말한다.

53 띠를……않으니 : 107쪽 주253 참조.

54 만……멈추었으니 : 세태에 휩쓸리지 않고 신념을 지키는 것을 비유한 말로, 사마광(司馬光)이 왕존(王存)의 남다른 지조를 보고 "함께 달리던 만 마리의 말 속에서 발을 멈출 수 있는 사람은 왕존일 것이다.〔並馳萬馬中能駐足者, 其王存乎!〕"라고 한 데서 온 말이다. 《宋史 卷341 王存列傳》

무거운 짐을 감당할 힘	力能勝重
의에 짝하는 기운[55]	氣則配義
공이 실로 소유하여	公實有之
이 큰 일을 다스렸네	辦此大事
밝고 밝으신 우리 임금께서	明明我后
만세에 할 말이 있게 되었네	萬世有辭
아마도 하늘이 공을 세상에 내어	殆天生公
한번 다스려짐[56]을 이루고자 한 듯하네	以襄一治
예전에 공을 뵈었는데	我昔見公
산택의 용호와 같았네	山澤龍虎
지금은 이 세상에 없으니	今其亡矣
선류는 누구를 주인으로 삼으랴	善類誰主
세도가 망극하여	世道罔極
난역의 무리가 치달리네	亂逆馳騁
공을 그리워함이 아니라	匪公之思
영고[57]의 성덕 그리워하네	寧考之聖
양주의 동쪽에	維楊之東
우뚝한 비석이 있네	有屹龜趺

55 의에 짝하는 기운 : 42쪽 주96 참조.

56 한번 다스려짐 : 《맹자》 〈등문공 하(滕文公下)〉에 "천하에 사람이 살아온 지가 오래인데, 한 번 다스려지고 한 번 혼란하였다.〔天下之生久矣, 一治一亂.〕" 하였는데, 세상에 치세(治世)와 난세(亂世)가 반복됨을 말한다.

57 영고(寧考) : 297쪽 주5 참조. 여기서는 숙종을 가리킨다.

태사가 시를 지으니	太史作詩
아첨하는 말 아니네	其言非諛

판중추부사 신공 신도비[58]

判中樞申公神道碑

예로부터 문신(文臣)과 무신(武臣)은 길이 달라 문신은 글을 읽고 무신을 글을 읽지 않았다. 이 때문에 문신은 늘 무식하다고 무신을 헐뜯는데, 우리나라의 풍속도 문을 중시하고 무를 경시한다. 그러나 이에 대해서는 일괄적으로 논할 수 없다.

내가 근세에 보건대, 승상 남구만(南九萬)은 옛 글을 많이 읽었고 특히 춘추사전(春秋四傳)[59]에 힘을 기울였으니, 천하의 의리를 본 것이 정밀하고 익숙하지 않은 것이 아니다. 그런데 숙종 갑술년(1694, 숙종 20) 환국 초기에 역적 장희재(張希載)에 대해 엄히 형신하여 실정을 알아내라는 명이 내리자, 마침내 팔의(八議)의 법[60]을 인용하며 신문하지 말고 용서해주기를 청하였다. 이에 장희재의 사당(私黨)이 뒤따라 호응하여 "이는 깊고 장구한 생각이다."라고 하였다.

신여철(申汝哲) 공은 무인(武人)이다. 그런데 홀로 "국모를 모해한 장희재의 죄는 법으로 용서할 수 없습니다. 그런데 지금 세자의 사친(私親)이라 하여 곧장 용서한다면 이는 사은(私恩)이니, 사은으로 국

58 판중추부사 신공 신도비 : 이 글은 신여철(申汝哲, 1634~1701)의 신도비이다. 신여철의 본관은 평산(平山), 자는 계명(季明), 호는 지족당(知足堂)이다.

59 춘추사전(春秋四傳) : 《춘추》를 해설한 《춘추좌씨전(春秋左氏傳)》, 《춘추공양전(春秋公羊傳)》, 《춘추곡량전(春秋穀梁傳)》, 《춘추호씨전(春秋胡氏傳)》이다.

60 팔의(八議)의 법 : 319쪽 주40 참조.

법을 폐해서는 안 됩니다."라고 말하고, 여러 차례 입대하여 더욱 힘껏 쟁론하였다. 그러나 상께서 남구만의 말에 따라 장희재를 처벌하지 않아 마침내 국가의 무궁한 화[61]를 양성하고 말았다. 공과 같은 이는 문신에게 무식하다는 비난을 받을 듯한 무신이었지만 마침내 수립한 것이 이처럼 우뚝하였으니, 글을 읽은 저 재상들은 참으로 이른바 "많이 외운들 어디에 쓰겠는가."[62]라는 경우에 해당하는 것이다. 아! 병이(秉彝)의 천성은 모든 사람이 함께 얻어 태어나는 것이니 오직 잃느냐 잃지 않느냐에 달려 있을 뿐, 어찌 문무로 경중을 나눌 수 있겠는가.

공의 자는 계명(季明)이고 평산(平山) 사람이며, 장절공(壯節) 숭겸(崇謙)의 후손이다. 증조 휘 립(砬)은 선조 때의 명장으로, 임진왜란 때에 팔도 도순변사로서 달천(達川) 전투에서 사망하였다. 조부 휘 경진(景禛)은 계해년(1623, 인조1) 정사 원훈(靖社元勳)에 책록되었다. 영의정을 지내고 평성부원군(平城府院君)에 봉해졌으며, 시호는 충익(忠翼)이다. 부친 휘 핵(垓)은 돈녕부 도정을 지냈는데, 병자년(1636, 인조14) 이후에 볼모로 세자를 모시고 심양(瀋陽)으로 가던 도중에 죽었다. 죽은 뒤에 충익공의 막내아우 동성군(東城君) 경인(景禋)이 아들이 없다는 이유로 조정에서 특별히 후사로 삼도록 명하여 평원군(平原君)에 습봉(襲封)되었다. 모친은 한양 조씨(漢陽趙氏)로 판관 국준(國俊)의 따님이다. 숭정(崇禎) 갑술년(1634, 인조12) 윤8

61 국가의 무궁한 화 : 장희빈의 무고(巫蠱)로 인현왕후가 죽은 일을 말한다.

62 많이……쓰겠는가 : 《논어》 〈자로(子路)〉에 "《시경》 삼백 편의 시를 줄줄 외면서도 정사를 맡겼을 때 능통하지 못하고, 사방에 사신 가서 독자적으로 응대하지 못하면 비록 많이 외운다 한들 어디에 쓰겠는가.〔誦詩三百, 授之以政, 不達, 使於四方, 不能專對, 雖多, 亦奚以爲?〕" 하였다.

월 26일에 공을 낳았다.

공은 용모가 단아하였으며 풍격과 기운이 빼어났다. 네 살에 부친을 여의었다. 충익공이 항상 어루만지고 사랑하며 "이 아이가 필시 우리 가문을 창대하게 할 것이다."라고 하였다.

효종 정유년(1657, 효종8)에 장수의 재목을 양성하고자 특별히 명하여 무예를 익히도록 권하였다.[63]

현종 을사년(1665, 현종6)에 선전관의 신분으로 무과(武科) 정시(庭試)에 급제하였다. 방방(放榜)되기 전에 온천으로 행차하는 어가를 호위하였는데, 상께서 길에서 공을 보시고 감탄하기를, "참으로 옥당 학사의 모습이다."라고 하였다. 이로부터 총애가 특별하였다. 도총부 도사와 경력, 훈련원 첨정과 부정을 역임하고, 모친의 봉양을 위해 중화 부사(中和府使)로 나갔다가 곧바로 전주 영장(全州營將)으로 승진하였다.

정미년(1667, 현종8)에 충청 수사(忠淸水使)에 발탁되니, 무과에 급제한 지 겨우 3년 되던 해였다. 2년 뒤에 본도 병사(兵使)로 승진하였는데, 부임하기 전에 어떤 일로 파직되었다. 얼마 뒤에 특별히 서용되어 경상 좌병사(慶尙左兵使)에 제수되고 또 3년 뒤에 통제사로 승진하였다. 조정에서 공에게 병이 있다는 말을 듣고 장실(瘴疾)을 앓는

63 효종……권하였다 : 한국문집총간 47집에 수록된《경암집(絅菴集)》권7〈보국숭록대부행판중추부사겸병조판서신공시장(輔國崇祿大夫行判中樞府事兼兵曹判書申公諡狀)〉에 따르면, 효종이 장수로 양성할 인재가 없음을 걱정하고 또 신경진(申景禛)과 구인후(具仁垕) 두 훈척 집안에서 대대로 무장이 배출되었던 것을 생각하여 그 자제들 중에 무예를 익힐 자를 선발하도록 하였는데, 이때 신여철이 부득이하게 붓을 던지고 무예를 익혔다고 한다.

것을 걱정하여 속히 돌아오라고 불렀다. 얼마 뒤에 평안 병사(平安兵使)에 제수되고 또 함경남도 병사(咸鏡南道兵使)와 삼도 통어사(三道統禦使)에 제수되었으나 모두 병으로 부임하지 않았다.

계축년(1673, 현종14)에 어영대장에 제수되었는데, 당시 이완(李浣) 공이 치사(致仕)하면서 공을 자신의 후임으로 의망하였다. 훈련원 도정과 동지중추부사에 제수되고 이어 비국 제조에 차임되었으며 한성부 우윤과 좌윤을 역임하였다.

갑인년(1674, 현종15) 가을에 궐내에 화재가 일어났는데, 공이 빨리 대궐로 달려가서 명을 받들어 금호문(金虎門)을 지켰다. 역적 이정(李楨) 형제가 들어가려고 하자, 공이 문을 막고 저지하기를,

"이러한 때에는 가까운 종친이라도 함부로 들어갈 수 없다."

하니, 사람들이 궐문을 지키는 도리에 합당하다고 말하였다. 특별히 병조 참판에 제수되고 중간에 형조로 옮겼다.

정사년(1677, 숙종3)에 한성부 판윤으로 발탁되었다. 얼마 뒤에 모친상을 당하였다. 상기(喪期)를 마치고 다시 훈련원도정 겸 포도대장과 도총부 도총관에 제수되었다.

경신년(1680) 3월에 상께서 "의심스러운 일이 많고 유언비어가 비등하니, 도성의 친병(親兵)을 통솔하는 직임을 왕실의 지친(至親)에게 맡기지 않을 수 없다."라고 하교하시고, 특별히 광성부원군(光城府院君) 김만기(金萬基)를 훈련대장에 제수하고, 대신 공을 총융사로 삼았다. 여름에 지훈련원사를 겸하였다. 겨울에 공조 판서에 제수되었다. 상소하여 사양하니, 비답에

"경은 전조(前朝)의 숙장(宿將)으로 평소 명망이 드러나 특별히 정경(正卿)에 제수한 것이니 우연한 뜻이 아니다."

하였다. 이듬해에 정헌대부로 승진하였다. 또 그 이듬해에 어영대장에 제수되고 얼마 뒤에 훈련대장으로 옮겼다.

병인년(1686, 숙종12)에 상께서 사하리(沙河里)에서 군대를 사열할 때, 공의 부대가 대오가 정돈되고 호령이 엄명한 것을 시상하여 직접 내구마(內廐馬)를 내려 표창하였다. 얼마 뒤에 또 춘당대(春塘臺) 시사(試射)에서 세 발을 모두 적중시킨 포상으로 숭정대부로 승진하였다. 판돈녕부사에 제수되었다.

무진년(1688)에 숭록대부에 가자되고 형조 판서에 제수되었다. 당시에 경신년(1680, 숙종6)의 역당(逆黨)들이 한창 등용되기를 도모하였는데, 공의 자리를 빼앗으려는 자가 밤낮으로 공의 동정을 엿보았다. 공은 불안함과 두려움이 날이 심하여 여러 달 동안 사직을 청했는데, 기사년(1689) 봄에 이르러 상께서 비로소 허락하였다. 군흉들이 공을 몹시 꺼려서 조정에 있는 것을 원치 않았기에 통제사로 내보냈다. 공은 병든 몸으로 힘써 임지에 나아갔다가 얼마 뒤에 병이 더욱 심해져 사직하여 체직되었다. 그러나 대간이 논계하여 잉임(仍任)을 청하는 바람에 임기를 채우고 돌아왔다. 지중추부사에 제수되었다가 몇 개월 만에 다시 북병사로 나갔다.

통제영에 예전에는 억만고(億萬庫)가 있었는데 텅텅 비어 있었다. 공이 이르러선 창고를 다시 짓고 4, 5년간 쓸 수 있는 곡식을 축적하였다. 기로(耆老)들을 대대적으로 모아 연회를 베풀어 즐겁게 하였다. 공이 일찍이 신해년(1671, 현종12) 흉년 때에 굶주려 죽은 시신을 거두어 묻어주었는데 1만8천 명이나 되었다. 이때에 이르러 또 기이한 꿈을 꾸고는 추석에 술과 음식을 많이 차려 두 곳으로 나누어 굶주려 죽은 귀신들을 먹였다. 백성들이 비석을 세워 칭송하기를, "은택이 산 자와 죽은 자에게 두루 미쳤으니 만세토록 잊을 수 없다."라고 하였다.

북병사로 나가서는 행영(行營)의 성곽을 대대적으로 수리하였고, 군영을 순시하며 조련할 때에는 구석에 있는 협소한 진보(鎭堡)도 모두 직접 찾아가 그들의 질고를 물었으며, 날마다 편비(偏裨)들과 활쏘기를 하였다. 연변(沿邊)의 사람들에게 말하기를,

"너희들은 성가퀴에 오를 때조차도 높은 관을 쓰고 넓은 소매옷을 입느냐?"

하고는 이어 탄식하기를,

"문치(文治)가 미흡하고 무략(武略)이 강성하지 못하니 어찌하겠는가."

하였다. 현재 급한 경보라도 있는 것처럼 항상 군복 차림으로 일하였다. 하루는 무산(茂山)에서 청나라의 백여 기병이 국경에 들이닥쳤다는 급보가 왔는데, 변방의 백성이 놀라고 불안해하였다. 공은 속히 사람을 보내어 정찰하는 한편 주연을 베풀어 평시처럼 즐겁게 하니 민심이 안정되었다. 북방의 풍토가 청량한 덕분에 공의 장질(瘴疾)이 이때에 이르러 나았다.

갑술년(1694, 숙종20) 4월 2일 밤 3경에 상께서 특별히 공을 훈련대장에 제수하고 유지를 내려 재촉하여 부르니, 공이 속에 갑옷을 입고 나아가 비상시에 대비하였다. 상께서 먼저 선전관을 시켜서 이의징(李義徵)의 밀부(密符)를 가져오게 하였는데 한참 지나도 이르지 않자, 상께서 특별히 궐내의 좌부(左符)를 내려 공에게 미리 차고서 우부(右符)가 이르기를 기다리게 하였다. 공이 거듭 엄하게 궁궐을 지키니 아무 일도 없는 것처럼 안정되었다. 얼마 뒤에 또 금위영과 어영청의 일을 총찰(總察)하라는 명이 내려 공이 삼청(三廳)[64]의 부절을 겸하여

차니, 일국의 병권이 모두 공에게 돌아갔다. 논하는 자들이 국조(國朝) 3백년 이래 없던 일이라고 하였다. 특별히 판돈녕부사에 제수되고 포도대장을 겸하였다. 얼마 지나지 않아 판의금부사에 제수되었다. 이 해 여름에 또 보국대부로 승진하고 판중추부사에 제수되었다.

공이 장희재의 옥사를 맡아 처음부터 끝까지 법을 지켰으나 말이 받아들여지지 않았으므로 성무(聖誣)를 씻지 못하고 국적(國賊)을 토죄하지 못한 것을 매우 통한으로 여겼다. 이의징이 장희재와 함께 모의한 만큼 죽여야 마땅한데, 대신(大臣)의 의논에 따라 절도(絶島)에 안치하였다가 얼마 뒤에 사사(賜死)하였다. 이에 이의징의 아들 이홍발(李弘渤)이 공에게 원한을 품어 반드시 앙갚음하려고 별렀다.

병자년(1696)에 강오장(姜五章)이 투서하여 장희재 아비의 무덤에 흉물이 묻힌 사건을 고발하였는데,[65] 공의 가노(家奴) 응선(應先)의 호패가 무덤가에 떨어져 있었던 것 때문에 상께서 친국하였다. 공은 당시 병조 판서로 있다가 대궐 아래에서 석고대죄하였다. 상께서 공이 반납한 부절을 돌려주고 또 대죄하지 말라고 명했으나 공은 감히 물러나지 못했다. 남구만이 병조 판서 자리를 오래 비워둘 수 없다며 체차하기를 청했지만, 상께서 허락하지 않으며 말씀하시기를,

"아들의 악을 아버지가 모르고 노비의 악을 주인이 모르는 경우가 예전에도 많이 있었다."

64 삼청(三廳) : 훈련도감(訓鍊都監), 금위영(禁衛營), 어영청(御營廳)이다.

65 병자년에……고발하였는데 : 1695년(숙종21) 12월에 희빈(禧嬪) 장씨(張氏) 선조의 묘에 비갈(碑碣)이 파손되고, 1696년 3월에 무덤 주위에 목도(木刀)를 차고 있는 목인(木人)이 묻혀 있는 무고(巫蠱)가 발생하였는데, 4월 29일에 생원 강오장(姜五章)이 상소를 올려 이 사건을 고발하였다. 《肅宗實錄 22年 4月 29日》

라고 하였다. 정승 유상운(柳尙運)과 신익상(申翼相) 등이 그치지 않고 거듭 청하자, 비로소 우선 체직을 허락하셨다. 응선이 9차례 형신을 받았으나 한 마디도 자복하지 않은 채 죽었다. 당시 화가 어떻게 번질지 예측할 수 없어 친척과 벗들도 감히 문안하지 못했지만 공은 태연하게 지냈다. 상께서 명을 내려 후한 현상금으로 변란을 꾸민 자를 찾으니, 고하는 자가 있어 다시 국청이 열렸다. 장희재 집안의 묘지기들이 말하기를,

"업동(業同)이 양식을 싸가지고 무덤가에 머물며 '며칠 뒤에 응당 변고가 있을 것이다.'라고 말했는데, 그날 과연 묻혀있는 흉물을 찾았습니다."

라고 하였다. 업동은 장희재의 노비이다. 법으로 보아 철저하게 조사해야 마땅한데도 남구만과 유상운 등은 의심스러운 일로 옥사를 만들어서는 안 된다고 말하였다. 상께서 업동을 석방하고 죄를 묻지 말라고 명하니, 유상운이 절하고 사례하기를, "감격을 이루 다할 수 없습니다."라고 하였다. 삼사(三司)에서 다시 국문하기를 힘껏 청하자 비로소 윤허하셨다. 업동이 형신을 받고 자복하였는데, 대략 다음과 같은 내용이다.

"장희재의 집에서 목인(木人)을 만들고서 사람을 시켜 응선을 술집으로 유인하여 그가 취한 틈에 호패를 훔쳤다. 먼저 공을 해쳐서 그 병권을 빼앗고 이로 인해 사류들을 일망타진할 의도였는데 이홍발이 실로 그 계획의 주모자다."

이에 군흉들은 모두 법에 따라 처형되었고, 장희재는 신사년(1701, 숙종27)에 이르러 비로소 처형되었다. 아! 하늘의 해가 밝게 비추어 귀역(鬼蜮)과 같은 요망한 무리들이 그 죄상을 숨길 수 없었으니, 저들

이 비밀리에 꾸민 일이 극히 교활하고 참혹했지만 끝내 공을 해칠 수 없었다.

한 달 뒤에 다시 훈련대장에 제수되었다. 상소하여 힘껏 사양하자, 상께서 비답을 내려 위로하고 타이르기를,

"내가 경의 충심을 알고 경이 내 마음을 안다."

하니, 공이 감격하여 명을 받들었다. 그러나 끝내 편안히 있을 수 없어 누차 상소하여 사직을 청하였다. 이어 고향으로 돌아가 선영에 성묘하기를 청하기를,

"3대에 걸쳐 장수가 되었으니 이미 도가(道家)에서 꺼리는 일을 범한 것이요,[66] 20년간[67] 병사를 거느렸으니 또 가득차면 넘친다는 경계에 어두운 것입니다."

하였는데, 상께서 끝내 허락하지 않았다. 공이 병으로 출사하지 못했기 때문에 직사(職事)가 있을 때면 모두 다른 장수를 대행시켰다. 또 어의에게 명하여 공의 병을 살피게 하였으며 하사한 약물과 어선(御膳)이 도로에 이어졌다.

신사년(1701, 숙종27) 2월 19일에 세상을 떠났는데, 죽기 며칠 전에 동방에서 큰 별이 떨어졌다. 상께서 몹시 슬퍼하셨다. 관에서 도운

66 3대에……것이요 : 《당태종이위공문대직해(唐太宗李衛公問對直解)》에 "도가(道家)에서 3대에 걸쳐 장수가 됨을 꺼리는 것은 병법을 함부로 전할 수 없어서이고, 또한 전하지 않을 수도 없어서이다."라는 말이 있다.

67 20년간 : 《경암집(絅菴集)》 권7 〈보국숭록대부행판중추부사겸병조판서신공시장(輔國崇祿大夫行判中樞府事兼兵曹判書申公諡狀)〉에는 "삼십년(三十年)"으로 되어 있고, 아래에도 "30년간 장수로 있으면서〔爲將三十年〕", "마침내 장단에 올라 30년을 다스렸네.〔遂陟戎壇, 垂三十載.〕"라는 문장이 있는 것으로 보아 "30년"의 오류인 듯하다.

장례 물품이 매우 후하고 또 널감을 하사하고 3년 동안 봉록을 그대로 지급하였으니, 특별한 은혜였다. 4월 15일에 양주(楊州) 망우리(忘憂里)의 충익공(忠翼公) 무덤 동쪽에 장사지냈다. 군문(軍門) 교졸(校卒)들의 곡소리가 교야에 진동하였다. 경인년(1710, 숙종36)에 장무(莊武)라는 시호가 내렸다.

공은 장수로 30년을 지내는 동안 한결같은 마음으로 공무를 수행하였다. 상벌을 분명하게 시행하여 위엄과 은혜가 함께 행해졌으며, 재능에 따라 선발하여 각자 알맞은 직임을 맡겼다. 일을 맡으면 어지러이 변경하는 것을 좋아하지 않아, "선왕의 법을 따르고서 잘못된 경우는 없다."[68]라고 하였다. 항상 재용을 절약하여, "백성의 힘으로 모은 것을 감히 가벼이 쓸 수 없다."라고 하였다.

만년에는 명성과 지위가 매우 높아져 조만간 재상이 될 위치였는데, 당시 한 지역을 통솔했던 장수들이 모두 공의 휘하 편비들로, 앞에서 분주하게 모셨지만 공은 항상 겸손한 마음을 지니고서 뒤로 물러섰다. 무신으로서 당목(黨目) 속에 처하지 않고자 하였으나 진퇴와 영욕이 늘 국가의 치란과 함께 하였다.

흉당들이 정권을 잡았을 때엔 비록 한직에 있었지만 문을 닫고 위엄을 길러 은연중 호랑이와 표범이 산에 있는 듯한 형세가 있었으며, 조정이 다시 새로워졌을 때에는 공을 중시하지 않은 적이 없었으니, 공이 군소배에게 미움을 받음이 이로 말미암아 더욱 심해졌다. 그러나 혹 사람들이 "시절이 위태롭고 수상하니 의당 염탐하고 살피기를 힘써야 한다."고 말해도 공은 끝내 따르지 않았으니, 이 때문에 세상의 화란

68 선왕의……없다 : 《맹자》 〈이루 상(離婁上)〉에 나오는 말이다.

이 혹독해도 공에게는 끝내 미치는 바가 없었다.

평소에 몸가짐이 점잖고 무거워 남들이 그 깊이를 헤아릴 수 없었다. 공무가 아니면 한 번도 대신의 집에 이른 적이 없다. 낯선 손님을 만나지 않았으며, 잡담을 하는 손님이 있으면 앉은 채로 졸면서 듣지 않았으니, 이 때문에 가난한 선비의 집처럼 집안이 적막하였다.

공은 마음가짐이 공명정대하여 생사와 화복을 일체 하늘에 맡기고서 좇거나 피하려는 생각을 한 적이 없다. 병자년의 화에 자신이 죽고 집안이 망할 뻔 했는데도 원망하고 후회하는 바가 없었다. 그 한결같은 충심은 귀신에게 질정해도 부끄럽지 않을 것이니, 어찌 위대하지 않겠는가. 공이 조정에서 이룬 사업이 대개 집안에서의 행실에 근원하지만, 큰 것이 이러하니 자잘한 일은 생략해도 될 것이다.

부인 파평 윤씨(坡平尹氏)는 군수 필은(弼殷)의 따님이다. 아들 헌(瓛)은 첨정을 지냈고, 딸은 판서 김연(金演)에게 출가하였다. 생원 제(璾)와 이평(李評)의 처는 측실 소생이다. 첨정의 아들 광하(光夏)는 무과에 급제하여 참판을 지냈다. 참판의 두 아들은 위(暐)와 문(旼)인데, 문이 또한 무과에 급제하였으니, 세상에서 지금 선대의 공업을 잘 잇기를 기대한다고 한다. 명(銘)은 다음과 같다.

아, 우리 효종께서	粵我孝宗
북소리에 장수를 생각하셨네[69]	鼙鼓興思

69 북소리에 장수를 생각하셨네 : 《예기》 〈악기(樂記)〉의 "군자는 큰북 작은북 소리를 들으면 장수의 신하를 생각한다.〔君子聽鼓鼙之聲, 則思將帥之臣.〕"라는 구절을 인용한 것으로, 국난을 당하여 뛰어난 장수를 생각한다는 말이다.

훈척의 집안에	勳戚之門
인재를 구하라 명하시니	有命疇咨
평양부원군[70]의 증손	平陽之孫
충익공의 손자라네	忠翼之兒
후사를 보좌하게 하니	俾輔後嗣
용맹한 무신이 되었네	爲我虎臣
옥당에 있음직한 자태라	合盛玉堂
성상께서 웃음을 띠셨네	天笑爲新
고상한 시를 읊조리고 투호 놀이하니	雅歌投壺
정로장군[71]의 풍치라네	征虜風致
종일토록 삼가고 경계함이	終日欽欽
군영에 있는 듯이 하였네	如在營壘
복심과 간성[72] 같은 존재요	腹心干城
충성과 신의 의지할 만하였네	忠信可仗
이완(李浣) 같은 신하는	有若臣浣
세 조정의 숙장이었네	三朝宿將
상께 아뢰었네, 신은 늙었으니	曰臣當老
이 사람이 대신할 만합니다	此子可代

70 평양부원군(平陽府院君) : 신여철의 증조인 신립(申砬)이다.

71 정로장군(征虜將軍) : 후한(後漢) 광무제(光武帝) 때 정로장군(征虜將軍)을 지낸 제준(祭遵)을 말한다. 제준이 경술(經術)을 좋아하여 막하에 유술(儒術)을 갖춘 사람을 등용하고 주연을 베풀 때는 고아한 노래를 부르고 투호(投壺)를 하였다고 한다. 《後漢書 卷50 祭遵傳》

72 복심(腹心)과 간성(干城) : 21쪽 주33 참조.

마침내 장단에 올라	遂陟戎壇
삼십 년을 다스렸네	垂三十載
평피왕복[73]이	平陂往復
어디엔들 있지 않으리	何所不有
소인은 두려워하고	小人有畏
군자는 지키는 바라네	君子攸守
세도가 번복될 때마다	世道飜覆
오직 공을 중시하였네	維公重輕
한밤중에 부름 받으니	中夜宣召
삼군이 환영하였네	三軍歡迎
옛날 소계자는	昔蘇季子
여섯 나라의 재상이 되어 횡행하였네[74]	六印縱橫
말재주로 얻은 것은	以口舌得
영화가 될 수 없네	未足爲榮
나라 역적이 살아남아	國賊息偃
하늘의 주벌이 가해지지 않았네	天誅不加
공이 당시에 의연하게	公時毅然
정도를 지켜 사악한 무리에 맞섰네	執正觝邪
글을 읽은 저 사람들	彼讀書人

73 평피왕복(平陂往復) : 77쪽 주193 참조.

74 옛날……횡행하였네 : 소계자는(蘇季子)는 전국 시대 유세가 소진(蘇秦)으로, 자(字)가 계자(季子)이다. 6국을 연합하여 진(秦)나라에 대항해야 한다는 합종책(合從策)을 성공시켜 종약장(從約長)이 되고 6국의 재상이 되었다.

많이 읽은들 무엇하리　　雖多爲何
사생과 화복을　　死生禍福
일체 하늘에 맡겼네　　一聽穹蒼
간악한 무리가 몰래 꾸며도　　蜚弩潛張
공을 어찌 해칠 수 있으리　　於公何傷
공의 집안 멸족될 뻔했으나　　臣族幾赤
공의 마음 더욱 결백하였네　　臣心愈白
공이 수립한 이 일　　惟此樹立
실로 역사에 빛나네　　實光簡策
태사가 시를 지어　　太史作詩
비석에 새기노라　　以勒穹石

판서 제월당 송공 신도비[75]

判書霽月堂宋公神道碑

사군자(士君子)의 처세에 그 출처(出處)는 진실로 시의(時義)가 같지 않지만, '나아가기를 어렵게 여기고 물러나기를 쉽게 여긴다.〔難進易退〕'는 네 글자를 지킨다면 이미 남보다 훨씬 뛰어난 사람이다. 그러나 만년에 절개가 바뀌기도 하고, 마지막에 지킴을 잃기도 하고, 오랜 뒤에 일이 폐해지기도 한다. 오직 〈간괘(艮卦) 상구(上九)〉는 마지막까지 돈후하니 그치는 도(道)의 지극히 선한 것이다. 그러므로 '멈춤에 독실함이니, 길하다.〔敦艮吉〕'라고 한 것이니, 근세의 판서 제월당 송공이 거의 이에 가깝다.

공의 휘는 규렴(奎濂)이고, 자는 도원(道源)이며, 은진(恩津) 사람이다. 숭정(崇禎) 경오년(1630, 인조8)에 태어났다. 어려서 병약하였는데, 상을 잘 보는 절강(浙江) 사람이 공의 관상을 보고 말하기를, "이 아이는 필시 매우 귀하게 될 것이다."라고 하였다. 동춘 선생(同春先生)에게 수학하였는데, 《상서》 기삼백(朞三百)에 이르러 한번 배우고서 막힘없이 통달하였고, 또 가장 읽기 어렵다고 칭해지는 선기옥형(璿璣玉衡)의 전문(傳文)을 몇 번 읽고 바로 외워버리니, 선생이 그 재주를 자주 칭찬하였다.

19세에 사마시에 합격하였다. 25세에 명경과에 급제하여 승문원에

75 판서……신도비 : 이 글은 송규렴(宋奎濂, 1630~1709)의 신도비이다. 송규렴의 본관은 은진(恩津), 자는 도원(道源), 호는 제월당(霽月堂)이다.

예속되었다가 곧바로 사천(史薦)[76]되어 검열에서부터 봉교까지 이르렀다. 출입할 때마다 풍도가 사람들을 경동시키고 일을 기록함이 민첩하니, 효종께서 누차 가상히 여겨 권장하였다. 성균관 전적으로 승진하고, 사헌부 지평과 사간원 정언에 제수되었다. 어버이를 편리하게 봉양하고자 외직을 청하여 무장 현감(茂長縣監)으로 나갔다가 한 해 지나 그만두고 돌아왔다. 병조 정랑과 사헌부 지평을 역임하고 또 용담 현령(龍潭縣令)으로 나갔다.

갑진년(1664, 현종5)에 홍문관 부수찬으로 부름을 받았다가 곧바로 회덕(懷德)으로 돌아갔다. 그 뒤로 여러 번 수찬, 부교리, 교리, 지평, 정언, 헌납, 시강원 문학, 이조 좌랑에 제수되었으나 모두 나아가지 않았다. 모부인이 고령에다 병환이 잦았기에 공이 상소하여 끝까지 봉양하기를 청하였는데 말이 몹시 슬프고 간절하여 상께서도 그 뜻을 헤아려 강요하지 않았다.

임자년(1672, 현종13)에 성균관 사예로 승진하였다가 홍문관 응교로 옮겼다. 다시 서천 군수(舒川郡守)로 나갔다. 학교를 일으키고 풍속을 변화시켜 다스림이 볼 만하니, 어사가 이를 아뢰어서 옷감을 하사하였다.

갑인년(1674, 숙종즉위년)에 숙종이 보위에 오르자, 소인배들이 예론(禮論)으로 사화(士禍)를 양성하여 우암 선생은 바닷가에 위리안치되고 동춘 선생 또한 추적(追謫)[77]되었다. 공이 마침 사간에 제수되었

76 사천(史薦) : 신임 사관(史官)을 뽑을 때 전임 사관의 천거를 통해 선발하는 것을 말한다.

77 추적(追謫) : 사후에 처벌받는 것을 말한다.

던 터라 두 선생의 억울함을 힘껏 아뢰는 상소를 지었는데, 모부인이 눈물을 흘리며 만류하는 바람에 공도 눈물을 흘리며 결국 상소를 올리지 못했다.

정사년(1677, 숙종3)에 집의에 제수되었는데 병을 핑계로 사직하였다. 또 사간에 제수되었는데, 당시 고묘론(告廟論)[78]이 일어났다. 공이 개연히 말하기를,

"시류배들이 내가 말을 하지 못한다고 여겨 나를 연달아 언관(言官)의 자리에 두니, 나를 욕보임이 너무도 심하다."

라고 하고는 마침내 개인적인 의리를 개진하여 송(宋)나라 범조우(范祖禹)가 이천(伊川)의 억울함을 하소연한 일과 윤언명(尹彦明)이 소명(召命)을 사양했던 일을 인용하고는[79] 이어 말하기를,

"두 신하의 억울함은 천지와 귀신이 실로 내려다보는 바입니다."

라고 하였다. 상께서 처음에는 파직을 명했는데 얼마 뒤에 삭출되었다. 소인배들이 또다시 가율(加律)하여 유배시키기를 청했으나 상께서 끝내 따르지 않았다.

78 고묘론(告廟論) : 효종의 비(妃)인 인선대비(仁宣大妃)의 상에 자의대비(慈懿大妃)의 복(服)을 대공복(大功服)으로 정한 서인(西人)들을 역적으로 몰아 종묘에 고유하고 토벌해야 한다는 남인들의 주장이다.

79 송(宋)나라……인용하고는 : 이와 관련하여 《도곡집(陶谷集)》 권21 〈예조판서송공시장(禮曹判書宋公諡狀)〉에 실린 상소 내용은 다음과 같다. "옛날에 이천(伊川) 정이(程頤)가 군소배들에게 질시당하여 그들이 죄를 날조하고 비방하고 모욕하는 등 못하는 짓이 없었는데, 정이의 문인 범조우(范祖禹)가 정이의 억울함을 아뢰어 하소연하였습니다. 또 정이가 부주(涪洲)로 좌천되어 쫓겨나자 문인 윤언명(尹彦明)은 소명을 받고도 사양하며 나아가지 않고서 말하기를, '정씨(程氏)에게서 배운 자가 바로 신 언명이니 청컨대 함께 배척하소서.'라고 하였습니다."

무오년(1678, 숙종4)에 모친상을 당하였다.

경신년(1680, 숙종6)에 정국이 바뀌자 서용하는 명이 가장 먼저 내렸다. 상기(喪期)를 마치고 사간, 수찬, 사성에 제수되었다. 청성부원군(淸城府院君) 김석주(金錫胄)가 공에 대하여 명리(名利)에 뜻이 없어 물러난 점이 장려할 만하다고 아뢰어 마침내 등급을 뛰어넘어 공조 참의에 제수되었고, 체직되어 호조 참의와 대사간에 제수되었다. 당시 동춘 선생은 이미 관작이 회복되었고, 우암 선생도 간곡한 소명을 받고 조정에 나와 있었는데, 공은 초야에 있은 지 19년 만에 비로소 일어나 명에 응하였다.

임술년(1682, 숙종8)에 예조 참의를 거쳐 이조 참의로 옮겼다가 또 승정원 승지가 되었다. 대사간이 되어 시폐(時弊) 네 조목을 논하니, 상께서 가상하게 여겨 받아들였다. 또다시 이조 참의에 제수되고, 부제학과 대사성을 역임하였다.

계해년1683, 숙종9)에 이조 참의로서, 국상(國喪)[80] 때 태학의 유생들이 소대(素帶)를 두른 것이 예에 맞지 않다고 논하였다.

을축년(1685, 숙종11)에 대신(大臣)이 사유(師儒)의 수장을 엄선하도록 청하자, 이 때문에 공을 다시 대사성에 제수하였다. 휴가를 청하여 고향으로 돌아갔다가 대사간으로 옮겼다. 이전에 윤증(尹拯)이 자신의 아비가 강화도에서 잘못한 일을 엄폐하려고 율곡 선생(栗谷先生)을 끌어다 견주어 무고하고 핍박하는 말이 많았는데,[81] 사론(士論)이

80 국상(國喪) : 숙종의 모후 명성왕후(明聖王后, 1642~1683)의 상이다.

81 윤증(尹拯)이……많았는데 : 윤증의 부친 윤선거(尹宣擧)는 병자호란 때 강화도가 함락당하자 대의를 지켜 자결하지 않고 평복으로 탈출하였다. 이 일과 관련하여

놀라고 분개하여 사학(四學)에서 통문(通文)을 돌려 배척하였다. 사관 김홍복(金洪福) 등이 윤증을 두둔하면서 사학 유생들을 벌하자, 문곡(文谷) 김수항(金壽恒) 공이 아뢰어 김홍복 등을 파직시켰지만 사학 유생들에게 내린 벌은 풀리지 않았다. 공이 그때 상소하여 사실을 아뢰고 청하니, 상께서 공의 말을 따랐다. 장령 홍수주(洪受疇) 등이 공을 체직시킬 것을 논했으나, 누차 아뢰어도 허락하지 않았다.

다시 이조 참의에 제수되자 극구 사양하여 체직되었다. 공이 조정에 있는 것을 좋아하지 않는다는 조정의 논의로 강양 감사(江襄監司)에 제수되었으나 또한 부임하지 않았다. 이후로 연이어 제수하는 명이 내리자 억지로 조정에 돌아왔다. 힘껏 외직을 구하여 안변 부사(安邊府使)로 나가서 맑고 깨끗한 정사를 펼치니 온 경내가 안정되었다. 충청 감사로 옮겼다가 임기가 만료되어 체직되었다. 다시 대사간과 이조 참의를 역임하였다. 공이 벼슬한 지 가장 오래되었지만 후진들 중에 경상(卿相)의 지위에 오른 자가 많았기에 여론이 억울하다고 칭하였다.

윤증은 "강화도의 일로 선인(先人)을 헐뜯는 이가 있으니 이는 곧 율곡(栗谷)의 이망색비(以妄塞悲) 상소를 가리켜 자신의 도리를 다했다고 하는 것과 무엇이 다르겠는가. 그러나 율곡은 참으로 산에 들어갔던 과실(過失)이 있었지만, 선인에게는 처음부터 죽어야 할 이유가 없었다."라고 율곡을 비방하였다. 윤증이 말한 '이망색비(以妄塞悲) 상소'는 율곡이 일찍 어머니를 여의고 19세에 금강산에 들어가서 불도(佛徒)가 되었다가 20세에 다시 내려와 유학에 정진한 일이 있었는데, 1568년(선조1) 홍문관 교리에 제수되었을 때 "제가 일찍이 자모(慈母)를 여의고는 망녕된 것으로 슬픔을 잊고자〔以妄塞悲〕 불교에 빠지고 말았습니다. 그 때문에 본심이 어두워져 드디어 깊은 산으로 달려가서 거의 1년이 되도록 선문(禪門)에 종사하였습니다."라고 자책한 사직 상소를 말한다.《宣祖修正實錄 1年 5月 6日》

정묘년(1687, 숙종13)에 비로소 특별히 한성부 우윤, 병조 참판, 도승지에 제수되었고 대사헌으로 옮겼다. 이선(李選) 공이 소인배들의 탄핵을 받자, 공이 인피하면서 간계(奸計)로 모함하는 습속을 배척하니, 소인배들이 번갈아 비방하여 체직되었다. 공조 참판을 역임하고 또 예조 참판으로 옮겼다. 태조(太祖)의 영정(影幀)을 모시고 전주(全州)에 갔다가 돌아올 때쯤 시국이 일변하여 군흉들이 정권을 잡자, 우암 선생이 가장 먼저 화를 당하고 사류들이 대부분 유배되고 쫓겨났다. 인현왕후가 폐위되었다는 말을 듣고는 그날로 도성을 나왔다. 고향으로 돌아와서 상소를 올려 겸직을 해임해 줄 것을 청하니 윤허하였다. 이때부터 문을 닫고 들어앉아 인사(人事)를 폐하고 오직 경서(經書)와 사서(史書)를 읽으며 스스로 즐겼다.

갑술년(1694, 숙종20)에 인현왕후가 복위되자 공이 가장 먼저 부제학에 제수되었다. 상경을 재촉하는 명이 내렸으나 누차 사양하여 체직되었다. 연이어 양사의 장관 및 동지중추부사와 예조 참판에 제수되었다.

기묘년(1699, 숙종25)에 공의 나이 70세였다. 연신(筵臣)이 공이 세 조정을 섬긴 노신(老臣)이라고 아뢰고, 또 공의 아들 상기(尙琦)가 시종신으로 있었기 때문에 특별히 자헌대부에 오르고 기로소에 들어갔다. 지중추부사, 의정부 좌참찬, 예조 판서에 제수되었다. 또 대사헌과 지중추부사에 누차 제수되었으나 끝내 나아가지 않았다.

기축년(1709, 숙종35)에 또 나이 80세가 되었다고 하여 숭정대부에 오르고 지돈녕부사에 제수되었다. 이해 6월 5일에 작은 병으로 시골집에서 세상을 떠났다. 상께서 하교하시고 매우 슬퍼하였으며 관례보다 많은 부조를 내렸다.

부인 안동 김씨(安東金氏)는 동지중추부사 광찬(光燦)의 따님으로, 조부는 문정공(文正公) 청음(淸陰) 김상헌(金尙憲) 선생이다. 단아하고 정숙하여 부덕(婦德)이 있었으며, 공보다 2년 뒤에 태어나 신사년(1701, 숙종27)에 세상을 떠났다. 처음에 남포(藍浦)에 장사 지냈다가 나중에 공주(公州) 삼미천(三美川) 간좌(艮坐)의 언덕으로 이장하여 공과 합부(合祔)하였다.

공의 부친 휘 국전(國銓)은 이조 판서에 추증되었고, 조부 휘 희원(希遠)은 성균관 학유를 지냈다. 증조는 송담(松潭) 휘 남수(枏壽)이다.

공은 아들 둘을 두었다. 상기(相琦)는 판서에 대제학을 지냈고, 상유(相維)는 부사이고, 사위는 목사 이익명(李益命)이다. 상기의 아들 필환(必煥)은 부사이고, 딸 다섯은 부솔 이하곤(李夏坤), 이천기(李天紀), 윤득항(尹得恒), 참의 서명빈(徐命彬), 참봉 민통수(閔通洙)에게 출가하였다. 상유의 아들은 필태(必泰)와 필징(必徵)이고 사위 셋은 참봉 이천보(李天輔), 진사 이사중(李思重), 심용(沈鏞)이다. 필환의 두 아들은 재복(載福)과 재희(載禧)이다.

공은 단정하고 진중하며 온화하고 고아하였으며 집안에서의 행실이 매우 잘 갖추어졌다. 모부인의 병시중을 들 적에는 한결같은 마음으로 조심스럽고 정성스럽게 모셨고, 수십 년을 하루처럼 변함없이 행하였다. 남에게 시키지 않고 약과 미음을 직접 달이고 맛보았으며, 비록 살림이 궁핍해도 맛있는 음식을 빠뜨리지 않았다. 일찍이 외할아버지의 묘소에 손수 묘비를 세워 모부인의 유지(遺志)를 이루었다. 늙어서 외롭게 혼자 사는 둘째 형수를 마치 어버이 섬기듯이 문병하고 보살폈다. 여러 조카들을 자신의 소생과 다름없이 사랑하였으나 잘못이 있으면 엄중히 책망하여 조금도 용서하지 않았다. 또 선조의 제사를 받드는데 독실하여 묘전(墓田)을 마련하고 제사의 규식을 제정하였다.

정사를 행할 적에는 자신은 엄하게 단속하고 백성은 관용으로 사랑하였으며 반드시 학교를 우선으로 삼았다. 지론이 남을 과격하게 배척하지도 않고 무조건 맹종하지도 않았다. 이조에 있을 때에 조정의 의논이 한창 분열되었는데 주의(注擬)가 공평하고 조화를 이루려고 힘썼다. 퇴근하면 문정(門庭)이 조용하였으며 출입이 드물고 남을 찾아가 청탁하는 일이 절대 없었다. 남의 한 가지 선행이나 장점을 보면 미치지 못할 듯이 칭찬하였으며 흉금이 넓어 남과 경쟁하지 않았다. 항상 말하기를,

"옛사람의 백 번의 '인(忍)' 자[82]가 진실로 좋기는 하지만 그래도 마음 속에 남은 뜻이 있으니, 아무 일도 없는 것처럼 잊어버리는 '망(忘)' 자보다 못하다."

하였다. 많은 서적을 보고서 잘 기억하였는데, 사서오경에 더욱 익숙하여 찾아와 묻는 자가 있으면 마치 자신의 말처럼 막힘없이 줄줄 대답하였다. 고금 사변(事變)의 득실, 문장과 학술에 대해 언의(言議)가 통쾌하여 꿰어놓은 구슬처럼 정연하게 이어졌다. 어려서부터 두 선생의 문하에서 수업하여 사우(師友)의 연원이 유래가 있었으니, 만년에는 담박하고 조용하게 지내며 또 성찰(省察)하고 존양(存養)하는 공부를 폐하지 않았다. 소식영허(消息盈虛)의 이치와 길흉성쇠(吉凶盛衰)의 단서에 대해 천도(天道)에서 구하고 인사(人事)에서 미루어 왕

82 옛사람의……자 : 당(唐)나라 때 9대(代)를 동거(同居)하며 화목하게 사는 장공예(張公藝)의 집을 덕종(德宗)이 찾아가 그 비결을 물으니, 그가 지필(紙筆)을 청한 뒤 '인(忍)'자를 백여 번 썼다고 한다. 《舊唐書 卷188 孝友傳 張公藝》

왕 남들이 보지 못한 바를 혼자 보았으니, 대개 소옹(邵雍)의 주역에서 얻은 것이 깊었다고 한다. 공이 말하기를,

"등용되면 나아가 도를 행하고 써주지 않으면 물러나 은거하는 것은 공자(孔子)와 안자(顏子)의 일이니[83] 비록 쉽게 말할 수는 없지만 사대부들도 마땅히 가슴속에 이 마음을 간직해야 한다."

라고 하였다. 이 때문에 벼슬살이 60년 동안 물러난 때가 많고 나아간 때는 적었으며, 기사년(1689, 숙종15) 이후로는 굳게 은거하여 벼슬에 나아가지 않았다. 육정(六丁)[84]이 되돌릴 수 없는 확고한 용기를 지니고 득실과 영욕의 길에 초연하여 세속의 더러움에 물들지 않아 많은 나이와 높은 덕으로 화락하게 살다가 천수를 누리고 죽었으니, 어찌 옛날의 이른바 명철하게 몸을 보존한 사람이 아니겠는가. 출처의 대절이 이러하므로 그 세세한 것은 생략해도 될 것이다. 명(銘)은 다음과 같다.

영릉(효종)의 시대는	在寧陵世
밝고 화목하였도다	明明穆穆
공이 그때 벼슬길에 나서니	公時發軔
아름다운 자태 옥과 같았네	美儀如玉
나는 듯한 사필(史筆)로	赤管如飛

83 등용되면……일이니 : 《논어》 〈술이(述而)〉에서 공자가 안연(顏淵)에게 말하기를, "등용되면 나아가 도를 행하고, 써주지 않으면 물러나 은거하는 일은 오직 나와 너만이 그렇게 할 수 있다.〔用之則行, 舍之則藏, 惟我與爾有是夫!〕" 하였다.

84 육정(六丁) : 도교(道教)에서 말하는 정묘(丁卯), 정사(丁巳), 정미(丁未), 정유(丁酉), 정해(丁亥), 정축(丁丑)의 여섯 역사(力士)를 말한다.

누차 임금의 눈을 경동시켰네	屢動上矚
영리의 길을	榮利之塗
대중은 좇았으나 공은 천천히 갔도다	衆趨我徐
저 초야에서 즐기는데	樂彼邱園
제수하는 교지 내렸네	有翩除書
아, 신의 어미는	噫臣有母
늙고 병이 잦으니	老而多恙
까마귀와 같은 사사로운 정으로	烏鳥私情
끝까지 봉양하기를 청합니다	願乞終養
간간이 수령의 인끈을 찼으나	間懷郡章
출사해도 은거한 것과 같았네	雖出猶處
주머니를 묶어서 생긴 허물[85]	括囊有咎
군자는 혹여 용서하리라	君子或恕
해는 길고 짧을 때가 있고	日有短長
시대는 기울고 평탄할 때 있네	時有陂平
밝은 조정에 의표가 되었으니	一儀明廷
참으로 노성한 사람이로다	展也老成
소인배의 노여움 없애지 못했으나[86]	小慍不殄

85 주머니를……허물 : 《주역》 〈곤괘(坤卦) 육사(六四)〉에 "주머니를 묶듯이 하면 허물도 없고 칭찬도 없을 것이다.〔括囊, 无咎无譽.〕"라고 하였는데, 주머니 끈을 묶는다는 것은 가슴속에 생각을 감추어 두고서 밖으로 드러내지 않는 것을 말한다. 여기서는 송규렴이 갑인예송 때 상소를 올리려다 어머니의 만류로 올리지 않은 일을 말한다.

86 소인배의……못했으나 : 《시경》 〈면(綿)〉에 "오랑캐들의 노여움을 없애지는 못했지만 또한 그 명성을 실추하지 않았다.〔肆不殄厥慍, 亦不隕厥問.〕"라고 한 데서 온

공의 도는 곧았도다	我道則貞
도유[87]의 해에	屠維之歲
중전이 폐위되셨네	坤軸乃傾
공은 머뭇거리지 않고 떠났으며	公行勿遲
공은 다시 돌아오지 않았네	公歸不復
천운이 다시 회복되었으나	天運復陽
신하의 마음 철석과 같았네	臣心介石
자신의 거문고와 서책을 즐기고	我琴我書
자신의 밭을 경작하고 수확하였네	我稼我穡
자유로이 소요하면서	偃仰逍遙
이 즐거움 말하지 않으리라 길이 맹세하였네[88]	永矢不告
출사하고 은거함이	其行其藏
옛사람과 같았도다	古人與同
이전에도 이미 빛났고	旣炳于先
마지막까지 돈후하였네	而厚于終
공의 심오한 학문을	維公邃學
좁은 소견으로 헤아릴 수 있으랴	敢容蠡測

말이다.

87 도유(屠維) : 천간(天干) 중에서 기(己)를 달리 일컫는 말로, 숙종 15년(1689) 기사년을 가리킨다.

88 이……맹세하였네 : 은거하며 조용히 지내는 삶을 표현한 것으로, 《시경》〈고반(考槃)〉에 "고반이 높은 언덕에 있으니, 석인이 머물러 지내는구나. 홀로 잠들고 홀로 깨어나지만 길이 이 즐거움을 남에게 말하지 않으리라.〔考槃在陸, 碩人之軸, 獨寐寤宿, 永矢不告.〕"라고 한 데서 온 말이다.

소식영허의 이치를	消息盈虛
《주역》에서 홀로 터득하였네	於易獨得
세 조정을 거치면서	閱歷三朝
덕과 명성이 온전하였네	德全名完
내가 비석에 글을 쓰노니	我書玄石
영원토록 마모되지 않으리	永世不刊

판서 이공 신도비[89]

判書李公神道碑

상서 이광적(李光迪) 공이 효종조에 별시문과에 급제하여 숙종 병신년(1716, 숙종42)에 60년이 되었으니 당시 공의 나이 89세였다. 연신(筵臣)이 이 일을 아뢰자, 상께서 고신(故臣) 송순(宋純)의 전례[90]에 따라 새로 어사화를 만들어 하사하라고 명하셨다. 공이 마침 병가 중이었는데 대궐에 나아가 전문(箋文)을 올려 사례하였다. 상이 특별이 법온(法醞)[91]을 내려주시어 마침내 어사화를 머리에 꽂고 취하여 부축을 받고 돌아왔다. 자제들이 이어 잔치를 열어 성은을 드러내었다. 당년 장원급제자 이민적(李敏迪)[92]의 아들인 상국 이이명(李頤命)이 잔을 들어 축수하고 여러 재경(宰卿)들이 차례로 술을 올렸으며 또 축시를 지어 찬양하였으니, 벼슬아치들 사이에 훌륭한 일로 전해진다.

공의 초명(初名)은 연(演)인데, 현종의 혐명(嫌名)[93]을 피하여 지금

89 판서 이공 신도비 : 이 글은 이광적(李光迪, 1628~1717)의 신도비이다. 이광적의 본관은 성주(星州), 자는 휘고(輝古), 호는 은암(隱巖)이다.

90 송순(宋純)의 전례 : 송순(宋純, 1493~1583)은 1519년(중종14) 문과에 급제하였는데, 60년 뒤인 1579년(선조12) 이를 기념하기 위한 회방연(回榜宴)에 선조가 어사화를 하사한 일을 말한다. 《頤齋遺藁 卷19 資憲大夫議政府右參贊兼知春秋舘事企邨先生宋公行狀》

91 법온(法醞) : 임금이 신하에게 내리는 술로, 선온(宣醞)이라고도 한다.

92 당년 장원급제자 이민적(李敏迪) : 이광적이 급제한 1656년(효종7) 별시문과에 장원으로 급제한 사람이 이민적이다. 이민적의 본관은 전주(全州), 자는 혜중(惠仲), 호는 죽서(竹西)이다.

이름으로 고쳤다. 자는 휘고(輝古)이다. 시조 순유(純由)는 신라의 경(卿)이었는데 고려의 명을 받지 않아 아전으로 폐해졌다. 자손들이 성산(星山)에 살게 되면서 마침내 성산 사람이 되었다. 그 후로 정당문학 문열공(文烈公) 조년(兆年)은 저명한 인물로 일컬어졌고, 본조 초기의 휘 직(稷)은 영의정을 지냈다. 중종조의 휘 집(諿)은 우찬성을 지냈는데, 공에게 6대조가 된다. 증조 언충(彦忠)은 대사헌을 지냈다. 조부 성(城)은 전생서 봉사로 있다가 광해군 때에 벼슬을 버리고 귀향하였다. 부친 세미(世美)는 덕을 감추고 벼슬하지 않았다.

공은 숭정(崇禎) 무진년(1628, 인조6)에 보성(寶城)의 우사(寓舍)에서 태어났다. 말을 배우자마자 글자를 알았는데, 집에 괴이한 짓을 하는 귀물(鬼物)이 있었으나 공에게는 침범하지 못하였다. 장성하면서 문명(文名)이 매우 성대하였다.

임진년(1652, 효종3)에 사마 양시(司馬兩試 생원시와 진사시)에 합격하였다. 급제한 뒤에 공을 좋아하지 않는 자가 있어 승문원에 분관(分館)되지 못하였다.[94] 성균관 학록을 거쳐 천거되어 승정원 주서에 제수되었다. 당시 효종께서 정신을 가다듬고 다스림을 도모하여 자주 신료들을 접견하였는데, 물 흐르듯 막힘없는 글솜씨로 공이 풍부하고 민첩하게 기록하니 선배들이 모두 탄복하고 칭찬하였다. 성균관 전적으로 승진하였다. 공은 평소에 욕심 없이 담박하게 자신을 지키고 명리(名

93 혐명(嫌名) : 휘(諱)할 대상과 발음이 같은 이름을 말하는데, 현종의 이름 연(棩)과 이광적의 이름 연(演)이 같은 음이기 때문이다.

94 급제한……못하였다 : 분관(分館)은 문과 급제자들을 승문원, 성균관, 교서관에 분속시켜 배치하는 것을 이르는데, 문과 급제자 중에서 3점을 받은 사람은 승문원에, 2점은 성균관에, 1점은 교서관에 분관시킨다.

利)의 길에 급급하지 않았으니, 크고 작은 관직에 대하여 한결같이 오는 대로 맡겨두었다. 내직으로는 예조·호조·병조의 좌랑과 정랑, 사헌부의 지평과 장령, 사간원의 정언, 지제교를 지냈으며, 중간에 사복시·종부시·예빈시의 정(正)이 되었다. 외직으로는 함경 도사(咸鏡都事), 함평 현감(咸平縣監), 해운 판관(海運判官), 개성 경력(開城經歷), 영월 군수(寧越郡守), 위원 군수(渭原郡守)를 지냈다.

대각에 있을 때에는 성상에게 과실이 있으면 그때마다 일에 따라 경계를 올렸다. 서필원(徐必遠)이 우암(尤菴)과 논의가 배치되었는데, 대간의 탄핵이 나온 뒤에도 다시 이기려고 논의를 그치지 않자, 공이 서필원의 전후 죄상을 논계하여 파직을 청하였다. 갑인예송의 재앙이 처음 싹틀 적에 영의정 김수흥(金壽興) 공이 가장 먼저 엄중한 견책을 받았는데, 공이 심하게 간쟁하다가 삭출되었다.

고을을 다스릴 때에는 청렴하면서도 근면하였다. 대체로 백성의 힘을 펴주고 은혜로운 정사를 펴는 것을 우선으로 삼았기에 떠난 뒤에도 많은 백성이 공을 그리워하였다.

통정대부가 된 것은 선원록청(璿源錄廳) 도청(都廳)의 공로 때문이다. 공조와 형조의 참의를 역임하고 승정원 승지로 옮겼다가 외직을 청하여 안변 부사(安邊府使)로 나갔다. 안변은 강포한 아전들이 토지를 마구 점유하여 백성이 그 고통을 견디기 어려웠는데, 공이 통렬하게 다스려 적폐를 제거하였다. 이에 온 경내의 백성은 모두 탄복하였지만 공을 좋아하지 않는 자들이 더욱 많아졌다. 감사 윤지선(尹趾善)이 공과 혐의가 있어 기회를 이용해 공의 죄를 날조한 바람에 감옥에 갇히고 철원(鐵原)에 유배되었다. 얼마 지나지 않아 사면되어 다시 병조·호조·예조의 참의에 제수되었다.

기묘년(1699, 숙종25)에 우의정 이세백(李世白)이 공이 효종의 시종신으로 나이 70이 넘었다고 아뢰어 가선대부에 올랐다. 병조·호조·공조의 참판과 한성부 좌윤을 역임하고, 동지의금부사를 겸하여 과옥(科獄)을 조사하였는데 원망과 비방을 돌아보지 않았다. 또 신사무옥[95]을 맡아 상국 이세백((李世白)과 함께 국청(鞫廳)에 참여하여 모두 법대로 다스렸다. 이후 임부(林溥)의 상소가 나와 옥사를 조사했던 신하들을 무함하자, 공이 상소하여 실상을 아뢰었다. 이 때문에 더욱 미움을 받아 공의 유배를 청하는 계사까지 있었으나 상께서 시종일관 분명하게 살펴주신 덕분에 화에서 면할 수 있었다.

정해년(1707, 숙종33)에 노인을 우대하는 은전으로 다시 자헌대부에 올랐으며, 지충추부사에 제수되고 기로소에 들어갔다. 이어 한성부 판윤과 공조 판서에 제수되었다.

공은 경전 중에서 《주역》에 가장 조예가 깊어, 매 절후마다 천시(天時)에 순합(順合)하여 덕을 힘쓰는 뜻을 진술하여 누차 포상의 은전을 받았다. 늙어서는 '진실무망(眞實無妄)' 네 자에 더욱 중점을 두어 간절하게 경계를 아뢰니, 상께서 가상하다는 비답을 내리셨다.

정유년(1717, 숙종43)에 또 숭정대부에 올랐다. 이해 12월 13일에 은암(隱巖) 정침에서 편안히 생을 마치니, 향년 90세였다. 다음해 2월에 양주(楊州)에 장사지냈다가 이후 갑인년(1734, 영조10)에 적성(積城) 용연(龍淵) 정좌(丁坐)의 언덕으로 이장하였다.

95 신사무옥(辛巳誣獄) : 1701년(숙종27) 인현왕후가 병으로 죽은 뒤에 장희빈이 취선당(就善堂) 서쪽에 신당(神堂)을 설치하고 인현왕후를 저주한 일이 발각되자, 이와 관련된 자들을 조사하여 처벌한 옥사이다.

공은 자품이 인후하고 기운이 순수하였으며 참되고 꾸밈이 없어 겉과 속이 다르지 않았다. 효우(孝友)의 행실과 충량(忠亮)의 절개는 타고난 것이라 수행(修行)할 필요가 없었다. 내가 일찍이 틈을 내어 백악산(白岳山) 아래로 찾아가 문후하였는데, 집안은 사람이 없어 쓸쓸하였고 휘장을 걷었을 때에야 단정히 앉아 책을 읽고 있는 공의 모습이 보였다. 밤새도록 이야기를 나누는데 오로지 경사(經史)를 토론하여 고금의 사변에까지 두루 미쳤다. 가끔씩 주신 경계의 말씀은 모두 덕의로 하신 말씀이었고 풍도가 돈후하여 각박한 자를 후덕하게 하기에 충분하였다. 그러나 음양과 선악의 구분에 있어서는 말씀이 준엄하였고, 화복과 영욕이 목전에서 결정되어도 전혀 이를 계교하여 따르거나 피하는 사사로움이 없었다. 이 때문에 현달하지 못하고 걸핏하면 낭패를 당하여 화를 면치 못할 뻔했지만 사론(士論)은 이를 훌륭하게 여겼다. 《시경》에 이르기를, "비록 노성한 사람은 없으나 아직도 떳떳한 옛 법이 있다."고 하였는데, 아! 오늘날 세상에서 다시 공의 덕의(德儀)를 접하려 해도 어찌 미칠 수 있겠는가.

공은 두 번 장가들었다. 진원 박씨(珍原朴氏)는 찰방 춘수(春秀)의 따님으로, 딸 하나를 두었는데 참봉 구문하(具文河)에게 출가하였다. 동래 정씨(東萊鄭氏)는 증 승지 석(錫)의 따님으로, 공과 합장하였다. 아들 둘을 두었는데, 형보(衡輔)는 음사(蔭仕)로 현령을 지내고, 원보(元輔)는 통덕랑을 지냈으며, 두 사위는 정입선(鄭立先)과 성필익(成必益)이다. 손자들은 생원 규현(奎賢), 규신(奎臣), 규빈(奎賓)이다. 명(銘)은 다음과 같다.

선왕께서 백운향[96]으로 올라가시니	先王上昇白雲鄕

아, 그 성대한 덕을 잊을 수 없네　於戲盛德不可忘
공이 바로 당시의 향안리[97]였으니　公是昔時香案吏
붓을 잡고 삼가 모훈[98]을 기록하였네　有筆恭將謨訓記
세 조정의 평피왕복[99]을 겪으며　平陂往復閱三朝
온갖 영욕에도 동요되지 않았네　寵辱百般心不搖
편안한 몸과 온화한 기운으로 구십 세를 누리니　身安氣和九十春
세상 사람들이 송교[100]처럼 우러르네　世人望之如松喬
백발에 다시 새로 하사하신 꽃을 꽂았고　白髮重簪新賜花
백관의 수장이 당에 올라 축수하였네　上堂稱觴首大僚
해 기울자 질장구치고 노래하며[101] 유유자적하다가　日昃缶歌恒自適
초연히 세상을 떠나 푸른 하늘로 돌아가셨네　翛然大化歸靑霄
감악산 아래의 비석에　紺岳之下麗牲石
태사가 시를 지어 덕을 빛내노라　太史作詩令德昭

96 백운향(白雲鄕) : 천제가 사는 하늘나라로, 《장자》 〈천지(天地)〉에 "저 흰 구름을 타고 제향에 이른다.〔乘彼白雲, 至於帝鄕.〕"라고 한 데서 온 말이다.

97 향안리(香案吏) : 궁중에서 임금을 가까이 모시는 관원을 말하는데, 당(唐)나라 원진(元稹)의 〈이주택과우낙천(以州宅夸于樂天)〉에 "나는 옥황상제의 향안을 맡았던 아전이라 인간 세상에 귀양 와서도 봉래산에 머문다네.〔我是玉皇香案吏, 謫居猶得小蓬萊.〕"라고 한 데서 온 말이다.

98 모훈(謨訓) : 《서경》의 〈대우모(大禹謨)〉와 〈고요모(皐陶謨)〉의 모(謨)나 〈이훈(伊訓)〉의 훈(訓)처럼 국가의 대계(大計)를 세우는 계책이나 뒷사람에게 주는 교훈을 말한다.

99 평피왕복(平陂往復) : 77쪽 주193 참조.

100 송교(松喬) : 적송자(赤松子)와 왕자교(王子喬)의 합칭으로, 옛날의 신선이다.

101 해……노래하며 : 244쪽 주42 참조.

우의정 민공 신도비[102]

右議政閔公神道碑

효종대왕에게는 문충공(文忠公) 민정중(閔鼎重)이라는 신하가 있고, 문충공에게는 문효공(文孝公) 민진장(閔鎭長)이라는 아들이 있다. 문충공은 문학과 덕망으로 사림의 으뜸의 되어 마침내 우리 숙종의 정승이 되었고, 문충공이 작고한지 10년도 못 되어 문효공이 또 정승이 되니, 논하는 자들이 "두 세대에 걸쳐 정승을 지낸 집안이 예전에 더러 있지만 부자간에 충효가 필적한 경우는 거의 없다."라고 하였다. 인도(人道)는 충효보다 중요한 것이 없으니 임금을 섬기고 부모를 섬김은 그 일은 다르지만 이치는 똑같다. 심지어 국가에 온 힘을 바쳐 죽은 뒤에야 그친 것도 같지 않음이 없으니, 이는 또 크나큰 효이다. 《서경》에 "너는 오직 너의 가르침을 공경히 밝혀서 선왕을 받들고 따라 너의 선조에게 짝하라."라고 하였으니, 문효공이 이런 사람이다.

공의 자는 치구(穉久)이다. 민씨(閔氏)는 여흥(驪興)에서 나왔다. 고려 때 상의 봉어(尙衣奉御)를 지낸 칭도(稱道)가 처음으로 족보에 나타나는데, 이후 대대로 이름난 인물이 배출되었다. 경주 부윤(慶州府尹)을 지낸 휘 기(機)와 관찰사를 지낸 휘 광훈(光勳)은 모두 영의정에 추증되었고 맑은 덕과 질박한 행실을 지녔는데, 이분들이 문충공의 조부와 부친이다. 문충공의 계배(繼配) 남양 홍씨(南陽洪氏)는 관찰사

102 우의정 민공 신도비 : 이 글은 민진장(閔鎭長, 1649~1700)의 신도비이다. 민진장의 본관은 여흥(驪興), 자는 치구(稚久), 시호는 문효(文孝)이다.

처윤(處尹)의 따님으로, 숭정(崇禎) 기축년(1649, 효종즉위년) 10월 을해에 공을 낳았다.

공의 나이 5세 때에 홍 부인(洪夫人)이 병을 앓았는데, 그 나이에 이미 뜰에서 절하며 하늘에 빌었다.

기유년(1669, 현종10)에 사마시에 합격하였다.

병진년(1676, 숙종2)에 영릉 참봉(英陵參奉)에 제수되었으나 부임하지 않았다.

경신년(1680)에 문충공이 적적(謫籍)[103]에서 기용되어 재상에 제수되고, 공도 전설사 별검에 제수되었다. 인경왕후(仁敬王后) 국상 때 감조관(監造官)의 공로로 의금부 도사로 승진하였다가 체차되어 공조 좌랑으로 옮겼다. 외직으로 나가 지평(砥平)과 양천(陽川) 두 고을을 다스렸다.

병인년(1686, 숙종12)에 별시문과에 장원급제하였다. 문충공은 관찰사 공이 장원하던 해에 태어났고, 공은 문충공이 장원하던 해에 태어났는데, 이때에 이르러 공이 또 장원급제하였다. 자궁(資窮)[104]으로 통정대부로 승진하고 그날로 장례원 판결사에 제수되었다. 겨울에 동부승지에 제수되어 차례로 우부승지로 승진하였다. 병조 참지로 있다가 외직을 구하여 양주 목사(楊州牧使)로 나갔는데, 얼마 지나지 않아 사소한 일에 연루되어 파직되었다. 얼마 뒤에 서용되어 다시 승정원으로 들어왔다.

103 적적(謫籍) : 유배 중인 사람의 명단이다.

104 자궁(資窮) : 당하관(堂下官)으로서는 더 이상 올라가 자리가 없는 최고의 품계로, 정3품 통훈대부를 말한다.

기사년(1689, 숙종15)에 사화(士禍)가 크게 일어나 우암(尤庵) 선생과 상국 문곡(文谷) 김수항(金壽恒)이 연이어 사사(賜死)되었으나, 흉당들이 문충공은 중전의 존속(尊屬)이라 하여 오히려 두려워하는 뜻이 있었다. 4월에 상께서 특별히 문충공을 파직하였고 얼마 뒤에 인현왕후(仁顯王后)가 폐위되어 사제(私第)로 돌아왔다. 7월에 이원정(李元禎)의 아들 이담명(李聃命)이 복수할 심사로 자신의 사당(私黨)을 사주하여 합계(合啓)를 내니, 마침내 문충공이 서쪽 변방에 위리안치되었다. 중도에 또 가율(加律)하라는 청이 있었다.

임신년(1692, 숙종18)에 문충공이 배소(配所)에서 세상을 떠나니, 공이 관을 호송하여 고향으로 돌아와 장사지내고 이어 시묘살이하였다.

갑술년(1694)에 인현왕후가 다시 복위되자, 상께서 가장 먼저 문충공의 작위를 회복시켰으며, 공이 상기(喪期)를 마치자 특별히 예조참판에 제수하였다. 공이 상소하여 문충공이 무함당한 정상을 자세히 진술하니, 상께서 후한 비답을 내려 철저하게 의혹을 풀어주셨다. 도승지와 공조·호조의 참판으로 옮겼다.

을해년(1695)에 형조 판서로 발탁되었다. 가을에 크게 흉년이 들자, 조정에서 문충공이 일찍이 신해년(1671, 현종12)에 진휼하는 일을 맡아 자신을 잊고 직분을 다했던 일을 논하여 공을 진휼청 당상으로 삼았다. 공은 매일 새벽에 교외로 나가 진휼을 감독하고 돌아와서는 또 송사를 다스려 잠시도 쉴 틈이 없었다. 공이 재주와 능력이 미치지 못함을 아뢰어 한 직임에서 해임되기를 청했으나, 상께서 하교하기를,

> "경이 부지런하고 명백하게 일 처리하는 것을 알고 있으니 허락할 수 없다."

라고 하셨다. 공이 마음을 다해 구휼한 덕분에 백성이 굶어죽지 않았

으니, 공의 수레가 시장을 지날 때면 시장의 백성이 모두 손을 모으고서 '살아계신 부처님, 살아계신 부처님'이라고 하였다.

2년간 옥사를 관장하면서 대체(大體)를 지키기를 힘쓰고 항상 신중하게 처벌하려는 뜻을 지녔기에 백성들이 원망하지 않았다. 당시 조정에서 주전(鑄錢)을 시행하여 몰래 주전하는 것을 엄금하고는 이를 범하는 자를 일체 사죄(死罪)로 논했는데, 공은 죄를 구분하여 처벌하기를 청하였다. 대신이 법장(法杖)[105]의 규격을 점점 키워서 위엄을 세우려고 하자, 공이 또 불가하다고 주장하였다. 사람들이 혹 너무 느슨하게 처벌한다고 걱정하였지만 끝내 뜻을 굽히지 않았다.

한성부 판윤을 거쳐 병조 판서에 제수되었다. 피로가 쌓여 병이 들자 상께서 누차 의원을 보내어 보살피셨다. 대신이 그 직임에서 해임시키자고 아뢰었다. 한성부 판윤, 수어사, 지중추부사, 의정부 참찬, 대사헌에 제수되었다가 다시 형조 판서와 한성부 판윤을 역임하였다.

무인년(1698, 숙종24)에 판의금부사에 발탁되고 호조 판서에 제수되었다. 대사성 송상기(宋相琦) 공이 이론(異論)을 주장하는 제생(諸生)에게 쫓겨나자,[106] 사간 정호(鄭澔) 공이 "이 일은 관계된 바가 매우 중대하니, 먼저 그 근본을 바로잡아야 한다."고 생각하여 마침내 상소

105 법장(法杖) : 법률로 정해진 규격에 따라 만든 신장(訊杖)이다. 《경국대전》 〈형전〉에서 규정한 신장은 길이 3자 3치로, 윗부분의 1자 3치까지는 원경이 7푼, 아랫부분의 2자까지는 너비가 8푼에 두께가 2푼이다. 영조척(營造尺)을 기준으로 사용하여 만들었다.

106 대사성……쫓겨나자 : 1698년(숙종24) 송상기(宋相琦)가 대사성에 제수되자, 윤증(尹拯)을 따르는 유생들이 송상기가 일찍이 윤증을 공격하였다는 이유로 배척하여 대사성에서 물러나게 하였다. 《肅宗實錄 10年 8月 21日, 24年 9月 11日》

하여 윤증(尹拯)이 스승을 배반한 죄를 논하고 이어 갑자년의 일[107]을 언급하였다. 이에 상이 몹시 노하여 하교하기를,

"시비를 막론하고 공가(公家)의 문자가 아닌 만큼 당시 대신이 이 일을 확대하여 조정에 아뢴 것은 매우 실착이다. 고요한 평지에 파란을 크게 일으켰으니 내가 지금도 후회스럽다."

라고 하셨으니, 문충공이 좌상으로 있을 때에 윤증을 유현(儒賢)으로 대우하지 말도록 청했기 때문이다. 이에 공이 상소하여 당시 문충공의 본의를 모두 피력하고 이어 아뢰기를,

"갑술년(1694, 숙종20) 초에 전조(銓曹)에서 윤증을 총용(寵用)한 것은 전혀 타당한 이유가 없고 기사년(1689, 숙종15)의 여습(餘習)을 따른 것입니다. 지난날 임금과 정승이 격의 없이 함께 논의하던 정사에 비하면 변모(弁髦)보다도 쓸모가 없으니, 조정에서 윤증을 대우한 것이 너무 경솔하다고 하겠습니다. 신이 일찍이 애통한 마음이 있었지만 지난 일을 들추어 다시 분란을 야기하고 싶지 않았기에 묵묵히 지금까지 주저한 것입니다. 그런데 지금 성상의 하교가 이처럼 지엄하시니, 이는 세상을 걱정하던 선신(先臣)의 정성스런 뜻이 도리어 파란을 도운 꼴이 되고 말았습니다. 가슴을 치며 원통함을 부르짖는 신의 마음이 다시 어떠하겠습니까."

107 갑자년의 일 : 1684년(숙종10) 김수항(金壽恒)과 민정중(閔鼎重)이 윤증을 유현(儒賢)으로 대우해서는 안 된다고 청하여 숙종이 윤허하였던 일을 말한다. 정호가 윤증의 죄를 논하는 상소에 "고(故) 상신 김수항과 민정중이 백성의 윤리가 막히고 세상의 도의가 무너지는 것을 크게 근심하여, 유신(儒臣)으로 대우할 수 없다는 뜻으로 탑전에서 아뢰니, 성상께서 특별히 그 뜻을 받아들여 주셨기 때문에, 사문(斯文)이 거기에 힘입어 실추되지 않게 되었던 것입니다." 하였다.《肅宗實錄 24年 10月 20日》

하였다. 윤증의 당여인 조의상(趙儀祥)과 이봉서(李鳳瑞) 등이 번갈아 일어나 "오늘날 윤증을 배척하는 자는 단지 사생(師生)의 의리만 알고 부자(父子)의 윤리는 알지 못한다."고 비난하자, 공이 연이어 글을 올려 변론하기를,

"사람은 임금과 스승과 아버지에게 의지해서 살아가니 똑같이 섬겨야 합니다. 부자지간은 은혜를 중시하고 군신지간과 사생지간은 의리를 중시합니다. 은혜는 본디 때때로 의리를 가리지만 의리는 또한 끝내 피할 수 없는 것입니다. 가령 신하된 자가 자신의 아비가 임금에게 인정받지 못한다는 이유로 대번에 미워하고 원망하여 공공연히 임금의 허물을 드러내어 헐뜯는다면 아비에게 효도했다고 하여 임금에게 불충한 죄를 용서하겠습니까."

하였다. 또 아뢰기를,

"만약 윤증이 참으로 그 스승의 학문이 순정하지 못함을 알았다면 40년간 문하에 출입하면서 무엇을 공부하였기에 왕패(王伯)와 의리(義利)의 설[108]을 개인적인 원한이 드러난 뒤에야 꺼냈단 말입니까. 유현이 유현이 되는 까닭은 의(義)를 봄이 분명하고 의에 처함이 정밀하기 때문입니다. 여기에 잘못된 점이 있다면 어찌 함부로 유현이라는 칭호를 붙일 수 있겠습니까."

라고 하고는 병장(病狀)을 올리고 출사하지 않았는데, 상께서 온유하

108 왕패(王伯)와 의리(義利)의 설 : 윤증은 임술년(1682, 숙종8) 박세채(朴世采)에게 보낸 편지에서 "왕도와 패도를 병용하고 의리와 이욕을 병행한다.〔王伯幷用, 義利雙行.〕"라고 하면서 송시열을 거침없이 공격하였다. 이 말은 원래 주자(朱子)가 평소 경계하던 것으로, 윤증은 송시열의 학문적 태도가 이를 범하여 《대학장구(大學章句)》의 성정(誠正) 공부에 어긋난다고 비난하였다.

게 돈면하셨다. 당시 상께서 이어(移御)하려 하였는데, 비용이 과다하게 많이 들었다. 공이 재이(災異)로 인해 경계를 올려 검약하시라고 청하자, 상께서 가납하셨다. 단종부묘도감(端宗祔廟都監)의 공로로 숭록대부에 올랐다.

경진년(1700, 숙종26) 정월에 승진하여 의정부 우의정에 제수되었다. 다섯 차례나 사직 상소를 올렸는데 그때마다 상께서 사관(史官)을 보내어 면유하셨다. 당시 공의 병이 오래도록 낫지 않아 어의가 와서 보살피고 보내신 약물이 이어졌지만 끝내 숙배하지 못하고 3월 16일에 세상을 떠났다.

상께서 슬퍼하시며 조회를 정지하고 규례대로 상사(喪事)를 돕게 하였다. 사대부들은 공과 면식이 있건 없건 간에 모두 애통해 하였으며 군민(軍民)이 서로 조문하기를, "어진 재상이 돌아가셨으니 우리들은 어찌할까." 하였다. 처음에 여주(驪州) 문충공의 무덤 뒤에 장사 지냈다가 나중에 광주(廣州)로 옮겼고, 계해년(1743, 영조19) 4월에 다시 여주 구부곡(具富谷)으로 이장하였다.

공은 키가 크고 수염이 아름다우며 기색이 온화하였다. 어려서부터 깊은 사랑으로 부모를 섬겼다. 문충공이 몹시 엄격하게 공부시켜 날마다 회초리를 쳤으나 공은 더욱 공손히 순종하였으니, 계부(季父) 문정공(文貞公)이 참으로 효자라고 늘 찬탄하였다. 저녁마다 손수 문충공의 침소에 군불을 지펴 그 온도를 살펴가며 불을 조절하였다. 문충공이 만년에 풍비(風痹)를 앓아 움직이지 못하자, 공이 좌우에서 부축하여 모두 마땅하게 해드렸으며 십년 가까이 밤에도 옷의 띠를 풀지 않았다. 배소(配所)에서 모실 때에는 또 부녀자가 곁에 없어 공이 의복과 음식을 모두 살폈는데 온힘을 다하고 마음을 쓰느라 밤에도 제대로 자지 못하여 거의 실명할 지경에 이르렀다. 시묘살이 할 때에는 조석상식(朝夕上食)을 반드시 몸소 돌보셨다. 이웃 고을 부녀자와 아이들도 공이 통곡하며 가슴 치는 소리를 듣고는 눈물을 흘렸다.

홍 부인(洪夫人)이 기사년의 화를 당하여 근심과 두려움으로 병을 앓다가 이어 정신병이 들고 말았다. 공이 문충공 곁에서 처음 그 소식을 듣고는 마치 듣지 못한 것처럼 행동하다가 물러나 방 밖에 앉아서는 피를 쏟듯이 눈물을 흘려 삽시간에 소매가 다 젖었다. 그러다 다시 문충공의 곁에 나아가서는 평소처럼 온화하고 유순한 낯빛으로 모셨다. 갑술년 이후로 공무에 분주하였으나 매일 동트기 전에 대부인의 침실에 나아가 살피고, 모친을 위해 직접 얼굴을 씻기고 머리를 묶어주고 미음을 올렸으며 무슨 일로 아무개 관사에 나아간다고 아뢰었고, 퇴근해서는 또 얼굴을 뵙고 난 뒤에 나가서 빈객을 접하였다. 일가의 길흉과 대소사를 반드시 빠짐없이 고하여 대부인이 제정신이 아니라고 하여 폐하지 않았다. 지극한 정성이 넘쳐흘러 얼굴빛과 말에 드러났으나 마음속으로는 깊이 애통해하여 남들과 웃고 말할 때에도 미간에 수심이 어렸다. 간간이 취해서 돌아올 때면 모친의 무릎에 누워 젖을 빨면서 갓난아이처럼 재롱을 부리다가는 이내 다시 눈물을 흘렸으니 집안사람들이 쳐다볼 수 없었다. 공이 세상을 떠나자 조정에서 특별히 부인에게 월름(月廩)을 내렸으며, 연신(筵臣)이 또 공의 지극한 행실을 아뢰어 정려(旌閭)하였다.

공에게는 누이 한 명이 있는데, 문충공의 원배(元配) 신 부인(申夫人)의 소생이다. 누이의 아들이 일찍 부모를 여의자 공이 친자식처럼 돌보았다. 나의 선비(先妣)는 공의 사촌누이인데, 공의 우애로운 행실을 칭찬하여 말씀하기를,

"내가 예전에 머리에 종기가 나서 몹시 위태로웠는데 보살펴주는 사람이 없었다. 오라버니가 문충공의 장흥(長興) 적소에서 돌아와 소식을 듣자마자 나를 보러 왔는데 당시 이른 아침이었다. 오라버니의 머리와 수염이 하얗게 된 것을 보고서 괴이하게 여겨 물으니, '새벽까지 분주하게 의원을 찾아다니느라 서리가 엉겨 붙어 이처럼 되었다.'라고 하였다."

라고 하셨으니, 이것을 들어 다른 것을 알 수 있다.

가난한 친구는 지극히 구휼하여 아무리 자주 찾아와 도움을 청해도 전혀 싫어하는 기색을 보이지 않았으며, 죽은 친구는 시신을 염하고 고아를 보살피는 것을 자신의 소임으로 여겼으니, 이 때문에 추치(騶直)[109]를 집으로 가져가는 일이 드물었다. 자신의 봉양에는 매우 박하여 귀하게 된 뒤에도 그러하였으니 밥상에 두 종류의 고기가 오르지 않았고 몸에는 갖옷을 걸치지 않았다.

공은 평소에 빨리 말하거나 당황하는 기색이 없었으며, 누가 무도한 짓을 해도 전혀 마음에 담아두지 않았다. 걸음걸이는 차분하고 점잖아서 동작이 법도에 맞았으니, 공적이나 사적인 회합에 나아갈 때에는 멈추고 나아감에 일정한 보폭이 있어서 조금의 어긋남도 없었다. 주량이 매우 커서 친구를 만나면 늘 함께 술을 마셨는데, 종일토록 마셔도 만취하지 않아 취하지 않았을 때보다 더욱 공경하고 삼갔다. 평소에 단정히 앉아 있었으며 한 번도 몸을 기대거나 기울인 적이 없었다. 일용의 행사에 대체로 일정한 규범이 있어 창졸지간이라도 절대 구차

109 추치(騶直) : 관원이 녹봉 이외에 마부의 급료조(給料條)로 받는 금곡(金穀)이나 포백(布帛)을 말한다.

하게 지나치지 않았으니, 관직을 맡아 다스릴 때에도 모두 이런 방식으로 처리하였다. 처음부터 끝까지 신중하게 처신하여 과격하게 부딪치지도 않고 무턱대고 따르지도 않았으며, 선헌(先憲)을 굳게 지키고 어지러이 변경하는 것을 좋아하지 않았다. 항상 '지성측달(至誠惻怛)' 네 글자를 마음에 보존하고 일에 드러내니, 그 덕행에 감화되어 사람들이 절로 신복(信服)하여 간사하고 교활한 관리조차도 차마 속이지 못하였다. 이 때문에 내외 대소의 관직에 어디서든 마땅하지 않음이 없었으니, 상께서는 기둥처럼 공에게 의지하고 조정 대신들은 공을 법칙처럼 여겨 비록 세도가 자주 바뀌고 시비가 진실하지 못해도 헐뜯고 비난하는 말이 공에게 미친 적이 없는데, 애석하게도 하늘이 공의 목숨을 빨리 앗아가 그 뜻과 사업을 다 이루지 못하였다.

공의 부인은 의령 남씨(宜寧南氏)로 판서 장간공(章簡公) 이성(二星)의 따님이다. 총명하고 단정하고 장중하여 여사(女士)의 풍도가 있었다. 집에 괴이한 도깨비가 있었는데, 부인이 볼 때마다 꾸짖으니 귀물이 감히 가까이하지 못하였다. 공보다 2년 앞서 태어나서 공보다 5년 뒤에 세상을 떠났다.

모두 5남3녀를 두었다. 재수(在洙)는 정랑이고, 계수(啓洙)는 판관이고, 안수(安洙), 학수(學洙), 덕수(德洙)는 모두 재주와 행실이 있었으나 일찍 죽었다. 사위는 좌랑 홍중석(洪重錫), 판서 박사익(朴師益), 목사 이굉(李浤)이다. 장남의 맏아들 백남(百男)은 지금 선산 부사(善山府使)이고, 둘째아들 백능(百能)은 사남의 후사가 되었다. 차남의 아들 백붕(百朋)과 삼남의 아들 백징(百徵)은 모두 일찍 죽었다. 오남은 친척의 아들 백헌(百憲)을 후사로 삼았다. 현감 홍채보(洪采輔), 박대원(朴大源), 진사 이명집(李命集), 이명채(李命采), 사인 이명래

(李命來), 이명계(李命棨)는 세 사위의 아들이다.

나는 일찍이 문충공은 강엄하고 고결하며 공은 온화하고 너그러워 그 자품이 같지 않은 듯하다고 논하였다. 그러나 공은 음양과 선악의 구분에 대해서는 엄정하지 않은 적이 없다. 일찍이 동춘 선생(同春先生)의 별집(別集)을 교정하는데, 문집 속에 남구만(南九萬)과 윤증이 지은 제문(祭文)이 들어있었다. 공은 직접 그 이름을 지워버리며 "남구만은 명분과 의리에 죄를 얻었고 윤증은 윤리를 무너뜨렸으니 모두 그대로 둘 수 없다."라고 하였다. 예전에 범 충선(范忠宣)이 양쪽을 조정하여 자신을 보전한 일로 군자에게 비난을 받았고, 어떤 이는 문정공(文正公 범중엄(范仲淹))의 가풍을 실추시켰다고 하였다.[110] 공이 재능과 지모로 임용되어 언의(言議)를 세상에 다 드러내지는 못했으나 선악의 변별에 이처럼 엄격했으니, 가령 범충선공이 공을 보았다면 또한 필시 부끄러운 기색이 있을 것이다. 세상 사람들이 혹여 공을 단지 장후(長厚)한 사람이라고 지목한다면 이는 공을 아는 자가 아니다. 명(銘)은 다음과 같다.

110 범 충선(范忠宣)이……하였다 : 범충선은 범순인(范純仁, 1027~1101)으로, 자는 요부(堯夫), 시호가 충선이며, 범중엄(范仲淹)의 아들이다. 범순인은 조제보합론(調劑保合論)을 주장하여 왕안석(王安石)의 신법당(新法黨)과 원우(元祐) 제현의 구법당(舊法黨)을 조정하려고 하였는데, 당시에 채확(蔡確)이 원우 제현에게 논박을 받고 유배되자 범순인이 너무 지나치다며 채확을 구하려 하였다. 주희(朱熹)는 이에 대해 "뒷날에 자신을 보전하려는 계책을 쓴 것이니, 이 역시 사심(私心)에서 벗어나지 못한 것이다."라고 논하여 겉으로는 조정한다고 하면서 속으로는 후일 보신책(保身策)을 세운 것이라고 비난하였다. 《宋史 卷471 姦臣列傳 蔡確》《經濟文衡 後集 卷14》

생민의 큰 윤리는　生民大倫
충성과 효도라네　曰忠與孝
참으로 문효공은　允矣文孝
문충공을 닮았네　文忠克肖
자식의 효성뿐만 아니라　匪直子孝
신하의 충성도 본받았네　臣忠是效
대대로 계승했다 할 수 있으니　是謂世濟
그 아름다움이 함께 빛나네　厥美並耀
백유[111]의 정성과 사랑이　伯兪誠愛
어린 시절부터 있었네　粤在幼小
장원급제로 기대에 부합하니　嵬科叶望
재주와 덕망이 매우 높았네　才德孔邵
양구의 때를 만나　陽九之會
육 년을 근심 속에 보냈네[112]　六載憂悄
성조에 정국이 바뀌니　聖朝更化
먼저 부름을 받으셨네　首膺收召
기운 것이 평평해지니　旣平其陂

111 백유(伯兪) : 한(漢)나라 때의 효자인 한유(韓兪)의 자(字)이다. 백유가 잘못을 저질러 어머니에게 회초리를 맞았는데 눈물을 흘렸다. 이에 어머니가 "다른 날은 매를 때려도 울지 않더니, 지금은 무엇 때문에 우느냐?"고 하자, 백유가 "전에 회초리를 맞을 적에는 몹시 아팠는데 지금은 어머니의 기력이 없어서 아프지가 않습니다. 이 때문에 웁니다." 하였다. 《小學 稽古》

112 양구의……보냈네 : 1689년 기사환국부터 1694년 갑술환국에 이르기까지 6년 세월을 말한다. 양구(陽九)는 음양가(陰陽家)의 술어로, 큰 재액(災厄)을 말한다.

높은 관직을 내리셨네　爰畀顯要
충근하고 정직하니　忠謹正直
벼슬아치의 의표라네　搢紳儀表
양가죽 차림 의젓하고[113]　羔皮委蛇
그 용모는 훤칠하셨네　有顒其貌
왕께서 말씀하셨네, 흉년이라　王曰歲飢
우리백성이 굶주리고 있도다　我民有殍
너는 밭두둑과 도랑을 내라　爾宜疆畎
이미 잡초를 제거하였으니[114]　敷菑是了
공이 절하고 머리 조아리며 아뢰었네　公拜稽首
신이 다행히도 하교를 받들었으니　臣幸奉敎
힘을 다하여 왕명을 수행하여　奔奏宣力
불속에서 구제하듯 하겠습니다　若救焚燎
미음을 먹이고 죽을 먹이니　旣糜旣粥
병자들이 이에 치료 되었네　病者以療
백성은 배부름에 즐거워　民樂乳哺
노래를 부르며 웃었네　載歌載笑

113 양가죽 차림 의젓하고 : 고관(高官)의 검소한 생활을 뜻하는 것으로, 《시경》〈고양(羔羊)〉에 "고양(羔羊)의 가죽 옷에 흰 실로 다섯 곳을 꿰맸도다. 조정에서 물러나와 밥 먹으니 의젓하고 의젓하도다.〔羔羊之皮, 素絲五紽. 退食自公, 委蛇委蛇.〕"라고 한 데서 온 말이다.

114 밭두둑과……제거하였으니 : 《서경》〈재재(梓材)〉에 "밭을 다스림에 이미 부지런히 잡초를 제거했으면 그것을 펴서 닦아 밭두둑과 도랑을 낸다.〔惟曰若稽田, 旣勤敷菑, 惟其陳修, 爲厥疆畎.〕" 하였다.

문충공의 사업 크게 계승하여	述事有大
이어서 정승에 올랐네	繼登廊廟
포부를 다 펼치려는데	將究厥施
아, 하늘이 돕지 않네	嗟天不弔
방아타령 멈춘 슬픔[115]	輟舂之悲
만백성이 함께하였네	普同庶兆
국사에 온 힘을 바치니	盡瘁事國
공과 같은 사람 적다네	如公者少
살아서는 순응하고 죽어서는 편안하니[116]	生順歿寧
효심에 부족함이 없었네	孝心克佼
공이 모친을 섬김은	若公事母
온통 충애의 마음이었네	忠愛纏繞
옛 효자처럼	譬古孝子
태도를 잘 변화시켰네[117]	其變惟巧

115 방아타령 멈춘 슬픔 : 대신의 죽음을 애도하는 말이다. 춘추시대 진(秦)나라의 오고대부(五羖大夫) 백리해(百里奚)가 세상을 떠나자, 남녀가 모두 눈물을 흘리며 동자는 노래를 부르지 않고 방아 찧는 사람들은 절구질을 멈추었다는 고사에서 온 말이다. 《史記 卷68 商君列傳》

116 살아서는……편안하니 : 장재(張載)의 〈서명(西銘)〉에 "살아서는 내가 순응하고 죽어서는 내가 편안하다.〔存吾順事, 沒吾寧也.〕" 하였는데, 주희(朱熹)는 이 구절을 "효자의 몸은 살아서는 어버이를 섬김에 어버이의 뜻을 어기지 않을 뿐이고, 죽어서는 편안하여 어버이에게 부끄러운 바가 없다."라고 풀이하였다. 《近思錄 卷2 爲學》

117 옛……변화시켰네 : 《대대례(大戴禮)》 〈증자사부모(曾子事父母)〉에 "효자는 어버이의 뜻에 맞추어 잘 변하므로 부모가 편안하게 여긴다. 그러므로 앉아 있을 때에는 시동(尸童)처럼 하며, 서 있을 때는 재계하듯이 하며, 묻지 않으면 말하지 않으며,

젖을 빨다가 우는 모습	吮乳且泣
보는 자들도 슬퍼하였네	觀者色愀
휘황한 정려문이여	煌煌棹楔
바라봄에 빛나도다	有光瞻眺
범 충선공은	如范忠宣
문정공을 계승하였네	文正是紹
저 한나라 위평[118]을	彼漢韋平
어찌 견줄 수 있으랴	曷足量較
그러나 충선공은	然忠宣公
양쪽을 조정했다는 비난 받았네	調娛有誚
공은 시비를 분간함이	公辨是非
명백하고 준엄하였네	明白峻峭
공의 두터운 덕을 따져보건대	原公厚德
사람들이 그 은덕 한껏 받았네	人莫不飽
또한 일찍이	亦嘗絶去
약삭빠르고 잘난 척하는 자들 끊어버렸네	便儇厲皎
오직 그 언의는	惟其言議
농조[119]를 통렬히 경계하였네	痛戒籠罩

말을 할 때면 얼굴빛을 엄숙하고 공경스럽게 한다." 하였다. 《禮記 曲禮上》

118 한나라 위평(韋平) : 한(漢)나라의 위현(韋賢), 위현성(韋玄成) 부자(父子)와 평당(平當), 평안(平晏) 부자를 말하는데, 부자지간에 정승이 된 사람들이다

119 농조(籠罩) : 새장 속에 갇힌 것처럼 묶인다는 뜻으로, 일정한 범위를 벗어나지 못하는 것을 말하는데, 흔히 새로운 설을 만들어 내지는 못하고 다른 사람의 학설을 취하여 자신의 학설인 것처럼 만드는 것을 뜻하는 말로 쓰인다.

공의 풍채와 품격 날로 멀어지고　　風猷日邈
훌륭하신 그 모습 날로 아득하네　　典刑日藐
장래의 후손들을　　有來後昆
그 누가 가르칠까　　誰飭誰詔
충효를 권면함에 있어　　課忠責孝
가슴 치며 그리워하네　　我思有摽
이에 이 시를 들어　　爰揭斯詩
무덤에다 새기노라　　以銘阡垗

영의정 이공 신도비[120]

領議政李公神道碑

아! 한(漢)나라 조정에 현신(賢臣)이 많다고 일컬어지나 나라를 근심하고 공무에 힘쓴 자는 단지 제 정로(祭征虜) 한 사람이었으니, 애통해하는 그 임금의 말이 신하들을 부끄럽게 하였다.[121] 인재를 얻기 어렵다는 것이 그렇지 않은가. 내가 근세에 보건대, '나라를 근심하고 공무에 힘쓴다〔憂國奉公〕'는 이 네 글자에 부끄럽지 않을 자는 오직 녹천(鹿川) 이 상국(李相國) 뿐이다.

공의 휘는 유(濡)이고, 자는 자우(子雨)로, 우리 세종대왕의 별자(別子) 광평대군(廣平大君) 휘 여(璵)의 후손이다. 증조 휘 후재(厚載)는 첨지중추부사를 지내고 이조 판서에 추증되었는데, 완남 상공(完南相公 이후원(李厚源))의 형님이다. 조부 휘 형(逈)은 장령을 지내고 좌찬성에 추증되었다. 부친 휘 중휘(重輝)는 군수를 지내고 영의정에 추증되었다. 모친 김 부인(金夫人)은 동지중추부사 광찬(光燦)의 따님으로, 좌의정 청음(淸陰) 선생 휘 상헌(尙憲)의 손녀이다.

공은 숭정(崇禎) 을유년(1645, 인조23) 5월 1일에 태어났다. 어려서

120 영의정 이공 신도비 : 이 글은 이유(李濡, 1645~1721)의 신도비이다. 이유의 본관은 전주(全州), 자는 자우(子雨), 호는 녹천(鹿川)이다.

121 한(漢)나라……하였다 : 제 정로(祭征虜)는 후한(後漢) 때 정로장군(征虜將軍)을 지낸 제준(祭遵)이다. 제준이 죽자 광무제(光武帝)가 "어찌하면 제 정로처럼 나라를 근심하고 공무에 힘쓰는 자를 얻을 수 있겠는가."라고 탄식하였다. 《後漢書 卷20 祭遵列傳》

부터 도량이 넓고 깊었으며 총명이 남달랐다. 판서공이 몹시 사랑하여 원대하게 되리라 기대하였다. 12세에 모친이 돌아가시자 어른처럼 집상(執喪)하였으며, 장성하면서 학업에 부지런히 힘써 문예를 일찍 성취하였다.

현종 무신년(1668, 현종9)에 문과에 급제하고 승문원에 분관되었다. 천거되어 예문관에 들어가 검열이 되었다가 친혐(親嫌)으로 시강원 설서로 옮겨 제수되고 사서로 승진하였다. 사간원 정원과 사헌부 지평에 제수되고 중간에 시강원 문학과 병조 좌랑을 지냈다. 옥당에 천거되어 여러 차례 교리, 수찬, 부교리, 지제교를 지냈고, 사간원 헌납과 이조의 좌랑, 정랑을 거쳐 부응교와 사간으로 승진하였다.

무오년(1678, 숙종4)에 의정공(이중휘(李重輝))의 상을 당하였다. 상기(喪期)를 마치고 또 예문관 응교에 제수되었다. 조모의 봉양을 위해 외직을 청하여 성천 부사(成川府使)로 나갔다가 반년도 못 되어 돌아와 응교에 제수되었다.

신유년(1681, 숙종7)에 가례도감 도청(嘉禮圖鑑都廳)의 공로로 통정대부에 올랐으나 아직 준직(準職)을 거치지 않았다는 이유로 자급이 환수되었다. 사복시 정에 제수되었다가 곧 동부승지로 발탁되었다.

임술년(1682)에 양주 목사(楊州牧使)로 나가 민간에 이로운 것과 폐해가 되는 것을 힘써 살펴서 시행하고 혁파한 것이 많았다. 왕산탄(王山灘) 가에 동창(東倉)을 세워 거주민들이 은택을 입었으며, 또 홍제원(弘濟院)에 공관을 세워 청나라 사신 응대에 편리하게 하자, 다른 고을에서도 따라 행하였다. 조정으로 들어와 예조와 호조의 참의에 제수되었다. 명성대비(明聖大妃)의 초상에 공이 고부사(告訃使)에 충원되었는데, 당시 왜서(倭書)로 인해 변방이 걱정되어 자못 성곽과 해자를 보수하던 때였다. 공은 청나라에서 이 문제를 힐문할 것을 미리 염려하여 개인적으로 대답할 말을 준비하였다. 연경에 이르자 청나라 군주가 과연 이 일을 질문하였는데, 공이 즉시 사실대로 대답하였다. 사실 저들은 이미 영고탑(寧古塔) 수신(帥臣)의 상본(上本)을 통해 듣고서 시험삼아 물어본 것인데, 명확하고 솔직한 공의 답변으로 그 의심이 시원하게 풀려 질책을 면할 수 있었으니 청나라 사람들도 그 훌륭한 답변을 칭찬하였다. 처음 이 일을 논의할 때 김석주(金錫冑) 공은 지나친 우려라고 하였는데, 돌아올 때에는 "그 깊고 원대한 사려는 우리들이 미칠 수 없다."라고 찬탄하였다.

을축년(1685, 숙종11)에 조정에서 진휼하는 일을 논의하였는데, 이단하(李端夏) 공이 이 일을 맡을 사람으로 공을 천거하여 마침내 비변사부제조 겸 진휼청당상에 차임되었다. 강원도 관찰사에 제수되었다가 임기를 마치고 체직되었다. 다시 조정에 들어와 승지가 되었다가 곧바로 또 전라도 관찰사에 제수되어 구황(救荒) 정사에 마음을 다하니, 온 도의 백성이 그 은혜를 송축하였다. 체직되어 대사간에 제수되었다.

기사년(1689, 숙종15)에 화가 일어나 교외로 물러나 지냈다.

갑술년(1694, 숙종20) 환국 초기에 기용되어 병조 참의에 제수되었다. 얼마 뒤에 평안도 관찰사에 발탁되었는데, 하직 인사를 올릴 적에 상께서 인견하여 면유(面諭)하였다. 또 서북 지방의 인재를 거두어 쓰라는 명이 내리자, 공이 가장 먼저 황순승(黃順承)과 이창겸(李昌謙)을 천거하였는데 모두 한 도의 명망 있는 인사였다. 당시 평안도 지방에 심한 기근이 들어 사람들이 서로 잡아먹는 지경이었는데, 공이 적절한 방법으로 진휼한 덕분에 백성들이 살 수 있었다. 사소한 일로 파직되었다가 곧바로 서용되어 도승지에 제수되었는데, 공의 성적이 훌륭하다는 조정의 논의로 특별히 보릿가을까지 연임하게 하였다. 임기를 채우고 대사간에 제수되었다. 다시 도승지에 제수되었다가 대사헌으로 옮겨 비국과 승문원 제조를 겸하였다.

정축년(1677, 숙종23)에 예조 참판을 거쳐 한성부 판윤에 특별히 제수되었다. 공은 좌윤으로 있을 때부터 송정(松政)[122]에 마음을 쏟았다. 당시 걸인들이 성에 가득하자, 소나무를 벨 수 있는 허가서를 발급하여 그들의 생계를 돕고, 오래되고 썩은 소나무를 제거하고 어린 소나무를 보호하기를 청했었는데, 이때에 이르러 입대(入對)하여 소나무 베는 것을 엄하게 금지하고, 또 송정을 범한 조정 관리를 논죄하여 처벌하니, 이때부터 모든 사람들이 법을 어기는 것을 어렵게 여겼다. 상께서 하교하기를, "아무개가 경조윤이 되니 송정에 매우 효과가 있다."라고 하셨다. 청나라 사신이 이르자 원접사(遠接使)로 나갔다가 도중에 호조 판서에 제수되었다.

무인년(1698)에 대신(臺臣) 박태순(朴泰淳)이 상소하여 연경에 구휼미를 요청하기를 청하자, 묘당에서 상의하여 결정하였다. 청나라 사신이 쌀을 싣고 오는데 사단이 거듭 일어나자 양사(兩司)에서 합계하여 대신(大臣)의 죄를 청하고, 공이 이를 봉행했다는 이유로 또한 파직하라고 청했으나, 상께서 끝내 허락하지 않았다. 공은 교외에 나가 사직하여 체직되었다가 얼마 뒤에 형조 판서에 제수되었다. 들어가 숙배하자마자 단종부묘도감 제조(端宗祔廟都監提調)에 차임되고, 병조 판서로 옮겨 지경연사를 겸하였다. 이 해에 역병이 크게 창궐하여

122 송정(松政) : 소나무 보호를 위한 산림(山林) 정책이다.

백성이 거의 죽을 지경이었는데, 공이 시신을 매장하고 전염병을 치료할 방도를 아뢰고, 또 거느리고 있는 군문(軍門)의 장교를 선정하여 이들에게 각기 살피게 하니, 도성 사람들이 지금까지도 칭송하고 있다.

기묘년(1699)에 단종부묘도감 제조의 공로로 정헌대부에 오르고 지의금부사와 동지성균관사를 겸하였다. 공이 병조를 맡은 뒤로 공도(公道)를 크게 넓혀 상벌이 알맞게 행해지니 군정(軍情)이 감복하였다. 이해 겨울에 조모 이 부인(李夫人)의 상을 당하였다. 공은 나이가 많고 지위도 높았지만 집상(執喪)이 더욱 확고하여 생강과 계피로 맛을 낸 음식을 입에 대지 않았으며, 장사 지내고는 그대로 여막에서 지내며 삼년을 마쳤다. 상기(喪期)를 마치고 다시 대사헌에 제수되었다.

공이 묘소 아래에 있을 적에 묘소의 산에 꽃이 많이 피었는데, 하루는 액례(掖隸)가 와서 꽃을 꺾어가면서 내명(內命)이라고 하였다. 공이 말하기를,

"옛날 인조조에 상국 이시백(李時白)은 액례가 자신의 집에서 왜철쭉〔倭躑躅〕을 가져가려 할 적에 손으로 꽃떨기를 짓이기고서 간하였다.[123] 지금 내가 대간의 직임을 맡고 있으니 더욱 말하지 않을 수 없다."

라고 하고는 마침내 상소하여 완호(玩好)를 끊고 작은 일도 삼가야

123 상국……간하였다 : 이시백의 거처에 금사낙양홍(金絲洛陽紅)이라는 꽃이 있었는데, 어느 날 액예가 와서 성상의 명이라고 하면서 옮겨가려 하자, 이시백이 꽃나무에 가서 뿌리째 뽑아 던지면서 눈물을 흘리며 말하기를, "오늘날 국세(國勢)가 조석(朝夕)을 보장할 수 없는 상황인데 주상께서 어진 이를 구하지 않고 이 꽃나무를 구하는 것은 무슨 까닭인가. 나는 차마 이 꽃나무로 임금에게 아첨하면서 나라가 망하는 것을 볼 수 없다."라고 하면서 이를 인조에게 아뢰었다. 《顯宗改修實錄 1年 5月 3日》

한다고 경계를 올리니, 상께서 나라를 걱정하고 백성을 사랑하는 마음을 지녔다고 칭찬하였다. 다시 병조 판서에 제수되어 군정(軍政)의 폐단을 극력 아뢰고 구포법(口布法)의 시행을 청하였다.

임오년(1702, 숙종28)에 판의금부사로 승진하였다. 상께서 계비(繼妃)를 책봉할 적에 특별히 공을 보국대부로 올리고 판돈녕부사에 제수하고서 이어 정사(正使)에 차임하였다. 공은 반드시 대신을 사신으로 보내는 전례를 들어 사양하고 나아가지 않았다. 또 특명을 받아 양역(良役)을 관리하고 해방(海防)을 감시하였다. 이조 판서로 옮겨 제수되고 수어사를 겸하였다. 양역을 변통하는 일이 오랫동안 이루어지지 않자, 이정청(釐正廳)을 설치하기를 청하여 공이 민진후(閔鎭厚) 공과 함께 그 일을 맡았다.

공은 본래 성품이 온화하고 너그러우며 괴팍한 것을 좋아하지 않았다. 이조에서 인사를 주의(注擬)할 때에도 한결같이 공평하고 타당하게 행하여 시론(時論)에 거의 불평이 없었다. 정언 김만근(金萬謹)이 상소하여 이전의 일을 끌어와 공을 탄핵하는데 말이 매우 심하였다. 이에 공은 곧장 강교(江郊)로 나갔는데, 상께서 김만근을 고성 현령(固城縣令)으로 내치고 이어 비망기를 내려,

"이조 판서는 첫째도 공(公)이요 둘째도 나라이니, 그 환히 밝은 정성은 옛사람에게 부끄럽지 않다."

라고 하셨다. 조정으로 돌아오라고 면유하시자, 공이 황공하여 감히 명을 받들지 않을 수 없었다. 얼마 뒤에 우의정에 제수되었다. 열 차례나 상소하여 사직을 청했으나 상께서 윤허하지 않고 그때마다 연신 돈유하여 불렀다. 마침 상께서 원릉(園陵)에 행차하였는데, 공이 나아가 도로 왼쪽에 엎드리자, 상께서 주정소(晝停所)에 와서 기다리라고

명하셨다. 공은 "비록 이것이 특별한 은전이지만 거취를 가볍게 해서는 안 된다."라고 하고는 병으로 사양하고 나아가지 않으니, 사람들이 대체를 얻었다고 칭찬하였다. 상께서 승지를 보내어 함께 오게 하자 부득이 들어와 숙배하였다. 상께서 명하여 인견할 때에 자신을 탄핵하다 쫓겨난 김만근의 석방을 가장 먼저 청하였다.

갑신년(1704, 숙종30)에 상께서 명(明)나라의 명운이 다한 해[124]라고 하여 금원(禁苑)에 단을 설치하여 의종(毅宗)을 제향하였다. 이어 신종(神宗)에게 높이 보은하는 방도를 강구할 적에 공이 극진히 높이는 예를 써서 사직단의 제사 의식에 따라 제악(祭樂)을 쓰고 모혈례(毛血禮)를 행하기를 청하니, 상께서 그대로 따랐다.

을유년(1705)에 대신(臺臣) 강이상(姜履相)과 박휘등(朴彙登) 등이 도성을 수축하는 일로 죄안을 만들어 좌의정 이여(李畬) 공을 탄핵하였다. 이공과 같은 죄를 짓고서 죄를 면하는 것이 온당치 못하다고 공이 인혐하니, 상께서 억지로 나와 벼슬하게 하였다. 이해 겨울에 상께서 선위(禪位)한다는 하교를 내렸다. 공이 백관을 이끌고서 정청(庭請)하고 복합(伏閤)하고 거듭 입대하여 힘껏 간쟁하자, 상이 비로소 신하들의 청을 마지못해 따랐다.

얼마 뒤에 공이 명을 받들어 복상(卜相)하였는데, 상께서 일번인(一番人)[125]을 등용하고자 했으나 공은 상의 의중을 따르지 않았다. 세 차례 가복(加卜)[126]에도 모두 수용하지 않고 이어 엄중한 하교를 내리

124 명(明)나라의……해 : 명나라는 1644년에 멸망하였는데, 그 해가 갑신년이다.

125 일번인(一番人) : 당파나 이념이 다른 쪽의 사람을 구체적으로 지칭하지 않을 때 쓰는 말이다.

셨다. 승정원에서는 복역(覆逆)[127]하고 옥당에서는 차자를 올려 명을 거두기를 청했으나, 상께서는 좋아하는 사람에게 아부한다며 꾸짖었다. 공이 교외로 나가 체직을 청하니 상께서 즉시 허락하였다. 규례에 따라 판중추부사에 제수되었다.

다음해에 성상의 즉위 30년을 기념하여 경하하고 연회를 올리는데, 상께서 공에게 술잔을 올리라고 명하였다. 공이 사양해도 받아들여지지 않아 연회에 참석하였는데, 연회가 끝나자마자 곧바로 다시 도성을 나갔다. 여름에 상께서 별유(別諭)를 내리시기를,

> "지난 가을에 머물기를 간곡하게 권했지만 경의 마음을 돌리지 못한 것이 지금까지도 부끄럽다. 경이 조정에 나온 뒤에야 내 마음이 편안해질 것이다."

하고, 이어 함께 오라는 명을 내리자, 공이 어쩔 수 없이 다시 도성에 들어와 좌의정에 제수되고 내의원 도제조를 겸하였다. 공이 아뢰어 단종(端宗) 때의 충신인 교리 권절(權節)과 을사명신(乙巳名臣)[128] 정황(丁熿)의 포증(褒贈)을 청하였다. 세자부(世子傅)로서 회강(會講)

126 가복(加卜) : 정승을 임명할 때 원임(原任) 의정(議政) 가운데 적임자가 없거나 수가 부족할 경우, 임금이 지목하거나 빈청(賓廳)에서 추천한 후보자를 원단자(原單子)에 한두 명 더 추가하여 써넣게 하는 것이다.《六典條例 吏典 議政府 枚卜》《銀臺條例 吏攷 大臣》

127 복역(覆逆) : 명령 출납을 관장하는 승지들이 부당하다고 여기는 왕명에 대해 출납을 거부하는 행위이다

128 을사명신(乙巳名臣) : 1545년(명종1) 일어난 을사사화로 화를 입은 신하를 가리킨다. 인종이 죽자 새로 즉위한 명종의 외숙인 소윤(小尹)의 거두 윤원형(尹元衡)이 인종의 외숙인 대윤(大尹)의 거두 윤임(尹任) 일파를 몰아내는 과정에서, 대윤파에 가담했던 사림(士林)이 크게 화를 입었다.

에 참석하여 환관의 화를 극력 말하였는데 말이 몹시 격렬하였다. 보덕 박행의(朴行義)가 진 서산(眞西山 진덕수(眞德秀))을 폄훼하자 공이 또 그의 그릇된 시각을 반박하였다.

가을에 대신(臺臣)에게 견책을 당하여 차자를 올려 인책하였다. 그러자 상께서 차자 가운데 '의심하고〔疑〕', '노하고〔怒〕', '비방한다〔誹謗〕'는 등의 말이 화평하지 못하다고 꾸짖으니, 공이 황공하여 사직 단자를 올리고 체직되었다. 이식(李鉽)의 옥사와 관련하여 적당하지 못한 비유를 쓴 탓에 성상의 뜻을 거슬러 도성을 나와 견책을 기다렸다. 마침 성상의 병환이 심해져 약원(藥院)을 옮겨 설치하였는데, 공이 이 소식을 듣고는 황급히 대궐로 달려갔다가 병환이 회복되자 도로 강교로 나왔다. 상께서 사관을 보내어 함께 돌아오도록 하자, 다시 명을 받들어 도성에 들어왔다.

대신(臺臣) 이동언(李東彦)이 부친상에 직접 반함(飯含)하지 않았다는 무고를 당하여, 상께서 극형을 쓰게 하여 얼마 뒤 옥중에서 사망한 일이 있었는데, 이때에 이르러 상께서 자못 후회하시어 대신들에게 이동언의 죄상을 공평하게 논의하게 하셨다. 이에 공이 헌의(獻議)하여 옥안(獄案)의 잘못된 단서를 낱낱이 논하는데 말뜻이 명백하니, 즉시 이동언의 억울함을 신원하고 관작을 회복시키라고 명하셨다.

이전에 신완(申琓) 공이 북한산성의 축조를 청하자, 공이 명을 받들고 가서 그 합리성을 살핀 다음 차자를 올렸다. 그 대략은 다음과 같다.

"효종께서는 일찍이 북한산성을 축조하고 조지서(造紙署)의 입구를 막아 난리가 발생했을 때 이어(移御)할 장소로 삼고자 하셨습니다. 그렇게 하면 안팎의 중성(重城)이 금성탕지(金城湯池)처럼 견고하여 남한산성에 비해 효과가 배 이상이 될 것이니, 국가를 온전히 보전할 계책에 이보다 나은 것이 어디 있겠습니까. 지금 만약 북한산성을 내성(內城)으로 삼아 종묘사직을 옮겨 모시고, 탕춘성(蕩春城)을 축조하여 귀천(貴賤)의 부녀자들이 공적으로나 사적으로 축적한 양식을 모두 옮겨 들이게 한다면 수많은 적병이 쳐들어오더라도 어찌할 수 없을 것입니다. 이미 북한산의 험준한 지형에 의지한데다 병사를 나누어 도성을 지킨다면 형세가 절로 강성해지고 근본이 더욱 견고해질 것이니, 반드시 먼저 붕괴될 걱정이 없을 것입니다."

또 10여 가지의 일을 조목조목 진달하니, 상께서 비답하기를,

"경이 원로대신으로서 진심으로 깊이 나라를 걱정하여 품은 생각을 차자로 올렸으니 감탄을 금할 수 없다."

라고 하셨다.

봉성(鳳城)을 조사하러 온 관원이 백두산(白頭山)으로 향하면서 우리나라에 길을 빌리고자 하자, 묘당에서 이를 허락하려 하였다. 공은 차자를 올려 그 불가함을 논하고, 이어 별도로 관원을 파견하여 그들을 위로하고 일의 형세를 살펴서 편리하게 대처하기를 청하였다. 조정에서 이대로 모두 행하지 못했지만 식자들은 옳다고 여겼다.

처음 북한산성에 대한 논의가 제기되었을 때 논하는 자들이 모두 도성을 버려서는 안 된다고 하여 마침내 도성을 수축(修築)하기로 하였는데, 얼마 지나지 않아 이론(異論)에 저지당하였다. 청나라의 자문(咨文)이 왔을 때에 또 북한산성 축조를 계획하고는 이어 의빈(儀賓)에게 어제시(御製詩)를 내려 성상의 뜻이 확고하게 정해졌음을 보이고 특명을 내려 공에게 주관하게 하였다. 공이 명을 받은 이후로 마음과 지혜를 다해 순조롭게 진행하여 국가 방어의 중대한 요충지가 되었으나 대중의 비방도 여전히 그치지 않았다.

승진하여 영의정에 제수되었다. 얼마 지나지 않아 장령 서명우(徐命遇)의 상소로 무함을 당하여 도성을 나갔다. 상께서 누차 사관과 승지를 보내어 전유(傳諭)하여 속히 도로 들어오라고 명하였다. 공이 더욱 간절하게 아뢰자 상께서 마침내 체직을 허락하였다. 공은 명을 받고서 곧바로 휴가를 청하여 고향으로 내려가 오랫동안 머물며 병을 조리하였다. 또 간절히 치사(致仕)를 청하자, 상께서 손수 비답을 써서 내리고 허락하지 않았다. 성상의 병환이 위독해지자 병을 무릅쓰고 대궐 아래로 나아갔다. 상께서 고례(古禮)에 따라 군신(君臣)의 복(服)을 행하고자 대신에게 물었는데, 공이 주자(朱子)의 정론(定論)으로 대답하여 마침내 방상(方喪)[129]의 제도를 정했다. 또 북한산성 축조의 편의를 논하여 21가지 일을 조목조목 기록한 책자를 올리고 다시 차자를 올려 시폐(時弊)를 힘껏 논하니, 상께서 모두 받아들였다.

금위영 도제조를 겸하였는데, 상께서 온천에 행행(行幸)하실 때 특별히 공에게 도성을 지키라고 명하였다. 단의빈(端懿嬪)[130]의 초상에서 복제에 관해 논의할 때 공은 본조(本朝)의 국제(國制)대로 행해야 한다고 대답하였고, 세자가 연복(練服)을 입는 것에 의구심을 품는 사람들이 있자, 공이 연복으로 삼년상의 체모를 갖추는 것을 폐할 수 없다고 아뢰니, 모두 이대로 따랐다.

129 방상(方喪) : 부모의 상을 입는 예로 임금의 상을 입는 것을 말한다. 《예기》 〈단궁 상(檀弓上)〉에 "임금을 섬기는 데는 직언(直言)으로 면쟁(面爭)하고 숨김이 없어야 하며, 좌우에서 돌보면서 죽을 힘을 다하여 부지런히 직임을 수행하고, 방상(方喪) 3년을 입는다.〔事君有犯而無隱, 左右就養有方, 服勤至死, 方喪三年.〕" 하였다. 방(方)은 견준다는 뜻으로 바로 아버지의 상례에 견주어서 임금의 상을 행한다고 한 것이다.

130 단의빈(端懿嬪) : 경종의 세자시절 빈으로 1718년(숙종44) 세상을 떠났다.

영중추부사로 승진하였다. 당시 북한산성의 일로 대관(臺官) 성진령(成震齡)과 유복명(柳復明)이 연이어 비난하는 통에 공이 본디 편안하지 못했는데, 민진후(閔鎭厚) 공이 또 글을 올려 탕춘성의 축조를 힘껏 논박하자, 마침내 명에 따라 조당(朝堂)에 모여 논의하여 축성하는 역사가 중지되었다. 공이 마침내 스스로 탄핵하기를,

"축성을 청하는 신의 상소가 묘당에 하달되었을 때에 여러 재신들에게 두루 보여 아무 이견이 없은 뒤에 시행하였습니다. 신이 마음과 힘을 모두 기울여 공역이 완성되어 가는데 이제 와서 중단시키고자 하니, 만약 중신(重臣)이 진작 한 마디 하여 묘당에서 반대했다면 어찌 공적으로나 사적으로 낭패하는 일이 있었겠습니까. 신이 혼모(昏耄)한 까닭에 기미를 살피지 못하여 마침내 일을 그르치는 죄에 빠지고 말았으니, 이는 모두 신의 죄입니다."

라고 하였다. 이어 도성을 나왔다가 어연(御宴)의 기일이 임박하였기 때문에 도로 들어왔다.

이해는 상의 춘추가 육순이 되는 해라, 태조(太祖)의 고사에 따라 기로소에 들어갔다. 친히 경현당(景賢堂)에 납시어 잔치를 베풀고 곧이어 기로소 신하들에게 금 술잔을 하사하고 또 기로소에 이원(梨園)의 법악(法樂)[131]을 내리셨다. 공은 연회에 참석한 여러 공들과 함께 머리에 꽃을 꽂고 풍악을 울리며 술에 취해 부축을 받으며 나오니, 당시 사람들이 영화롭게 여겼다.

131 이원(梨園)의 법악(法樂) : 이원은 장악원을 말하고, 법악은 어전악(御前樂)이다. 이원은 당(唐)나라 현종(玄宗)이 악공과 기생 300명을 뽑아 음악과 노래를 가르치던 부서이다.

성상의 병환이 점점 위독해지자, 공이 밤낮으로 애태우며 매일 문안하는 반열에 나아가 추위와 더위를 무릅쓴 탓에 몸이 거듭 손상되었다. 가을에 갑자기 오른쪽 몸이 마비되고 말이 어눌해지고 정신이 혼미해져서 이후로는 계속 병석에서 지냈다.

경자년(1720, 숙종46) 6월에 성상께서 승하하시자, 애통해하며 음식을 먹지 않아 병세가 더욱 악화되어 이듬해 7월 29일에 세상을 떠났으니 향년 77세였다. 임종시에 반복해서 하신 말씀은 모두 나라를 근심하는 말이었다. 여러 손자들을 나오게 하여 고하기를,

> "내가 일찍 과거에 급제하여 옛 서적을 많이 읽지 못했고, 또 사우(師友)를 따라 모시면서 견문을 넓히지 못하였다. 이것이 나의 평생의 한이니, 너희들은 마땅히 이를 경계로 삼으라."

라고 하였다.

부음이 알려지자, 조회를 중지하고 제사와 부의를 예제(禮制)대로 내리고 삼년상을 마칠 때까지 녹봉을 지급하였다. 광주(廣州) 광수산(光秀山) 선영의 해좌(亥坐)의 언덕에 예장하고, 정경부인 함종 어씨(咸從魚氏)를 부장(附葬)하였다.

부인은 관찰사를 지내고 찬성에 추증된 진익(震翼)의 따님으로, 남편의 덕에 짝하여 어긋남이 없었다. 수암(遂菴) 권 문순공(權文純公)이 부인의 묘지명을 지었다.[132]

2남2녀를 두었다. 현응(顯應)은 현감이고, 현숭(顯崇)은 군수이고, 사인(士人) 윤혜(尹惠)와 참군 원명일(元命一)이 그 사위이다. 손자

132 수암(遂菴)……지었다 : 한국문집총간 151집에 수록된 《한수재집(寒水齋集)》 권30에 〈정경부인어씨묘지명(貞敬夫人魚氏墓誌銘)〉이 실려 있다.

시중(時中)은 좌랑이고, 명중(明中)은 참봉이고, 최중(最中)은 진사이고, 존중(存中)은 진사에 장원으로 합격하여 교관으로 있다. 사위 윤혜의 계자(繼子) 상정(尙靖)은 판관이고, 원명일의 아들은 경조(景祚)이다.

공은 사람됨이 단정하고 선량하며 화락하고 단아하였으며 따스하고 너그러우며 겸손하고 신중하였다. 가정에서의 행실이 매우 훌륭하였다. 항상 선비(先妣)를 미처 봉양하지 못한 것을 지극한 통한으로 여겨 말이 미칠 때면 반드시 눈물을 흘렸다. 자녀들이 어미 곁에서 즐거워하는 모습을 볼 때면 번번이 슬퍼하면서 "나만 홀로 무슨 죄를 지었기에 이런 즐거움을 얻지 못했단 말인가."라고 탄식하였다.

계모 김 부인(金夫人)을 잘 섬겨 사랑하고 존경하는 마음에 차이가 없었다. 부인이 심한 고질병에 걸리자 공이 좌우에서 보살피며 마음과 힘을 다 쏟았다. 의원을 요청할 때면 말을 떼자마자 눈물이 흘러내렸으며 말씨가 정성스럽고 간절하였다. 또 약을 짓는 것이 정결하지 못할까 염려하여 반드시 약방(藥房)에 찾아가 직접 약을 다듬어 올렸는데 여러 해 동안 변함없이 행하였다. 부인이 임종할 때 공을 돌아보며 탄식하기를, "모자로 지낸 20년 동안 두 사람이 모두 유감이 없다." 하였다.

승중상(承重喪)에 거할 적에는 슬피 곡읍하는 모습에 옆 사람들이 감동하였고 집 앞을 지나는 사람들도 차마 머뭇거리며 떠나지 못하였다. 선조를 받드는 정성도 극진하지 않음이 없었으니, 동문(東門) 밖에 대군(大君)의 사당을 세운 뒤에 여러 선대의 선영에 비갈을 두루 세웠으며 다시 대군의 무덤 아래에 별도로 비석을 세워 각 파의 자손과 묏자리를 기록하였다.

형제들과의 우애도 매우 지극하였다. 둘째아우가 풍비(風痹)를 앓자, 그를 위해 같은 마을에 작은 집을 사서 직접 수리하는 것을 감독하여 동생을 살게 하고서 공무가 없을 때면 매일 함께 단란하게 모였으며 맛있는 음식은 반드시 함께 나누었다. 막내아우 염(濂)이 어린 나이에 아버지를 여의었기에 더욱 잘 돌보았으니, 염이 항상 말하기를, "우리 형님은 나와 실로 부자간의 은혜가 있다."라고 하였다. 아버지를 잃고 가난하게 지내는 조카들을 가엾게 여겨 자신의 녹봉을 나누어 풍족하게 길렀다.

이를 미루어 친척들에게도 정성을 다하여 병든 사람이 있으면 약을 보내주고 죽으면 장례를 보살펴주었으니 모두 불쌍히 여기고 슬퍼하는 마음의 발로였다. 어떤 문관이 죽을 때에 자신의 처자식을 부탁하자, 공이 이들을 더욱 돌보아 제사를 돕고 자식을 혼인시키는 등의 보살핌이 오래되어도 변치 않았다.

공은 항상 "사람을 죽이는 것은 노복이라도 절대 안 된다."라고 말하였으니, 죄를 지어 매질하다가도 피를 흘리면 곧바로 그만두었다. 사납고 교활하여 명을 따르지 않는 자는 반드시 쫓아내었다. 기뻐하거나 성내는 것에 더욱 신중하여 뜻에 맞지 않는 일이 있어도 참고 또 참았으니, 점차 공부가 완성되어 집에 있을 때나 관직에 있을 때나 절대 지나친 행동이 없었다.

또 그 청렴한 절조를 항상 남이 알까 두려워하였다. 연경에 사신으로 갔다가 돌아왔을 때 몸에 지닌 것이라곤 옷과 이부자리뿐이었으며, 큰 고을을 다스린 직후에도 자제들은 여전히 죽을 먹었다. 조정에서 벼슬한 50년 동안 전답을 늘리지 않았고 집도 보수하지 않았으며, 지위가 높아진 뒤에도 자신은 가난한 선비처럼 생활하였으니, 이는 본디 남들이 하기 어려운 일이다. 남을 대할 적에는 온화한 기운이 가득하였고, 몸을 나태하게 두지 않았으며 말은 반드시 신중하게 꺼내고 매사에 반드시 심사숙고하여 전혀 차질도 없음을 확인한 뒤에야 행하였으니 이 때문에 일을 그르치는 경우가 적었다.

폐단이 많은 정사를 개혁하고 백성의 고통을 구휼하는 것은 공에게 일상다반사와 같았다. 비록 집에 있을 때라도 마음에서 조금도 잊은 적이 없었으니, 어떤 때는 밥상을 대하고서도 밥 먹는 것을 잊고, 어떤 때는 촛불을 밝혀 밤을 새기도 하였다. 매번 방백(方伯)과 연수(連帥)에게 서신을 보내어 군인과 백성의 폐단을 듣고자 하였다. 하직 인사를 온 수령과 변장(邊將)을 만나면 반드시 그들이 다스릴 지역의 산적한 폐단을 기록해 보여주게 하였으며, 산천의 험지와 성지의 요새에 이르러서도 모두 눈에 선하고 마음에 환하게 알았다. 상께서 하문하는 것이 있으면 마치 모두 준비하고 기다린 것처럼 대번에 대답하였으니, 공이 국사를 자신의 임무로 삼은 것이 이와 같았다.

양역(良役)이 국가에 큰 폐해가 되자 헤아리고 강구하여 절목을 정하였다. 또 팔도의 환곡을 균일하게 적용하는 법을 정하여 묘당에 두니, 정연하게 조리가 있어 거행할 만하였다. 북한산성을 축조한 일은 세상 사람들이 대부분 이것으로 공을 비난하지만, 그 지극한 정성과 계획이 오로지 나라를 위하는 마음에서 나왔으니, 참으로 옛날의 이른바 "나를 알아주고 나를 죄준다."[133]라는 것이다.

나는 젊은 시절에 사관으로 있으면서, 주대(奏對)할 적에 상세하고

133 나를……죄준다 《맹자》 〈등문공 하(滕文公下)〉에 나오는 공자의 말로, "나를 알아주는 것은 오직 《춘추》이고, 나를 죄주는 것은 오직 《춘추》이다.〔知我者, 其惟春秋乎; 罪我者, 其惟春秋乎!〕" 하였다.

주밀하며 정성스럽고 간곡하던 공의 모습을 익히 보았으니, 대체로 오늘날 사람들이 미칠 수 있는 바가 아니었다. 민익수(閔翼洙) 공이 또 일찍이 말하기를,

"이공이 우리 선친과 함께 국정을 다스릴 때 보낸 편지가 집에 가득 찰 정도인데, 나중에 세세하게 살펴보니 작은 쪽지에도 사적인 일을 언급한 것이 하나도 없고 오직 국사에만 정성을 쏟았다."

라고 하였다. 아! 종신토록 집안일처럼 국가를 근심하였으니, 이러한 분을 어디에서 얻을 수 있겠는가. 공이 돌아가신 이후 정미년(1727, 영조3)에 혜정(惠定)이라는 시호가 내려지고 경종의 묘정에 배향되었다. 시중(時中)이 신도비를 세우면서 내게 명(銘)을 청하였다. 명은 다음과 같다.

사람의 기질을 보면	氣質觀人
강유가 각기 다르네	剛柔各殊
포용하고 너그러우며[134] 겸손하고 순종함은	含弘巽順
곤괘의 덕에 부합하네	坤德之符
저 편협한 자들은	彼哉褊隘
일개 소장부로다	一小丈夫
너그러이 남을 포용하니[135]	休休有容

134 포용하고 너그러우며 : 《주역》 〈곤괘(坤卦 단(彖))〉에 "포용하고 너그러우며 빛나고 광대하다.〔含弘光大〕" 하였다.

135 너그러이 남을 포용하니 : 타인의 훌륭한 점을 자기 일처럼 기뻐하며 포용하는 것을 말하는데, 《서경》 〈진서(秦誓)〉에 "어떤 한 신하가 있는데, 그는 한결같이 정성스럽기만 할 뿐 다른 특별한 재주는 없으나, 그 마음이 너그러워 남을 포용함이 있는

공이 이러한 사람이었네	公其庶乎
행실은 효성과 우애에 근본하였고	行本孝友
재주는 세상의 쓰임에 합당하였네	才合世需
만년에 임금의 지우를 입어	晩遇主知
국가의 요직에 올랐네	秉國之樞
국가를 위해 부지런히 힘써	勤勞王室
갈대를 가져오고 띠풀을 쌓았네[136]	捋荼蓄租
밤낮으로 두루 헤아렸으니	早夜周度
장래를 위한 원대한 계획이었네	經遠之謨
나라를 근심하고 공무를 수행하니	憂國奉公
정성스러운 마음이 신뢰를 받았네	誠心攸孚
평탄하기 어려운 것이 일이라[137]	難平者事
총애와 치욕이 잠깐 사이에 변했네	寵辱斯須
기어코 붙잡아두려 했지만[138]	雖執仇仇

듯하다. 그리하여 남이 재능을 지니고 있으면 자기가 지닌 것처럼 기뻐하고, 남에게 훌륭한 점이 있으면 자기 마음속으로 좋아한다.〔如有一介臣, 斷斷猗無他技, 其心休休焉, 其如有容, 人之有技, 若己有之; 人之彦聖 其心好之.〕"라고 한 데서 온 말이다.

136 갈대를……쌓았네 : 《시경》 〈치효(鴟鴞)〉의 "내 손을 부지런히 움직여 내 갈대를 가져오며 내 물건을 쌓고 모으느라 내 입이 모두 헌 것은 내게 아직 집이 없기 때문이라. 내 깃이 모지라지며 내 꼬리가 망가졌는데도 내 둥지가 위태롭거늘, 비바람이 뒤흔드는지라 내 급히 울부짖노라.〔予手拮据, 予所捋荼, 予所蓄租. 予口卒瘏, 曰予未有室家. 予羽譙譙, 予尾翛翛, 予室翹翹. 風雨所漂搖, 予維音嘵嘵.〕"라는 구절을 인용한 것으로, 나라를 위해 왕을 깨우치는 데 급급해 한다는 뜻이다.

137 평탄하기……일이라 : 70쪽 주175 참조.

138 기어코 붙잡아두려 했지만 : 《시경》 〈정월(正月)〉에 "나를 원수마냥 붙잡아두고

상유를 간절히 원하였네[139]	願切桑榆
나아가나 물러가나 쉬운 일이나 험난한 일에도	進退夷險
한결같은 지조 변치 않았네	一節不渝
기로소의 성대한 연회	耆社高讌
백발에도 충심은 빛났네	丹心白鬚
황비에 해가 기우니	黃扉昃日
질장구 치고 노래하며 스스로 즐겼네[140]	缶歌自娛
선왕께서 승하하시자	龍馭云遠
앞장서지 못함을 한스러워하였네	恨不先驅
당화가 세상에 가득하니	黨禍溢世
만사가 슬프도다	萬事嗚呼
복이 있어 먼저 돌아갔으니	有福先歸
달사가 더욱 탄식하네	達士增吁
돈독하고 중후하던 그 기풍	風流篤厚
지금은 없다네	今也則無

나를 등용함에 힘쓰지 않는구나.〔執我仇仇, 亦不我力.〕"라고 한 데서 온 말이다.

139 상유(桑榆)를 간절히 원하였네 : 인생의 만년을 잘 마치기를 원했다는 말이다. 후한(後漢)의 장수 풍이(馮異)가 적미(赤眉)의 난을 토벌하는데 처음 싸움에서는 대패하고 얼마 뒤에 다시 군사를 정비하여 격파하자, 황제가 글을 내려 위로하기를, "처음에는 회계에서 깃을 접었으나 결국에는 민지에서 날개를 떨쳐 비상하니, 참으로 '동우에서 잃었다가 상유에서 거두었다〔失之東偶, 收之桑榆.〕'고 할 만하다."라고 한 데서 온 말이다.《後漢書 卷17 馮異列傳》

140 황비(黃扉)에……즐겼네 : 244쪽 주42 참조. 황비는 황각(黃閣)과 같은 말로, 한(漢)나라 때 승상(丞相)이 집무하는 청사의 문을 황색으로 칠했던 데에서 온 말이다.

광릉의 무덤에	廣陵之阡
우뚝한 비석 있도다	有屹龜趺
태사가 시를 지어	太史作詩
길이 전하기를 도모하네	不朽是圖

우의정 이우당 조공 신도비[141]

右議政二憂堂趙公神道碑

둘째 외숙 대신 짓다.

지난 임인년(1722, 경종2)에 흉도들이 독기를 부려 사류(士類)가 몰살되었는데, 우의정 조태채(趙泰采) 공도 세 상신(相臣 김창집(金昌集), 이건명(李健命), 이이명(李頤命))의 뒤를 이어 화를 당하였다. 당시 공의 골육지친이 권력을 잡고 농단하였으니[142] 공이 살기를 바라는 말 한마디만 했다면 죽지 않았을 뿐만이 아닌데, 공은 여러 아들을 엄하게 신칙하여 불의에 빠지지 않게 하였다. 아! 삶과 죽음이 또한 중대한 일이지만, 공은 홀로 삶을 버리고 죽음에 나아가 오직 의(義)만을 편안히 여겼으니 어찌 참으로 의연한 대장부가 아니겠는가.

나는 공과 40년간 교류하였다. 매양 흉금이 넓고 지식과 사려가 깊으며 해학을 좋아하고 담론을 잘하여 좌중을 압도하는 공의 풍류에 감탄하여 항상 태평시대의 좋은 재상으로 인정했지만 그의 지조가 이처럼 우뚝할 줄은 생각하지 못했으니, 그가 사지에 나아갈 때에 손을 잡고서 한번 경하하지 못한 것이 한스럽다. 공이 죽은 지 6년 뒤에 공의 아들 군수군(郡守君 조정빈(趙鼎彬))이 가장(家狀)을 지어와 눈물을 흘리며

141 우의정……신도비 : 이 글은 조태채(趙泰采, 1660~1722)의 신도비이다. 조태채의 본관은 양주(楊州), 자는 유량(幼亮), 호는 이우당(二憂堂)이다.

142 당시……농단하였으니 : 조태채의 종형(從兄) 조태구(趙泰耉)가 당시 소론의 영수로서 신임사화를 주도하였다.

내게 묘문(墓文)을 청하였다. 내 글재주가 형편없음은 공이 아는 바이나, 또한 어찌 차마 사양할 수 있겠는가.

가장을 살펴보건대, 공의 자는 유량(幼亮)이고, 만호(晩號)는 이우당(二憂堂)이다. 양주 조씨(楊州趙氏)는 고려 때 판원사(判院事)를 지낸 휘 잠(岑)으로부터 시작되었다. 증조 휘 존성(存性)은 지돈녕부사를 지냈고, 조부 휘 계원(啓遠)은 판서를 지냈고, 부친 휘 희석(禧錫)은 군수를 지내고 영의정에 추증되었다. 모친 수원 백씨(水原白氏)는 첨지중추부사 홍일(弘一)의 따님으로, 휴암(休菴) 인걸(仁傑)의 후손이다.

공은 현종 경자년(1660, 현종즉위년) 11월 경신일에 태어나 채 두 살이 못되어 모친을 잃었다. 유모가 밥을 주고서 멀리 외출하였는데, 밥을 먹은 뒤에 마실 것을 찾아도 주는 사람이 없자 자신의 밥그릇에 오줌을 누어 마시니, 사람들이 모두 기이하게 여겼다.

숙종 병인년(1686, 숙종12)에 문과에 급제하여 무인년(1698, 숙종24)에 통정대부가 되고, 기묘년(1699)에 가선대부가 되고, 임오년(1702)에 가의대부가 되고, 계미년(1703)에 자헌대부가 되고, 을유년(1705)에 정헌대부와 숭정대부가 되고, 임진년(1712)에 숭록대부가 되고, 계사년(1713)에 보국대부가 되었다. 이는 대체로 성상의 간택에서 나온 것인데, 묘당 대신들의 천거나 상전으로 으레 제수된 경우도 있다.

역임한 관직의 차서는 다음과 같다. 내직으로는 승문원에서 정자, 저작, 박사를 역임하였고, 성균관에서 전적과 직강을 역임하였고, 병조에서 좌랑과 정랑을 거쳐 판서를 세 번 역임하였고, 사헌부에서 감찰과 지평을 거쳐 대사헌에 올랐고, 사간원에서 정언과 헌납을 거쳐 대사간에 올랐고, 홍문관에서 수찬, 부수찬, 교리, 부교리를 역임하고 지제교를 겸대하였고, 이조에서 좌랑과 참판을 거쳐 판서를 두 번 역임하였고, 승정원에서 동부승지와 우부승지를 역임하였고, 장례원에서 판결사를 지냈고, 공조에서 참의를 거쳐 판서를 세 번 역임하였고, 호조에서 참의를 거쳐 판서를 두 번 역임하였고, 형조에서 참판과 판서를 역임하였고, 한성부에서 우윤을 거쳐 판윤을 네 번 역임하였고, 예조에서 참판과 판서를 지냈고, 의정부에서 두 번 좌참찬을 역임하였고, 판의금부사와 수어사를 두 번 겸대하였고, 또 선혜청과 진휼청 당상을 겸임하였다. 이외의 겸직은 모두 기록하지 않는다. 대간이 되어서는 언의(言議)가 구차하지 않았고, 경연에서는 임금을 개도(開導)한 것이 매우 많았으며, 군사(軍事)를 감독하고 재물을 관리하는 일에 있어서도 매사에 즉시 해결하였다. 외직으로는 옥구 현감(沃溝縣監)과 평안감사(平安監司)를 지냈는데, 모두 성대하게 다스림의 효과가 있어 사민(士民)들이 그 후로도 그리워하였다.

공은 오랫동안 군소배들에게 미움을 받아 정언 정식(鄭栻), 이세최(李世最)와 장령 여필중(呂必重) 등이 서로 잇달아 공을 무함하고 욕보였으나 상께서 그 무고를 통촉하시고 억울함을 풀어주셨다. 임진년(1712, 숙종38) 정시(庭試) 때에 오도일(吳道一)의 아들 오수원(吳遂元)과 적신(賊臣) 이사상(李師尙)의 두 아들이 모두 합격하였는데, 제학(提學) 이돈(李墪)이 주시관(主試官)으로서 사정(私情)을 쓴 자취가 현저하였고, 이진급(李眞伋)은 정해진 시간보다 늦게 시권(試券)을 제출했는데도 합격하였다. 이때 공이 판의금부사로서 명을 받들어 조사하였는데, 그 간사한 정상이 모조리 드러나 오수원 등의 합격이 모두 취소되었다. 이 때문에 흉도들이 더욱 공에게 앙갚음하려고 별렀다.

병신년(1716, 숙종42)에 흉도들이 임진년의 과안(科案)을 뒤집어 공을 위험에 빠트리려 했으나 끝내 죄로 삼을 것이 없자, 적신 박필몽(朴弼夢)이 지평으로서 공의 죄를 더할 수 없이 날조하였다. 상께서 그를 전석(前席)으로 불러 꾸짖고서 변방 고을로 내쫓고, 공에게는 자주 위로의 말을 내렸는데, 별유(別諭)에 "내가 끊임없이 경을 생각하다보니 꿈에까지 나타난다."라는 말씀이 있어 공이 감격하여 조정에 나아갔다.

계사년(1713, 숙종39)에 조참(朝參)에서 존호(尊號)에 대한 논의가 있었는데, 공이 "성상의 덕이 겸손하여 자처하지 않으시나 신하로서는 그만둘 수 없습니다."라고 아뢰고는 마침내 정청(庭請)에 참여하였다. 그 사이에 연경(燕京)으로 사신을 다녀왔고, 흉년에는 진휼하는 일을 주관하여 만여 명의 목숨을 구제하였다.

공이 처음 매복(枚卜)[143]에 든 것은 을유년(1705, 숙종31)이었는데, 당시 정승이었던 최석정(崔錫鼎)이 자신들과 당색이 다른 것을 싫어하여 공을 빼버리고서 "그 재주를 노성하게 하고자 한다."는 허튼소리로 상에게 아뢰었다. 마침내 정유년(1717, 숙종43) 10월에 우의정에 제수되었다. 공은 이전에 매복에서 삭제된 일로 꺼려하여 사양하고 명을 받들지 않다가 숙배하지 않다가 임금의 뜻이 매우 지극하고 마침 상의 병이 위중하였기 때문에 억지로 나아가 명을 받들었다.

조정에서 윤선거(尹宣擧)의 문집에 효종을 무함하는 말이 있다고 하여 이미 훼판(毁板)하고 삭직하였는데, 또 그 서원(書院)까지 훼철하려고 하였다. 공은 "서원은 국가에서 관여할 바가 아니다."라고 생각

143 매복(枚卜) : 정승 후보를 뽑는 절차를 말한다.

하여, 단지 그 사액(賜額)만 철거하자고 아뢰었다. 정언 성진령(成震齡)이 이 문제로 상소하여 공을 비난하자, 공은 교외로 물러나 연이어 글을 올려 체직되었고 규례에 따라 판중추부사에 부직(付職)되었다. 상께서 그대로 두지 않고 계속 돈면하여 다시 조정에 나오게 하였다. 한번은 정반(庭班)에 나아갔다가 왕자가 대신(大臣)이 출입할 때 일어나지 않는 것을 보고는 종부 녹사(宗府錄事)를 불러서 꾸짖었는데, 왕자가 사죄하였다.

경자년(1720, 숙종46) 6월에 숙종께서 승하하셨다. 염습할 때 중궁이 금상을 통하여 묻기를, "내가 직접 반함(飯含)하고 싶다."라고 하였는데, 공이 소리 높여 대답하기를, "예법상 영의정이 세자를 도와서 해야 합니다."라고 하여 마침내 중지하였다. 내시들 중에 몸가짐을 삼가지 않는 자가 있어 공이 엄하게 꾸짖었는데, 이때부터 공이 출입하는 것을 보면 두려워 몸을 움츠렸다. 인산(因山)을 마친 뒤에 교외의 집으로 돌아갔다.

신축년(1721, 경종1) 봄에 또 연경으로 사신 갔는데, 등지팡이 하나를 지니고 있었다. 그 명(銘)에 "험난한 길이나 평탄한 길이나 지팡이 하나로 헤쳐나가니, 군자가 의지해서 잠시도 떼어놓지 않네." 하였으니, 이는 스스로 맹세한 것이다.

경종이 평소 병이 있는데다 후사마저 없어 온 나라가 근심하였다. 공이 마침 교외에 나갔다가 간신(諫臣)이 세제(世弟)를 세우기를 청하는 상소를 올렸다는 소식을 듣고는 서둘러 도성에 들어왔다. 소명을 받고 합문(閤門)에 나아가 영의정 김창집(金昌集) 공에게 말하기를,

> "나라에 장성한 군(君)이 있는 것은 사직의 복이니, 오늘의 일은 오직 죽음이 있을 뿐이오."

라고 하고서 마침내 여러 신하들과 함께 밤에 입대하여 청하니, 상께서 즉시 허락하였다. 여러 신하들이 상에게 들어가 자전(慈殿)의 뜻을 여쭙도록 청하고는 물러나와 기다렸다. 상께서 낙선당(樂善堂)으로 납시어 여러 신하들에게 불러들여 손으로 서안(書案) 위의 봉서(封書)를 가리켰는데, 거기에 어필로 쓴 '연잉군(延礽君)' 세 글자가 있었다. 또 자전의 언문 교서에,

> "효종의 혈통과 선왕의 아들은 오직 주상과 연잉군 뿐이니, 어찌 다른 논의가 있겠는가."

라는 글이 있었으니, 여러 대신들이 받들어 읽으며 눈물을 흘렸다. 세제가 책립되자 흉도들이 크게 의심하고 겁을 내어 은밀히 다른 뜻을 품고는 3일 뒤에 적신(賊臣) 유봉휘(柳鳳輝)가 상소하여 "세제 책립에 참여한 대신들이 임금을 우롱하고 협박하였으니 신하의 예가 없다."라고 하니, 당시 저위(儲位)가 불안하고 인심이 더욱 흉흉하였다.

10월에 집의 조성복(趙聖復)이 상소하여 선조(先朝)의 고사[144]에 따라 동궁으로 하여금 옆에서 모시면서 정령(政令)을 듣게 하기를 청하였다. 얼마 뒤 밤중에 비망기를 내려,

> "내가 기이한 병이 있어 참으로 만기(萬機)를 친람하기 어려운데, 근래에 병세가 더욱 심하여 정사가 많이 지체되었다. 지금 세제가 장성하고 자질이 총명하니, 그로 하여금 정사를 듣게 한다면 국사가 의탁할 곳이 있어 내가 편안하게 조리할 수 있겠다. 크고 작은 정사를 모두 세제로 하여금 재단(裁斷)하게 하라."

144 선조(先朝)의 고사 : 1717년(숙종43)에 있었던 경종의 대리청정(代理聽政)을 말한다.

라고 명하였다. 조금 뒤에 도로 중지했다가, 얼마 지나지 않아 2품 이상의 관원들을 빈청에 모이도록 명하여 또 대리하라는 명을 내리셨다. 공이 여러 대신들과 함께 청대(請對)하였으나 들어가지 못하였다. 어떤 흉도 하나가 심하게 발호(跋扈)하니, 공이 성난 목소리로 "조정이 그대의 조정이 아니거늘 어찌 감히 이렇게 발호하는가."라고 꾸짖었다. 이어 백관을 거느리고 정청(庭請)하였으나 4일이 지나도록 윤허하지 않으셨다. 최후의 비지에,

"근래에 화증(火症)이 점점 치밀어 올라 제대로 살피지 못하고 하루에도 여러 번 발작한다. 이 때문에 장차 좌우로 하여금 전례를 살펴 거행하게 하는 지경에 이르렀으니, 좌우가 하는 것이 옳겠는가? 세제가 하는 것이 옳겠는가?"

하였다. 당시 흉도들이 이미 비밀스러운 계획을 세워놓고 기세등등했기에 충성스럽고 어진 신하들이 기가 죽었다. 이튿날 새벽에 마침내 영의정 김창집(金昌集) 공, 영중추부사 이이명(李頤命) 공, 좌상 이건명(李健命) 공과 함께 차자를 올려 아뢰기를,

"비망기에 있는 '크고 작은 국사를 모두 세제로 하여금 재단하게 하라.'는 말씀은 신들이 결단코 받들 수 없습니다. 정유년(1717, 숙종 43)의 일은 본시 선조에서 재정(裁定)한 것이며 또 절목의 구별이 있습니다.[145] 더구나 성상의 하교가 지성측달한 마음에서 나왔으니 어찌 감히 일체 어기고 거부하여 전하의 마음을 상하게 하겠습니까. 바라건대 정유년의 절목에 따라 뜻을 여쭈어 거행하게 하소서."

145 정유년의……있습니다 : 1717년(숙종43) 숙종이 당시 세자로 있던 경종에게 대리청정을 명했을 때는 절목을 따로 마련하여 다소 결정권에 제한이 있었다.

하였다. 차자가 막 올라갔을 때 적신 조태구(趙泰耉)가 갑자기 선인문(宣仁門)으로 들어왔다. 환관과 궁녀들이 성상의 명령이라 칭하며 급히 불러 들어갔는데 승정원에서는 미처 알지 못하였다. 여러 대신들이 비국에서 이 소식을 듣고는 창황히 따라 들어가 전후의 비망기를 탑전(榻前)에 올려두고서 다시 환수하기를 청하니, 상께서는 고개를 끄덕일 뿐이었고 차자에 대해서도 아무런 비답이 없었다. 여러 대신들이 대궐에 나아갔을 적에 공은 홀로 가지 않았다. 그 당시에 대궐 밖에는 유봉휘(柳鳳輝), 김일경(金一鏡), 이진유(李眞儒), 박필몽(朴弼夢)의 무리가 있었고, 대궐 안에는 환관 박상검(朴尙儉)과 문유도(文有道), 궁녀 석렬(石烈)과 필정(必貞) 따위가 있으면서 서로 결탁하고 내응하여 기필코 국본(國本)을 위태롭게 하고 사류를 해치려 들었다.

12월에 김일경 등이 마침내 흉소(凶疏)를 올려 양기(梁冀)와 염현(閻顯)의 일[146]을 끌어대어 자전까지 싸잡아 무고하니, 이는 세제를 세울 때에 이미 자전의 뜻을 여쭈자고 청하였고 정청 전후로 내린 전교가 대부분 자전의 뜻에서 나왔다고 중외에서 모두 생각했기 때문이다. 이날 밤에 비망기가 누차 내려와 사류를 모조리 쫓아내니 조정이 흉당들로 가득찼다. 다음날 삼사에서 합계하여 세 대신을 섬에 유배하고 공을 먼 곳에 유배하라고 청하였다. 얼마 뒤에 또 공에게 죄명(罪名)을 더하여 마침내 진도(珍島)에 위리안치시켰다. 화색(禍色)이 하늘을 찔

146 양기(梁冀)와 염현(閻顯)의 일 : 양기는 후한 순제(後漢順帝)의 황후 양씨(梁氏)의 오라비로, 순제와 충제(沖帝)가 죽자 질제(質帝)를 세워 정권을 좌지우지하다가 질제에게 발호장군(跋扈將軍)이라는 말을 듣고는 질제를 독살하였다. 《後漢書 卷34 梁統列傳 梁冀》 염현은 순제 때 염 태후(閻太后)의 동생으로 태후와 난을 일으켰다. 《後漢書 卷6 順帝紀》

러 옆에서 구경하는 자들도 넋이 나갔지만 공은 느긋하게 농담하고 웃으면서 일체 치지도외하였다. 자질(子姪)들이 정권을 잡은 일가 사람을 만나려 하자, 공이 말하기를,

"화복은 하늘에 달려 있는데, 어찌 구차하게 면할 생각을 하겠느냐."

라고 하였다. 조태구(趙泰耈)가 경연에서 나와 공을 만나러 왔는데, 공이 말하기를,

"형이 선인문에서 입대한 뒤에 내게 말하기를, '내가 성상의 안색을 살펴보니 몹시 하고 싶은 말씀이 있으나 노론(老論)이 두려워 감히 하지 못하셨다.'고 했는데, 지금은 형이 혼자 입시하였으니 무슨 말씀을 나누었습니까?"

하자, 조태구가 한참 동안 잠자코 있다가

"이번에도 옥음(玉音)을 듣지 못했다."

하였다. 공이 웃으며 말하기를,

"잘 하십시오. 우리들이 어찌 역적이겠습니까. 자전은 국모시고 저군(儲君)은 국본이시니, 만일 털끝만큼이라도 미진함이 있다면 역사의 비판을 어찌하겠습니까."

하였다. 또 말하기를,

"말 때문에 선비를 죽이는 것은 국가의 아름다운 일이 아니니, 응당 한번 상소하여 구해야 할 것입니다. 그렇게 하지 않으면 형도 소인이 됨을 면치 못합니다."

하였는데, 이는 윤지술(尹志述)[147]의 일을 가리킨 것이다. 그로부터

147 윤지술(尹志述) : 1697~1721. 본관은 칠원(漆原), 자는 노팽, 호는 북정(北汀)이다. 1720년에 성균관 장의로서 숙종의 지문(誌文)에 희빈 장씨를 사사(賜死)한 일과

7일 뒤에 박상검(朴尙儉)과 석렬(石烈) 등의 모역(謀逆)이 탄로나자, 흉당들이 곧장 죽이거나 혹은 자살하게 만들어 그 자취를 덮어버리고[148] 세 대신을 처형하고 공을 탐라(耽羅)로 이배(移配)하라는 계사를 다급히 올렸다. 임인년(1722, 경종2) 봄에 이르러 책사(冊使)가 일을 마쳤다[149]는 보고가 이르자, 더욱 다급하게 모의하여 이튿날에 목호룡(睦虎龍)으로 하여금 세 대신 집안의 자제와 문객을 무고하여 위로 세제(世弟)에까지 미치게 하였으니,[150] 공을 해치려는 이사상(李師尙)의 계사도 이때 나왔다.

유배된 섬은 바람이 매섭고 장기(瘴氣)가 심하여 사람들이 견디지 못하는 곳이지만, 공은 태연하게 지내면서 오직 꽃과 대를 가꾸며 날마다 시가(詩歌)를 즐겼다. 10월에 무고한 일을 가지고 김일경(金一鏡)이 교문(敎文)을 지어[151] 자성과 동궁까지 무함하였고 공의 이름도 세

윤선거(尹宣擧)와 윤증(尹拯)의 '선정(先正)' 호칭을 금지한 사실이 누락되고 편파적으로 기록되었다는 상소를 올렸다.

148 박상검(朴尙儉)과……덮어버리고 : 박상검(朴尙儉), 문유도(文有道), 석렬(石烈), 필정(必貞)의 왕세제 시해 모의가 발각되자 석렬은 잡히기 전에 자결하고 필정은 하옥된 뒤 바로 자결하였으며, 문유도는 4차 형신(刑訊) 끝에 죽고 박상검은 복주(伏誅)되었다.

149 책사(冊使)가 일을 마쳤다 : 세제 책봉을 위해 연경에 갔던 사신이 임무를 완수했다는 말이다.

150 목호룡(睦虎龍)으로……하였으니 : 목호룡은 남인계 천얼(賤孼)로, 1722년(경종2) 3월에 노론 자제들이 주축이 되어 경종을 시해하려는 모의가 있었다고 고변하였는데, 고변 내용 중에 세제를 위협하는 말이 있어 이틀 뒤에 세제가 사위(辭位)할 뜻을 표명하기까지 하였다.

151 무고한……지어 : 임인옥사가 일어난 뒤에 당시 홍문관 제학이던 김일경(金一鏡)이 토역반교문(討逆頒敎文)을 지었다. 《承政院日記 景宗 2年 9月 21日》

대신의 아래에 끼여 있었다. 공의 종제(從弟) 조태억(趙泰億)이 당시 대제학이었지만, 공을 포함시키지 않을 수 없어 김일경에게 대신 짓게 한 것이다. 조태억이 또 일찍이 청대하는 사람들 속에 있었으나 공은 얼굴에 아무런 기색도 드러내지 않았다. 이전에 공이 "선조의 늙은 세 재상은 원통하게 눈물 흘리고, 한밤중에 외로운 한 신하는 슬피 노래하네.〔寃淚先朝三老相, 悲歌中夜一孤臣.〕"라는 시구를 지었는데, 이것이 도성에 흘러들어 더욱 그 화를 돋우었다.

11월 5일 신시(申時)에 마침내 사약을 받았는데, 공은 태연자약한 기색으로 말하기를,

"나는 아무 유감도 없으나 선조의 두터운 은혜에 보답하지 못한 것만이 한스럽다."

하였다. 도성에서 온 자가,

"흉당들도 어명의 중지를 청하는 차자를 올렸으니 뒷소식을 기다림이 마땅하다."

하였으나, 공이 정색을 하고 말하기를,

"제대로 죽게 되었으니 참으로 통쾌한 일이다."

하고는 마침내 차분하게 명에 나아갔으니, 아, 슬프다!

갑진년(1724, 영조즉위년)에 금상이 즉위하여 가장 먼저 석신 김일경을 참수하였다. 이듬해 정월에 흉당들을 내쫓고 구신(舊臣)을 불러 등용하였다. 우의정 정호(鄭澔) 공이 네 대신의 원통한 정상을 차자로 진언하자 상께서 대신들을 대면하여 물어보셨는데, 여러 신하들이 모두 지극히 원통하다고 말하고 심지어 눈물을 흘리는 자도 있었다. 상께서도 눈물을 흘리며 말씀하시기를,

"내가 만약 털끝만큼이라도 혐의쩍어 이들을 신원할 방도를 생각하

지 않는다면 종묘사직을 중하게 여기는 뜻이 아니다."

라고 하셨다. 공의 관작을 회복시키고 제사를 지내주도록 명하였다. 절도(絶島)에 나뉘어 유배되었던 공의 자녀들도 모두 풀려나 돌아왔으며, 태상시에서 시호를 논의하여 '충익(忠翼)'이라는 시호를 내렸다. 성진령(成震齡)이 다시 대각에 들어와 스스로 탄핵하기를,

"조 아무개의 외로운 충정과 크나큰 절개는 역사에 환히 빛나니, 신이 지난날 함부로 논한 것은 소인의 심보로 군자의 마음을 헤아린 것이라 하겠습니다."

하였다. 전후로 화를 빚어낸 흉당들이 모두 쫓겨났으며 이사상(李師尙)의 경우는 형법을 분명하게 시행하고 이어 팔방에 널리 알렸다. 선비들이 강가에 사충사(四忠祠)를 세우기를 청하자 종묘의 남은 재목을 하사하였다.

세제를 세우자는 연명 차자가 충(忠)인지 죄(罪)인지는 오직 경종의 병환의 유무에 달려 있다. 천신(賤臣) 나 민진원(閔鎭遠)이 일찍이 수차(袖箚)를 올려 간사한 무리들이 선왕의 병을 왜곡하고 숨김으로써 그 무엄하게 농간을 부린 자취에서 은밀하게 벗어났음을 대략 말하고, 뒤에 또 재삼 거듭 아뢰어 선왕의 무함을 변론하였더니, 상께서 하교하기를,

"지난날 사람들이 기필코 선왕의 병을 숨기려고 한 것은 전적으로 저자들의 정상을 덮어 가리려는 데 있었다."

하시고, 또 하교하기를,

"대행왕(大行王)의 병환과 요망한 박상검(朴尙儉)의 농간을 어느 누가 모르겠으며, 신축년(1721, 경종1)의 일이 박상검의 손에서 나온 것임을 또한 누가 모르겠는가."

하셨다. 성상의 하교가 해와 별처럼 분명하시니, 그렇다면 공의 한결같은 충심도 응당 백년 뒤의 공론을 기다릴 필요가 없다.

공은 키가 크고 골격이 준수하며 풍채와 용모가 빼어났다. 집안에서 태부인을 섬길 적에는 한결같은 마음으로 순종하였고, 해마다 잔치를 열어 축수하였다. 태부인이 나이가 많아 치아가 없어지자 공이 손수 말린 복어를 잘게 부수어 드시도록 올렸으며, 병환이 있으면 아무리 추운 겨울에도 방 바깥에서 머물며 기거를 살폈다. 형을 아버지 섬기듯이 섬겨 혹 형이 편안하지 못한 뜻이라도 보이면 물러나 대청이나 행랑에서 기다리며 종일토록 돌아가지 않았다. 선조를 받들고 제사지내는 일에 극진한 정성을 쏟았다. 가난한 누이에게 달마다 양식을 보내주었으며, 공의 도움으로 끼니를 이어간 곤궁한 친족들이 부지기수였다. 상고(喪故)가 있으면 소원하고 비천한 사람도 구별하지 않고 힘을 다해 구제하였다.

여러 자식들에 대해서는 일찍 어미를 잃은 까닭에 극진히 사랑하였으나 가르침은 엄격하였다. 남을 인정하여 모든 것을 완비하기를 구하지 않았고, 넓고 텅 빈 마음으로 선을 좋아하고 공평하고 관대한 마음으로 원망을 잊었다. 모난 말을 하지 않았으며 괴팍한 행동을 좋아하지 않았다. 남들이 보내준 선물은 그다지 의에 해롭지 않으면 또한 사양하지 않았으나 친지들에게 급한 일이 생기면 아끼지 않고 베풀었다. 재상으로 수십 년을 지내는 동안 문서가 산처럼 쌓이고 빈객이 방안에 빙 둘러 있어도 물 흐르듯 수응하면서 털끝만큼도 싫어하거나 힘들어하는 기색이 없었다.

숙종에게 특별한 지우를 입고서 감격하여 보답을 도모함에 계획한 모든 일이 매번 착착 들어맞았으며 또 변경하는 것을 좋아하지 않았다.

숙종께서 병석에서 하교하기를,

"성심으로 간호한 사람은 조 아무개 뿐이다."

하셨다. 숙종께서 돌아가시자 선왕에 대해 언급할 적이면 반드시 눈물을 흘렸다. 국사에 근심거리가 많아 항상 밤에도 잠들지 못하였고, 조지(朝紙)를 보고는 번번이 걱정하여 탄식하기를,

"신하들이 아뢰거나 여쭈면 '그대로 하라〔依爲之〕'는 세 글자를 내리시는데 불과하니, 만일 소인이 권력을 잡게 되면 사람들이 장차 이 말에 모조리 죽게 될 것이다."

하였는데, 사람들이 공의 선견지명에 탄복하였다.

갑술년(1694, 숙종20) 이후로 공의 종형제들이 모두 사론(邪論)에 붙었는데, 공은 그 사이에서 몸을 빼어 명분과 의리의 논의를 힘껏 주장하였다. 경종 초에 흉인(凶人) 조중우(趙重遇)가 사친(私親)을 추숭(追崇)하는 일로 일찍이 왕을 시험하였는데,[152] 공의 아들 조관빈(趙觀彬)이 당시 대사간으로 있었다. 공이 말하기를,

"비록 이 일로 죄를 얻을지라도 말을 그만두어서는 안 된다."

하니, 조관빈이 마침내 상소하였다. 대개 공은 항상 붕당을 걱정하여 너무 심한 논의는 하지 않았지만, 중대한 의리가 달린 일에는 처음부터 끝까지 확고하기가 이와 같았다.

공이 도성을 떠날 때에는 눈보라가 어둡게 몰아쳤으며, 흉악한 계사[153]가 나왔을 때에는 정유년(1717, 숙종43)의 굶주렸던 백성들이[154]

152 흉인(凶人)……시험하였는데 : 조중우(趙重遇)가 왕의 생모로 폐서인이 된 희빈 장씨(禧嬪張氏)의 명호(名號)를 회복시키기를 청하는 상소를 올렸다.

153 흉악한 계사 : 조태채를 처형해야 한다는 이사상(李師尙)의 계사를 말한다.

대부분 손을 모아 하늘에 빌었으며, 사약이 내려졌을 때에는 글을 올려 대신 속죄하겠다고 자원한 도성의 백성이 50여 명이나 되었다. 공이 죽은 날에는 바람과 우레로 깜깜한 가운데 집 뒤쪽에 무지개가 일어났고, 장사 지낼 때에도 무지개가 나타나는 이변이 있었다. 연로의 선비들이 공의 상여를 부여잡고 호곡(號哭)하였고 다투어 가정(家丁)을 내어 상여를 메겠다고 자원하였으며 심지어 떡을 파는 여자와 술을 파는 노파들도 모두 슬퍼하며 눈물을 흘렸다. 공이 하늘과 사람에게 인정받음이 이처럼 성대하건만 저 흉도들이 기필코 무함하여 죽이고야 만 것은 또한 유독 무슨 마음인가. 애통하고 애통하다.

부인 청송 심씨(青松沈氏)는 부사 익선(益善)의 따님으로, 영의정 지원(之源)의 손녀요, 화포(花浦) 홍익한(洪翼漢) 공의 외손녀이다. 그 품행과 미덕은 공이 지은 묘표(墓表)[155]에 갖추어 실려 있는데, 공과 같은 해에 태어나 공보다 23년 앞서 작고하였다. 공은 처음에 목천(木川)에 임시로 장사 지냈다가 병오년(1726, 영조2) 3월에 장단(長湍)에 합장하였는데, 나라에서 예장(禮葬)을 명하였다.

공은 3남3녀를 두었다. 정빈(鼎彬)은 군수이고, 관빈(觀彬)은 참판이고, 겸빈(謙彬)은 교관이며, 사위는 사인(士人) 이정영(李廷煐), 진사 박서한(朴舒漢), 생원 홍계백(洪啓百)이다. 측실 소생의 아들은 복빈(復彬)이고 딸은 무과에 급제한 홍보인(洪輔人)의 아내가 되었다.

154 정유년의 굶주렸던 백성들이 : 본서 제48권 〈우의정 이우당 조공 행장(右議政二憂趙公行狀)〉에 따르면, 조태채는 1717년 정유년 봄에 진청당상(賑廳堂上)에 제수되어 진휼하는 일을 관장하였는데, 당시 은택을 입은 백성들을 말한다.

155 공이 지은 묘표(墓表) : 한국문집총간 176집에 수록된 《이우당집(二憂堂集)》 권6에 〈망실증정경부인청송심씨묘지(亡室贈貞敬夫人青松沈氏墓表)〉가 실려 있다.

정빈은 겸빈의 아들 영극(英克)을 후사로 삼았다.

나는 처음에 공과 함께 일했는데, 공은 죽고 나는 홀로 살아남아 남쪽 유배지에서 일어나 다시 도성 문을 들어왔다. 나라의 근심은 더욱 깊어가고 구제할 대책도 없는데, 무슨 수로 공을 구천에서 일으켜 함께 자정자헌(自靖自獻)[156]의 방도를 논의하겠는가. 매양 한밤중에 눈물을 흘리며 아무 소리도 듣지 못하고 아무 것도 알지 못하는 공을 도리어 부러워할 뿐이다. 삼가 가장(家狀)을 대략 줄여서 평소 슬퍼하고 한스럽게 여긴 뜻을 첨부하고 이어 명(銘)을 쓴다. 명은 다음과 같다.

아, 공의 충심은 저 하늘에 질정할 수 있으니	噫公忠赤質穹蒼
수만리 푸른 물결과 함께 그 명성 영원하리라	碧波萬里名與長
백발의 이내 몸은 살아남아 근심이 끝없는데	白頭後死憂茫茫
슬픈 심정 시로 지어 무궁한 후세에 보이노라	作詩孔哀示無疆

156 자정자헌(自靖自獻) : 스스로의 도리를 다하여 군왕(君王)에게 뜻을 진달하는 것으로, 《서경》〈미자(微子)〉에 "스스로 의리에 편안하여 사람마다 스스로 선왕에게 뜻을 바칠 것이다.〔自靖, 人自獻于先王.〕"라고 한 데서 온 말이다.

도암집

제29권

신도비 神道碑

큰외숙 좌참찬 지재 민공 신도비[1]

伯舅左參贊趾齋閔公神道碑

효종대왕께서는 뛰어난 인재를 발탁하여 후손 임금을 돕게 하셨다. 당시 신(臣) 문충공(文忠公) 민정중(閔鼎重), 신 문정공(文貞公) 민유중(閔維重)이 명신(名臣)으로 불렸다. 숙종 말년부터 지극한 정성으로 나라를 제몸처럼 여겨 윗사람과 아랫사람의 신뢰를 받은 분으로 충문공(忠文公) 민진후(閔鎭厚)라는 분도 있었다. 공은 문정공의 후사이며 문충공의 조카이다. 이때부터 나라 사람들이 나라의 기둥이나 반석 같은 집안을 손꼽을 적에는 반드시 '민씨', '민씨'라고 하였다. 《서경》에 이르기를, "효성스럽다. 너는 네 가르침을 공경히 밝혀서 선왕을 순조롭게 받들어 옛사람과 짝하라."라고 하였으니, 공을 두고 한 말이다.

공의 자는 정능(靜能), 호는 지재(趾齋)이다. 숭정 기해년(1659, 효종10) 1월 임인일에 태어났다. 여흥(驪興)의 후예는 멀리 고려 시대부터 비롯되었다. 시조 칭도(稱道)는 상의국 봉어(尙衣局奉御)를 지냈다. 근세에 부윤을 지낸 휘 기(機), 관찰사를 지낸 휘 광훈(光勳)은 청렴하고 근면하며 질박하고 정성스러워 인(仁)을 쌓고 복을 길러 문충공과 문정공을 낳았다. 또 은성부 부인(恩城府夫人) 송씨(宋氏)는

1 큰외숙……신도비 : 이 글은 저자의 큰외숙 민진후(閔鎭厚)의 신도비이다. 민진후의 본관은 여흥(驪興), 자는 정능(靜能), 호는 지재(趾齋)이다. 1659년(효종10) 1월 10일에 태어나 1720년(숙종46) 5월 13일 세상을 떠났다.

문정공의 배필이 되어 남편의 뜻을 어기지 않았으며 어머니의 도리를 잘 터득하였다. 모두 다섯 아들을 두었는데, 인현왕후(仁顯王后)가 네 번째이고 공은 그 두 번째이다.

공은 태어나 자라면서 항상 가르침을 벗어나지 않아 도덕과 도량이 일찍 완성되었다. 11세에 우암(尤菴 송시열) 선생이 한양을 떠나는 모습을 보고서 글을 올려 만류하기를 권하고 복수설치의 의리를 논하였다. 우암이 몹시 칭찬하며,

"춘옹(春翁)에게 말하여 사자 그림을 보내게 하고 싶다."[2]

하였다. 춘옹은 동춘(同春 송준길) 선생이다. 한번은 문정공을 따라 지방에 있다가 부마 선발에 나아가 현종에게 아뢰기를,

"길에 굶주린 사람이 많으니 불쌍합니다."

하니, 성상께서 기이하게 여기셨다. 관례를 치르자 송 부인의 상을 당하였다. 이때부터 부친 곁에서 뜻을 받들며 민첩하게 일하였다. 문정공이 말하기를,

"우리 아들은 타고난 효자이다."

하였다.

신유년(1681, 숙종7), 생원시에 장원 급제하였다. 병인년(1686), 문과에 급제하여 승문원에 보임되었다. 이듬해 문정공이 세상을 떠났다.

기사년(1689), 인현왕후가 자리에서 물러나고 간언한 자는 고문을 받다 죽었다. 성상의 분노가 한창 심하여 공과 아우 의정공은 모두

2 춘옹(春翁)에게……싶다 : 주자가 외손 황로(黃輅)에게 사자 그림을 그려서 보내 준 고사를 인용한 것이다.《晦菴集 續集 卷1》 민진후가 송준길의 외손이었으므로 이렇게 말한 것이다.

관원에게 회부되었다가 얼마 후 풀려났다. 공은 폐위된 중궁을 모시기 위해 성밖의 셋집에서 살았다. 화를 당할 기미가 번갈아 심해졌으나 평상시처럼 지냈다.

갑술년(1694), 중궁이 복위되자 공은 즉시 시강원 설서에 임명되고, 예조와 병조의 낭관, 사간원의 정언과 헌납, 홍문관의 수찬과 교리, 겸사서, 서학교수로 옮겼다. 공은 처지가 가깝고 형세가 막혔다고 여겨 겁쟁이처럼 영화를 두려워하며 여론을 좇지 않고 직무를 수행하기를 생각하였다. 한번은 경연에서 아뢰기를,

"효종께서는《심경》을 몹시 좋아하시어 선대왕께서는 이 책을 현궁(玄宮 무덤)에 넣었습니다. 부디 항상 눈을 두시어 위로 성조(聖祖)의 심법(心法)을 계승하소서."

하고, 또 간언을 받아들이고 검소를 숭상하며, 인재를 양성하고 백성의 고통을 살피라는 내용으로 수천 자의 말을 아뢰니, 성상께서 가납하셨다. 또 무지개의 이변을 계기로 동료들과 차자를 올려 수신하고 반성하는 여섯 가지 방책을 열거하였다.

하루는 성상께서 내관을 보내 말씀하시기를,

"응교 김진규(金鎭圭)를 시켜 중궁의 초상을 그리고자 하니 함께 들어오라."

하니, 공이 대답하기를,

"사사로운 부름에는 의리상 감히 나아갈 수 없습니다."

하였다. 그러자 승정원에 하교하여 일이 마침내 중지되었다.

북평사로 나가서는 역마로 상소를 올려 백성을 진휼하는 편의를 아뢰었다. 부응교에 임명되어 돌아와 휴가를 받아 독서하기를 청하였으나 허락받지 못했다. 입대(入對)하여 단천(端川)에서 공물로 바치는 은을

줄여주고 아들을 키우지 않고 버리는 풍속을 엄금하도록 아뢰었다.

병자년(1696), 사헌부 집의로 개차되어 경기 지방을 염문(廉問)하였다. 보덕을 거쳐 통정대부에 올라 호조 참의, 승정원 승지, 대사간을 지냈다. 예조 참의를 거쳐 충청도 관찰사가 되었다가 몇 달 못가서 풍창 부부인(豐昌府夫人)[3]에게 병이 있어 명을 받들고 급히 돌아왔다. 이후 대신(大臣)이 자신을 단속하고 법을 받든 공의 한두 가지 일을 거론하여 여러 도(道)를 권장하였다. 병조 참지, 형조 참의를 역임하였다. 이때 기근이 겹치자 공은 군함(軍銜)으로 상소하여 초겨울에 내년 농사를 기원하는 〈월령(月令)〉의 예법에 따라 해와 달과 별에 제사지내기를 청하였으나 논의 끝에 시행되지 않았다.[4]

누차 사간원에 들어가 나라를 욕되게 한 사신[5]을 지레 서용한 잘못을 논하고, 또 과거에서 부정을 저지른 자에 대한 처벌을 조절한 대신을 탄핵하였다.[6] 권력자가 원한을 품고 공이 예전에 나의 숙조(叔祖) 대사헌 이상(李翔)의 원한을 풀어주었을 때의 어구를 집어내어 파직을 청하였다.[7] 당시 조정의 논의가 연약하고 공과 김진규 공만 청론(淸論)을

3 풍창 부부인(豐昌府夫人) : 민진후의 계모 풍양 조씨(豐陽趙氏)를 말한다.

4 공은……않았다 : 《숙종실록》 23년 10월 18일에 보인다.

5 나라를……사신 : 최석정(崔錫鼎)을 말한다. 최석정은 중강개시(中江開市)에서 청(淸)나라 이부 시랑(吏部侍郎) 도대(陶岱)가 조선 국왕에게 전하는 명첩(名帖)을 받아왔는데, 도대는 이 글에서 자신을 '권제(眷弟)'라고 칭하였다. 이것이 문제가 되어 최석정은 파직당했다. 《肅宗實錄 24年 4月 26日, 5月 18日》

6 과거에서……탄핵하였다 : 1699년(숙종25) 홍중주(洪重疇)가 진사시에서 남의 답안지를 대필하였다는 이유로 합격자 명단에서 빼는 처벌을 받았는데, 최석정이 지나친 처사라며 다시 합격자 명단에 넣도록 청하였다. 당시 대사간이었던 민진후는 최석정의 주장이 잘못되었다는 내용의 상소를 올렸다. 《肅宗實錄 25年 3月 23日》

지켰는데, 소인들이 미워하여 외척(外戚)이 정사에 관여한다고 지목하였다. 공이 의연히 말하기를,

"기왕 자리에 있으면서 어찌 감히 말하지 않을 수 있겠는가. 오직 언관의 자리에 있지 않은 것이 다행이다."

하고, 이때부터 강가에서 살았다. 장례원과 여러 조(曹)에 임명되었으나 나아가지 않았다.

경진년(1700), 강화 유수(江華留守)에 발탁되었다. 당시 어떤 죄수가 시관 조대수(趙大壽)가 사정(私情)을 두었다고 고발하였으나 옥관(獄官)이 아뢰지 않았다. 감옥에 있던 공의 매제가 공에게 보낸 편지에 이 일을 언급하였는데, 좌객이 보고서 그 말을 전파하였다.[8] 당시 정권을 잡은 무리가 공에게 화를 끼치려 하는 한편, 또 조대수를 위하여 곧바로 투서라고 지목하며 몹시 급하게 협박하였다. 그러다가 대신의 말로 인하여 먼저 금오랑에게 물으니 모두 자복하였다. 조대수는 마침내 벌을 받고, 공도 체포되었으나 사실대로 대답하여 용서를 받았다. 한배하(韓配夏)[9] 등이 끊임없이 무고하였으나 성상께서 통렬히 배척하

7 권력자가……청하였다 : 민진후가 이상의 억울한 사정을 아뢰는 상소를 올리며 그를 일러 '고(故) 대사헌'이라고 하였다. 홍문관이 차자를 올려 옥중에서 죽은 사람을 이렇게 일컫는 것은 방자한 짓이라고 탄핵하였다. 《肅宗實錄 25年 3月 19日, 4月 9日》

8 감옥에……전파하였다 : 민진후의 매제 이장휘(李長輝)가 과거 부정에 연루되어 의금부에 갇혔는데, 민진후에게 편지를 보내 조대수가 이 사건에 연루되어 있다고 언급하였다. 이 편지의 내용이 조정 관원들에게 전파되어 논란이 일어났다. 《肅宗實錄 26年 7月 19日·25日》

9 한배하(韓配夏, 1650~1722) : 본관은 청주(清州), 자는 하경(夏卿), 호는 지곡(芝谷)이다.

고 또 말씀하시기를,

"내가 거의 계책에 빠질 뻔했다."

하고, 병조 참판으로 임명하였다가 호조로 옮겼다. 왕후의 병이 심해지자 공은 명을 받들어 대궐에 숙직하였다.

신사년(1701) 8월, 왕후가 승하하고, 10월에 한성부 판윤에 특별히 임명되었다가 형조 판서로 옮겼다. 두 관청은 평소 업무가 많았는데, 이 직임을 맡은 자는 대부분 태만하여 송사가 십년 넘게 지체되기도 하였다. 공이 날마다 밤낮으로 관아에 앉아 판결하며 간사한 정상을 밝혀내니 사람들이 신통하다고 하였다. 또 흔들리지 않고 법을 지켜 이치에 맞지 않은 궁장(宮庄)은 모두 다른 관사로 귀속시키니, 사납고 교활한 자들이 숨을 죽였다. 체직되었다가 다시 들어온 것이 전후로 십수 번이었다. 중간에 의정부 참찬이 되어 오랑캐 사신이 오자 국경에서 맞이하였다. 공은 시무를 담당하고부터 성곽과 요새, 전곡과 갑병부터 법령의 연혁 및 민간의 허실에 이르기까지 환하게 알지 못하는 것이 없었다. 그러므로 일이 닥쳐 판단할 적에 막힘없이 시원하였으니, 묘당의 여러 공이 모두 공에게 힘입어 성과를 이루었다.

갑신년(1704), 조참(朝參)에서 공이 성학(聖學)에 힘쓰고 기강을 세우도록 경계를 올리자 성상께서 경연에서 탄식하기를,

"명나라가 이해 망했다."[10]

하니, 공이 나아가 아뢰기를,

"효종께서 큰 뜻을 분발하여 선정신 송시열(宋時烈)과 수어지교(水

10 명나라가 이해 망했다 : 명나라가 1644년 갑신년에 망하여 당시 60주년이 되었으므로 이렇게 말한 것이다.

魚之交)를 맺었고, 당시 신하들도 모두 인망이 있었습니다. 부지런히 힘써 계획한 것은 모두 존왕양이(尊王攘夷)의 의리였습니다. 중도에 승하하시어 천고에 한을 남겼고, 선정이 죽은 뒤로는 더 이상 원한을 품고 아픔을 참으며 절박하여 어쩔 수 없이 한다[11]는 말을 듣지 못했습니다. 전하께서는 효종의 자리에 오르셨고, 오늘날 조정 신하들의 할아비와 아비가 누군들 효종의 옛신하가 아니겠습니까. 비록 나라의 형세가 날마다 약해져 할 수 있는 일이 없지만, 전하께서 만약 분발하여 한결같이 효종을 법으로 삼으신다면, 신들이 비록 노둔하나 감히 힘을 다하지 않겠습니까."

하였다.

3월 19일, 대궐에서 신종(神宗)과 의종(毅宗) 두 황제를 위해 성상께서 친히 제사를 지내고 대보단(大報壇)을 쌓았다. 당시 창졸간에 의리로 시작한 일이었는데, 공이 예조 판서였기에 성상께서 매사를 물으시자 공사(公私)의 제사지내는 법식을 참고하여 대답하니, 모든 일이 예의 본질에 맞았다. 공은 이 직임을 자주 맡고 또 오래 있었는데, 한번은 법연(法宴)의 여악(女樂)을 없애 만세의 법으로 삼도록 아뢰었다. 박세당(朴世堂)의 문도가 장사지낸 뒤 상식(上食)을 폐지하자 불효(不孝)에 해당하는 형벌로 논죄하였으며,[12] 송(宋)나라 여섯 현인[13]

11 원한을……한다 : 주자가 금(金)나라에 대한 원수를 갚지 못하는 상황을 두고 "아픔을 참고 원한을 품으며 절박하여 어쩔 수 없이 한다.〔忍痛含寃, 迫不得已.〕"라고 한 말을 인용한 것이다.《晦庵集 卷24 與陳侍郎書》

12 박세당(朴世堂)의……논죄하였으며 : 박세당이 임종을 앞두고 조석(朝夕) 상식을 올리지 말라는 유언을 남겼는데, 그의 문도들이 이를 따랐다. 김만근(金萬謹)이 상소하여 이를 문제삼자, 민진후가 다시 상소하여 3년 동안 상식하지 않는 자는 불효로

을 문묘(文廟)에 올려 배향하라는 명이 중지된 지 오래였는데, 이때에 이르러 시행하였다. 또 명나라 장수 사당의 축문에서 오랑캐의 연호를 제거하고, 그밖에 능묘, 산천, 학교, 과거 따위의 잘못을 바로잡고 폐지된 것을 일으킨 일을 이루 다 기록할 수 없다.

성상께서 조정의 논의가 갈라졌다고 걱정하자 공이 대답하기를,

"이는 전하께서 인도하셨기 때문입니다. 전하께서 덕을 굳게 지키지 않으니 신하들에게 굳은 뜻이 없고, 바르지 않은 사람이 또 요행을 바라며 공격하는 것입니다. 윗사람과 아랫사람의 정의(情義)가 미덥다면 어찌 이런 일이 있겠습니까."

하니, 성상께서 대답하지 않으셨다. 성상께서 어공미(御供米)를 미리 들이자 공이 선혜청을 관장하고 있었는데 입대하여 불가하다고 강력히 아뢰었다. 당시 또 왕자의 사가(私家)를 짓고 있었는데 마침 날씨가 가물어 종묘에 기도하였다. 글짓는 일을 담당한 신하가 대신 글을 지으면서 두 가지 일로 자책하자, 성상께서는 기뻐하지 않았으나 억지로 그 글을 썼다. 그러나 여전히 잘못을 고치지는 않았다. 공이 경계를 아뢰기를,

"이는 스스로 속이는 것이며 조종(祖宗)을 속이는 것입니다."

하니, 듣는 자들이 목을 움츠렸다. 공이 한번은 조정에서 사적으로 논란하기를,

"편안할 때 위태로움을 잊어서는 안 되니, 만일 급한 일이 생기면

논죄해야 한다고 주장하였다.《肅宗實錄 30年 6月 30日, 7月 20日》

13 송(宋)나라 여섯 현인 : 주돈이(周敦頤), 장재(張載), 소옹(邵雍), 정호(程顥), 정이(程頤), 주희(朱熹)를 말한다.

임금과 사직을 받들고 어디로 가겠는가?"

하니, 사람들이 대답하지 못했다. 하루는 성상께서 갑자기 물으시자 공이 대답하기를,

"임금은 사직을 위해 죽는 것이 정도입니다."

하였다. 정승 이여(李畬)가 도성의 보수를 청하자 공이 강력히 찬성하였다. 공사를 시작하자 이견이 느닷없이 나와 이공은 낭패하여 한양을 떠났다. 공은 함께 죄를 받기를 청하고 또 개연히 들어가 아뢰기를,

"임진년(1592, 선조25) 난리가 일어났을 때조차 죽기로 지키기를 청했습니다. 지금은 적이 오지도 않았는데 이미 도성을 버리자는 논의가 있는 것입니까. 부디 굳게 정하여 흔들리지 마소서."

하였으나 성상께서 따르지 못하셨다.

을유년(1706), 내의원에서 시종한 공로로 정헌대부에 올랐다.

병술년(1707), 흉인 임부(林溥)가 상소하여 사류(士類)를 해치려 하였다.[14] 한창 심문하고 있는데 공이 지의금부사로서 임부의 죄가 죽어 마땅하다고 먼저 말하였다. 옆에 비난하는 자가 말하기를,

"사람을 죽이고 살리는 것이 어찌 일개 옥관이 제멋대로 할 수 있는 일이겠는가."

하니, 성상께서 그 말을 듣고 공을 파직하였다. 겨울에 판의금부사에 발탁되어 다시 그 옥사를 심리하였는데, 또 아뢴 말이 성상의 뜻을 거슬렀다. 성상께서 몹시 노하여 그 직책을 모두 갈라고 하면서,

14 흉인……하였다 : 1706년 충청도 유생 임부(林溥) 등이 상소하여 동궁(경종)을 모해하려 한 자들을 처벌하고 윤증(尹拯)을 불러들이도록 청한 일을 말한다. 《肅宗實錄 32年 5月 29日》

"내 맹세코 다시는 등용하지 않겠다."
하였다. 온 조정 관원들이 번갈아 간언하였으나 소용없었다. 공이 항상 말하기를,

"벼슬하면 직분을 다하고, 그렇지 않으면 선조의 묘소를 지킬 뿐이다."
하였는데, 그날로 돌아가 문을 닫고 독서하며 그대로 여생을 마칠 것처럼 하였다. 1년이 지나자 성상께서 백관이 나태하고 해이하다고 꾸짖으셨으니, 공을 생각했기 때문이다. 얼마 후 다시 불러 등용하였다. 공은 평소 한배하(韓配夏)와 한배주(韓配周)의 패륜을 미워하였는데, 한배주가 대각에 들어와 작은 일로 공을 탄핵하였으나 뜻을 이루지 못하였다.

무자년(1708), 판돈녕부사로 연경 가는 사신에 충원되었다. 묘당에서는 청나라 황태자가 복위하였다는 이유로 이전에 정지한 방물(方物)을 뒤늦게 보내려 하였는데, 공이 비밀 차자를 올려 쟁론하기를,

"천하가 비록 긴 밤과 같으나 혹시 붓을 잡고 쓰는 자가 있어 '아무 나라가 아무 일로 오랑캐에게 아부하였다.'라고 한다면 무슨 말로 후세에 변명하겠습니까."

하니, 대신들이 번갈아 노하였다. 그러나 결국 공의 말을 따랐으니, 굳세어 구차히 영합하지 않음이 이와 같았다.

경인년(1710), 병조 판서에 임명되었다. 적체된 이들을 모두 발탁하고 사심없이 등용하였으며, 옛제도를 다시 엄하게 하여 교만하고 사나운 자들을 통렬히 단속하였다. 또 윗사람과 아랫사람의 비용을 줄이자 날마다 원망과 비방이 일어났다. 곧 어떤 일 때문에 성상의 뜻을 거슬러 거듭 사직을 고하였다. 대신이 공의 수고를 아뢰고 술을 경계하도록 청하자, 성상께서 스스로 명(銘)을 지어 은잔에 새기고 대면하여 하사

하였다. 성상께서 한창 윤증(尹拯)을 높이며 갑자년(1684) 두 대신이 연석에서 아뢴 말[15]을 뒤늦게 허물하셨는데, 공은 문충공(민정중)과 아비와 아들, 스승과 제자의 의리가 있어 편안히 있을 수 없다는 이유로 상소하여 아뢰었다.

서쪽 변방 사람이 국경을 넘자 청나라 차사(差使)가 조사하러 왔는데, 황제의 뜻을 빙자하여 국경을 넘으려 하였다. 공은 속히 자문(咨文)을 보내 실정을 알아낸 뒤에야 허락할 수 있다고 말하였다. 그러나 성상께서 듣지 않자, 구준(寇準)이 조이용(曹利用)에게 한 것처럼[16] 사적으로 역관(譯官)에게 주의를 주었다. 성상은 독단적으로 결정했다는 이유로 공에게 죄를 물어 파직하였는데, 신하들이 시간이 지날수록 더욱 호소하여 마침내 서용하였다.

공이 조정에 있을 때는 노는 자가 힘쓰고 나약한 자가 분발하여 모든 일이 시행되었다. 그러나 공이 조정에 없을 때는 나라가 빈 것 같았다. 이 때문에 공이 비록 윗사람과 아랫사람에게 용납받지 못했으나 끝내 공을 버릴 수 없었다. 누차 임명해도 나오지 않았는데, 임진년(1712) 이돈(李墪)의 과옥(科獄)[17]이 일어나자 공을 판의금부사로 삼고 별유

15 갑자년……말 : 민정중과 김수항(金壽恒)이 스승을 배반한 윤증을 예우하지 말도록 청한 일을 말한다. 숙종은 이 문제를 조정에서 제기한 것은 두 사람의 실착이라고 언급한 적이 있다. 《肅宗實錄 24年 10月 20日》

16 구준(寇準)이……것처럼 : 송나라가 거란과 화친을 맺을 때 구준이 사신으로 가는 조이용을 불러 "세폐(歲幣)는 30만이 넘지 않도록 하라."라고 당부하였다. 《宋史 卷281 寇準列傳》

17 이돈(李墪)의 과옥(科獄) : 1712년(숙종38) 봄 정시(庭試)의 시관 이돈이 시관으로 낙점을 받은 뒤 대궐을 나가 응시자를 두루 찾아다녔다는 혐의를 받은 사건을 말한

(別諭)로 급히 불렀다. 공은 의리상 어려운 일을 사양할 수 없다며 명을 받들고는 옥사가 끝나자 다시 돌아갔다.

조정 신하들이 존호를 올리기를 청하였으나 공은 관여하지 않고 잇달아 상소하여 힘껏 사직하였다. 비답에 이르기를,

"지난 일은 내가 가슴 속에 담아둔 적이 없는데 경이 어찌 스스로 폐고될 수 있겠는가. 들어와 진연(進宴)에 참석하라."

하였다. 마침 성상께서 오랫동안 병을 앓고 있었기에 마침내 감히 돌아간다고 아뢰지 못하였다. 성상께서 양역(良役)을 변통하는 일을 논의하자 공이 비로소 아뢰어 금위영(禁衛營)을 혁파하였으나 얼마 후 명을 도로 거두었다. 또 이정청(釐正廳)을 설치하고 공에게 담당하도록 하였으나 동료들이 방해가 된다고 논의하여 오래 지나도록 실효가 적었다. 이 때에 이르러 성상께서 다시 그 일을 재촉하니, 공은 새로운 법을 갑자기 시행할 수 없으니 차라리 조금 바꾸어 조금 이롭게 하는 것이 낫다고 하였다. 그리고는 여러 고을의 군사와 백성의 많고 적음을 파악하여 그 수를 균등히 하기를 청하였다. 공이 입대(入對)하여 매번 재정이 고갈되고 백성이 곤궁하여 위태롭게 망해가는 실상을 간곡히 아뢰었는데, 거의 눈물이 나올 정도였다. 또 아뢰기를,

"선배들이 말하기를, 병자년(1636, 인조14)과 정축년(1637) 이후로는 윗사람과 아랫사람이 마치 포위된 성 안에 있는 것처럼 여겨야 한다고 하였는데, 이는 참으로 옳은 말입니다. 이렇게 한 뒤에야 조금이나마 구제할 수 있습니다."

하였는데, 요지는 비용을 절약하고 검소를 숭상하는 것을 급선무로

다.《肅宗實錄 38年 6月 20日》

삼아야 한다는 것이었다. 쓸모없는 것을 혁파하고 급하지 않은 것을 폐지하여 나라의 부담을 덜도록 누차 청하였다. 또 전화(錢貨)를 제거하고자 하였으나 끝내 시행하지 못했다.

정유년(1717), 세자가 대리청정하자 공이 종묘와 문묘에 알현하기를 청하였다. 공이 연경에 사신으로 갈 적에 세자가 손수 글을 써서 위로하기를, "〈위양(渭陽)〉[18]의 감정을 이길 수 없습니다."라고 하였다. 공은 오랫동안 빈객으로 있으면서 매번 강학을 권하며 거듭 인도하고, 속담을 섞어 쉽게 깨우치게 하였다. 충성스럽고 간곡하여 세자가 잘못을 저지르면 거듭 간절히 간언하였다. 승지가 나와서 공에게 말하기를,

"세자의 안색을 우러러 보니 마치 기쁘지 않은 듯하였습니다."

하니, 공이 탄식하며 말하기를,

"늙은 내가 말하지 않으면 누가 말하겠는가."

하였다.

무술년(1718), 숭록대부의 품계에 올랐다. 공은 내의원에 여러 해 있으면서 정성을 다해 간호하였다. 강원도에서 공물로 바치는 삼이 큰 폐단이 되자 아뢰어 줄였고, 새는 것을 막아 비용을 늘려 저축이 넉넉한데도 더욱 줄이도록 청하였다. 성상이 기뻐하지 않고 이전에 줄인 것을 복구하게 하니, 공이 황공하여 겸직한 홍문관 제학을 고사하였다. 대신이 선비들을 시험하는 자리에서 누차 소명을 어겼다며 공을

18 위양(渭陽) : 《시경》의 편명으로, 춘추 시대 진 강공(秦康公)이 태자 시절 외숙 중이(重耳)와의 이별을 아쉬워하며 부른 노래이다. 희빈 장씨가 사사된 뒤 경종은 인현왕후의 아들이 되었으므로 민진후를 외숙으로 여긴 것이다.

논죄하여 파직하자 사람들이 대신을 탓하며 "나랏일은 어찌할 것인가." 하였으므로 며칠 지나지 않아 다시 서용되었다.

공이 한번은 명을 받고 북한산의 형세를 살피러 갔다가 돌아와 하늘이 내린 험지이니 지킬 만하다고 하여 마침내 성을 쌓았다. 정승 이유(李濡)가 또 탕춘대에 성을 쌓으려 하였으나 이견이 많았는데, 이때에 이르러 갑자기 증축하려 하였다. 공이 이해관계를 극론하여,

"세 성을 연결하면 백 리가 넘으니, 옛적에 없던 일입니다."

하니, 그 글을 조정에 내리자 회의하여 혁파하였다.

공은 묘당에 있으면서 외교 문서를 신중히 하고 조약을 엄격히 지켰다. 한번은 왜인(倭人)이 통신사를 요청하며 교활한 계책으로 우리를 속여 나라의 체모가 손상될 뻔하였으나 공이 굳게 막은 덕택에 시행되지 않았다.[19] 다섯 번 수어사가 되었는데 마치 조만간 외적이 닥칠 것처럼 군량을 쌓고 성을 수리하였다. 한 가지 능력이라도 있는 사람은 번번이 망라하여 데려왔고, 상벌이 분명하여 장수와 사졸의 마음을 얻었다. 공이 여러 관사를 한 번 겸하여 관리하면 모두 정리되었고, 앞에서 법도를 세우면 뒤에서 따라 모두 폐단 없이 시행할 수 있었다. 아래로는 의관과 역관, 서리와 화공에 이르기까지 권장하고 독려하여 성취한 사람이 많았다. 마지막으로 동지성균관사에 임명되었는데, 문묘의 회나무에 벼락이 떨어져서 스승삼을 선비를 각별히 가려뽑은 결

19 한번은……않았다 : 1718년(숙종44) 차왜(差倭)의 요청으로 통신사 절목(通信使節目)을 만들기 위해 조정에서 차역(差譯)을 보냈는데, 동래부(東萊府)의 서계(書契)만 주어 보냈다. 그러나 대마도에 도착하자 왜인들이 예조의 서계를 요구하였다. 민진후는 예조 판서로 상서(上書)하여 이를 거절하게 하였다.《肅宗實錄 44年 9月 3日, 45年 5月 14日》

과였다.[20]

경(卿)의 반열에 있은 지 20년 동안 매번 삼정승이 새로 임명될 때마다 앞자리에 있는 것을 부끄러워하였다. 공은 밤낮으로 바삐 일하느라 정력이 거의 고갈되었으나 나라의 형세가 이미 어찌할 수 없게 되자 "나라에 보답하는 길은 오직 한 번 죽는 것 뿐이다." 하였다. 예조 판서로 함경도의 원릉(園陵)을 수리하고, 돌아와서는 또 남한산성에서 군사를 감독하였는데 더욱 피로해 보였다. 대신이 아뢰어 비변사에서 해직되었다가 얼마 뒤 삼재(三宰 참찬)로 외직으로 나가 개성 유수(開城留守)가 되었으니, 편히 조리하게 하려는 것이었다. 그러나 공은 임지에 도착하자,

"녹봉을 먹으면서 어찌 감히 게으름을 피우겠는가."

하고, 개성부의 업무를 경장(更張)하였다. 대사간 김유경(金有慶)은 공이 충성스럽고 부지런하며 공정하고 명석하여 온 나라가 의지하고 있으니 하루라도 조정에 없어서는 안 된다고 말하였다. 얼마 후 시약청(侍藥廳)을 설치하자 공이 병든 몸을 억지로 일으켜 달려갔다. 자제들이 만류하자,

"죽고 사는 것을 어찌 돌보겠는가. 내 마음이 편안한 데로 나아갈 뿐이다."

하였다. 대궐 사람들이 공을 바라보고는 모두 놀라 돌아보며 탄식하였다. 병이 더욱 위독해지자 문병 온 친구들과 웃으며 영결하고, 경자년

20 문묘의……결과였다 : 1719년(숙종45) 6월 20일 문묘 대성전(大成殿) 동무(東廡) 남쪽의 회나무에 벼락이 떨어졌다. 이에 김창집(金昌集)이 성균관의 장관을 신중히 가려뽑도록 건의하였다.《肅宗實錄 45年 6月 20日·29日》

(1720) 5월 13일 안국방(安國坊)의 하사받은 집에서 세상을 떠나니 향년 62세였다. 한달 뒤 숙종께서 승하하시고, 이듬해 사화(士禍)가 하늘까지 넘치자 식자들이 말하기를,

"이 노인이 있었다면 이 지경에 이르지는 않았을 것이다."

하였다.

공이 개성에 있을 때 탄식하기를,

"우리 10대조(민심언(閔審言))는 부유수(副留守)를 지내고 후서강(後西江 예성강)에 배를 띄워 동성(童城 통진)으로 돌아가 여생을 보냈다."

하였는데, 끝내 그 뜻대로 하지 못했다. 공이 돌아가시자 조정과 재야에서 서로 조문하고, 얼굴도 몰랐던 선비들이 간혹 와서 곡하였으며, 횃불을 들고 상여를 전송한 백성이 5백여 명이었다. 지금 성상 병오년(1726, 영조2), 경종의 묘정에 배향되었으니, 문경공(文敬公) 김안국(金安國)의 고사를 따른 것이었다.[21]

공의 키는 보통 사람을 넘지 않았으나 정신이 넘쳐 흘렀으며, 안색이 장엄하면서도 기운이 온화하였다. 목소리는 금석에서 나오는 것 같았으며, 속마음이 환히 비쳐보였다. 평소 예의로 몸가짐을 단속하여 날마다 새벽이면 반드시 가묘를 알현하고, 물러나서는 대부인께 절하였다. 아들 딸이 앞에 있으면 화목하였고, 저녁에 문안할 때도 절하였

21 문경공(文敬公)……것이었다 : 김안국은 인종의 세자 시절 스승으로 인종이 즉위하기 전에 죽었으나 조정의 논의를 거쳐 인종의 묘정에 배향되었다.《明宗實錄 9年 9月 15日》이 전례에 따라 경종 즉위 전에 세상을 떠난 민진후가 경종의 묘정에 배향되었다.

다. 멀리 나가면 부인과 서로 절하였으며, 부녀자들은 중문(中門) 안에서 숙배하고 아들들은 말 아래에서 절하였다. 손님이 조금 높으면 마루에서 내려가 읍하고 사양하며 올라왔다. 제사지낼 때는 추위가 심해도 반드시 목욕하였으며, 의자와, 탁자, 제기를 질서정연하게 정돈하고 단정히 두 손을 맞잡고 순서대로 서니, 집안이 조용하여 말소리가 없었다.

내외의 계보를 수집하며 "사람은 내력을 몰라서는 안 된다." 하였고, 선조를 받드는 일이라면 전혀 유감이 없었다. 잘못을 저지른 자제를 통렬히 꾸짖으니, 황공하여 몸둘 바를 몰랐다. 과부가 된 누이와 고아가 된 조카에게 살 곳을 마련해주고 지극히 독실하게 사랑하였다. 한번은 대부인께서 옛사람의 아름다운 집안 행실을 듣고 자녀들에게 말하기를,

"너희 큰형과 비교하면 어떨지 모르겠다."

하였다. 관례와 혼례는 옛 예법을 따랐으며, 시마복과 공복을 입어야 하는 친척의 상에 곡읍하고 상복을 입는 절차는 각기 그 실정에 맞게 하였다. 아이종이 죽었을 때도 고기를 먹지 않았다. 병에 걸리거나 상을 당한 사람들은 가까운 친척처럼 귀의하였다. 친구들에게 더욱 돈후하여 문밖에 신발이 항상 가득하였다. 이치에 닿지 않는 청탁을 하면 간혹 안면을 몰수할 때도 있었으나 예전처럼 기뻐하였다. 글솜씨가 물흐르듯 하여 책상에 적체된 문서가 없었으며, 매번 문서와 손님이 복잡하게 오면 귀로 듣고 손으로 판결하면서 간혹 농담하고 웃었는데 하루종일 지친 기색이 없었다. 사람마다 물러날 때면 마치 무언가 얻은 듯이 여겼다. 여가에는 유가의 글을 가까이 하여 잠시도 안일하게 지낸 적이 없었다.

일을 당해도 뜻이 흩어지지 않고 질서정연하여 조리가 있었다. 사양하고 받고 차지하고 주는 것은 아무리 작더라도 반드시 살폈고, 겉치레를 싫어하고 실속에 힘써 무익한 짓을 하지 않았다. 항상 하늘이 준 물건을 함부로 쓰는 것을 경계하였고 담박하여 욕심이 적었다. 마굿간에는 준마 한 마리 기르지 않았고 뜰에는 꽃 한 송이 심지 않았다. 오직 술이 생기면 종종 실컷 마실 뿐이었다. 선행을 즐거워하고 선비를 좋아하였으며, 부정한 사람을 보면 구역질할 듯하였다. 집안 대대로 사론(士論)의 종주가 되었으나 자신은 깊이 사양하고 물러났다. 그러나 사문(斯文)과 세교(世敎)에 대해서는 정성을 다하였다. 동지들의 앞장을 서서 율곡 선생의 비석을 다시 세우고, 또 성상께 아뢰어 우암의 문집을 간행 배포하여 명분과 의리를 부지하였다. 윤증의 권세가 왕성할 때는 반드시 배척하여 '증'이라 불렀는데, 그의 무리가 좌중에 있다가 대경실색해도 돌아보지 않았다.

공은 젊어서부터 임금과 백성을 요순 시절처럼 만들려는 큰 뜻을 품었다. 조정에 서서 행동할 때는 한결같이 스스로를 믿었으며, 나라에 이익이 되는 일이라면 반드시 제 몸을 잊고서 하였다. 화복을 가지고 말하는 자가 있으면 그때마다 손으로 하늘을 가리키며 "저것은 어찌하겠는가." 하였다. 이 때문에 성상의 면전에서도 거리낌 없이 간언하여 누차 배척을 받았으나 조금도 좌절하지 않았다. 성상께서도 이르기를,

"마른 자리 진 자리 가리지 않는 것은 오직 아무개만이 할 수 있다." 하였다. 흉년에는 간혹 죽을 먹으며 집안 사람들의 앞장을 섰다. 백성의 질고를 들으면 제몸처럼 아파하고 유념하여 잊지 않았으니, 평소의 성품이 그러하였다.

공이 개연히 나라를 위해 죽기로 자임한 뒤로 사대부들은 비로소

먹을 것을 우선하고 나랏일을 뒤로 하는 것을 수치로 여기고, 제몸을 잊고 공무를 수행하는 것이 당연한 줄 알게 되었다. 귀한 사람이나 천한 사람이나 현명한 사람이나 어리석은 사람이나 은혜를 입은 사람이나 원수나 모두 "나라에 훌륭한 신하가 있다." 하였다. 지금 세도가 갈라지고 여러 사람의 말에 진실이 없는데 공이 사람들에게 이러한 평가를 받은 이유는 무엇인가. 조정과 시정의 신하는 저절로 아는 것이 당연하지만 저 시골의 늙은이들은 어떻게 알았는가. 공은 묘당을 나간 적이 없으나 간절하고 자애로운 마음이 저절로 젖어든 것이니, 어찌 목소리와 낯빛, 명령으로 할 수 있는 것이겠는가. 아, 감통하는 이치는 아는 사람만 알 것이다.

공이 평생 받아 쓴 것은 직(直) 하나뿐이었다. 그러므로 그 기운이 굳세고 커서 비록 아무리 무거운 짐이 등에 굳게 붙어 있어도 어려운 기색 없이 일마다 과감히 시행하여 옳은 곳을 찾았다. 공은 비록 학문으로 자처하지는 않았으나 성인 문하의 이른바 학문이란 이와 같을 뿐이다. 집안을 바르게 한 엄격함과 남에게 미친 인(仁)은 문정공을 꼭 닮았으며, 넓은 법도와 큰 도량은 문충공에게 얻은 것이 많다. 그리고 예법을 정밀하고 깊게 강론하여 한결같이 동춘 선생을 표준으로 삼았다. 그러므로 가정에 있어서는 선조를 잘 계승한 자식이었으며, 나라에 있어서는 이름난 신하였다. 이는 원래 타고난 자질이 몹시 남다르고 가학의 연원이 이처럼 올바르기 때문이었다. 공을 한갓 재주 있는 이로 여기는 세상 사람들은 공을 잘 알지 못한다고 하겠다.

부인 연안이씨(延安李氏)는 정관재(靜觀齋) 이단상(李端相)의 딸이다. 딸 하나를 두었는데 부사 조규빈(趙奎彬)에게 시집갔다. 계배(繼配) 이씨 역시 연안에서 나왔는데, 부친은 현감 이덕로(李德老)이다.

아들 익수(翼洙)는 정랑을 지냈고, 우수(遇洙)는 세마를 지냈으며, 딸은 진사 김광택(金光澤)에게 시집갔다. 익수는 1남 3녀를 두었으니 한우영(韓祐永)과 윤일복(尹一復)이 그의 사위이고 나머지는 어리다. 우수는 2남을 두었는데 역시 어리다. 조영진(趙榮進)과 김민재(金敏材)는 두 사위의 소생이다.

여주(驪州)의 대보산(大寶山)은 영릉(寧陵)의 안산(案山)인데 공은 그 아래에 묻혔다. 원배(元配)는 동쪽에 부장하였는데, 북쪽으로 문정공의 묘와 십 리 떨어져 있다. 익수가 나에게 신도비의 글을 청하자 내가 말하기를,

"왕년에 이미 외람되게도 묘지문을 썼다."[22]

하니, 그가 말하기를,

"청음(淸陰 김상용) 선생도 외조부를 위해 이렇게 하였습니다. 그 글에 '하나는 땅 속에 있고 하나는 땅 위에 있다.'라고 하였으니,[23] 그대는 어찌하여 홀로 지나치게 사양합니까."

하였다. 나는 마침내 이상과 같이 논하고 짓는다. 그러나 나는 어리석고 누추하여 남의 덕행과 업적을 드러내는 것은 소임이 아니다. 다만 한때의 여러 군자들이 서술한 내용을 모두 살펴보니, 어찌 옛글에 이른바 부귀가 마음을 방탕하게 할 수 없고, 위무로 지조를 굽히게 할

22 왕년에……썼다 : 본서 제42권에 실려 있는 〈큰외숙 참찬 지재 민공 묘지〔伯舅參贊趾齋閔公墓誌〕〉를 말한다.

23 청음(淸陰)……하였으니 : 김상헌은 외조 정유길(鄭惟吉)의 묘지명을 지었는데, 이후 정유길의 손자 정광성(鄭廣成)이 김상헌에게 신도비를 부탁하며, "하나는 땅속에 있고 하나는 땅 위에 있어 둘다 남겨 나란히 전하는 것이 형의 할 일이다." 하였다. 《淸陰集 卷26 外王父議政府左議政鄭府君神道碑銘》

수 없으며 어린 임금을 보필하고 국정을 맡길 만한 사람이 아니겠는가.[24] 명(銘)은 다음과 같다.

하늘과 땅의 큰 법도는	天地大經
임금과 신하 관계라네	有君有臣
이것과 부자 관계는	是與父子
차례로 오륜의 앞에 있네	迭首五倫
의리로 맺어졌으니	而以義屬
한몸을 바쳐야 하네	曰致其身
분의를 다하지 못하면	有不盡分
사람이 될 수 없네	便不成人
이치는 본디 그러하지만	理則本然
능한 백성 드문 지 오래라네	民鮮能久
공이 말하기를, "아,	公曰噫嘻
나는 전수받은 바 있네	我生有受
옛적 부친과 백부께서	維昔二父
이 의리를 강론하였네	講服斯義
어찌 공경히 받들어	曷不欽承
일찍 일어나고 늦게 자지 않으리"	夙興夜寐

24 어찌……아니겠는가 : 《맹자》 〈등문공 하(滕文公下)〉의 "부귀가 마음을 방탕하게 할 수 없고 빈천이 절개를 바꾸게 할 수 없고 위무로 지조를 굽히게 할 수 없으면 이를 대장부라 한다."라는 말과, 《논어》 〈태백(泰伯)〉의 "어린 임금을 보필하고 국정을 맡길 만하며 큰일을 당하여 절개를 빼앗을 수 없다면 군자다운 사람인가. 군자다운 사람이다."라는 증자의 말을 인용한 것이다.

공의 평소 뜻을 따져보면　原公素志
따뜻하고 배부른 데 있지 않았네　不在飽溫
해와 달 같은 임금과 가까웠으나　處日月際
국왕은 사사로운 은혜를 끊었네　王絶私恩
국왕은 성스럽고　惟王克聖
공은 강직하였네　公惟骨鯁
어찌 지금 사람들처럼　豈若時人
순종을 공경으로 여겼으랴　承奉爲敬
하늘이 임금을 세워　曰天建辟
백성을 다스리게 하였으니　爲司民衆
그 도는 무엇인가　其道伊何
공경과 신의, 절약이라네　敬信節用
신의 근거없는 이야기가 아니니　非臣無稽
독한 약과 같다네　若藥瞑眩
어찌 세 번 쫓겨나기만 하랴[25]　豈徒三黜
죽어도 변하지 않으리　之死靡變
나를 등용하지 않으면서　雖不我力
남들은 원수처럼 붙잡네[26]　人執仇仇
경의 반열에 오르니　身居列卿
실로 권력을 잡았네　實秉事樞

25 어찌……하랴 : 세 번 쫓겨났으나 강직함을 굽히지 않은 유하혜(柳下惠)의 고사를 인용한 것이다. 《論語 微子》

26 나를……붙잡네 : 396쪽 주138 참조.

나라에 이익이 된다면	苟利于國
신하가 감히 몸을 아끼랴	臣敢愛軀
나라가 한번 낭패를 당하면	一有顚連
내 피부에 닿는 것처럼 아파했네	若痛切膚
돈과 곡식, 갑옷과 무기	錢穀甲兵
제기는 담당 관원이 있지만	籩豆有司
어느 것인들 내 일이 아니랴[27]	孰非爲己
나는 지치지 않았네	我自不疲
양기가 나오면	陽氣發處
금석도 꿰뚫는 법	金石亦透
정신을 한 곳에 모으면	精神一到
무슨 일인들 이루지 못하랴[28]	何事不就
다스리기 어려운 것이 기미이니	難平者幾
뜻이 있어도 이루지 못했네	有志莫究
큰 집을 받치는 기둥 하나	大廈孤木
비바람에 흔들리네	風雨漂搖
한밤에 세 번 탄식하니	中夜三歎
머리 세고 모습 시들었네	髮白形凋
아, 하늘에 밝게 빛나는	於昭在天

27 돈과……아니랴 : 《대학혹문(大學或問)》의 "배우는 사람이 천하의 일을 자기가 당연히 해야 할 일로 여긴다면 돈과 곡식, 갑옷과 무기, 제기 등 담당 관원이 있는 일을 모두 자신의 할 일로 여길 것이다."라는 말을 인용한 것이다.

28 양기가……못하랴 : 주자의 말을 인용한 것이다. 《朱子語類 卷8》

우리 선왕의 영령이여　惟先神后
우리를 편안히 해주시니　綏我寧人
네게 후사가 있다 하였네　謂汝有後
신령한 후손이 세상을 떠나니　神孫遐陟
공이 먼저 경계했네　公乃先戒
나루 없는 강 같아　若水無津
배가 떠내려가 멈추지 않네　舟流靡屆
공이 묘당에 있었을 때는　公在廟堂
백성을 보호하는 장막 같았는데　民有帲幪
지금은 떠났으니　今其逝矣
누가 우리나라를 살리겠는가　誰活吾邦
신하는 제 몸을 돌보지 않으니　王臣匪躬
건괘(蹇卦)에서 취하였네[29]　蓋取諸蹇
아, 지금 사람이여　嗟哉今人
편안하게 쉬는구나　燕燕息偃
공이 힘을 다하지 않았다면　微公盡瘁
신하의 도는 어두워졌으리　臣道幾晦
공업과 이익이 비록 많으나　功利雖博
이것이 위대한 점이라네　卽此爲大
맑고 밝고 굳세고 크니　淸明剛大
나는 온전히 돌아가네　我歸之全
저 가을 하늘을 바라보니　粤瞻秋旻

29 신하는……취하였네 : 313쪽 주28 참조.

북두성이 가로질렀네	星斗闌干
변함없는 일편단심	如血一心
지하에서도 빛나네	炯炯窮泉
충성스러운 무후(제갈량)는	維忠武侯
죽은 지 천 년에 가까운데	死近千年
무덤에 가서 눈물 흘리는	涕淚上墓
백성은 흰옷을 입었네	士女衣白
누가 시켜서 그러한 것이랴	是誰使然
충의를 함께 얻었기 때문이네	忠義同得
무엇이 괴이하랴 이 백성이	何怪斯民
외딴 골짜기에서 탄식하는 것을	齎咨窮谷
대보산 남쪽에	大寶之南
둥근 거북이 비석을 짊어졌네	穹龜負石
생질[30]이 시를 지었으나	姊子作詩
그 칭송 사사롭지 않네	厥誦匪私
관직에 있는 모든 사람이여	凡百有位
비슷하게 되도록 하라	尚克似之

30 생질 : 저자 자신을 가리킨다. 저자가 민진후의 생질이므로 이렇게 말한 것이다.

중부 판서 귀락당부군 신도비[31]

仲父判書歸樂堂府君神道碑

숙종대왕께서 병들어 누운 지 십년 만에 승하하시고 후사로 즉위한 왕이 병에 걸리자 사람들이 두려워하고 나라의 형세가 위태로웠다. 당시 옛신하는 거의 다 죽고, 오직 우리 중부 귀락당 선생만이 충성스럽고 근면하며 정직하여 위엄과 명망이 몹시 높았다. 공이 살아있을 적에는 하늘이 장차 그 난국을 진정시키려 할 것 같았으나 끝내 소인의 화를 면치 못하여 나라 사람들이 슬퍼하였다. 지금 주상이 즉위하여 당파의 화를 몹시 경계하여 탕평을 주장하는 데 힘썼다. 그러나 아랫사람들이 잘 받들지 못하여 충신과 역적이 섞이고 세도가 무너졌다. 군자는 "공이 살아 있었다면 필시 이와 같지는 않았을 것이다."라고 하였다. 아, 공의 생사가 나라의 흥망에 관계됨이 이와 같다.

공의 휘는 만성(晩成), 자는 사추(士秋)이다. 주자의 〈귀락당기(歸樂堂記)〉를 읽고 마음 속으로 좋아하여 당(堂)의 이름을 지었으므로 그대로 호로 삼았다. 이씨는 우봉(牛峰)에서 나왔는데, 공은 우리 조부 의정부 우의정 휘 숙(翻)의 둘째 아들로, 중부 증 사헌부 지평 휘 흡(翖)의 후사가 되었다. 지평공과 그 배위 오씨(吳氏)는 강화도의 난리 때 동시에 순절하여 모두 정려문을 받았다.

31 중부……신도비 : 이 글은 저자의 중부 이만성(李晩成)의 신도비이다. 이만성의 본관은 우봉(牛峰), 자는 사추(士秋), 호는 귀락당(歸樂堂)이다. 1659년(효종10) 2월 30일에 태어나 1722년(경종2) 8월 15일 세상을 떠났다.

공은 키가 크고 수염이 아름다워 풍채가 빛났다. 젊어서는 얽매이지 않고 제멋대로였으나 성질을 굽히고 행실을 닦았다. 독서를 좋아하여 일찍 진사가 되었다. 성품이 지극히 효성스러워 어버이가 병에 걸리자 변을 맛보고 하늘에 기도하였으며, 형제와 우애가 있었다. 기사년(1689, 숙종15) 이후로는 두문불출하며 일개 포의로 지냈으나 은연중에 가문을 빛내고 세도를 부지하리라는 기대를 받았다. 갑술년(1694) 환국이 일어나 익릉 참봉(翼陵參奉)에 제수되었으나 숙배하지 않았다.

병자년(1696), 문과에 장원하여 성균관 전적, 병조 좌랑, 사헌부 지평, 지제교에 임명되었다. 공은 숙부 타우공(打愚公 이상(李翔))이 소인들에게 혹독한 무함을 받자 항상 남몰래 가슴 아파하며 벼슬하려 하지 않았다. 이때에 이르러 먼저 글을 올려 그 원통함을 아뢰었으나 답이 없었다. 그러나 대대로 벼슬한 신하의 집안이니 의리상 벼슬하지 않을 수 없고, 벼슬하면 직분을 다하지 않을 수 없다고 여겼다. 이 때문에 대간이 되자 반드시 일마다 말을 다하였다.

영의정 유상운(柳尙運)과 대제학 오도일(吳道一)이 시험을 주관하면서 유상운의 아들 유봉휘(柳鳳輝)를 뽑자, 공이 상소하여 그 실상을 말하니 유봉휘가 마침내 삭과당하였다. 또 성상의 몸을 보존하고 동궁을 인도하는 방도와 후궁의 봉작이 외람되게 많고 토지가 분수를 넘은 잘못을 논하였다. 지평 이대성(李大成)이 붕당으로 지목하여 시비를 현란시키려 하자 공이 상소하여 주자의 말을 인용하기를,

"붕당의 화는 벼슬아치에서 그치지만, 붕당을 미워하여 없애고자 하면 그 나라는 반드시 망합니다. 지금 이대성이 사정(邪正)을 분간하지 않고 뒤섞어 하나로 만들면서 공평하고 깨끗한 다스림을 도울 수 있다고 하는데, 이는 소인이 스스로 도모하는 말이니 나라의 복이

아닙니다."

하였다. 홍문관 부교리에 제수되고 연달아 수찬, 교리, 응교, 이조 좌랑, 집의, 사간원 사간, 세자시강원 사서, 겸문학, 보덕, 종부시 정을 지냈는데 종종 독촉을 받은 뒤에 출사하였다.

갑신년(1704), 승정원 동부승지에 발탁되고 이조 참의, 대사성, 병조와 호조의 참의로 옮겼다.

병술년(1706), 형방 승지로 이잠(李潛)의 국문에 참여하였다. 이해 겨울, 가선대부 동지의금부사에 올라 임부(林溥)의 옥사[32]를 다스리고, 얼마 후, 예조와 호조의 참판, 한성부의 좌윤과 우윤, 대사헌에 임명되고 비국과 승문원의 제조를 겸하였다. 한번은 날씨가 크게 가물자 공이 강직한 신하 이동언(李東彦)의 신원을 힘껏 주장하다가 성상의 뜻을 거슬러 면직되었다.

기축년(1709), 영의정 최석정(崔錫鼎)이 《예기유편(禮記類編)》을 만들었는데 주자의 장구를 바꾸고 어지럽혔다. 성균관 유생들이 상소하여 공격하려 하였는데 성상께서 듣고서 쫓아냈다. 공이 대사성으로 상소하여 최석정의 죄를 통렬히 아뢰었는데, 그 대략에 이르기를,

"도는 성현보다 높은 것이 없고 책은 경전보다 존귀한 것이 없습니다. 그런데 감히 한 사람의 얕은 견해로 제멋대로 고쳤으니, 이는 사문(斯文)의 큰 변고입니다. 또 사론은 중요한 것이니 군주의 권세로 주거나 빼앗을 수 있는 것이 아닙니다. 그런데 전하께서는 지나치게 거세게 꺾으셨으니, 이는 스스로 원기를 해친 것입니다. 최석정을 위한 배려는 지극하지만, 나라는 어찌하겠습니까."

32 임부(林溥)의 옥사 : 425쪽 주14 참조.

하니, 상이 진노하여 그의 본직과 겸직을 모두 갈라고 명하고, 이어서 작질을 깎았다. 공이 교외에 물러나 있자 이듬해 성상께서 후회하여 마침내 《예기유편》을 가져다 불태우고 다시 공을 서용하여 이조 참판에 임명하였다. 마침 바다 오랑캐의 침입이 있었기에 호서를 순무하라고 명하니, 백성의 폐단을 살피고 원통한 옥사를 해결하며 어진 선비를 예우하고 군사 방비를 감독하였다. 항금진(杭金鎭)과 안흥방(安興防)을 설치하고 상당(上黨)의 성과 해자를 보수하도록 아뢰었다. 다시 이조로 돌아와 동지경연, 세자빈객을 겸하였다.

계사년(1713), 정승 이유(李濡) 등이 존호 올리기를 청하자 공이 유창(劉敞)의 말[33]을 인용하여 아뢰기를,

"다시 몇 글자를 더하더라도 성상의 덕을 다 표현하기에 부족하고, 이전의 미덕까지 모두 버리는 것이니 성상께서는 받지 마소서."

하고, 정청(庭請)에 나아가지 않았다. 그리고 다시 상소하여 이전의 말을 거듭하였다. 얼마 뒤 또 어용(御容)을 모사하는 일이 있었는데, 공이 강연에서 실질에 힘쓰도록 경계를 아뢰었다. 당시 성상의 병이 오래되어 내의원 관원들이 모두 숙직하고 있었다. 공은 도승지로서 근심이 낯빛에 드러났고 간혹 말을 하다가 눈물을 흘렸다. 누차 이치를 보아 노여움을 잊고 절제하여 조용히 조섭하는 요점을 성상께 아뢰니, 성상이 가상히 여기고 탄식하였다. 얼마 뒤 내의원에서 입시한

33 유창(劉敞)의 말 : 1059년, 송 인종(宋仁宗)이 협제(祫祭)를 올리자 신하들이 존호 올리기를 청하였는데, 유창이 "폐하께서 휘호를 받지 않은 지 20년인데, 지금 몇 글자를 더하더라도 성상의 덕을 다 표현하기에 부족하고 이전의 미덕까지 모두 버리게 될 것이니 애석합니다."라고 하여, 마침내 중지하였다. 《宋史 卷319 劉敞列傳》

공로로 가의대부의 품계를 받고, 형조와 병조의 참판, 부제학, 동지성균관사를 역임하였다.

병신년(1716), 경기 감사를 거쳐 형조 판서에 올랐다가 이조로 옮겼다. 공은 이조 참판을 맡은 것이 열 번이었는데, 이때에 이르러 전형하는 법을 엄격히 하고, 요행의 문을 막았으며, 적체된 이들을 진작시키니 인사가 깨끗하고 엄숙해졌다. 이듬해 온천 행차를 따라갔는데, 호서 선비의 말을 계기로 대신이 타우공을 신원하도록 아뢰어 특별히 사제(賜祭)를 명하니, 공이 상소하여 사례하였다. 체직되어 예조에 임명되었다.

본생(本生) 계비(繼妣)의 상을 당하자 공은 나이가 많았는데도 더욱 굳게 예를 지켰다. 상을 마치자 공조 판서에 제수되고, 병조로 옮겼다. 군율을 거듭 밝히고 공도(公道)를 넓히니, 장사들이 모두 기뻐하며 복종하였다. 새로운 병영은 대장의 사적인 창고라고 불렸는데, 터럭만큼도 낭비하지 않아 창고가 차고 넘쳤다.

경자년(1720), 성상께서 병에 걸려 승하하시자 공은 관청에서 숙직하였다. 위태롭고 의심스러운 일이 갖가지로 생기고 유언비어가 번갈아 선동하였으나 의연히 대처하니, 중외의 사람들이 모두 믿고 의지하였다. 조정에 나가 곡할 때마다 공은 뜨거운 태양 아래 단정히 앉아 조금도 움직이지 않았다. 산릉(山陵)의 조성을 마치자 연달아 형조 판서와 한성부 판윤을 지내며 부지런히 일을 하고 법을 엄격히 지켰다. 지춘추관사를 겸하였다. 성상께서 몸소 궤전(饋奠)을 행하지 못하자 매번 지성으로 간언하였다. 또 신료를 자주 만나기를 청하였으나 성상이 살피지 않았다.

이듬해 다시 병조 판서가 되었다. 이때 성상께서 오랫동안 후사가 없었는데, 공이 미리 후사를 세우자는 논의를 주도한 적이 있었기에 이때에 이르러 대신들을 따라 입대(入對)하여 자전의 뜻을 여쭙고 지금의 성상을 세제(世弟)로 책봉하였다. 그러자 흉당(凶黨)이 더욱 미워하였으니, 공이 당한 화는 실로 여기에 근본한 것이었다. 이삼(李森)이 공에게 자청하여 호서 절도사가 되었는데, 이삼은 당시 간신들의 무리에 들어갔으므로 공이 이를 계기로 내보낸 것이었다. 이해 겨울, 적신(賊臣) 김일경(金一鏡) 등 7인과 환관 박상검(朴尙儉)이 함께 계획을 세워 급서(急書)를 올렸다. 조정이 텅 비고 공도 삭직을 당하여 곧 부안(扶安)으로 유배되었다. 공은 명을 듣고서 길에 올랐으나 조금도 낯빛이 변하지 않았다. 백마강(白馬江)에 이르러 얼음이 깨져 물에 빠지자 당자방(唐子方)의 시[34]를 읊었다. 유배지에 있을 적에는 날마다 《논어》를 읽었는데, 화를 당할 기미가 점차 박두하는데도 그만두지 않고 "아침에 도를 들으면 저녁에 죽어도 좋다." 하였다.

임인년(1722) 여름 무옥(誣獄)이 크게 일어나 많은 사대부들이 주륙을 당하였다. 세 대신[35]이 죽으라는 명을 받은 뒤 공의 차례가 다가왔는데, 흉인들은 죄로 삼을 것이 없어 이삼의 일을 끌어대어 모함하였

34 당자방(唐子方)의 시 : 당자방은 송(宋)나라 사람 당개(唐介)이다. 그가 폄적되어 회수(淮水)를 건너다가 풍랑을 만나 배가 뒤집히려 하자 시를 지었는데, "성왕의 송나라는 미친 초나라가 아니요, 맑은 회수는 멱라수와 다르네, 평생 충성과 신의 지키다가 오늘 풍파에 몸을 맡겼네. 배는 뒤집힐 듯 몹시 위험하고 자라와 악어가 많이 출몰하네. 저녁까지 다행히 무사하거든 술 사서 어부가를 들으리라.〔聖宋非狂楚, 淸淮異汨羅. 平生仗忠信, 今日任風波. 舟楫顚危甚, 黿鼉出沒多. 斜陽幸無事, 沽酒聽漁歌.〕" 하였다. 《詩話總龜 卷3》

35 세 대신 : 연잉군(延礽君)을 세제(世弟)로 삼도록 청한 김창집(金昌集), 이건명(李健命), 조태채(趙泰采)를 말한다.

다. 공이 마침내 체포되었는데 길을 떠날 적에 정신이 그대로였고, 죽은 뒤의 일에 대해서는 한 마디도 하지 않았다. 집안 사람들이 얼굴을 보고 영결하기를 청하였으나 허락하지 않았다. 심문을 받을 적에 한결같이 사실을 말하니, 흉도들의 헌의(獻議)에서조차 "따질 만한 것이 없다."라고 하였다. 이때 유봉휘의 무리가 이보욱(李普昱)을 사주하여 다시 심문하게 하고, 또 공이 사대신의 연명 차자를 종묘사직을 위한 중대한 계책이라고 하였다며 마침내 죄안을 보탰다.[36] 공은 이 때문에 감옥문을 나가지 못하고 마침내 8월 15일 병으로 세상을 떠났다. 향년 64세였다.

지금 성상 원년(1725), 복관(復官)과 사제(賜祭)를 명하고 또 증직하였다. 또 하교하기를,

"신하들 중에 오직 이 아무개가 더욱 원통하니, 그 자손을 녹용하라."

하였다. 또 이삼과 그간 공에게 화를 입힌 자들을 모두 변방에 유배하였다. 공은 처음에 수원(水原)에 장사지냈다가 무신년(1728)에 용인(龍仁) 천동(泉洞)의 선영으로 이장하였다. 부인 안동 김씨(安東金氏)를 부장하였는데 영의정 수흥(壽興)의 딸이다. 아들 구(絿)는 진사시에 장원으로 급제하고 벼슬하여 정랑이 되었다. 효도로 정려를 받았으며 집의에 추증되었다. 딸은 진사 김성택(金星澤)에게 시집갔다. 후부인(後夫人) 연안 김씨(延安金氏)는 봉사 정(澗)의 딸이다. 딸은 유득양(柳得養)에게 시집 갔고, 서녀 사위는 진사 윤심(尹勸)이다.

36 이때……보탰다 : 사헌부 지평 이보욱이 계사를 올려 이만성이 연잉군을 세제로 삼으라는 노론 사대신의 연명 차자에 찬성하여 '이것은 종묘사직을 위한 중대한 계책이다.'라고 하였다는 이유로 국문하도록 청하였다. 《景宗實錄 2年 7月 22日》

공은 충성스럽고 신의있고 돈독하며 확고하였으며, 속은 관대하고 겉은 강직하였다. 비록 학문 공부를 간절히 하지는 않았으나 평생 한 일 중에 남에게 말 못할 것은 없었다. 어진 이와 어리석은 이, 귀한 이와 천한 이를 막론하고 한결같이 성의로 대하였다. 친구에게 더욱 돈독하여 소원한 사람도 버리지 않았다. 친척과 화목하여 십수 집안이 공 덕택에 끼니를 이었다. 평소에는 엄격하고 공손하게 자신을 단속하여 편하게 기대거나 누운 적이 없었는데, 늙어서도 쇠하지 않았다. 주자서(朱子書)와 《자경편(自警編)》 보기를 좋아하였으며, 평소 산림에 뜻을 두어 서호(西湖)에 정자를 짓고, 의리상 불가한 일이 있을 때마다 물러나 낚시하며 유유자적하게 지냈다. 또 몸소 농사에 힘쓰고 근검을 근본으로 삼았다.

임금을 섬길 적에는 충성과 사랑이 지극히 간절하여 한 가지 정사라도 좋은 것을 보면 기뻐서 잠을 이루지 못하고, 한 가지 일이라도 잘못한 것을 보면 밤새 걱정하고 탄식하였다. 나랏일을 도모할 적에는 신중한 태도를 지켜 어지러이 바꾸는 것을 좋아하지 않았고, 일에 임해서는 굳세어 조금도 굴복하지 않아 걸핏하면 묘당과 마찰을 일으켰다.

매번 성상에게 좋아하고 싫어하는 것을 공정히 하고 치우치고 사사로운 것을 끊는 것이 다스림의 요체라고 권면하였다. 또 아첨하고 순종하며 구차히 영합하는 것을 깊이 부끄러워하였으며, 궁액(宮掖)과 근시(近侍)를 법으로 엄격히 다스려 조금도 용서하지 않았기에 성상께서도 두려워하고 꺼리셨다. 특히 음양과 시비의 구분에 대해 한계가 몹시 엄격하여, 방편적으로 용납하는 방법을 쓰지 않았다. 자신을 믿고 실천하며 다른 것을 돌아보지 않았다. 이 때문에 우뚝히 한 시대 선한 무리의 종주가 되었으나, 또한 이 때문에 화를 면하지 못했다. 아, 애통하다.

나는 어릴 적 부친을 잃고 공에게 배웠는데, 돌보아주고 꾸짖어 성취하게 하였다. 이제 늙고 병들어 죽게 되어 외람되게 글로 공의 행적을 기록하니, 공의 덕을 다 말하지 못할까 두려워 사대부들의 칭송을 채집하여 명을 짓는다.

아, 중부시여	猗歟仲父
실로 나의 스승이었네	實惟我師
충성스럽고 신의 있고 정직하며	忠信正直
명백하고 평온하였네	明白坦夷
신하로서 절개를 다하니	爲臣盡節
왕국이 의지하였네	王國是毗
충성스레 제몸 돌보지 않아	謇謇匪躬
행실은 준엄하고 말은 곧았네	行峻言危
하늘의 운세가 험난하여	天運囏難
평탄할 때 있으면 험한 때도 있네	有平則陂
위태롭고 의심스러운 때	危疑之際
날뛰는 돼지가 약하지 않았네[37]	蹢豕非羸
어지러운 상황이 박두하니	亂況斯迫
대부들이 떠났네	大夫其離
공은 기둥과 같아	公如一柱
우뚝히 스스로 지켰네	屹然自持
미리 후사를 세우자는 계책	豫建之策

37 날뛰는……않았네 : 259쪽 주50 참조.

이것이 화의 바탕이 되었네	是爲禍基
멀리 남쪽으로 떠나니	悠悠南征
눈보라가 흩뿌렸네	風雪載霏
유월의 무더위에	六月歊赩
수레를 또 달렸네	便輿又馳
소부[38]의 강직함은	蕭傅之剛
분수에 맞지 않았네	於分匪宜
감옥에서 원통하게 죽는 것은	北寺之寃
예나 지금이나 슬퍼하네	今古所悲
소인들이 서로 축하하니	群小相賀
하늘의 뜻을 어찌 알리오	上穹何知
천지의 기운은	天地之氣
곧고 커서 아름답네	直以大猗
호연하여 부끄러움 없으니	浩然無愧
공은 이를 본받았네[39]	公則以之
이것이 올바른 천명이니	是命之正
의심하지 않고 행동했네	其行不疑
천곡의 언덕에	泉谷之原
비석이 우뚝하네	有豐其碑
실상을 살펴 모두 모아	最凡攷實

38 소부(蕭傅) : 한 선제(漢宣帝) 때의 태자태부(太子太傅) 소망지(蕭望之)를 말한다. 모함을 받고 감옥에 갇히게 되자 음독자살하였다. 《漢書 卷78 蕭望之傳》

39 천지의……본받았네 : 42쪽 주96 참조.

소자가 시를 지었네	小子爲詩
여러 사람의 칭송이니	輿人之誦
내 사적인 의견이 아니라네	非爲吾私

좌참찬 한죽 신공 신도비[40]

左參贊寒竹申公神道碑

제주(濟州)는 남해(南海)에 있다. 바닷길로 천 리에 가까운데 폭풍과 사나운 물고기가 시도 때도 없이 출몰하여 배가 종종 전복된다. 제주에는 대정현(大靜縣)과 정의현(旌義縣)이 있는데 모두 산기슭에 자리하였다. 바다에는 독한 안개가 많은데 대정현이 더욱 심하니, 비유하자면 옛날의 춘주(春州), 뇌주(雷州)[41]와 같다. 이곳에 온 사람은 젊고 건장하더라도 죽지 않으면 병에 걸리니, 돌아가는 사람은 열에 한둘도 안 된다.

한죽 신공이 젊은 시절, 부친 집의공이 유배되자 제주에 가서 5년간 모시다가 돌아왔다. 그러다가 경종 임인년(1722, 경종2), 상소를 올려 흉인들의 노여움을 샀다. 흉인들은 죽이려 하였으나 하지 못하고 섬에 유배하여 우연히 이 현에 왔으니 당시 나이 84세였다. 5월에 바다를 건넜는데, 바다를 건널 때 큰 폭풍이 일어나 큰 파도가 치자 배에 탄 사람들은 혼절하여 사람의 낯빛이 없었다. 공은 홀로 의기양양하게 앉아서 하늘 끝에 실낱 같이 가로놓인 것을 보고 가리키며, "이것이 제주이다." 하였다. 현에 도착해서는 감산촌(柑山村)에 살았다. 하늘

40 좌참찬……신도비 : 이 글은 신임(申銋)의 신도비이다. 신임의 본관은 평산(平山), 자는 화중(華仲), 호는 한죽(寒竹)이다. 1639년(인조17) 8월 18일에 태어나 1725년(영조1) 3월 25일 세상을 떠났다.

41 춘주(春州), 뇌주(雷州) : 중국 광동성(廣東省)의 지명이다. 유배지로 알려졌다.

의 남극(南極) 아래 몹시 밝고 큰 별이 있었는데, 추분 이후부터 춘분 이전까지 보였다. 공은 그 집에 읍로헌(挹老軒)[42]이라는 편액을 달고 “팽갱처럼 8백 살까지 살고 싶네.〔願假彭鏗八百齡〕”[43]라는 시구를 지었다. 들은 사람들이 외며 장하게 여겼다.

공은 평산(平山) 사람으로 휘(諱)는 임(銋), 자(字)는 화중(華仲)이며 한죽(寒竹)은 그의 호이다. 외모가 헌걸차서 어려서부터 대인의 도량이 있었다. 다만 중년에 병으로 칩거하여 불우하게 지냈다. 경신년(1680, 숙종6) 처음 벼슬하여 의금부 도사가 되었으나 나아가지 않았다.

집의공이 예전에 영릉(寧陵)의 공사를 감독하였는데 계축년(1673, 현종14)에 이장하였다. 흉인들이 우암(尤菴) 선생을 위험에 빠뜨리려 하였으나 계책이 이루어지지 않자, 왕릉이 견고하지 않다는 이유로 담당자에게 죄를 돌려 집의공은 오랫동안 유배되었다. 이때에 이르러 공이 격쟁(擊錚)하여 그 원한을 남김없이 밝혔다. 처음에는 저지당하였으나 집의공은 마침내 사면을 받고 돌아왔다. 공은 그제서야 과거에 응시하여 병인년(1686) 별시에 급제하고, 승문원에 예속되었다가 중간에 주서(注書)를 맡았다. 응제(應製)하여 마장(馬裝 말 장식)을 하사받고, 일을 감독한 수고[44]로 성균관 전적에 올라 호조 좌랑을 지내고

42 읍로헌(挹老軒) : 남극성을 노인성이라고도 하는데, ‘읍로’는 노인성을 보았다는 뜻이다.

43 팽갱처럼……싶네 : 팽갱은 팽조(彭祖)라고도 하며, 8백 살을 살았다는 전설의 인물이다. 《莊子 齊物論》

44 일을 감독한 수고 : 1687년(숙종13) 책보수개도감(冊寶修改都監)의 감조관(監造官)이 된 일을 가리키는 것으로 보인다. 《承政院日記 肅宗 13年 12月 7日》

병조로 옮겼다.

무진년(1688), 집의공이 세상을 떠났다. 갑술년(1694), 다시 병조 낭관이 되고 경기 도사, 사간원 정언으로 옮겼다. 얼마 후 모친상을 당하였다가 상복을 벗고 사헌부 지평에 임명되었다.

과거 기사년 흉적의 잔당이 장희재(張希載)의 집안을 사주하여 그 집 종을 시켜 장희재 부친의 무덤에 흉물(凶物)을 묻고 저주하게 하였다. 그리고는 대장 신여철(申汝哲) 집안 사람이 한 짓이라고 말하며 선한 이들이 동궁을 불리하게 만들려 한다고 하였다. 일이 발각되자 장희재의 종이 죽게 되었는데, 정승 남구만(南九萬)과 유상운(柳尙運)이 그 옥사를 담당하여 죄를 묻지 말라고 힘써 청하였다. 성상께서 처음에는 어렵게 여겼으나 끝내 허락하였다. 유상운은 굽신거리며 감사하다가 사람들에게 심한 비난을 받고 도성 밖으로 쫓겨났다. 얼마 뒤 유상운이 도로 들어와 다시 영의정이 되었다.

처음 인현왕후가 복위될 때 병조 판서 서문중(徐文重)이 관원들의 앞장을 서서 돈녕부에 모여 장씨(張氏 희빈 장씨)를 위해 상소를 올리려 하였으나 결국 올리지 못하고 사론(士論)의 배척을 받았다. 이때에 이르러 정승이 되자 공론이 몹시 놀랐다. 공이 상소하여 논박하니, 성상께서 진노하여 조정에서 쫓아내 정의현(旌義縣)에 보임하였다. 승정원과 홍문관이 번갈아 상소하여 명을 중지하도록 청하였으나 성상은 답하지 않았다. 얼마 후 경성 판관(鏡城判官)으로 개차되었다가 1년 뒤 부름을 받고 돌아와 병조 좌랑이 되고 정랑에 올랐으며 시강원 문학과 필선을 지냈다. 외직을 구하여 연안 부사(延安府使)가 되었으나 오래지 않아 관직을 버리고 돌아왔다. 다시 태안 군수(泰安郡守)가 되었으나 부임하기 전에 파주 목사(坡州牧使)로 옮겼다.

신사년(1701), 수원 부사(水原府使)로 발탁되고 겨울에 황해 감사(黃海監司)로 옮겼다. 연안 부사(延安府使)로 있을 적에는 고을에 남대지(南大池)가 있어 연꽃이 가득하였는데 그 수리(水利)를 얻는 백성의 전답이 천 경(頃)이나 되었다. 후궁(後宮)이 절수(折受)받고자 하여 내사(內司) 사람이 성상의 전지를 칭탁하며 공을 찾아와 독촉하였다. 공은 안 된다고 고집하며 서너 번 가까이 장계를 올리니 성상도 강요하지 못하였다. 그 도를 다스리게 되어서는 아랫사람을 너그럽게 대하고 몸가짐은 간엄하게 하였다. 효자와 열녀에게 정려를 내리고 원통한 옥사를 소결(疏決)하였다. 또 흉년이 들자 진휼을 잘 하여 백성이 그 덕택에 죽지 않았다. 임기를 채웠으나 백성의 청원에 따라 다시 그대로 임명되었다가 보리가 익을 무렵 체직되었다. 예조, 병조, 호조, 공조의 참의, 장례원 판결사, 승정원 승지를 거쳐 재차 대사간, 이조 참의가 되었다.

무자년(1708), 개성부 유수(開城府留守)에 올랐다가 어떤 일로 묘당을 거슬러 파직되었다가 서용되어 공조 참판에 임명되었다. 이때부터 여러 조(曹)를 돌아다녔는데, 이조에 있을 때가 가장 많았다. 그 사이 도승지, 한성부 우윤, 대사성, 대사헌을 지냈다. 성상이 병에 걸려 온천에서 목욕하려 하였는데, 마침 무지개가 해를 꿰뚫는 이변이 생겼다. 공이 상소하여 간언하니 성상이 비록 따르지는 않았으나 나라를 걱정하고 임금을 사랑한다고 칭찬하였다.

공은 예전 효종 정유년(1657, 효종8) 진사시에 급제하였는데, 이때 60주년이 되었다. 공의 자제들이 창방(唱榜)한 날 경재(卿宰) 및 시험관의 자손을 모아 즐기게 하였다. 이듬해, 대신이 공의 나이가 여든이라고 성상께 아뢰어 자급을 뛰어넘어 자헌대부의 품계를 받고 마침내

지중추부사가 되어 기로소에 들어갔다. 의정부 참찬, 공조 판서를 지내고 치사(致仕)를 청하였으나 허락받지 못했다.

기해년(1719), 성상이 기로소에 들어가 늙은 신하들에게 은혜를 베풀었는데, 공 역시 정헌대부로 가자되었으며 얼마 후 잔치를 열어주었다. 공은 영중추부사 이유(李濡) 공 등 10인과 참석하고, 이튿날 대궐에 나아가 전문(箋文)을 올려 사은한 뒤 그 일을 그림으로 그려 전하였다.

경자년(1720), 숙종께서 승하하시자 산릉도감 제조에 차임되었으나 병으로 감당하지 못하여 사직하고, 겸임하던 경연과 성균관의 직임도 사직하였다. 이듬해, 지금 성상께서 세제(世弟)의 자리에 오르자 적신 유봉휘(劉鳳輝)가 상소하여 저지하였다. 온 조정 관원들이 입을 모아 토죄를 청하니, 공도 병든 몸을 이끌고 대궐에 들어가 참석하였다.

겨울, 역적 김일경(金一鏡) 무리가 뜻을 얻어 창궐하니, 선한 이들이 거의 다 쫓겨났다. 또 정청을 파하기로 논의할 때[45] 동조한 재신(宰臣)들에게 죄가 있다고 하여 모두 삭출하였는데 공도 포함되었다. 얼마 후 공이 늙고 병들어 먼저 나갔다는 이유로 구별하여 도로 서용하였다. 역적 김일경이 또 장씨를 위해 사당을 세우고 칭호를 정하고자 경재들에게 회의하게 하려고 하였다. 공이 상소를 올려 힘껏 간쟁하려 하였는데, 원고를 완성하였으나 미처 올리지 못했다.

얼마 후 목호룡(睦虎龍)의 고변서가 올라왔다. 이때 우리 사신이 세제 책봉을 위해 연경에 가서 일을 마쳤다는 보고가 도착하자 흉인들

45 정청을……때 : 경종이 세제 연잉군에게 대리청정을 명하자 신하들이 반대하며 정청하였는데, 노론사대신이 정청을 파할지 여부를 논의하고 마침내 차자를 올린 뒤 정청을 파한 일을 가리킨다. 《景宗實錄 1年 10月 17日》

이 낙심하여 그날로 고변하였으니, 나라의 근본을 동요하려는 것이었다. 김일경이 홀연 죄수의 공초에서 나오자 김일경의 당파가 비로소 대궐 뜰에 국청을 설치하고, 얼마 후 국문 받는 죄수를 의금부로 옮겼다. 또 정승 조태구(趙泰耉)를 끌어들이니, 조태구가 부득이 나와서 대명하였다. 승정원과 대각이 잇달아 어지러이 일어나 성상에게 권유하여 옥사를 마무리짓도록 청하였다. 사람들이 분개하였으나 감히 말하지 못하였는데, 공이 마침내 상소하여 국청의 옥사는 체모가 지엄한데 옮겨 설치한 일은 일반적인 규례에 어긋나며, 옥사를 마무리짓도록 청한 일은 거리낌이 없으니 견책하여 군신의 의리를 가다듬어야 한다고 대략 말하였다. 이어서 동궁을 보호해야 한다는 청을 아뢰었다. 당시 거센 화염이 하늘을 달굴 정도였기에 중외의 사람들이 두려워하며 살아남지 못할 것이라 여겼고, 자제들도 장차 화를 헤아릴 수 없을 것이라고 여겨 번갈아 뵙고 다시 간언하였다. 공이 서글퍼하며 말하기를,

"나는 나라의 두터운 은혜를 입어 늙어서도 죽지 않았는데 어찌 차마 한 마디 말도 하지 않아 우리 선왕을 저버리겠는가."

하였다. 상소가 들어가자 조태구와 최석항이 마침 대궐에 들어왔다가 서로 돌아보며 아연실색하고 나갔다. 대사간 이사상(李師尙)이 급히 들어와 청대하고 온갖 방법으로 모함하여 마침내 사형을 감하여 위리안치하게 하였다. 과거 공이 지평으로 권세를 잡은 정승을 탄핵하여 정의현(旌義縣)으로 가게 되자 웃으며 부인에게 말하기를,

"당신은 매번 내가 원님 되는 것이 늦는다고 하였는데 이제야 되었소."

하였는데, 당시 이미 늙어서 백발이었다. 이때 공은 더욱 늙어 거의 일어나지 못할 정도였는데, 갑자기 수로와 육로로 수천 리 길을 떠나게 되었으니 들은 사람은 아는 이나 모르는 이나 모두 걱정하였다.

그러나 공은 조금도 낯빛에 드러내지 않고 친구와 작별하면서 평소처럼 웃고 이야기하였다. 사람들이 모두 혀를 내두르며 "이 노인이 씩씩하구나." 하였다.

아, 사람이 젊어서는 명예와 절개를 가다듬다가도 늙어서는 지기(志氣)가 꺾인다. 화복에 대한 염려가 더욱 심해지고 처자의 얽매임이 더욱 무거워져 왕왕 터럭만한 이해관계를 앞에 두면 그때마다 "나는 늙었다."라고 하니, 보통 사람의 마음은 모두 이와 같다. 그러나 공은 그렇지 않아 충성스러운 마음이 격렬하여 막을 수 없었다. 비록 형구(刑具)가 앞에 있어도 못 본 척하였으니, 저 천 리나 되는 깊고 험한 바다 따위야 말할 것이 있겠는가. 죽은 사람처럼 기운 없는 젊은 사람이 공의 풍도를 들으면 조금은 부끄러운 줄 알 것이다.

공은 유배지에서 "즐거워 근심을 잊고 편안히 만족한다.〔樂而忘憂, 怡然自得〕"라는 여덟 글자를 손수 써서 스스로 힘을 내었다. 계묘년(1723, 경종3), 여름 가뭄으로 죄인을 소결(疏決)할 때 육지로 옮기고 울타리를 치우라고 명하였으나 흉당이 저지하여 몇 년이 지나도록 그만두지 않았다. 지금 성상 을사년(1725, 영조1), 가장 먼저 풀어주라고 명하고, 자리가 비었다는 이유로 공에게 역마를 타고 조정으로 돌아오게 하였다. 곧 공조 판서, 좌참찬에 임명하고 매복(枚卜)에 들어갔다. 공은 2월에 사면하는 글이 내렸다는 소식을 듣고 3월에 비로소 배에 올랐으나 바람이 이롭지 않아 5일 만에 육지에 도착하였는데, 병이 심해 갈 수가 없었다. 그달 25일 해남현(海南縣)의 임시 거처에서 세상을 떠났다. 성상이 속히 의관을 보내 약을 가지고 달려가서 보게 하였으나 도착하기 전에 부고가 전해졌다. 성상이 애도하며 조시(朝市)를 정지하고, 의례대로 조문하고 치제하였다. 특별히 영의정에 추증하고 충경(忠景)이라는 시호를 내렸다. 논자들은 공이 창졸간에 올린 상소 한 통이 비록 그 충분을 다 드러내지는 못하였으나 흉인의 기세를 꺾고 화를 일으키려는 마음을 막았으니, 종묘사직이 안정된 것은 반드시 공의 한 마디 힘 덕택이 아니라고는 할 수 없다고 하였다.

공의 시조는 고려(高麗) 장절공(壯節公) 숭겸(崇謙)이다. 근세에 휘 민일(敏一)이 성균관 대사성을 지냈는데, 이분이 종성 부사(鍾城府使) 휘 상(恦)을 낳았으니 이분이 집의공의 부친이다. 집의공의 휘는 명규(命圭)이니 두 대가 곧은 절개로 세상의 중망을 받았다. 모친은 의령 남씨(宜寧南氏)이니 사어 호학(好學)의 딸이며 외조는 선원(仙源) 문충공(文忠公) 김상용(金尚容)이다.

공의 배위 기계 유씨(杞溪兪氏)는 정(楨)의 딸이다. 여사(女士)의 풍도가 있었다. 공과 같은 해에 태어나 61세에 세상을 떠났다. 누차 추증되어 정경부인에 이르렀고 1남 2녀를 낳았다.

아들 사원(思遠)은 한성부 판관을 지냈는데 공이 세상을 떠나자 상(喪)을 치르다 죽었다. 효행으로 정려를 받고 집의에 추증되었다. 딸은 군수 이수현(李秀賢), 사인(士人) 이화신(李華臣)에게 시집갔다. 집의는 3남을 두었으니 흡(翕), 오(奧), 확(矆)이며, 두 사위는 참판 유척기(兪拓基)와 사인 박대원(朴大源)이다. 군수 이수현의 아들은 제원(濟元)과 경력을 지낸 제명(濟命)이다. 딸은 참봉 신의립(辛義立), 사인 유장(兪將), 선전관 조덕중(趙德中)의 아내가 되었다. 사위 이화신의 아들 영보(英輔)는 진사시에 장원으로 합격하여 좌랑을 지냈고, 문보(文輔)는 생원이다. 딸은 사인 신현(申晛), 황즙(黃楫), 진사 현광우(玄光宇)에게 시집갔다. 내외 증손과 현손은 다 기록하지 못한다.

공은 평소 가산을 묻지 않았고, 완호품을 소장하지 않았다. 40년 동안 조정에 있으면서 누차 큰 고을을 맡았으나 집안 사람이 돈을 빌려 생계를 꾸렸고, 질화로에 짧은 등잔대 뿐인 방안이 쓸쓸하였다. 십 년 동안 이조에 있었으나 집안이 물처럼 맑았고, 문을 닫은 채 편히 누워 종종 사람이 없는 것 같았다. 지은 시는 빼어나고 씩씩하였으며 필법 또한 기이하고 굳세었다. 문집 약간 권이 세상에 전한다. 공은 양주(楊州) 주곡(注谷)의 선영 유좌(酉坐)의 언덕에 장사지냈고, 유 부인을 부장하였다.

그의 사손(嗣孫) 신흡(申翕)이 장차 큰 비석을 세우려 하면서 내게 찾아와 글을 청하고 울며 말하기를, "이것은 우리 아버지의 소원입니다." 하였다. 나는 본디 글재주가 없으나 차마 효자의 뜻을 상하게 할 수 없어서 마침내 서술하고 명을 덧붙인다. 명은 다음과 같다.

한라산은 가파르고 우뚝하게 솟았는데 漢挐之山高巃嵸
아래에 푸른 바다 있어 큰 파도 넘실거리네 下有碧海波澒濛
예로부터 귀양 가는 사람 이 길로 갔는데 古來荊棘此路通
여든 아흔 먹은 노인 있다는 말 듣지 못했네 不聞八十九十翁
늙은 신하 죽지 않고 악독한 흉인을 만나 老臣不死逢鞠凶
마음 아파 눈 흘기며 나라를 걱정했네 痛心裂眥憂家邦
입에서 나온 한 마디 말이 흉인들을 두렵게 하니 片言脫口讋群凶
천 길 철벽 같은 기세 얼마나 웅장한가 鐵壁千仞氣何雄
홀연 동쪽에서 곤의를 입고 돌아오니[46] 忽如袞衣來在東

46 홀연……돌아오니 : 45쪽 주108 참조. 여기서는 신임이 유배에서 풀려난 일을 비유하였다.

옛적의 젊은이는 노인의 모습 되었네	昔時少年龜鶴容
공이 오고갈 때 하늘이 바람을 불어	公來公去天以風
교룡을 쫓아내고 축융을 몰아냈네[47]	奔走蛟鰐驅祝融
하늘 아래 내가 따를 사람 없는데	匀天無人我將從
무양[48]이 초혼하니 푸른 단풍 서글프네	巫陽下招凄靑楓
한밤에 큰 별이 찬란히 빛나니	大星煌煌當宵中
남쪽 사람들 보고서 공을 보듯 여기네	南人見之如見公
거대한 기운이 하늘로 돌아가니	浩浩一氣還太空
때때로 뭉쳐서 긴 무지개 이루네	有時鬱硉成長虹
내 붓은 장대처럼 크지 않으나[49]	我筆不能大如杠
공의 탁월한 절개를 써서 영원히 전하리라	寫公卓節垂無窮

47 교룡을……몰아냈네 : 교룡은 바다에 산다고 하는 괴물이며 축융은 남해(南海)의 신이다.

48 무양(巫陽) : 211쪽 주14 참조.

49 내……않으나 : 글솜씨가 부족하다는 겸사이다. 구양수(歐陽脩)가 여산(廬山)에 은거한 유환(劉渙)을 칭송하며 "대장부의 큰 절개 그대만한 사람 드무니, 아, 내가 말하고자 하더라도 장대처럼 큰 붓을 어떻게 얻을까.〔丈夫壯節似君少, 嗟我欲說安得巨筆如長杠〕" 하였다.

좨주 지촌 이공 신도비[50]

祭酒芝村李公神道碑

우리 우암(尤菴 송시열) 문정(文正) 선생은 영릉(寧陵 효종)을 만나 천리(天理)를 밝히고 인심(人心)을 바로잡는 것을 자기의 임무로 삼아 오랑캐를 배척하고 이단을 물리쳤으니, 위로 맹자와 주자가 남긴 실마리를 계승한 것이었다. 그의 문인 윤증(尹拯)은 자기 부친 윤선거(尹宣擧)가 몰래 역적 윤휴(尹鑴)에게 빌붙은 탓에 복수설치(復讐雪恥)의 대의(大義)를 비난하여 사론(士論)에 거듭 죄를 얻어 불만이 쌓였다. 또 윤휴의 당파가 헤아릴 수 없는 화를 일으켜 기어이 선생에게 분풀이를 하고자 한다는 것을 알고, 거기에 연루될까 두려워하여 선생이 지은 자기의 부친 묘도문자가 자기 뜻과 맞지 않는다는 핑계로 처음에는 몰래 비난하더니 끝내는 드러내놓고 배척하여 스스로 스승의 문하와 단절하였으니 실로 인륜의 일대 변고였다.

지촌(芝村) 이희조(李喜朝) 공은 개탄하며 역적을 성토하는 의리에 따라 윤증의 무리 나양좌(羅良佐)의 거짓되고 패악한 상소를 낱낱이 논파하고, 윤증 부자의 속셈을 자세히 논하여 선생에게 편지로 질문하였다. 얼마 후 흉인들이 과연 몹시 방자하게 굴어 선생이 화에 걸리고 윤증은 마침내 윤휴의 당파와 결합하였다. 그 뒤로 상황이 급변하여

50 좨주……신도비 : 이 글은 이희조(李喜朝)의 신도비이다. 이희조의 본관은 연안(延安), 자는 동보(同甫), 호는 지촌(芝村)이다. 1655년(효종6)에 태어나 1724년(경종4) 1월 20일 세상을 떠났다.

온갖 변고가 일어났다. 공은 세도(世道)를 근심하여 사람들과 이 일을 논의할 때마다 자세하고 널리 근거를 고찰하고 분명하고 간절하게 분별하여 듣는 사람이 옳고 그름의 근원을 분명히 깨닫게 하였다. 죽을 때까지 쉬지 않고 입을 놀렸으니, 이에 힘입어 방향을 잃지 않은 후배와 초학자가 많았다.

옛적 맹자가 양주(楊朱)와 묵적(墨翟)을 통렬히 비판하면서 스스로 "내가 어찌 변론을 좋아해서이겠는가. 부득이해서이다." 하였고, 또 "말로 양주와 묵적을 막을 수 있는 자는 성인의 무리이다." 하였다. 아, 공과 같은 분은 이 말에 부끄러움이 없으리라.

공의 자는 동보(同甫)이며 연안(延安) 사람이다. 부제학 정관재(靜觀齋) 휘 단상(端相)의 아들이며 판서 문정공(文貞公) 휘 명한(明漢)의 손자이며 월사(月沙) 문충공(文忠公) 휘 정귀(廷龜)의 증손이다. 외조는 의정을 지낸 전의(全義) 이행원(李行遠)이다. 정관공은 벼슬길에서 용감히 물러나 학문에 전념하였으나 불행히 일찍 세상을 떠났다. 공은 겨우 15세에 그 행적을 빠짐없이 서술하여 동춘(同春 송준길) 문정(文正) 선생에게 글을 청하였다. 선생은 아버지의 덕을 잘 나타냈다고 칭찬하였으며, 선배와 어른들에 이르기까지 입을 모아 칭찬하며 부친의 뜻을 잘 이었다고 하였다.

공은 남보다 훨씬 총명하고 문예를 일찍 이루었다. 집안의 가르침을 받아 이미 위기지학(爲己之學)에 뜻을 두었다. 집안이 대대로 과거와 문장을 가업으로 삼았으나 달가워하지 않았다. 부친을 잃자 더욱 애통해 하고 분발하여 영지동(靈芝洞) 옛집으로 가서 그 집을 지사재(志事齋)라 이름하고 성현의 글을 가져다 깊이 연구하니 식견이 날로 더욱 밝아지고 행실이 날로 더욱 높아졌다. 한때의 사론이 모두 경도되어 모르는 사람도 그의 얼굴을 한번 보기를 원하였다. 숭릉(崇陵 현종)의 국상(國喪)을 당했을 때 공은 약관의 나이로 궐밖의 곡하는 반열에 있었는데, 모여서 구경하는 유생이 담처럼 둘러쌌다. 이해 우암 선생을 찾아가 뵙고 사제의 예를 정하였다.

을묘년(1675, 숙종1), 문곡(文谷 김수항)이 상소하였다가 남쪽으로 유배되었는데, 실은 공이 편지를 보내 권했기 때문이었다. 우암이 외딴 바닷가에 위리안치되자 공은 대부인을 모시고 영지동으로 나가 살면서 〈대귀설(大歸說)〉을 지어 뜻을 보였다.

경신년(1680), 정국이 바뀌어 학문과 행실이 있는 선비를 천거하자 우리 외조부 민 문정공(閔文貞公 민유중)이 명에 응하여 공을 천거하여 건원릉 참봉(健元陵參奉)에 임명되었으나 한번 사은하고 곧 체직되었다. 얼마 뒤 전설사 별검으로 천거를 받고 임명되었다.

갑자년(1684), 곧장 6품으로 오르고 이듬해 공조 좌랑을 거쳐 진천현감(鎭川縣監)이 되었다. 절개를 지킨 이를 장려하고 노인을 예우하였으며 빼어난 고을 자제를 선발하여 달마다 한번 모여 강론하니, 사방에서 소문을 듣고 흥기하는 자가 많았다. 얼마 뒤 친척의 혐의로 체직되었다가 다시 평강 현감(平康縣監)이 되어 고을 자제들과 향음주례를 행하고, 삼청대(三淸臺)에 서재(西齋)를 지어 선비들이 학문하는 곳으로 삼았다. 또 폭포 옆에 정자를 지어 비가 내리기를 빌었으니, 주자가 기정(起亭)을 지은 고사를 모방한 것이었다.[51] 마침 윤증이 스승을 배반하는 일이 일어났는데, 당시 무리들이 공의 장문 편지에 분노하여

51 주자가……것이었다 : 주자가 남강(南康)을 다스릴 적에 폭포 옆에 기정이라는 정자를 짓고 기우제를 지내는 곳으로 삼았다. 《晦庵集 卷79 臥龍庵記》

헐뜯기를 그치지 않자 관직을 버리고 낙향하였다.

기사년(1689), 시사가 크게 변하여 윤증의 당파가 대관(臺官)을 사주하여 탄핵하려 하였다. 공은 경기에서 머뭇거리려 하지 않고 온가족을 데리고 영동의 흡곡(歙谷)으로 들어갔다.

갑술년(1694), 다시 공조에 들어갔다가 얼마 뒤 인천 현감(仁川縣監)으로 나갔다. 인천은 정관공이 다스리던 곳으로, 한결같이 이전의 법도에 따라 다스렸다. 흉년에 진휼을 적절히 하니, 교서를 내려 표창하였다. 얼마 후 동궁의 서연관에 선발되고 또 사헌부 지평에 발탁되었으나 힘껏 사양하여 체직되었다. 다시 외직으로 나가 천안 군수(天安郡守)가 되었는데 다스림이 더욱 드러났다. 체직되어 상의원 첨정에 임명되고 장악원 정으로 올랐다가 또 외직으로 나가 해주 목사(海州牧使)가 되었다. 해주에는 석담(石潭)이 있는데 율곡(栗谷) 선생이 살던 곳이다. 공은 강개한 심정으로 그리워하며 자주 서원을 찾아 직접 가르치는 자리를 주도하고 방법에 따라 강학하고 시험하니 선비를 양성한 공로가 뚜렷하였다. 또 바위 위에 요금정(瑤琴亭)을 지어 사모하는 심정을 담으니, 고을 사람들의 칭송이 지금까지도 그치지 않는다. 또 양주 목사(楊州牧使)가 되었다가 모친상을 당해 관직을 떠났다. 상복을 벗자 청풍 부사(淸風府使)가 되었다. 공은 평소 산수를 좋아하여 병든 몸을 억지로 일으켜 부임하였다. 그러다가 장령과 집의에 제수되자 모두 나아가지 않았다. 이때부터 호를 간암(艮菴)이라 고쳤으니 의도가 있는 것이었다.[52] 얼마 후 삼척 부사(三陟府使)에 임명되었으나

52 이때부터……것이었다 : 간암이라는 호는 김창흡(金昌翕)이 지어준 것이다. 간(艮)은 멈춘다는 뜻으로, 은거를 말한다.《芝村集 卷9 與金子益》

부임하지 않았고, 집의에 임명되었으나 간절히 사양하였는데 비답이 특별히 융숭하였다. 승정원 동부승지에 발탁되자 연석의 신하가 누차 간곡히 부르기를 청하였는데, 두 번 임명되었으나 나아가지 않고 중간에 형조 참의가 되었다.

이에 앞서 윤선거가 강화도에서 구차하게 죽음을 면한 잘못을 덮고자 위로 효종을 끌어들이며 거짓되고 패악한 말을 많이 하였다. 윤증은 오랫동안 숨겨두었는데 이때에 이르러 문집이 나오자 유생 신구(申球)가 상소하여 그 일을 드러내었다. 성상께서 문집의 판목을 부수라고 명하고 윤선거 부자의 관작을 삭탈하였다. 그러자 그의 당파가 무리지어 일어나 격렬히 싸우며 번갈아 상소를 올렸는데, 대부분 우암을 비방하는 것이었다. 공은 상소하여 윤화정(尹和靖)의 고사를 인용하여 사직하였다.[53] 얼마 못 가 특별히 한성부 우윤으로 승진하고 공조 참판으로 옮겼다.

이듬해 여름, 대사헌에 임명되었다. 당시 성상이 병환을 앓아 세자에게 대리청정을 명하였다. 공이 사직 상소를 계기로 경계를 아뢰고, 또 상서하여 격물치지를 강학의 조목으로 삼고 성의, 정심, 수신을 덕을 닦는 조목으로 삼았다. 또 서연(書筵)에서 우암이 선발한 주자의 상주문과 차자를 겸하여 강하도록 청하였으니, 공이 평생 가장 힘쓴 것이었으므로 이렇게 진언한 것이었다. 윤증의 문도 이세덕(李世德)이

53 공은……사직하였다 : 윤화정은 정자의 제자 윤돈(尹焞)이다. 그는 조정의 부름을 받고 올라가다가 누군가 정자를 비방한다는 말을 듣고는 올라가지 않았다. 이희조는 1716년(숙종42) 형조 참의에 임명되었으나 이 고사를 인용하여 사직하였다.《伊洛淵源錄 卷11》《芝村集 卷3 辭刑曹參議疏》

스승을 위해 신변한다는 핑계로 격쟁(擊錚)하여 공초(供招)를 올렸는데 우암을 더욱 혹독하게 무함하니, 동궁이 이세덕을 외딴 섬에 유배하라고 명하였다.

공은 송 문정공(宋文正公 송시열)의 문집에서 윤씨 집안 부자에 관계된 일을 뽑아 두 책으로 만들고, 기해년(1659, 효종10) 효종과 독대(獨對)하여 나눈 이야기를 아울러 수록하였다. 그리고 주머니에 밀봉한 전례[54]에 따라 아들 이양신(李亮臣)에게 가져가서 바치게 하니, 비지에

"지금 경이 아뢰어 논변한 말은 명백하다고 하겠다. 그리고 책자에서 선정이 논의한 전말을 보니, 대의를 밝히고 성조(聖祖 효종)에게 충성한 점이 남김없이 자세하다."

하였다. 얼마 후 세자 찬선을 겸하고 이조 참판으로 옮겼다. 당시 무리들이 신구의 상소가 공에게서 나왔다고 생각하여 더욱 심하게 원망하고 해독을 끼치려 하였는데, 이때에 이르러 번갈아 상소하여 주머니에 넣어 봉한 것은 비밀리에 아뢴 것과 같다고 하였다. 적신 이명의(李明誼)가 상소하여 무함하였는데 지극히 참혹하였다. 궁관과 경기 유생이 번갈아 신변하고 더욱 예를 다하여 불러들이기를 청하니, 성균관 좨주를 겸하고 또 대사헌에 임명되었으나 사직하였다.

공은 망극한 은혜를 받았으니 몸은 나아갈 수 없어도 말은 아뢸 수 있다고 여겨 우리나라 현인들이 군주의 덕과 다스림의 도를 논한 말을 뽑아 10책으로 만들어 바쳤다. 그러자 성상이 융숭한 비답을 내려 칭찬

54 주머니에 밀봉한 전례 : 남송(南宋)의 범여규(范如圭)가 지화(至和, 1054~1055), 가우(嘉祐, 1056~1063) 연간 명신들의 상주문 36편을 한 편의 책으로 엮고 주머니에 밀봉하여 바친 일을 말하는 듯하다.《晦庵集 卷89 直秘閣贈朝議大夫范公神道碑》

하고 세자에게 보여주라고 명하였다. 연석의 신하가 아무개는 평소 청렴하여 가난하니 주급(周急)하는 것이 마땅하다고 아뢰자 음식을 갖다주라고 명하였다. 또 이조 참판에 임명되었으나 누차 사직하여 체직되었다. 경종이 왕위를 계승하자 상소하여 선정신 이언적(李彦迪)이 지은 《구경연의(九經衍義)》를 진강하도록 청하니, 가납하였다. 지금 성상이 세제로 책봉되자 다시 찬선에 임명되고 대사헌에 임명되었다. 상소하여 동궁을 보도하는 방도를 아뢰고, 또 상의원에서 바친 흰 병풍에 옛사람의 격언을 써서 탕왕(湯王)의 반명(盤銘)과 무왕(武王)의 영명(楹銘)[55]을 대신하도록 청하니, 가납하였다.

임인년(1722), 사화가 일어나자 흉도들이 공을 무함하였는데, 심지어 "현명한 사람을 해치고 바른 사람에게 해독을 끼치는 일을 몰래 주도하지 않은 것이 없다."라고 죄안(罪案)을 삼아 극변에 유배하도록 청하였다. 적신 이진유(李眞儒)가 더욱 힘써 주도하여 마침내 영암군(靈巖郡)에 유배되고 얼마 후 평안도 철산(鐵山)으로 이배되었다.

남북의 산천이 몹시 멀고 공은 이미 몹시 노쇠하였는데 억지로 일어나 길에 오르자 병이 날로 심해졌다. 그래도 갈 길이 엄하여 지체할 수 없다며 재촉하기를 그치지 않았다. 유배지에 이르지 못하고 정주(定州)의 여관에서 세상을 떠나니 향년 70세로 때는 갑진년(1724) 1월 20일이었다. 하루 전, 무지개 같은 흰 기운이 땅을 환하게 비추고, 이날 거센 바람이 또 집을 흔들었다. 용인(龍仁) 문수산(文秀山) 선영으로 돌아와 장사지냈다.

55 탕왕(湯王)의……영명(楹銘) : 은(殷)나라 탕왕이 세숫대야에 새긴 글과 주(周)나라 무왕이 강태공(姜太公)에게 듣고 기둥에 새긴 경계를 말한다.

지금 성상 을사년(1725), 흉인들이 모두 쫓겨나자 공의 관작을 돌려주라고 명하였다. 얼마 후 의정부 좌찬성에 추증되고 문간(文簡)이라는 시호를 받았다. 또 인천(仁川) 학산서원(鶴山書院)에 배향되었으니, 정관공을 단독으로 제향한 곳이었다.

공의 배위 안동 김씨(安東金氏)는 영의정 수흥(壽興)의 딸이다. 아름다운 덕으로 집안을 의롭게 하였는데, 공보다 8년 앞서 돌아가셨다. 왼쪽에 부장하는 예법을 따랐다. 1남 3녀를 두었는데 아들 양신(亮臣)은 문과에 급제하여 대사간을 지냈다. 양신은 아들 둘을 두었는데 헌보(獻輔)는 진사이고 민보(敏輔)는 출계하여 남의 후사가 되었다. 장녀는 김진악(金鎭岳)에게 시집 가서 계자 현택(玄澤)을 두었고, 나머지 딸들은 황경하(黃慶河)와 현령 김동현(金東鉉)에게 시집갔다.

아, 우암 선생의 학문은 주자 문하의 직자(直字) 비결[56]을 얻었고, 또 〈위학방도(爲學方圖)〉[57]를 지었는데, 강학과 성찰, 함양과 실천이 모두 경(敬) 하나의 관할을 받는다. 공은 전수받은 것이 확실하고 문로가 지극히 정당하여 평생 제몸을 단속하고 남에게 가르친 것이 사문의 정해진 법도를 벗어나지 않았다. 또 사설(邪說)이 정도(正道)를 해치는 것을 두려워하여 글을 지어 오도일(吳道一)의 《곤득편(困得編)》을 변파하고,[58] 또 오도일이 퇴계와 율곡 두 선생을 무함하였다는 이야기

56 주자……비결 : 주자가 임종을 앞두고 문인들에게 "성인이 만사에 응하고 천지가 만물을 낳는 것은 직(直)일 뿐이다."라고 한 말을 가리킨다. 《宋名臣言行錄 外集 卷12》

57 위학방도(爲學方圖) : 원래 이이(李珥)의 저술로 알려져 있었으나 송시열이 위작으로 의심하여 고쳐 만든 것이다. 《宋子大全 卷91 答李汝九》

58 글을……변파하고 : 《곤득편》은 오도일이 옛 성현과 우리나라 유현의 성리설과 학문 방법을 엮은 책이다. 이희조는 이 글의 문제점을 지적하는 글을 지었다. 《芝村集

를 듣고 시를 지어 배척하였다. 도를 지킨 그의 정성이 이와 같았으니, 비단 윤씨 집안 부자의 속셈을 드러낸 것 뿐만이 아니었다. 사문과 세도에 공헌한 바가 어찌 적다고 하겠는가. 이 때문에 참소하는 사람들에게 오랫동안 시달려 늘그막에 쫓겨나 떠돌다가 끝내 길에서 돌아가셨다. 한유(韓愈)가 이른바 "그 도가 나로 말미암아 조금이나마 전해진다면 죽더라도 여한이 전혀 없다."[59]라는 말이 바로 공의 마음이리라. 공의 큰 절개가 이와 같으니 나머지는 생략할 만하다.

내가 관례를 치를 때 공이 섬돌을 올라와 축하하였는데, 지금 어른들은 모두 죽고 세상의 변고가 끝이 없다. 나 또한 늙고 병들어 곧 죽을 것이다. 이양신이 살아 있을 때 글짓는 일을 부탁한 적이 있기에 죽은 사람의 뜻을 차마 저버리지 못하여 마침내 눈물을 닦으며 서술하고 명을 덧붙인다.

옛적 양주와 묵적의	在昔楊墨
화가 홍수처럼 맹렬했네	禍烈洪水
깨끗이 물리쳤으니	闢之廓如
맹자가 있었다네	厥有孟子
이를 한번 다스려졌다 하니	是謂一治
우임금과 공로가 같았네	與禹同功
아득히 천 년이 흘러	悠悠千載

卷32 論吳貫之困得編》

59 그……없다 : 한유의 〈여맹간상서서(與孟簡尙書書)〉에 나오는 말이다. 《五百家注昌黎文集 卷18》

다시 우옹이 나타났네	復見尤翁
공은 능히 말했으니[60]	公則能言
성인의 무리였네	乃惟聖徒
외부의 모욕을 막아	外侮斯禦
우리 도가 외롭지 않았네	吾道不孤
소인들이 화를 내어	群小攸慍
오랫동안 비방에 시달렸네	積困多口
지주 하나 우뚝하니	一柱亭亭
산이 무너진 뒤였네[61]	山頹之後
출처와 언론은	出處言議
내가 받은 바 있다 했네	曰吾有受
어려서 배우고 자라서 행하려는[62]	幼學壯行
그 뜻이 어찌 없으리오	豈無其志
높은 자리 사양하고 낮은 자리에 처하니[63]	辭尊居卑
이것이 바로 법도라네	律令卽是

60 공은 능히 말했으니 : 맹자의 "양주와 묵적을 막을 것을 말하는 자는 성인의 무리이다.〔能言距楊墨者, 聖人之徒也.〕"라는 말을 인용한 것이다. 《孟子 滕文公下》

61 산이 무너진 뒤였네 : 송시열의 죽음을 말한다.

62 어려서……행하려는 : 《맹자》 〈양혜왕 하(梁惠王下)〉의 "사람이 어려서 배우는 것은 자라서 행하고자 해서이다.〔夫人幼而學之, 壯而欲行之.〕"라는 말을 인용한 것이다.

63 높은……처하니 : 《맹자》 〈만장 하(萬章下)〉의 "가난 때문에 벼슬하는 자는 높은 자리를 사양하고 낮은 자리에 처하며 많은 녹봉을 사양하고 적은 녹봉에 처해야 한다.〔爲貧者, 辭尊居卑, 辭富居貧.〕"라는 말을 인용한 것이다.

일곱 고을의 글 읽는 소리　七邑絃歌
빙그레 웃는 모습 보는 듯하네[64]　如見莞爾
석담에 새로 정자 세우니　石潭新亭
보갑의 남은 운치라네[65]　寶匣餘韻
운당포에서 탄식하니[66]　篔簹之歎
영지동의 옛 은자라네　靈芝舊隱
시서를 수습하여　收拾詩書
나의 〈수초부〉[67]를 찾았네　尋我遂初
비단 묶음 부들 수레로[68]　束帛蒲輪
은혜와 예우 융숭하였네　恩禮徒勤
주머니에 봉하여 충언을 올렸으니　囊封獻忠

64 빙그레……듯하네 : 74쪽 주184 참조.

65 석담에……운치라네 : 이희조는 최립(崔岦)이 율곡의 거문고를 보고 그의 아들 이경림(李景臨)에게 지어준 금잠(琴箴)을 읽고서 그 소재를 수소문하였으나 찾지 못하였다. 그 뒤 이희조는 1699년 해주 목사(海州牧使)로 부임하여 석담에 요금정(瑤琴亭)을 지었다. 《芝村集 卷19 石潭瑤琴亭記》 보갑의 남은 운치는 주자의 〈재거감흥(齋居感興)〉에 나오는 "보갑에 거문고 없으니, 끊어진 현을 어찌할 것인가.〔瑤琴空寶匣, 絃絶將如何?〕"라는 구절을 인용한 것이다.

66 운당포에서 탄식하니 : 주자가 운당포(篔簹浦)에서 "빛나는 영지는 일 년에 세 번 꽃피는데 나는 홀로 어찌하여 뜻이 있는데 이루지 못하나〔煌煌靈芝, 一年三秀, 予獨何爲, 有志不就.〕"라는 시를 보았다. 40년 뒤 다시 그곳에 들렀으나 그 시가 보이지 않아 탄식하는 시를 지었다. 《朱子大全 卷84 題袁機仲所校參同契後》

67 수초부(遂初賦) : 진(晉)나라 손작(孫綽)이 지은 글로, 은거의 의지를 드러내었다.

68 비단……수레로 : 비단 묶음은 현자에게 주는 예물이며, 부들 수레는 부들로 바퀴를 싸서 흔들리지 않게 만든 수레로 역시 현자를 초빙하는 도구이다.

역시 스승의 말 있어서라네	亦有師言
성심으로 도를 지켜	誠心衛道
백발로 우뚝 섰네	巋然白首
간괘를 얻어	於卦得艮
때맞추어 멈추니 허물이 없네[69]	時止无咎
하늘의 운수 기구하여	天運艱難
거센 불길이 타올랐네	劫火斯惔
자르고 베는 액운이	斬伐之厄
산림에까지 미쳤네	至及山林
유랑하고 낭패하여	流離顚沛
서쪽 남쪽 멀리 갔네	逖矣西南
여관에서 초혼하니	魂招旅店
선비의 기세 수그러들었네	氣短儒衿
당적이 영광스러우니[70]	黨籍光華
공이 무엇을 슬퍼하랴	在公奚慽
저 참소한 자들은	彼讒人者
끝내 난신과 역적 되었네	卒歸亂逆

69 때맞추어……없네 : 《주역》 〈간괘(艮卦) 육사(六四)〉의 효사에 "음효로서 음의 자리에 있어 멈추어야 할 때에 멈추었다. 그러므로 몸에 멈추는 형상이 되어 점에 허물이 없다.〔以陰居陰, 時止而止. 故爲艮其身之象, 而占得无咎也.〕"라는 말을 인용한 것으로 보인다.

70 당적이 영광스러우니 : "늘그막의 영광은 간사한 자의 당적에 오른 것이요, 지난날의 수치는 시종신의 관모였네.〔老去光華姦黨籍 向來羞辱侍臣冠〕"라는 주자의 시를 인용한 것이다. 《晦菴集 卷9 蒙恩許遂休致陳昭遠文以詩見賀已和答之復賦一首》

백 년이 지나지 않아	不待百年
공론이 확고히 정해졌네	公議大定
내가 명을 지어	我作銘詩
영원히 알리리라	以詔無竟

관찰사 명암 이공 신도비[71]

觀察使鳴巖李公神道碑

옛날 장 충정공(張忠定公)이 "우리 동방 급제자 가운데 인재가 가장 많다."라고 하며 덕망을 갖춘 자, 풍도가 있는 자, 한 지방을 맡을 만한 자를 열거하였는데,[72] 모두 실상에 부합하여 천하 사람들이 그 말을 바꾸지 못했다. 나와 같은 해 과거에 급제한 공들은 왕왕 공경의 자리에 이르기도 하였는데, 명암 이공만은 지위가 전라도 관찰사에 그쳤다. 공의 덕망과 재능으로 세상에 나와서 쓰였으니 한 지방을 맡은 중임에 그쳐서는 안 되는데, 험한 일을 겪고 배척을 받아 품은 재주를 끝까지 시행하지 못했으니, 때를 만나는 운수에 차이가 있어 그런 것이 아니겠는가.

공은 사람됨이 기이하고 엄숙하며 몸가짐을 고상하게 하여 세속의 기운이 없었고, 그 논의는 강직하고 준엄하여 흔들 수 없었다. 이 때문에 조정에 나와 임금을 섬기면서 나아가고 물러나고 말하고 침묵하는

71 관찰사……신도비 : 이 글은 이해조(李海朝)의 신도비이다. 이해조의 본관은 연안(延安), 자는 자동(子東), 호는 명암(鳴巖)이다. 1660년(현종1) 12월 14일에 태어나 1711년(숙종37) 12월 24일 세상을 떠났다.

72 옛날……하였는데 : 장 충정공은 북송(北宋)의 장영(張詠)이다. 그가 말하기를 "우리 동방 급제자 가운데 인재가 가장 많으니 신중하고 명망이 있기로는 이문정(李文靖 이항(李沆))만한 사람이 없고, 침착하고 덕이 있어 천하를 안정시키기로는 왕공(王公 왕증(王曾))만한 사람이 없고, 임금의 앞에서 간쟁하고 평소 풍채가 있기로는 구공(寇公 구준(寇準))만한 사람이 없고, 한 지방을 맡을 사람으로는 내가 사양하지 않을 것이다." 하였다. 《宋名臣言行錄 卷2》

데 있어서 옛 이름난 신하의 풍도가 뚜렷하였으니, 사람들은 그에게 미칠 수 없다는 것을 알았다.

공은 젊은 시절 진사로 빙고 별검에 조용되고, 육조의 낭관과 해운 판관을 누차 전전하다가 외직으로 나가서 용궁(龍宮)과 영동(永同)의 현감이 되고, 전주 판관으로 옮겼다. 청렴하고 공정하여 위엄이 있었으며 복잡한 업무를 조리있게 처리하여 시행되지 않는 일이 없었다.

숙종 임오년(1702, 숙종28) 봄, 어가가 성균관에 행차하여 유생들을 시험하였는데 공은 병과로 합격하였으나, 시기하여 참소하는 자가 있어 공은 관직을 버리고 호서로 돌아왔다. 얼마 못 되어 조정으로 들어와 사간원 정언으로 옮기자 숙배하지 않고 사직하였다. 다시 사헌부 지평을 거쳐 정언이 되자 마침내 봉사(封事)를 올려 군주의 덕과 조정의 잘잘못을 극렬히 논하였는데, 사람들이 말하기 어려워하는 것이 많았다. 또 말하기를,

"당론의 폐해는 유래가 이미 오래되었습니다. 그러나 군자의 마음은 벗 없이 홀로 서는 것을 귀하게 여기지 않고, 반드시 천하 사람들을 규합하여 천하의 일을 이루는 것을 자임합니다. 그러므로 현명하고 충성스럽다면 그 당에 사람이 많지 않은 것을 걱정하며 반드시 자신이 그 당에 들어가고, 또 군주를 그 당으로 끌어들이려 합니다. 만약 그렇지 않다면 청론이 막히고 소인이 등용되어 그 나라는 반드시 망합니다."

하니, 상이 가납하였다.

당시 재상이 천거하여 등용한 경재(卿宰)들이 대부분 인망에 부합하지 않았다. 모두 공의 친구였으나 공은 일이 생기는대로 지적하여 아뢰며 조금도 꺼리지 않았다. 이 때문에 조정에서 불쾌하게 여겨 마침내

스스로 그만두고 떠났다. 얼마 후 누차 사간원 헌납, 홍문관 교리에 임명했다. 공은 세상과 어울리지 못한다는 것을 스스로 알고 문수산(文秀山) 아래로 물러나 살았다. 연달아 이조 좌랑 겸 시강원 문학, 남학 교수에 임명되었으나 부임하지 않았다. 좌천되어 남평 현감(南平縣監)이 되었는데, 1년이 지나자 성상이 대신의 말에 따라 불러서 부수찬, 겸사서에 임명하고, 다시 이조로 들어와 정랑이 되었으며, 겸문학, 교서관 교리, 헌납이 되었으나 모두 나아가지 않았다.

기축년(1709), 제주 순무어사(濟州巡撫御史)에 차임되었다. 성상은 그가 청요직을 힘껏 사양한다는 이유로 특별히 개차하여 성균관 직강으로 개차하여 가게 했다. 농암(農巖) 김문간공(金文簡公 김창협)은 그가 지조를 굳게 지킨다고 탄식하였다. 도로 응교, 사간, 보덕에 임명되었으나 모두 사직하고 나아가지 않았다.

과거 임부(林溥)라는 자가 글을 올려 신사년(1701, 숙종27) 역적의 옥사를 논하여 당시 사건을 처리한 신하들을 모함하였는데,[73] 성상이 진노하여 국문하라고 명하였다. 정승 최석정(崔錫鼎)은 임부를 편들고자 하였는데, 그 뒤 이잠(李潛)이 뒤따라 흉서를 올리고, 이잠의 당파인 김세흠(金世欽), 권두기(權斗紀) 등이 뒤를 이었다. 지평 이동언(李東彦) 공은 직간으로 당시 사람들에게 오래 미움을 받아 감옥에 갇혀 죽었다. 공은 집의로 상소하여 소인들이 사류에게 화를 입히려는 실상을 강력히 아뢰고, 또 이동언의 원통함을 변론하였다. 그러자 당인들이 눈을 흘기며 탄핵하여 파직시켰다. 오랜 뒤에 장악원 정에 임명되고, 외직으로 나가 양양 부사(襄陽府使)가 되었으며, 곧이어 독서당에서

73 과거……모함하였는데 : 425쪽 주14 참조.

사가독서(賜暇讀書)하였다.

경인년(1710), 응교가 되어 조정으로 돌아왔다. 당시 조정이 조금 진정되어 공에게 출사하기를 권하는 사람들이 많았는데, 공은 안 된다고 하였다. 여름, 통정대부 수원 부사(水原府使)에 발탁되었다. 얼마 후 전라도 관찰사로 임명되었는데, 호령이 엄격하고 분명하여 온 도가 그 때문에 숙연해졌다. 공은 젊어서 문장으로 집안의 명성을 이어 온 세상에 이름이 알려졌는데, 이때에 이르러 조정에서 문임(文任)으로 임명하려고 논의하였다. 그러나 미처 소환하기 전에 갑자기 임소에서 병으로 죽었으니, 바로 신묘년(1711) 12월 24일이었다. 향년은 52세였다. 원근의 사람들이 듣고서 모두 탄식하고 애도하였다. 부고가 전해지자 규례에 따라 부조하고 제사지냈다.

공은 휘가 해조(海朝), 자가 자동(子東)으로 연안(延安) 사람이다. 좌의정 문충공(文忠公) 정귀(廷龜)의 증손이며 문정공(文貞公) 명한(明漢)의 손자이며 문숙공(文肅公) 일상(一相)의 막내 아들이다. 3대가 연달아 문형을 맡아 세상의 명문가가 되었다. 공은 젊어서 부친을 잃었으나 학문에 힘썼고, 선을 즐기고 의를 좋아하였다. 평소에는 과묵하여 말수가 적었으며, 방에 주렴을 치고 궤석에 기댄 채 손에 책을 들고 하루를 보냈다. 이름난 산수를 두루 유람하여 시원하게 속세를 벗어날 생각을 하였다. 술 마시며 담소하면 풍류가 넘쳐 좌중을 뒤덮었다. 문장을 지으면 예스럽고 법도가 있었으며, 특히 시에 뛰어났는데 문집이 세상에 전하고 있다. 공이 죽은 뒤 집에 저축이 없어 자손들이 거의 살 수 없을 정도였으니, 사람들은 그의 청렴하고 검소함에 더욱 감복하였다. 공이 간직한 바는 대략 이와 같은데 끝내 세상 사람들에게 용납받지 못하여 지위가 덕에 걸맞지 않았으니 운명이 아니겠는가.

공의 배위는 남원 윤씨(南原尹氏)이니 교리를 지내고 영의정에 추증된 문열공(文烈公) 섬(暹)의 후손이며 군수 이건(以健)의 딸이다. 계배(繼配)는 파평 윤씨(坡平尹氏)이며 통덕랑 훤(烜)의 딸이다. 모두 부덕(婦德)이 있어 예에 어긋남이 없이 남편을 섬겼다. 아들 넷을 두었으니 도사 징신(徵臣), 군수 숭신(崇臣), 필신(泌臣), 도신(度臣)이다. 딸 셋을 두었으니 김시술(金時述), 판윤 김약로(金若魯), 유덕중(兪德中)에게 시집갔다. 손자는 기보(器輔), 규보(珪輔), 현감 이보(彝輔), 선보(璿輔)이며 나머지는 어리다. 공은 처음에 문수산에 장사지냈는데 지금 성상 정사년(1737), 광주(廣州) 추현(楸峴) 모로곡(慕老谷)의 언덕으로 이장하고 두 부인을 부장하였다. 명은 다음과 같다.

문충공(이정귀)의 후손은	文忠之世
대대로 문장으로 이름났네	世以文鳴
자연과 자운[74]처럼 화려한 문장	淵雲之華
왕국의 법도였다네	王國攸程
아름답도다 명암이여	懿哉鳴巖
학문에 방향이 있었네	學則有方
단지 문장 뿐만이 아니었으니	非直也文
아름답고 성대하였네	侯美且昌
그 말은 강직하여	謇謇其言
흔들림 없이 고집하였네	惟執不撓

74 자연과 자운 : 자연(子淵)은 한(漢)나라 왕포(王褒)의 자이고 자운은 양웅(揚雄)의 자로, 모두 문장으로 이름났다.

사악한 이 억누르고 바른 이 편들어 抑邪與正
청론을 바로잡았네 淸議斯矯
저 영합하는 자들이 彼婉孌者
공을 물어뜯었네 以公爲齮
나아갈 길 열렸으나 進塗惟闢
내가 가면 넘어졌네 我往其躓
문수산에는 文秀之山
맑은 샘이 있었네 有泉斯濯
성상이 그 충성 생각하여 上思其忠
은혜로운 돌봄이 날로 융숭해졌네 恩顧日渥
너는 이리 오라 하여 曰汝來思
경연과 청요직에 임명했네 帷幄淸華
나아가기는 어려워하고 물러나기 쉽게 여기니 難進易退
내 의리는 달라지지 않았네 我義靡佗
만년에 군자들이 무리지어 나아가자 晩際彙征
출사하여 남쪽 지방을 맡았네 出殿南服
청렴하고 공정하여 위엄 있었으니 廉公以威
치적이 성대하였네 蔚有成績
크게 쓰이지 못하였으니 不大其用
군자는 슬퍼하네 君子悲焉
시대의 운수가 그러하니 時運攸爾
어찌할 수 없는 것은 하늘이라네 莫我者天
이수[75]의 비석이 있으니 螭首之碑
여기서 징험할 수 있네 有徵在斯

글을 지어 밝히니	文以昭之
영원히 전하리라	百世其垂

75 이수(螭首) : 용머리 모양을 한 신도비의 머리부분이다.

대사헌 홍공 신도비[76]

大司憲洪公神道碑

경자년(1720, 숙종46) 숙종대왕께서 돌아가시고 후사로 즉위한 왕은 병에 걸려 후사가 없어 나라의 형세가 위태로웠다. 홍계적(洪啓迪) 공은 평소 강개하고 큰 절개가 있었는데, 한번은 아우 홍계도(洪啓道)에게 말하기를,

"지금 나라에 후사가 없어서 신하들이 각자 딴 마음을 품고 있으니, 훗날 국가를 소유하는 자가 우리 선왕이 골육이 아닐까 두렵다. 나는 살아서 세상에 도움이 되지 않느니 차라리 죽어서 나라를 위하는 것이 낫겠다."

하였다. 상소하여 후사를 세우도록 건의하려는 뜻이 있었던 것인데, 정언 이정소(李廷熽)의 상소가 이미 올라간 상황이었다. 공은 당시 대사헌으로 재신(宰臣)들과 한밤에 입대(入對)하여 성상의 앞에서 자전의 언문 하교를 받고 지금의 성상을 왕세제(王世弟)로 책봉하였다.

적신(賊臣) 유봉휘(柳鳳輝)가 먼저 상소를 올려 후사를 세우도록 건의한 신하들을 두고 신하의 예가 없다고 논척하자, 공은 여러 공과 함께 유봉휘를 국문하여 법을 바로잡도록 청하였다. 훗날 도승지가 되자 대리청정하겠다는 명이 내린 뒤 반대편 사람들이 번갈아 상소를

76 대사헌 홍공 신도비 : 이 글은 홍계적(洪啓迪)의 신도비이다. 홍계적의 본관은 남양(南陽), 자는 혜백(惠伯)이며, 1680년(숙종6)에 태어나 1722년(경종2) 10월 20일 세상을 떠났다.

올리니 놀라운 기미가 이루 헤아릴 수 없어 모든 사람이 두려워하였다. 공은 혼자서 성내고 찢으려는 기세에 맞서 각기 마땅하게 처리하니, 우뚝히 산악과 같은 중망을 받아 조정이 공에게 힘입어 안정되었다. 그러나 흉인들은 절치부심하고 환관들은 눈을 흘기며 반드시 먼저 공을 제거하고야 말려고 하였다. 공이 당한 큰 화는 실로 여기서 시작되었으니 군자는 슬퍼한다.

공은 남양(南陽) 사람으로 자는 혜백(惠伯)이다. 홍씨는 고려 태사 은열(殷悅)로부터 나와 대대로 알려진 사람이 있었으니, 우리나라에 들어와 우국재(友菊齋) 휘 경손(敬孫)과 석벽(石壁) 휘 춘경(春卿)이 있다. 휘 명원(命元) 호 해봉(海峰)과 휘 처후(處厚) 호 성암(醒菴)에 이르러 두 대가 모두 경기 관찰사를 지냈으니 공의 고조와 증조이다. 조부 휘 수하(受河)는 사헌부 장령을 지냈다. 공은 현령 휘 우규(禹圭)의 아들로, 이조 참판에 추증된 숙부 휘 우석(禹錫)의 후사로 출계하였다. 진사 휘 수환(受渙)은 현령공의 부친으로, 성암공(醒菴公)의 셋째 아들이다. 현령공은 완산 이씨(完山李氏)와 혼인하였으니 감사 시만(時萬)의 손녀이고 진사 중린(仲麟)의 딸이다.

공은 숙종 경신년(1680, 숙종6)에 태어났다. 참판공은 이미 돌아가시고 오랫동안 종가의 제사를 주관할 사람이 없었다. 공은 나이 열 살에 출계하여 참판공의 후사가 되었다. 후사로 간 집안의 모친 박부인(朴夫人)은 몹시 엄하게 가르쳤는데, 공이 행여 잘못을 저지르면 그때마다 회초리를 쳤다. 공은 스스로 나뭇가지를 꺾어 바치며 그 벌을 기꺼이 받고 말투를 더욱 온화하게 하였다. 또 이부인이 모르게 하였으니, 어른들이 모두 감탄하며 기이하게 여겼다. 어려서부터 남보다 몹시 총명하였는데, 자라서는 문장에 더욱 힘썼다. 기이한 기운이 있고 세속이 숭상하는 바를 좇지 않아 재주 있다는 명성이 더욱 자자하였다.

임오년(1702), 진사시에 장원으로 합격하였다. 당시 박세당(朴世堂)이 주자(朱子)의 사서(四書) 주석을 고치고, 또 작고한 정승 이경석(李景奭)의 신도비에서 우암(尤菴 송시열) 선생을 무고하였다. 공은 앞장서서 성균관의 여러 선비들을 이끌고 상소하여 논변하였다. 숙종께서 그가 지은 글을 가져다 보시고는 속히 불에 태우라 명하고 박세당을 삭출하니 사론이 통쾌하게 여겼다.

무자년(1708), 반시(泮試)에서 공이 대책(對策)으로 2등을 차지하였는데 성상께서 특별히 급제를 하사하라고 명하였으니 특별한 은혜였다. 같은 해 식년 전시에 곧바로 응시하여 승문원에 분관되었다. 천거를 받아 예문관 검열이 되고, 대교, 봉교로 승진하였다. 중간에 시강원 설서, 겸설서가 되었다.

신묘년(1711), 승진하여 성균관 전적, 병조 좌랑이 되었다.

임진년(1712), 사간원 정언에 임명되고, 상소하여 왕자의 노비가 금령을 어겼는데 법관이 두려워하고 꺼려 다스리지 않은 죄를 논하였다.

계사년(1713), 존호를 올린 뒤 지평 김유경(金有慶)이 아첨하는 풍조가 생겼다며 조정 신하들을 비난하자 대사간 윤세수(尹世綏)가 탄핵하였다. 공이 상소하여 말하기를,

"김유경은 숨김없이 드러내어 과감히 논하였으니, 나라를 걱정하고 임금을 사랑하는 격렬한 마음이 없다면 이렇게 할 수 있겠습니까. 윤세수는 어구(語句)를 집어내어 억지로 조정을 어지럽힌다고 지목하였습니다. 비록 스스로 충언을 아뢰지는 못하더라도 어찌 차마 이렇게까지 죄안을 지어낼 수 있겠습니까. 윤세수를 파직하여 곡직을 밝혀야 마땅합니다."

하고, 또 상소하기를,

"대궐 안의 노랫소리가 바깥 조정에까지 들리니, 정(鄭)나라 음악을 몰아내라는 옛 성인의 경계에 어긋나지 않겠습니까. 신은 설행한 것이 무슨 놀이이고 기예를 선보인 자가 누구인지 모르겠으나 전하께서도 과연 임어(臨御)하여 보셨습니까? 지금부터 대궐 뜰을 출입하는 궁궐의 여종과 사람의 심지를 방탕하게 하는 음악을 통렬히 배척하신다면 안팎을 엄숙히 하고 사악한 자를 멀리할 수 있을 것입니다."

하니, 성상이 융숭한 비답을 내려 가납하고, 또 고비(皐比)를 하사하여 장려하였다.

3월, 홍문관에 선발되어 들어가 부수찬, 부교리가 되고 남학 교수, 지제교를 겸하였다. 현령공이 영덕(盈德) 임소에서 병에 걸리자 공이 말미를 청하여 찾아뵈었는데 그대로 상을 당하였다. 고을에는 집집마다 부조하는 규례가 있었으나 공은 사양하고 받지 않았다. 상을 마친 뒤 부수찬에 임명되고 시강원 사서, 중학 교수, 한학 교수를 겸하였다.

당시 성상의 몸이 편치 않아 내의원에서 일단 소장을 받지 말고 편히 조섭하도록 청하였다. 그런데 교리 송성명(宋成明)이 언로를 막는다고 논척하였다. 장령 한이원(韓以原)은 군부의 병을 근심하지 않는다며 송성명을 탄핵하였다. 공이 동료들과 차자를 올려 송성명은 나랏일을 걱정한다는 핑계로 참소할 계책을 이루려 하였으며, 한이원은 천리와 인정에 모두 맞는 바를 헤아리지 않고서 군부를 잊었다는 죄로 남을 곧장 몰아넣었다며 모두 파직하기를 청하였다.

부수찬으로 있다가 어버이 봉양을 위해 외직을 청하여 태인 현감(泰仁縣監)에 임명되었다. 그러나 미처 부임하기 전에 경연에 사람이 부족하다는 이유로 다시 홍문관으로 돌아왔다. 윤증(尹拯)의 문인 최석문(崔錫文)이 상소하여 자기 스승이 신유년(1681, 숙종7)에 보내려던 편지[77]를 꺼내고 우암을 모욕하였다. 공은 그 상소에 대해 조목마다 몹시 통쾌하게 변론하였다. 또 홍문관의 유봉휘와 정식(鄭栻)이 차자를 올려 권 문순공(權文純公 권상하)을 파직하도록 청한 데 대해,

"그 기세를 보니 기사년(1689, 숙종15)에 현인들을 해친 당파와 같습니다. 참혹한 분서갱유(焚書坑儒)가 곧 일어날 것이니 나라가 위태로워져 망할 조짐이 드러난 정도에 그치지 않습니다. 통탄을 이길 수 있겠습니까. 그 죄를 바로잡으소서."

하니, 성상이 비답을 내려 몹시 책망하였다. 정언 송진명(宋眞明)이 임금을 동요시켰다고 공을 탄핵하며 파직하고 서용하지 말도록 청하니, 즉시 윤허하였다. 이해 가을 성상이 비로소 깨닫고 시비를 분명히 정하였다. 그리고 특별히 서용하라는 명을 내려 부교리에 임명하였는데, 상소에 대한 비답에 후회하는 말이 있었다. 이조 좌랑에 임명되고 정랑으로 승진하였으며 또 부수찬에 임명되었다.

성상이 친히 액례가 호소한 문서에 제사(題辭)를 쓰고, 얼마 후 거행하지 않는다고 승정원을 꾸짖었다. 공이 동료와 차자를 올려 말하기를,

"액례가 얼마나 미천하며, 호소하는 문서가 얼마나 자잘합니까. 그런데 전하께서는 하늘처럼 존귀한 몸을 굽혀 직접 제사를 쓰셨으니, 군주의 밝음을 더럽히고 나라의 체모를 훼손함이 여기에 이르러 극

77 자기……편지 : 윤증이 1681년(숙종7) 송시열에게 보내려던 편지를 말한다. 윤증은 이 글에서 송시열이 왕도와 패도를 아울러 쓰고 의리와 이익을 겸하여 행한다고 비난하였다. 《明齋遺稿 別卷3 擬與懷川書》

에 달했습니다. 오늘의 폐단은 액례가 모욕을 받는 것이 근심이 아니라 국법이 시행되지 않는 것이 근심입니다. 앞으로 이러한 무리는 죄가 있건 없건 모두 담당 관사에 맡겨 궁중과 부중이 일체라는 뜻을 보이소서."

하니, 성상이 가납하였다.

정유년(1717), 성상이 온천으로 행차하려 하자 공이 궁료들과 상소하여 왕세자가 어가를 따르도록 청하였다. 호남 어사가 되어 민폐를 수집하여 조목별로 몹시 자세히 아뢰었는데, 묘당에서 채택하여 시행한 것이 많았다. 다시 교리에 임명되고 또 북평사에 임명되었으나 부임하기 전에 교리, 겸문학에 임명되었다. 겨울, 응교, 겸보덕으로 승진하였다. 수찬 홍만우(洪萬遇)가 상소하여 정승 이이명(李頤命)이 독대(獨對)하였을 때의 일을 논하고 아울러 권 문순공을 비방하자 성상이 홍만우를 파직하라고 명하였다. 공이 동료들을 이끌고 차자를 올려 엄하게 징토하도록 청하자 성상이 따랐다. 홍만우는 마침내 삭출되었다. 공은 또 외직을 청하여 양주 목사(楊州牧使)가 되었는데 상관과 혐의가 있어 체직되었다. 정언 성진령(成震齡)이 대신이 말을 잘못 아뢰었다는 이유로 탄핵하다가 장령 김만주(金萬胄)의 반박을 받았는데, 공이 사간으로 김만주를 탄핵하여 파직시켰다.

무술년(1718) 단의빈(端懿嬪) 혼궁 도청(魂宮都廳)으로 일한 수고로 통정대부의 품계에 올라 곧바로 사간원 대사간에 임명되었으나 곧 파직되었다. 서용되어 예조 참의에 임명되었다.

기해년(1719), 경상도 관찰사가 되었으나 상관(庠官) 시절 저지른 작은 허물 때문에 파직되었다.[78] 서용되어 성균관 대사성에 임명되었다. 누차 시험을 맡았는데 감식안이 밝았다. 이때부터 부제학, 대사성,

형조 참의를 두 번 지내고, 승지를 세 번 지냈으며 이조 참의를 네 번 지내고 호조 참의를 한 번 지냈다. 중간에 이천 부사(伊川府使)에 임명되었으나 또 만류를 받아 외직으로 나가지 않고 승문원 부제조에 차임되었다.

경자년(1720, 경종즉위년) 경종이 새로 즉위하였는데, 조중우(趙重遇)라는 자가 흉적의 사주를 받고 상소하여 장씨에게 위호(位號)를 더하도록 청하였다. 공은 승지로 병가를 내고 있었는데, 그 이야기를 듣고 즉시 승정원에 나와 손수 초고를 써서 아뢰기를,

"조중우의 상소는 '어머니는 자식 때문에 존귀하게 된다.'라고 하면서 감히 말하기를, '하늘을 오르내리는 선대왕의 영령이 필시 오늘의 거사를 싫어하지 않을 것입니다.' 하고, 또 감히 말하기를, '선대왕의 은미한 뜻이 그 사이에 있습니다.'라고 하였습니다. 이것이 어찌 오늘날 신하가 감히 입밖에 낼 수 있는 말이겠습니까. 삼가 생각건대, 선조의 처분은 몹시 엄정하였습니다. 몇해 전 어사가 작호를 썼다가 특별히 견책을 받았고, 또 함일해(咸一海)가 올린 글에 그 작호를 쓴 일과 관련하여 몹시 통탄스럽다고 하교하셨으니, 선조의 뜻은 해와 별처럼 밝습니다. 지금 왕릉이 식기도 전에 이미 이렇게 음흉한 무리가 시험해보려는 계책을 쓰면서 선조의 뜻을 왜곡하면서도 거리낌이 없습니다. 만약 통렬히 징계하지 않으면 선조를 따르는 효성에 부족한 점이 있을까 걱정입니다. 엄하게 심문하소서."

78 상관(庠官)……파직되었다 : 상관은 사학교수(四學敎授)를 말한다. 과거 사학에서 장흥(長興)의 적량도(赤梁島)를 절수(折受)받을 것이라는 핑계로 세금을 거둔 일이 적발되어 문제가 되었다. 《肅宗實錄 45年 2月 20日》

하니, 성상이 따랐다. 조중우는 먼 곳에 유배되고, 훗날 결국 장을 맞고 죽었다. 8월, 강화부 유수에 발탁되었다.

신축년(1721) 여름, 조정으로 들어와 사헌부 대사헌이 되고 실록청과 비변사의 당상에 차임되었다. 체직되어 대사성 겸 동지의금부사에 임명되었다가 다시 대사헌에 임명되었다. 공은 개탄하며 풍속을 바로잡고 기강을 진작하는 일을 자기 임무로 삼았다. 자주 관청에 앉아 업무를 보면서 풍문을 듣고 잡아와 다스렸는데 모두 법대로 하니, 도성이 조용해지고 간사하고 교활한 자가 숨을 죽였다. 삼사와 함께 유봉휘의 토죄를 청하고, 청대하거나 합문에 엎드려 하루에도 두세 번 계사를 올렸다. 모두 공이 손수 초고를 썼는데 말이 몹시 격렬하였다. 이어서 역적을 옹호한 조태구(趙泰耉)의 죄를 논하고, 먼저 삭출하도록 청하였다. 장녕전(長寧殿)을 다시 지은 공로로 가의대부에 오르고 도승지에 임명되었으며 왕세제빈의 죽책문(竹冊文)을 지어 올렸다.

10월, 집의 조성복(趙聖復)이 상소하여 세제로 하여금 정사에 참여하여 재결할 때 논의하게 하도록 청하였다. 이날 밤 하교하여 세제로 하여금 대리청정을 명하자, 입직한 승지와 홍문관 관원이 먼저 입대하여 명을 거두어달라고 청하였다. 좌참찬 최석항(崔錫恒)이 먼저 와서 청대하여 마침내 중지되었다. 대신과 신하들이 뒤따라 대궐 아래에 왔는데 이미 도로 중지되었다는 말을 듣고서 모두 물러갔다. 호조 참판 조태억(趙泰億)이 또 날이 밝자 입대하여 당일의 삼사와 대신들에게 벌을 내리도록 청하였다. 공은 그 상황을 자세히 아뢰고 몹시 엄격하게 변론하여 물리치자 조태억이 비로소 물러났다. 얼마 후 다시 이전의 하교대로 거행하라는 명이 내리자 대소신료들이 속히 입대를 청하였으나 들어주지 않았다. 마침내 여러 날 대궐 뜰에서 호소하였으나 성상은 갈수록 들어주지 않았다. 한세량(韓世良), 박태항(朴泰恒) 등이 이어서 상소하여 신하들을 무고하였다. 그러자 공이 아뢰기를,

"비망기가 야심한 시각에 내렸기에 대신과 신하들이 황급히 달려와 청대하려고 하였습니다. 그런데 좌석항이 모두 모이기를 기다리지 않고 지레 먼저 입시하였습니다. 그러다가 성상께서 내린 명을 거두시자 입시할 필요가 없어졌으므로 마침내 함께 물러난 것입니다. 지금 억지로 신하들을 수수방관한 죄로 몰아넣었으니, 필시 이를 계기로 모두 쫓아내려는 것입니다. 참으로 통탄스럽고 놀랍습니다. 그리고 한세량의 상소에 나오는 '하늘에 두 해가 없고 땅에 두 왕이 없는데 몰래 하늘이 내린 왕위를 옮기니 나라 사람들이 의혹으로 여깁니다.'라는 따위의 말을 보면 모골이 송연합니다. 신하된 자가 어찌 감히 이러한 따위의 말을 마음 속에 싹틔우고 입에 담을 수 있겠습니까. 이 두 편의 상소는 규례대로 봉입할 수 없으니 성상의 재결을 바랍니다."

하니, 성상이 대답하지 않았다. 공이 거듭 아뢰기를,

"한세량 등의 죄악은 실로 국법으로 용서하기 어려우며 귀신과 사람이 공분하는 것입니다. 전하께서 유봉휘에 대해 여전히 처형을 미루고 계시니, 적신들이 기세등등한 것은 반드시 이 때문이 아니라고 할 수 없습니다. 만약 엄하게 국문하라는 명을 속히 내려 국법을 시원하게 바로잡지 않는다면, 인륜이 끊어져 국가의 멸망이 머지않을까 두렵습니다."

하였다. 얼마 후 한세량의 상소를 봉입하였다는 이유로 공을 파직하였다. 승정원의 동료들이 명을 거두어달라고 청하자 잉임하였다. 공은 이러한 때에 작은 혐의를 말할 수 없다고 여겨 그대로 직무를 수행하려

갔다. 또 권규(權珪)의 상소로 인하여 아뢰기를,

"권규의 상소는 황천과 조종이 반드시 우리나라를 망하게 하고자 한다는 뜻입니까. 무엇 때문에 이런 일을 한 것입니까. 설령 동궁이 억지로 명을 받들더라도 나라가 어찌 망하는 지경에 이르겠습니까. 이보다 패역한 일은 없으니, 국청을 설치하여 엄하게 국문하소서."

하였으나 성상이 따르지 않았다. 어버이의 봉양을 이유로 다시 양주 목사(楊州牧使)가 되었으나 당시 여론이 그가 지방으로 나가는 것을 어려워하여 어떤 일을 계기로 체직하였다.

11월, 부제학에 임명되었다. 이집(李㙫)의 상소에 현혹하는 말이 많다는 이유로 상소하여 논하였는데, 그 대략은 다음과 같다.

"전하의 성스럽고 밝은 도량은 산처럼 높고 바다처럼 깊어 신하들이 감히 함부로 헤아릴 수 없습니다. 그런데도 시험삼아 하는 말이 날마다 그치지 않고 나오는 이유는 무엇입니까. 최석항이 청대할 적에 모든 문에 자물쇠를 채웠으니, 사람들은 곧장 성상의 뜻이 따로 있다고 여겼습니다. 대궐 뜰에서 호소한 신하들이 날마다 입대하기를 청하였을 때는 끝내 들어오기를 허락하지 않다가, 조태구가 대궐에 오자 곧바로 인견하였으니, 사람들은 곧장 성상이 마음 속으로 기다린 것이 있다고 여겼습니다. 대신이 청대하자 곧바로 써서 들이라는 하교를 내리셨으니, 사람들은 곧장 신의가 두텁지 않다고 여겼습니다. 임금과 신하 사이가 날마다 멀어지니, 아, 이것이 무슨 모습입니까. 성상께서 참으로 충신과 간신을 남김없이 구분하고, 현혹하고 무고하는 말에 흔들리지 않으신다면 실로 국가에 다행이겠습니다."

이에 앞서 조태구에게 별유가 내렸는데, 공이 대간의 계사가 한창 진행 중이라는 이유로 아뢰어 중지시켰다. 조태구가 또 선인문(宣仁

門)으로 몰래 들어와 성상을 만나고자 하니, 물리치고 아뢰지 않았다. 도승지 이정신(李正臣)이 상소하여 그때의 일을 논하며 공을 몹시 급하게 다그쳤다. 공은 상소를 올려 통렬히 변론하였다. 체직되어 공조참판에 임명되었다.

12월, 병조 참판으로 옮겼다. 얼마 후 김일경(金一鏡) 등 일곱 적신(賊臣)[79]이 마치 변고를 아뢰는 것처럼 상소를 올렸다. 하루 사이에 조정의 신하들이 거의 다 쫓겨났다. 가장 먼저 공이 두세 차례 상소하여 성상의 마음을 엿보았다는 이유로 흑산도(黑山島)에 위리안치되었다. 공은 명령을 받고 즉시 떠났는데 조금도 낯빛이 바뀌지 않았다. 박부인과 이부인은 모두 늙은 나이로 집에 계셨는데, 공은 온갖 방법으로 위로하고 해명하였다. 태어난 지 겨우 1년 된 아들이 있었는데, 돌아보지 않고 떠나며,

> "지금 동궁도 보전하지 못할까 두려운데 어느 겨를에 내 자식을 염려하겠는가."

하였다. 이때 흉인들이 후원하는 사람을 믿고 더욱 흉악한 꾀를 부려 왕세제는 합문을 나와 지위에서 물러나려고까지 하였다. 자전이 언문 하교를 내려 환관과 소첩이 번갈아 어지럽힌 죄를 분명히 말하니, 흉인들이 곧장 박상검(朴尙儉) 등을 죽이도록 청하여 그 입을 막으려 하였다.

임인년(1722) 3월, 왕세제의 책봉이 중국에서 승인되었다는 소식이

79 김일경(金一鏡)……적신(賊臣) : 1721년(경종1) 상소하여 대리청정에 찬성한 이들의 처벌을 청한 김일경, 박필몽(朴弼夢), 이명의(李明誼), 이진유(李眞儒), 윤성시(尹聖時), 정해(鄭楷), 서종하(徐宗廈)를 말한다. 《景宗實錄 1年 12月 6日》

도착하였다. 또 그 이튿날 목호룡(睦虎龍)이 변고를 아뢰는 글을 올려 무옥(誣獄)이 크게 일어났으니, 세제를 모함하여 해치려는 의도였다. 오랫동안 벼슬한 집안은 거의 화를 면하지 못했는데, 유독 공을 몹시 심하게 미워하였으나 끝내 화를 끼치지 못했다. 공의 성명이 마침 조송(趙松)의 공초에 나왔다. 조송은 은화를 훔쳐 국문을 받고 있었는데, 공이 어사로 있을 때 파시평(波市坪)의 사건 때문에 그를 죽여야 한다고 하였다.[80] 흉도가 죄를 억지로 지어내어 지금의 일로 귀결시켜 반드시 죽이려는 뜻을 이루고자 하였다. 권익관(權益寬)이 처음으로 상소하고 조진희(趙鎭禧)가 뒤이어 계사를 올리자 공이 마침내 체포되었다. 섬 백성은 모여 통곡하며 전송하기까지 하였다. 치대(置對)[81]하게 되자 비지를 가로막고 대신(大臣)을 저지하였다는 죄를 문목(問目)에 보태넣었다.[82] 장령 한재원(韓在垣)이 상소하여 곧장 국법을 바로잡도록 청하고, 최석항은 참작하여 처리하도록 청하였다. 그러나 승지 이명언(李明彦) 등이 저지하여 누차 고문을 받다가 마침내 10월 20일 감옥에서 죽었으니, 이날은 바로 공의 생신이었다.

80 공이……하였다 : 홍계적은 어사로 재직시 조송이 파시평의 어세(漁稅)를 자기가 차지했다는 말을 듣고 조송을 죽여야 한다고 말했다. 《圃巖集 卷20 大司憲贈吏曹判書洪公墓誌銘》

81 치대(置對) : 의금부나 국청(鞫廳) 등에서 심문하는 것을 말한다.

82 비지를……보태넣었다 : 비지를 가로막았다는 것은 경종이 우의정 조태구(趙泰耇)를 불렀을 때 홍계적이 승지로 있으면서 대각이 논죄하고 있다는 이유로 반대하여 명을 거두게 한 일을 말하고, 대신을 저지하였다는 말은 조태구가 대리청정을 반대하기 위해 청대하였을 때 역시 대각이 논죄하고 있다는 이유로 저지한 일을 말한다. 《景宗實錄 1年 10月 17日》

아, 세상에 '그런 일이 있었을지도 모른다.〔莫須有〕'[83]라는 세 글자보다 원통한 일이 없는데, 공의 경우는 그보다 더 심하다. 이 옥사가 일어날 적에 나라 사람들이 공과 우리 중부 귀락공의 생사를 두고 그 허실을 판단할 수 있을 것이라 하였는데, 결국은 모두 감옥을 나오지 못했으니 여기서 무옥이라는 점을 더욱 분명히 알 수 있다고 하였다. 11월에 임시로 적성(積城)의 선영 곁에 장사지냈다. 지금 성상 을사년(1725), 억울한 사정이 남김없이 신원되어 공의 복관(復官)과 사제(賜祭)를 명하였다. 또 대신의 말을 계기로 이조 판서에 추증하였다. 훗날 성상이 연석에서 하교하기를, "원통하게 죽은 사람 중에 아무개가 더욱 참혹하였다." 하고, 박부인에게 월름(月廩)을 주고 자손을 녹용하며 그 아우에게 관직을 주라고 명하였다.

공은 키가 크고 용모가 아름다우며 풍도가 심원하였다. 조화를 이루되 휩쓸리지 않고, 절개를 지키되 과격하지 않았으며, 여색과 재물에는 전혀 마음을 두지 않았다. 효성과 우애는 천성에서 나왔으니, 한 집에 두 어머니를 모셨다. 집안이 대대로 청빈하여 아침 저녁 끼니도 잇지 못하는 경우가 있었으나 맛있는 음식을 빠뜨린 적이 없었다. 아우 계도(啓道)와 우애가 몹시 지극하여 함께 일어나고 누웠으며, 평소 쓰는 물건까지도 공유하지 않은 것이 없었다. 이야기하다가 간혹 의견이 맞지 않아 계도가 기세를 올리며 굽히지 않으면, 공은 반드시 굴복하여 따르며, "그래, 그래."라고 하였다. 또 분가하여 사는 것을 허락하지

83 그런……모른다 : 송(宋)나라 악비(岳飛)가 모함을 받았을 때 진회(秦檜)가 "그런 일이 있었을지도 모른다."라고 하며 결국 악비를 죽였다는 고사를 인용한 것으로, 아무 근거 없이 남을 모함하는 것을 말한다. 《宋史 卷365 岳飛列傳》

않았다.

내외 친척에게 두루 은혜를 베풀어 시골의 소원한 친척도 반드시 배항(輩行)으로 부르고 정성으로 대하였다. 이 때문에 귀의하는 자가 더욱 늘어났으나 더욱 지친 기색 없이 수응하였다. 평소에는 엄격하여 마치 덤빌 수 없는 것 같았으나 남과 이야기하면 가슴 속을 터놓고 남김없이 쏟아내었다. 낯빛을 바로하고 조정에 서면 힘써 기강을 지키고, 일이 생겨 논열하면 이해관계를 따지지 않았다. 마치 골짜기에 다다른 물처럼 내려가야 할 때는 내려갔다. 머뭇거리며 피하는 세상 사람을 보면 마치 자기가 더러워지는 것처럼 여겼다.

신축년(1721) 가을과 겨울 사이에 망극한 시사를 보고서 걱정하고 아파하는 마음이 낯빛과 말에 넘쳤다. 깊은 밤에 방황하며 잠을 이루지 못하기도 하고, 서글피 홀로 앉아 시를 읊기도 했으나 사람들은 그 뜻을 헤아리지 못했다. 어떤 사람이 공에게 물러나라고 권하며,

"큰 집이 기울려 하니, 나무 하나로 지탱할 수 없소. 공은 어째서 떠나지 않소?"

하였다. 공은 대답하지 않고 아우를 돌아보며,

"이 사람의 말이 어떠한가?"

하니, 아우가 말하기를,

"형이 만약 조정에 일이 없을 때 떠나신다면 괜찮지만 오늘날은 안 됩니다. 편안할 때는 나아가 군주의 녹을 먹고서 위태로울 때는 물러나서 제 몸을 보전하는 일이 어떻게 있을 수 있겠습니까."

하니, 공이 말하기를,

"네 말이 옳다."

하였다. 원수가 세상에 넘쳐 형벌이 앞에 있다는 것을 분명히 알면서

도 아무 것도 없는 것처럼 보았으니, 오직 한결같이 의리를 지켰기 때문이다.

또 국구에게 세제를 보호하라고 권면하였으니, 남들이 하기 어려운 말이었다. 한번은 분진(汾津)의 촌가에서 쉬다가 옆사람을 돌아보며, "이곳에 오면 내 몸을 눕힐 수 있겠다."라고 하며 지붕을 바라보고 탄식하여 마지 않았다. 비록 몸은 나라에 바쳤으나 마음은 항상 물러나는 데 있었던 것이다. 공은 젊어서 《장자》와 《사기》 읽기를 좋아하였다. 늙어서는 주자의 글 보기를 더욱 좋아하여 쉬지 않고 연구하였다. 시문 약간 권이 집에 보관되어 있다.

공은 두 번 혼인하였다. 원배(元配) 청송 심씨(青松沈氏)는 감역 수견(壽堅)의 딸인데 자식이 없었다. 후부인 성주 이씨(星州李氏)는 충숙공(忠肅公) 상길(尙吉)의 후손이며 현감 세옥(世玉)의 딸이다. 유순하고 아름다워 규방의 법도가 있었다. 화를 당한 뒤 즉시 고향집으로 돌아가 더욱 곤궁하게 지냈으나 한결같이 공이 살아 있을 때처럼 늙은 시부모를 봉양하고 선조의 제사를 받들었다. 신해년(1731)에 돌아가시니 향년은 52세이다. 1남 2녀를 두었다. 아들은 주해(疇海)이며 장녀는 문과에 급제한 신회(申晦)에게 시집갔고, 차녀는 황인검(黃仁儉)에게 시집갔으나 요절하였다. 주해는 2남을 두었으나 모두 어리다.

나는 공과 같은 해 태어나 어려서부터 소자(小字 아명)로 알고 지냈다. 자라서는 함께 공부하고, 또 앞서거니 뒤서거니 조정에 올랐으나 한 사람은 은거하고 한 사람은 현달하여 길이 달랐다. 공은 일찍 물러난 나를 부러워했으니, 집안 사람이 그 이야기를 전해 주었다. 나는 구차히 화를 면하고 온갖 변고를 겪으며 오래 살고 있다. 신하가 제 몸을 아끼며 편안히 지내는 이치가 없다는 점을 생각할 때마다 후회가 쌓일 뿐이다. 예전에는 공이 나를 부러워했지만 지금은 내가 공에게 부끄럽다. 주해가 찾아와 신도비의 글을 청하기에 눈물을 닦고 서술하고 명을 덧붙인다. 명은 다음과 같다.

아, 공이 조정에 있을 때는 噫公在朝
가을 하늘 가로지르는 물수리 같았네[84] 一鶚橫秋
저 외면으로 보이는 것은 彼觀於外
문채와 풍류라네 文彩風流
신축년(1721)과 임인년(1722)에 屬歲辛壬
하늘의 운수가 험난하였네 天運艱難
쇠약한 이쪽을 강하게 하고 저쪽의 진출을 어렵게 하는[85] 强此艱彼
마음은 한결같았네 一心如丹
큰 강에 나루가 없는데[86] 大水無津
지주가 홀로 솟았네 砥柱孤峙
부서진 집에서 도적을 막으려니 破屋禦寇
도적이 그치지 않고 오는 것 같네[87] 寇來無止

84 가을……같았네 : 주자의 〈기산중구지(寄山中舊知)〉 7수 중 제2수의 "맑은 가을 하늘로 물수리 올라가 만리를 가로질러 나는 모습 보라.〔淸秋鶻鶚上, 萬里看橫飛.〕"라는 구절을 인용한 것으로 보인다.

85 쇠약한……하는 : 정자가 "성현이 천하에 도가 없어질 줄 알더라도 어찌 앉아서 그 혼란을 보기만 하고 구하지 않겠는가. 반드시 극도에 이르기 전에 힘을 다하여 쇠약한 이쪽을 강하게 하고 저쪽의 진출을 어렵게 하여 잠시나마 안정을 도모한다."라고 하였다. 이쪽은 군자를 말하고 저쪽은 소인을 말한다. 《近思錄 卷4 存養》

86 큰……없는데 : 133쪽 주302 참조.

입이 헐고 꼬리가 망가지도록[88] 口瘏尾譙
그치지 않고 호소하였네 其鳴不已
한 번 죽기를 원하니 願爲一死
선왕의 골육을 위해서라네 先王骨肉
혹독한 화의 시작은 酷禍攸始
후사를 미리 세우는 계책이었네 豫建之策
고해가 앞에 있으니 黑海當前
아이가 울어도 돌보지 못하네[89] 有呱莫恤
거센 불결이 들판을 태우니 劫火燒原
기린과 봉황도 걸려들었네 麟鳳亦罹
감옥에서 죽는 원통함은 北寺之寃
예나 지금이나 모두 슬퍼하네 今古同悲
소인들은 서로 축하하고 群小相賀
선한 이들은 하늘에 호소했네 善類籲天
질곡과 정명을[90] 桎梏正命

87 부서진……같네 : 여대림(呂大臨)이 정자(程子)에게 생각이 많아 걱정이라고 하자, 정자가 "이는 부서진 집에서 도적을 막는 것과 같아 동쪽으로 온 사람을 아직 쫓아내지 못했는데 서쪽으로 한 사람이 오는 것과 같다. 전후좌우로 쫓아내기에 겨를이 없으니 사면이 허술하여 도적이 들어오기 쉽기 때문이다."라고 비유하였다. 《近思錄 卷4 存養》

88 입이……망가지도록 : 396쪽 주136 참조.

89 아이가……못하네 : 우(禹)임금이 홍수를 다스리기에 바빠서 아들 계(啓)가 울어도 돌보지 못했다는 고사를 인용한 것이다. 《書經 益稷》

90 질곡과 정명을 : 맹자의 "질곡으로 죽는 자는 정명이 아니다.〔桎梏死者, 非正命也.〕"라고 한 말을 인용한 것으로, 질곡은 죄인에게 씌우는 형구이다. 이는 사람이 한 짓이지 하늘의 뜻이 아니라는 말이다. 《孟子 盡心上》

또 어찌 의심하리오	又何疑焉
황량한 들판의 벽옥이 되고[91]	荒原化碧
열렬한 기운은 무지개 되었네	烈氣成虹
옛 친지가 시를 지어	故人作詩
영원히 전하네	以詔無窮

91 황량한……되고 : 212쪽 주17 참조.

참판 윤공 신도비[92]

參判尹公神道碑

지난 임인년(1722, 경종2), 흉인들이 정권을 장악하고 선조(先朝 숙종)의 대신(大臣)과 노장(老將)을 모조리 제거한 뒤 그들이 하고자 하는 짓을 하려고 하였다. 윤각(尹慤) 공은 무장 가운데 가장 위엄과 명망이 있는 분으로 이 때문에 화를 당했다. 당시 무옥(誣獄)이 크게 일어났는데, 공의 죄안(罪案)이 된 것은 두 죄수가 가정한 말 뿐이었다. 공과 무슨 상관이 있겠는가. 그러나 끝내 견지하며 놓아주려 하지 않아 삼년 동안 감옥에 갇혔다가 마침내 죽음에 이르렀다. 아, 천하의 원통한 일 중에 '그런 일이 있었을지도 모른다.〔莫須有〕'[93]라는 세 글자보다 큰 것은 없으니, 지금도 혈기가 있는 자라면 모두 팔뚝을 휘두르며 절치부심한다. 지금 공이 죽은 일이 어찌 이와 다르겠는가.

공은 자가 여성(汝誠)이며 선조는 파평(坡平) 사람이다. 고려 때 시중을 지낸 돈(敦)이 함안(咸安)으로 나가 다스리면서 자손들이 그곳에 본적을 두었다. 우리나라에서 판봉상시사를 지낸 기견(起畎)은 영의정 함안부원군(咸安府院君)에 추증되었다. 이분이 구(遘)를 낳았는데 병조 참판을 지냈다. 4대가 지나 참의 의(顗)라는 분이 있었고,

92 참판 윤공 신도비 : 이 글은 윤각(尹慤)의 신도비이다. 윤각은 본관이 파평(坡平), 자가 여성(汝誠)이며, 1664년(현종5) 2월 26일에 태어나 1724년(영조 즉위년) 1월 10일 세상을 떠났다.

93 그런……모른다 : 495쪽 주83 참조.

이분이 휘 우진(又進)을 낳았는데 사복시 정에 추증되었다. 이분이 휘 욱(栯)을 낳았는데 선전관을 지내고 좌승지에 추증되었다. 이분이 휘 익상(翊商)을 낳았는데 진사시에 합격하고 대사헌에 추증되었으니, 이분이 공의 부친이다. 대사헌공의 본생부(本生父)는 천뢰(天賚)인데, 무략으로 현달하여 지중추부사를 지냈다. 공은 본디 장수 집안 자제인데 대사헌공은 우암(尤菴 송시열) 선생이 남쪽으로 귀양갈 때 유생들과 상소하여 원통함을 호소하였고, 공의 형 원(愿)은 기사년(1689, 숙종15) 당화(黨禍)에 연루되어 먼 곳으로 귀양갔으며 공 역시 이때 과거를 그만두었으니, 그 연원이 이와 같다.

공은 기묘년(1699, 숙종25) 무과에 급제하여 처음 무겸에 제수되고 선전관으로 옮겼다. 숙종께서 후원에서 열무(閱武)하다가 공의 준수한 풍채를 보고 지목하며,

"저 수염 난 사람은 누구인가?"

하였다. 비변사 낭청을 겸하자 정승 이세백(李世白)이 큰 그릇으로 여겨 자문하여 결정한 일이 많았다.

임오년(1702), 품계를 뛰어넘어 도총부 도사에 임명되고 경력으로 승진하였으며 초계 군수(草溪郡守)가 되었다. 영남 사람은 모질고 어리석어 부자 사이에도 서로 너나들이 하였는데 공이 글을 지어 타일렀다. 또 형제간에 소송하는 자는 지성으로 타이르니 풍속이 점차 변하였다. 얼마 후 묘당에서 차례를 따르지 않고 발탁할 자를 천거하였는데, 공이 으뜸이었다. 전주 영장(全州營將)에 임명되고 조정으로 들어가 금군장(禁軍將)이 되었다가 다시 외직으로 나가 길주 목사(吉州牧使)가 되었다. 성진진(城津鎭)이 고을 아래에 있어 으레 방어사를 겸하였는데, 지위가 목사보다 낮아 매번 모욕을 당하여 좋지 않은 감정이

쌓였다. 공이 가서 자신을 낮추면서도 체통을 지키니, 북쪽 사람들이 이 이야기를 전하였다.

정해년(1707), 충청 수사(忠淸水使)에 임명되고 얼마 후 전라 병사(全羅兵使)로 옮겼다.

경인년(1710), 바다로 적이 침입한다는 경보가 있어 인재를 모았는데, 정승 이이명(李頤命)과 우리 중부(仲父) 귀락공(歸樂公)이 공을 천거하였으니, 생각이 있었기 때문이다. 이듬해 금위영 중군(禁衛營中軍)에 임명되었으니, 이 역시 이 정승이 천거한 것이었다. 마침내 가선대부에 오르고 얼마 지나지 않아 남병사(南兵使)에 임명되었다.

임진년(1712), 청나라 사신이 와서 백두산(白頭山)의 경계를 다시 정하려 하였기에 조정에서 공을 시켜 가서 보게 하였다. 공이 몸소 험한 곳을 다니며 산천의 형승을 몹시 자세히 알아내어 지도를 만들어 올리니 성상께서 몹시 칭찬하셨다. 겨울에 평안 병사(平安兵使)로 옮겼다가 임기가 차서 조정으로 돌아왔다. 중간에 훈국 별장, 어영청 중군, 금군 별장을 지내고 부총관을 겸하였다.

을미년(1715), 경기 수사(京畿水使)를 거쳐 통제사가 되었다. 지추공(이천뢰)이 예전에 이 직임을 맡아 성곽을 대거 수리하였으나 오래되어 훼손되었는데, 공이 다시 찬란하게 일신하였다.

공은 침착하고 중후하며 관대하면서도 엄격하였다. 판결에 뛰어나고 치밀하게 관리하여 비록 관리의 일에 능숙한 사람이라도 스스로 미치지 못한다고 말했다. 관직에 있으면서 청렴하고 신중하여 비용을 절약하니, 처음 왔을 때에 비하면 창고가 넘쳤다. 특히 폐단을 혁파하여 피폐한 백성을 소생시키는 데 힘썼는데, 비록 조정의 명령에 관계되어 마음대로 할 수 없는 일이라도 반드시 여러 가지 방편을 써서 실질적인 혜택을 강구하였다. 그러므로 가는 곳마다 군사와 백성의 마음을 많이 얻었다.

무술년(1718), 총융사에 임명되었다. 상벌이 엄명하여 군중이 숙연하였다. 포도대장을 겸하였다. 얼마 후 한성부 좌윤에 임명되었다. 이에 앞서 공은 금군 별장으로 대궐에 숙직하였는데, 성상이 사대(賜對)하고 탄식하기를,

"내가 이렇게 눈병이 들어 경의 얼굴을 보지 못하니 한스럽다."

하였으니, 지우를 입은 것이 이 정도였다. 형조 참판으로 옮겼다. 경종이 처음 즉위하자 조중우(趙重遇)라는 자가 상소를 올려 장씨(張氏)의 작위와 호칭을 복구하도록 청하였다가 대간의 말 때문에 국문을 받게 되었다. 공은 상을 당해 집에 있었는데, 어떤 이가 나가지 말라고 권하자 의연히 말하기를,

"화가 두려워 일을 피하는 짓은 내가 감히 할 수 없다."

하였다. 병조로 옮겼을 때 최석항(崔錫恒)이 장관이었는데, 자기 사인(私人) 남태징(南泰徵)을 곤수(閫帥)에 의망하자 공이 안 된다고 고집하며,

"이 사람은 등용할 수 없습니다."

하였다. 훗날 남태징은 과연 역모로 주살당하였다. 훈련원 도정과 경연 특진관을 겸하였다.

신축년(1721, 경종1), 체직되어 좌윤에 임명되고 비변사 제조를 겸하였다. 겨울이 되자 시사가 일변하여 공은 삼화(三和)로 귀양갔다. 얼마 후 체포되자 아들들이 곁에서 울부짖었는데, 공이 천천히 말하기를,

"그만두어라. 하늘처럼 밝은 성상이 계시니 내가 무엇을 걱정하겠

느냐."

하였다. 스스로 변론한 뒤 제주(濟州)로 이배되었으나 중도에 다시 체포되었다. 온갖 일을 꾸며내었으나 죄를 만들기에 부족하여 참작하여 처리한 것이 모두 일곱 번이었다. 그러나 번번이 처리를 말소하고 혹독하게 고문하였는데, 조금도 두려워하는 기색이 없어 보는 사람들이 장하다고 여겼다. 마침내 갑진년(1724) 1월 10일 감옥에서 세상을 떠나니 나이 60세였다. 손수 유서를 써서 아들들을 경계하였는데, 자획이 평소와 같았다. 공이 감옥에 있을 때 많은 저자의 백성이 공의 아들들에게 죽을 먹이면서 '예전에 공이 원통한 일을 해결해 준 사람입니다.'라고 하였다. 지금 성상이 즉위하여 가장 먼저 역적 김일경(金一鏡)을 주살하고, 이듬해 봄에 원통하게 죽은 신하들의 관직을 모두 회복해주었다. 이어서 하교하기를,

"윤 아무개의 일은 지극히 원통하고, 또 다른 무신들과 자별하다."

하고, 특별히 병조 판서에 추증하고 자손들을 녹용하였다. 그러다가 정미년(1727) 흉당이 다시 정권을 잡자 증직을 거두었다. 신유년(1741) 가을 다시 돌려주었다.

공은 집안에서의 행실이 매우 독실하여 계모를 잘 섬기고 형제와 우애하고 친족을 후대하였으며 자제에게 겸손하고 신중하라고 가르쳤다. 평소 지낼 적에는 담박하여 기호가 없었으며 여색을 가까이 하지 않고 청탁을 일삼지 않았다. 매일 일찍 일어나 관을 바로 쓰고 띠를 두르고 손님을 맞이하고 문서를 처리하는데 조금도 게을리 한 적이 없었다. 여가가 있으면 책 보기를 좋아하였는데, 예서에 가장 익숙하였다. 궤안과 책상자를 항상 제자리에 두어 가로놓이거나 주름지지 않게 하며 말하기를,

"바르지 않은 것을 보면 내 마음이 불안하다."
하였으니, 타고난 자질이 이처럼 아름다웠다. 이 때문에 공을 만난 자는 마음이 편안하고 기운이 한가하여 항상 고상한 시를 읊고 투호(投壺) 놀이를 하는 것 같았다.[94] 그러나 시비와 선악의 구분은 칼로 두 조각 낸 것처럼 하여 사생과 화복이 눈앞에서 결판나더라도 확고하여 흔들리지 않았다. 흉당이 그를 두려워하고 미워한 이유는 이것이었다고 한다.

공은 완산 이씨(完山李氏)와 혼인하였으니 병사 행성(行成)의 딸이다. 어질고 후하며 부덕이 있었으나 일찍 세상을 떠났다. 다시 광주 김씨(光州金氏)와 혼인하였으니 진사 명뢰(命賚)의 딸이다. 화가 일어나자 규방에서 나오지 않고 3년 동안 옷을 갈아입지 않았으며 밤이면 한데 서서 하늘에 빌었다. 상을 당하자 밤낮으로 슬피 통곡하며 지극히 슬퍼하다가 병이 들었다. 사는 집 처마 밖에 제비가 둥지를 틀고 새끼를 낳았는데 모두 흰색이었다.[95] 공보다 1년 뒤에 세상을 떠났다. 일이 알려지자 그 절행을 표창하는 정려가 내렸다.

공은 처음에 공주(公州)에 임시로 장사지냈다가 을사년(1725) 9월 본주(本州) 한양동(漢陽洞)의 오좌(午坐)의 언덕으로 옮기고 두 부인을 모두 부장하였다. 이부인은 1남을 두었으니 참봉을 지낸 우정(禹鼎)이다. 김부인은 2남 1녀를 두었으니 계정(啓鼎)과 진사를 지낸 창정(昌鼎)이며 사위는 사인(士人) 신철(申瞮)이다. 우정의 아들은 광연(光

94 고상한……같았다 : 342쪽 주71 참조.

95 사는……흰색이었다 : 흰 제비는 이변을 의미하는데, 여기서는 윤각의 죽음을 의미하는 것으로 보인다.

淵)이며 딸은 사인 이이병(李頤炳)에게 시집갔다. 사위 신철의 아들은 광주(光胄)이며 그밖의 아들들의 남녀는 모두 어리다. 명은 다음과 같다.

성고(聖考 숙종)께서 재위하실 적에	聖考在宥
북소리 듣고 장수를 생각하셨네[96]	鼛鼓興思
공이 무인으로 모실 적에	公侍武帳
분주하면서도 위의가 있었네	蹌蹌有儀
왕이 이르기를, 누구인가	王曰誰與
저 아름답고 수염 난 사람은[97]	彼美而偲
아, 내게 훌륭한 신하 있으니	噫予有臣
간성과 같은 자질이로다	干城之姿
굳센 힘으로 사방에 가니	剛力四方
어디를 가더라도 마땅했네	靡適不宜
치적이 성대하니	厥績旣茂
중외의 사람들이 의지했네	中外攸毗
조정에 들어가 금군을 맡아	入典禁旅
한번 성상께 다가갔네	一近丹墀
용안이 예전과 달라져	天顏非昔
성상께서 탄식하셨네	天語粲欷

96 북소리……생각하셨네 : 341쪽 주69 참조.

97 저……사람은 : 《시경》 〈노령(盧令)〉의 "사냥개의 사슬고리가 두 겹이니 그 사람 아름답고 또 수염이 많네.〔盧重鋂, 其人美且偲.〕"라는 말을 인용한 것이다.

신하는 절하고 머리 조아리니 臣拜稽首
눈물이 턱까지 흘렀네 有涙横頤
병조 참판이 되었으니 夏卿之貳
기보(祈父)[98]의 아래였네 祈父之埤
어찌 국궁진췌하여 曷不盡瘁
남다른 지우에 보답하지 않으랴 以答殊知
하늘이 무너지고 땅이 갈라져 天崩地坼
거센 불길이 사방으로 퍼졌네 劫火四馳
감옥에서 죽는 원통함은 北寺之寃
예나 지금이나 똑같이 슬퍼하네 今古同悲
나는 하늘에 호소하고 싶지만 我欲籲天
아득하니 어디로 가리오 莽蕩何之
오직 한결같은 마음은 惟有一心
죽어도 변치 않았네 之死靡緇
돌아가 선왕을 뵙더라도 歸拜先王
부끄러운 말 없으리라 庶無愧辭
금강은 넘실거리니 錦水湯湯
공의 이름 밝게 전하리라 公名昭垂
먼 훗날의 사람에게 有來千億
이 명을 보이노라 視此銘詩

98 기보(祈父) : 군사를 담당하는 고대의 관직으로, 여기서는 병조 판서를 말한다.

지은이 **이재(李縡)**

본관은 우봉(牛峰), 자는 희경(熙卿), 호는 도암(陶菴), 한천(寒泉)이다. 부친은 이만창(李晩昌), 모친은 민유중(閔維重)의 딸로 인현왕후(仁顯王后)의 동생이다. 1680년(숙종6) 9월 28일 한양 훈도방(薰陶坊) 주자동(鑄字洞) 외가에서 태어났다. 5세에 부친상을 당하여 중부(仲父) 이만성(李晩成)의 훈도를 받았다. 1702년(숙종28) 문과에 급제하여 예문관 검열, 이조 정랑, 함경북도 병마평사, 수원 부사, 대사성, 예조 참판을 역임하였다. 1722년(경종2) 중부가 신임옥사에 연루되어 옥사하자 인제(麟蹄)에 은거하였다. 영조 즉위 후 대제학, 이조 참판에 임명되었으나 모두 사직하고, 1728년(영조4) 모친상을 계기로 용인에 한천정사(寒泉精舍)를 짓고 강학에 몰두하였다. 이후 대사헌, 공조 판서, 좌참찬에 임명되었으나 모두 사직하였다. 1746년(영조22) 10월 28일 광주(廣州)에서 세상을 떠났다. 문집 《도암집(陶菴集)》과 함께 《사례편람(四禮便覽)》, 《서사윤송(書社輪誦)》, 《삼관기(三官記)》, 《주형(宙衡)》, 《검신록(檢身錄)》, 《사서강설(四書講說)》 등 많은 저술을 남겼다. 시호는 문정(文正)이다.

옮긴이

최예심(崔禮心)

1967년 충북 제천 출생. 민족문화추진회 국역연수원 연수부 및 상임연구부를 졸업하였다. 민족문화추진회를 거쳐 단국대학교 동양학연구원 선임연구원으로 재직 중이다. 《승정원일기》(공역), 《월정집》(공역), 《용주유고》(공역), 《어우집》(공역) 등을 번역하였다.

장유승(張裕昇)

1976년 서울 출생. 성균관대학교 한문학과를 졸업하고, 한국학중앙연구원 한국학대학원을 거쳐 서울대학교 국어국문학과에서 〈조선후기 서북지역 문인 연구〉로 박사학위를 받았다. 한국고전번역원 고전번역교육원 전문과정을 마치고 한국고전번역원 번역위원을 거쳐 현재 단국대학교 동양학연구원 책임연구원으로 재직 중이다. 《정조어찰첩》(공역), 《영조 승정원일기》(공역), 《동국세시기》, 《현고기》, 《한국산문선》(공역) 등을 번역하였다.

권진옥(權津鈺)

1979년 경북 영천 출생. 고려대학교 한문학과를 졸업하고, 동 대학교 국어국문학과에서 〈택당 이식의 변문 · 고문 연찬과 산문 창작의 실제〉로 석사학위를 받고 〈귤산 이유원의 학문 성향과 유서 · 필기 편찬에 관한 연구〉로 박사학위를 받았다. 고려대학교 민족문화연구원 연구원을 거쳐 현재 단국대학교 동양학연구원 선임연구원으로 재직 중이다. 《낙전당집》(공역), 《어우집》(공역), 《한비자집해》(공역), 《오천집》 등을 번역하였다.

이승용(李承容)

1981년 경북 의성 출생. 영남대학교 한문교육과를 졸업하고, 성균관대학교 한문학과에서 《조선후기 강화학파 한시연구》로 박사학위를 받았다. 한국고전번역원 고전번역교육원 연수과정과 전문과정을 마치고 단국대학교 동양학연구원 선임연구원으로 재직 중이다. 《완구유집》, 《정관정요》(공역), 《낙전당집》(공역), 《완역정본 택리지》(공역) 등을 번역하였다.

권역별거점연구소협동번역사업 연구진

연구책임자 **김문식**(단국대학교 사학과)

공동연구원 **윤재환**(단국대학교 국어국문학과)

김우정(단국대학교 한문교육과)

책임연구원 **허호구**(단국대학교 동양학연구원)

장유승(단국대학교 동양학연구원)

최예심(단국대학교 동양학연구원)

선임연구원 **권진옥**(단국대학교 동양학연구원)

이승용(단국대학교 동양학연구원)

연구보조원 **신윤수**(단국대학교 동양학연구원)

도암집 7

이재 지음 | 최예심 · 장유승 · 권진옥 · 이승용 옮김

2019년 12월 31일 초판 1쇄 발행

편집 · 발행 학자원

등록 2011.4.6 제2011-14호

주소 (05355) 서울시 강동구 천호대로 1121

전화 02-6403-1000 | 팩스 02-6338-1001 | 이메일 hakjaone@daum.net

값 30,000원

ISBN 979-11-6247-144-9 94810

979-11-6247-088-6 (세트)